徐复观全集

徐复观全集

无惭尺布裹头归·生平

九州出版社

图书在版编目(CIP)数据

无惭尺布裹头归. 生平 / 徐复观著. -- 北京 ： 九
州出版社，2013.12（2018.9重印）
（徐复观全集）
ISBN 978-7-5108-2554-5

Ⅰ．①无… Ⅱ．①徐… Ⅲ．①徐复观（1903～1982）
－传记 Ⅳ．①K825.4

中国版本图书馆CIP数据核字(2013)第304277号

无惭尺布裹头归·生平

作　　者	徐复观　著	
出版发行	九州出版社	
地　　址	北京市西城区阜外大街甲 35 号（100037）	
发行电话	(010)68992190/3/5/6	
网　　址	www.jiuzhoupress.com	
电子信箱	jiuzhou@jiuzhoupress.com	
印　　刷	三河市九洲财鑫印刷有限公司	
开　　本	650 毫米 ×950 毫米　16 开	
插页印张	0.5	
印　　张	34	
字　　数	386 千字	
版　　次	2014 年 7 月第 1 版	
印　　次	2018 年 9 月第 3 次印刷	
书　　号	ISBN 978-7-5108-2554-5	
定　　价	79.00 元	

無愧尺布裹頭歸

余英時敬題

余英时题写书名

徐复观先生之母

出版前言

徐复观先生的著作散见于海内外多家出版社，选录文章、编辑体例不尽相同。现将他的著作重新编辑校订整理，名为《徐复观全集》出版。

《全集》共二十六册，书目如下：

一至十二册为徐复观先生译著、专著，过去已出版单行本，《全集》基本按原定稿成书时间顺序排列如下：

一、《中国人之思维方法》与《诗的原理》

二、《学术与政治之间》

三、《中国思想史论集》

四、《中国人性论史·先秦篇》

五、《中国艺术精神》与《石涛之一研究》

六、《中国文学论集》

七、《两汉思想史》（一）

八、《两汉思想史》（二）

九、《两汉思想史》（三）

十、《中国文学论集续篇》

十一、《中国经学史的基础》与《周官成立之时代及其思想性格》

十二、《中国思想史论集续篇》。编辑《全集》时，编者补入若干文章，并将原单行本《公孙龙子讲疏》一书收入其中。

十三至二十五册，将徐复观先生散篇文章分类拟题编辑成书：

十三、《儒家思想与现代社会》

十四、《论智识分子》

十五、《论文化》（一）

十六、《论文化》（二）

十七、《青年与教育》

十八、《论文学》

十九、《论艺术》。并将原单行本《黄大痴两山水长卷的真伪问题》一书收入其中。

二十、《偶思与随笔》

二十一、《学术与政治之间续篇》（一）

二十二、《学术与政治之间续篇》（二）

二十三、《学术与政治之间续篇》（三）

（二十一至二十三册是按《学术与政治之间》的题意，将作者关于中外时政的文论汇编成册，拟名为《学术与政治之间续篇》。）

二十四、《无惭尺布裹头归·生平》。并将原单行本《无惭尺布裹头归——徐复观最后日记》收入其中。

二十五、《无惭尺布裹头归·交往集》

二十六、《追怀》。编入亲友学生及各界对徐复观先生的追思怀念以及后学私淑对他治学理念、人格精神的阐明与发挥。

徐复观先生的著作，以前有各种编辑版本，其中原编者加入的注释，在《全集》中依然保留的，以"原编者注"标明；编辑《全集》时，编者另外加入注释的，以"编者注"标明。

为更完整体现徐复观先生的思想脉络，编者将个别文章，在不同分类的卷中，酌情少量选取重复收入。

《全集》的编辑由徐复观先生哲嗣、台湾东海大学徐武军教授，台湾大学王晓波教授，武汉大学郭齐勇教授，台湾东海大学薛顺雄教授协力完成。

九州出版社

二〇一三年十二月

编者前言

徐复观教授，始名秉常，字佛观，于一九〇三年元月卅一日出生于湖北省浠水县徐家坳凤形塆。八岁从父执中公启蒙，续在武昌高等师范及国学馆接受中国传统经典训练。一九二八年赴日，大量接触社会主义思潮，后入日本士官学校，因九一八事件返国。授身军职，参与娘子关战役及武汉保卫战。一九四三年任军令部派驻延安联络参谋，与共产党高层多次直接接触。返重庆后，参与决策内层，同时拜入熊十力先生门下。在熊先生的开导下，重启对中国传统文化的信心，并从自身的实际经验中，体会出结合中国儒家思想及民主政治以救中国的理念。年近五十而志不遂，一九五一年转而致力于教育，择菁去芜地阐扬中国文化，并秉持理念评论时事。一九七〇年后迁居香港，诲人笔耕不辍。徐教授于一九八二年四月一日辞世。他是新儒学的大家之一，亦是台、港最具社会影响力的政论家，是二十世纪中国智识分子的典范。

我们参与《徐复观全集》的选编工作，是以诚敬的态度，完整地呈现徐复观教授对中华民族的热爱和执著，对理念的坚持，以及独特的人生轨迹。

九州出版社出版《徐复观全集》，使得徐复观教授累积的智慧，能完整地呈现给世人，我们相信徐复观教授是会感到非常欣慰的。

王晓波　郭齐勇　谨志

薛顺雄　徐武军

目 录

谁赋豳风七月篇
——农村的记忆

一

我平生好读陆放翁"今皇神武是周宣，谁赋南征北伐篇"的这首诗，觉得他有燕赵慷慨悲歌之气。但现在的心情，慢慢地转变了。对于流亡的人来说，则《豳风·七月》的诗，较之歌颂宣王南征北伐的诗，更有亲切之情，更增加对乡土的慕恋。

《豳风》，据说是周公自作，或与周公有关的诗。《诗经》把它列在十五国国风的"变风"之末，有人说这是孔子删诗所定的次序。大儒王通推原孔子定这种次序的用意说："言变之可以正也。"好像《易经》上的剥极必复、否去泰来一样，以见人道之不可终穷，我想，中国圣人的用心大概会如此。圣人之所以为圣人，正在他的悲怀宏愿，不肯使人类走上了尽头路。

《豳风》主要的诗是《七月》。诗序说，"《七月》，陈王业也。周公遭变，故陈后稷先公风化之所由，致王业之艰难也"。《七月》这首诗，一面是歌咏农民的辛勤，同时也是歌咏农民的德性。农民的辛勤和德性，在周公，至少是在作诗序的人看来，就是周朝王业和风化的根本。周公作这首诗叫瞽子唱给成王听，用共产党的术语说，是要成王向农民学习。做皇帝的人，不可忘记农民。要向农民学习，要算是中国政治思想的主要内容之一。所以国家迎寒迎暑祈年等大典，都要歌《七月》。郑康成根据《周官》，以为《七月》兼风雅颂三义，则其应用的范围更广。自此以后，《豳风·七月》成为政治的教材，成为艺林的佳话，下开田园诗人、田园画家的广大分野。钱宾四先生在《中国文化史导论》中，把农业文化的静穆敦厚之美，描写得有声有色。而我的朋友程兆熊先生，是学农而由艺以进乎道的；在他的许多文章中，常以幽峭空灵之笔，写绵绵不尽之心，总是把人类的前途，归到土的上面，归到农的上面。依我看，两位先生对农业的厚意深情，都可说是《七月》篇的流风余韵。

农村，是中国人土生土长的地方。一个人，一个集团，一个民族，到了忘记他的土生土长，到了不能对他土生土长之地分给一滴感情，到了不能从他的土生土长中吸取一滴生命的泉水，则他将忘记一切，将是对一切无情，将从任何地方都得不到真正的生命。这种个人、集团、民族的运命，大概也会所余无几了。刘裕把他未做皇帝时的耕具，陈设在庙里，想借以使他的子孙，能睹物兴怀，知创业之所自。可是他的儿子（或者是孙子）走进去看到这些东西，简直觉得原来出身微贱，惭愧万分，赶快叫人搬走。这恰符合了我们这一代的智识分子的心情，而刘裕的子或孙，也符合了我们这一代的智识分子的命运。

几千年的农业社会，假定其中没有蕴蓄着一点可宝贵的生命，则中国历史的存在，全是偶然；而管理众人之事的政治家们，假定对他所管理最大多数的农民，缺少最低的同情与了解，则他的管理方针，自然会牛头不对马嘴。中国过去做官的人，多半是从农村中来，官告一段落了，也多半依然回到农村去；他们的身上多少总有点土气，他们的脑子里多少总还沾点民情，所以坏也有个限度。清末以来，智识分子虽然多数是从农村中来的；但一离开农村，便永远不想农村，永远不回农村。即使官没有了，也把农村括来的钱，多的汇到外国，到外国去参加人家的现代化。比较少一点的，也竭尽一切的方法，住在都市上，过各种层次的现代化生活。这些人的心中，根本没有自己的钱从何处来、自己的祖宗从何处来、乡下人何以要拿钱来供给自己的现代化生活等问题的存在。所以大家可以心安理得地骑在农民的头上，无穷尽地油滑、浮夸、诈骗、流荡下去。油滑、浮夸、诈骗、流荡，这正是我们都市的"市气"。而"市气"就是这些人的现代化。台湾层出不穷的学生流氓组织，据保安司令部负责指导的人分析其原因说："父兄位居显要。""受都市不良生活之感染，不谙物力艰难及农村之疾苦，养成其趋腐逐臭之习惯。"（见六月廿五日军闻社讯）这是当然的。正因为这批孩子的显要父兄，忘记农村疾苦，不谙物力艰难，整天沉浸于腐臭市气之中，所以他们的孩子才家学渊源，箕裘不坠。中国过去是以市井之徒为可鄙，以市井之气为可羞。而这却正是现代智识分子的生命，一直到海外逃亡而不自觉。当着这些市气冲天的现代人，假定也有人出来再赋《豳风·七月》之篇，使这些忘本的现代人，也亲一点土气，也想一想他的父亲、祖父、曾祖父，一代一代的来源，或许可以使他们稍敛一点虚伪浮夸之习，稍存一点朴厚凝重之心，倒未尝不是促使大家在流亡中重新想问题的起点。更不说甚么戚继光练兵，要"再换清水"（农民），曾国藩用人，特注重"乡气"了。

　　共产党在打天下的过程中，曾以农民的代表者自命。及凭农民打下了天下以后，农村却被视为半封建的、落后的，革命的对象。所以一再地土改，挖农村的根，剥农村的皮，翻农村的面；几千年农村在精神上、物力上的蓄积，大概这一次给搞完了。将来纵使能回到大陆，恐怕所看见的已经不是我们所自出的农村。那时的寂寞，我现在已经预感到了。

所以我纵使也是一个伟大的诗人，也能像周公一样，重写一篇《豳风·七月》的诗，以咏叹农民的辛勤，歌颂农民的德性，则共产党将视我为反动；而自由中国的大人先生们，也会视我为落伍，妨碍了他们的现代化，我将更陷于进退维谷的境地。幸而我不是诗人，更不能作像《七月》那样伟大的诗篇。但农民这一代所受的欺凌诬蔑，好像一个天真无邪的处女，被人加以强奸后，不说强奸者是强盗，反骂被奸者是娼妇，我实在因此而心酸。只要是一个中国人，不管他现在是如何的现代化，但试就他本身推上去，他的若祖若宗、若父若兄、若亲若戚、若乡党中，总可以记忆出若干农村的生活史；在这些生活史中，有的是可敬，有的是可怜。如何能在记忆中，一二三四地数出那样多的罪恶。农村中含有可恶的因素，那一定是由商业资本及贪官污吏所直接间接带进去的罪恶。这是稍有良心、稍有常识的人，所不能不承认的结论。因此，我痛恨我自己不是诗人，坐视这一代忘本的人们，随意将农民加以欺凌侮蔑，除了心酸以外，再无其他方法表达这一代农民所受的积苦烦冤；因此，我更希望中国还会有伟大的诗人，作出新的《七月》篇来，唤起现在人的记忆，在记忆中抓住一点自己生命的根子，重新在历史的车轮中站起。

二

　　真正说起来，我就是这群忘本的人们中的一个。我的家庭，我的村庄，我的亲戚，都是道地的农民，所以也都是道地的穷苦。砍柴、放牛、捡棉花、摘豆角，这都是我二十岁以前，寒暑假中必做的功课。我父兄的艰辛，一闭目都到我眼前来了；所以我真正是大地的儿子，真正是从农村地平线下面长出来的。但我每一想到我在外面的生活情形，虽然比贪官污吏、阔少洋奴，要整饬微薄得多，但一和我乡下的生活对比，便不觉满身汗下；我真的忘本了，我的生活，和我的父兄亲戚，依然有这样大的距离。我的妻，初结婚时，人情世故，一窍不通，简直把她无办法。抗战发生，到乡下去住了两年，居然前后两人。美德呈显，娇习尽除，大家都说她贤德。我常想，农村环境的教育力量真算大。假定现在做官的人，也有机会在农村中住一两年再出来，一定会和我的妻一样，在做人做事上大有进步。可是我现在常拿以前的农村生活故事，来教导我的孩子，他们却只当笑话听。可知人是最容易忘本的动物。二十年前，我有一次坐长江的江船去上海。江船的客厅里，坐着许多客人聊天，有母女两人，也坐在客厅的角落上。母亲大约五十多岁，衣着是乡下小康之家的样子，整洁质朴；女孩十八九岁，蓝褂黑裙的学生装。母亲拿一块在船过芜湖时所买的酱豆腐干，自己吃一点，分一半给她的女儿，脸上是表现着无限的慈爱，无限的安静自然；可是她的女儿把眼睛向四周一望，满脸通红，以很生气的神情推回母亲的手，于是慈爱的母亲当时也觉得非常惘然了。她不知道她的女儿已经现代化，船上坐的都是现代化的人，在官舱客厅里分芜湖酱干吃，有失她现代化的女儿的面子。这一小场面，给了我这样深的印象，到现在还不能忘却。那不仅说明了市井与乡下人之不相喻，也说明了今日谈中西文化者之不相喻。像那位女孩程度的西化论者，对她慈爱的母亲都要翻她一白眼，则对其他的人当然更要目为国粹派、冬烘先生，而值得拿去枪毙了。则今日中共之把农村整得死去而活不转来，一般反共而又学共的人们又何尝不暗里从旁叫好？——只要不整到他自己头上的话。因为他们也是明目张胆地说农村是罪恶的渊薮。

说农村是落后，那是当然的。生产技术的不进步，基层政治的腐化贪污，教育的不发达乃至不适合，都是落后的主要原因。假定能改进技术，澄清政治，普及教育，农民岂有不欢欣鼓舞之理，更有什么丧心病狂的人来反对呢？但我们说农村是落后，这是拿外在的东西作尺度去说的。若就一般农民做人做事的基本精神而论，则我觉得不仅不是落后，而且是中国能支持几千年的一种证明；也是中国尚有伟大的潜力，尚有伟大的前途的一种证明。"市气"人物之不了解这种精神，脱离了这种精神，甚至诬蔑这种精神，正是现代悲剧之所在。

上面所说的不是理论，而是一个社会性的事实。农业生产，是人力直接用向自然，是人力直接为了自己，这其中，能缺少人类的一段真精神吗？而人类的真精神，是蕴蓄有无限的可能性和发展性。

有人骂农民是赋性游惰。但我们试想一想，农村最闲散的时期，是稻已收场，麦刚播种，一直到第二年菜花结果的前后。这种闲散，是来自农业本身的季节性，如何能说是农民的游惰？即在这种闲散时期，农民一面忙着清理本年的生计，一面赶着计划来年的生计。同时，农桑收场，正是农村手工副业的开始。我家是在冬季做蜡烛，夜晚总是忙到三更才睡。没有副业的人家，都羡慕能有一点副业。我们的手摇纺车还没有淘汰，诸姑姊妹，更是起五更，睡半夜，赶着纺点棉线拿去卖，或以此弥补一年的亏空，或以此添置过年的新衣。最可爱的是小康之家，在除夕的前十多天，一家大小，都是紧张而愉快，忙个不休。一年劳动所得的一丝一粟，此时都蕴蓄着生命之花，与劳动者以安慰、鼓励。新年到了，"教化子也有三天年"（教化子即乞丐），讨债的只能讨到除夕为止。这一不成文宪法，打断了穷人生活上的纠缠，使他也能随春到人间而松一口气。除夕到了，全村大扫除，贴门神、春联，放爆竹。自此之后，一直到灯节，各人堆上笑脸，满口都说吉利话，一团喜悦，一片温情。整年劳苦，亲戚朋友都少往来。新年大家带点礼物，彼此来往一番，聊通一年的款曲。农村的新年，才真是人情味的世界，才真可以看出是人的世界。"张而不弛，文武弗能。"在弛之中，更合上发乎人情自然的礼节，如腊祭、迎年、乡饮酒之类；这种先王之教，一直浸润在农村，使中国的农村，不是由鞭子所造成的冷酷黑暗，而富有温暖光辉，以积蓄发展民族的生命，这实在是支持中国历史的主力。我已有二十多年没有在乡下的家过新年了。大概此生此世，是永远不会的。都市的年，好像渗了水的白酒，没有真味，因为都市的人情味早已渗假了。

有的大人先生们，或许因此大发议论，说上述情形正是表现农民的懒惰、无计划、不紧张、攸攸忽忽。但是，这是完全失掉了记忆的人，或者是完全没有良心的人的说法。新年一过，我父亲便把一句成语告诉我们，"一年之计在于春，一日之计在于晨"，要我们各人早作各自的准备。这句成语，是家喻户晓，引以互相警惕的。严氏《诗缉》说："《七月》之诗，一言蔽之曰，豫而已。凡感节物之变，而修人事之备，皆豫为之谋也。"程子曰："此诗（《七月》）多陈节物大要，言岁序之迁，人事当及时耳。"可见三千年前，中国农民，已经是有计划的生产，难说到现在反退步得一塌糊涂，硬要等今日共产党来为他们搞生产计划吗？农民自己的计划，是自己生命的发舒；为农民所立计划，是对他们生命的剥削。现在的大人先生们，难说对这一点都分不清楚？农民第一计划的是粮食如何能新陈相接，其次是肥料的积集分配，再其次是就去年的经验，今年那一丘田应该种什么；至于人力的计算，有余如何利用，不足如何补充，更要费一番打算。一个忙季来了，譬如插秧、割稻、种豆、耘田，农民都要抓住那几天内做完才有利，过了那几天即不利，总是全家大小，不分昼夜地去争取这种天时。稻子收早了"没有煞浆"（谷子尚未十分成熟之意），收迟了便会生芽。更要抢着天气好。所以我村子的人，常常问："你是割了多少稻子才天亮的呀？"有一个年轻的小伙子叹气说："我有很久是两头不见大二了。"近村传为笑谈。我乡里称母亲为"大二"。早出时，母亲未起，夜归时，母亲已睡，所以说两头不见"大二"。都市的时间是以钟表来计算，农村的时间，是以各个人的生命力来计算，这种以生命力来争取时间，用摩登的话说，是"抓住重点，突破困难"。《千家诗》上载范成大的诗"昼出耘田夜绩麻，村庄儿女各当家"。又"乡村四月闲人少，才了蚕桑又插田"。五十岁以上的大人先生们，难道《千家诗》也不曾读过？

朱柏庐的家训，正是反映农村的生活秩序，所以也特为农村所重，常常把它写作"中堂"挂。开首就是"黎明即起，洒扫庭除，要内外整洁。既昏便息，关锁门户，必亲自检点"。我父亲在乡下教书，但在严冬时也是每天东方刚发白便起来捡猪粪牛粪，积蓄肥料，全村人都仿效起来。夜间关门，总要招呼一声门闩闩上没有。乡下人骂关门不关上的说："你怕关掉了尾巴吗？"后来我见到许多都市称暗娼为"半开门"，我才明白乡下人为什么骂半关门了。

三

勤俭两个字，是农村经济的骨干。但在政治不安定的时候，与其用勤俭两字去表征农民的活动，无宁用勤苦两字更为恰当。我小的时候，常常晚上没有饭吃，那还可以说是太穷。但我祖母的时候，听说粮食是够吃的，因为要存点粮食备巢，慢慢再添一点产业，便在农闲的日子，晚上只喝点米汤或吃点豆子当饭。我妻的前一代也是如此。问起来，乡下人大半都是如此。真西山说"数米而炊，并日而食者，乃其常也"，这确是农村之常。家里有老人，每月初一和十五的两天，能买两次肉给老人吃，那就算小康之家。此外，乡下人吃肉，便要靠过节、祭祖和过年了。自己死了人，要给吊丧者以大块的肉吃；送葬时要请一对喇叭开路；尤其是老人的棺材和寿衣，几年前就应准备好；这是乡下人有一个孝的观念，有一个礼的观念在驱使他不得不如此。至于"大出丧"这一类的玩意儿，那只是极少的缙绅之家，尤其是上海人爱来这一套，农业社会是当不起的。谁能把这一套硬栽在农村里去，以指实农村的罪恶？

因农民的普遍穷困，生存的要求太迫切，所以农民打算的范围很窄，有时表现得很小气。我村子里常常用酒杯借油借盐。假若一酒杯的油和盐借后没有还，那就很难再借第二次。但乡下人并不是没有大方的时候，割谷割麦收豆子的日子，可以让女人小孩去捡，有时还要送他一把。过新年的头三天，以及有婚丧庆吊，对于乞丐都特别大方。尤其是遇着插秧割稻，彼此都是无条件的帮工。乡下做屋，只有木匠、泥水匠要工钱，小工都来自亲戚邻里，照例是不要工钱的。只要自治稍有轨道，农村的守望相助，最为容易。农村的保甲，比市镇容易编。征兵征工征粮，完全是落在乡下人身上，大人先生们对于都市是不敢轻易下手的。农民的自私，是迫于生活的煎迫，他有什么资格和商人、和官商合一的大人先生们去争一日之短长呢？并且安分守己的自私，岂不贤于朝市中的勒索诈骗吗？

因农业本身的制约，不能鼓励人的冒险，也不能有什么飞跃性，这是真的。但谁能因此而抹煞农民的奋励上进的精神呢？抚孤守志，教子成名，农村这类的伟大母亲，代不绝人，蒋母就是伟大的例证，这都是农民坚贞奋励的标志。中国历史上的人物，多半出于乡下贫困之家，所以有"茅屋出公卿"的成语。我和我同时住师范的几个朋友，都是穷得没有"年饭米"的人家，若非父兄咬紧牙关，忍饥挨饿，如何能有升学的资格？就是现在的显要中，总还有不少是这样出身的。在生死之际能坚持一种信念，立下自己的脚跟，如忠孝节烈、耕读传家之类，这是中国文化在农村中最深厚伟大的成就。吸收农村这些美德而伸长到政治上的，一定是贤良的士大夫，一定是政治清明的时代。抹煞农村这种美德，骑在农民头上，吸农民的脂血而还骂农民没出息的，一定是最无良心的智识分子，一定是最没落的朝代。

自由中国的人们！多增加你对农村的记忆，对农民的记忆，对你自己在农村流过汗流过泪的父兄亲戚的记忆吧！在这种记忆中会使你迷途知返，慢慢地摸出走回大陆的土生土长之路。流亡者的灵魂的安息地方，不是悬在天上，而是摆在你所流亡出来的故乡故土。

六月廿日于台中

一九五二年八月一日《民主评论》第三卷第十六期

春节怀旧

一

自从各色各样的革命革新人物得势以来，数千年来，与劳苦大众的生活情调融合在一起的"年节"，被逼得走投无路，先委曲地称为"旧年"，现在再退一步，只好称为"春节"了。春节云者，即是我们劳苦大众过了几千年的年节。

风俗由人民生活的积累而成，人民生活的意味也是具体地浮雕在风俗里面。抹煞社会的风俗，即是抹煞了人民具体生活的意味，使人民只成为工具上的数字，这是很残酷的事情。我出生在穷困的农村。农村自富农以下，都是成天地在生产工具上打转。平时见不到酒肉，见不到娱乐，也没有亲朋来往，甚至脸上也没有笑容。这一切，只有在节日里才有其可能，尤其是"过年"的大节日。人不仅是为劳动而存在，也是为享受自己的劳动而存在。把劳动和对劳动的享受结合在一起，这才是"人的生活"。而农村的劳苦大众，只有在节日里，尤其是在过年的年节里，才有享受自己劳动的机会，才能作为一个完整的人的存在，把生命生活的意义，从各方面表现出来。因此，节日，尤其是年节，是风俗的集结点。

我这里，特别提出农村的劳苦大众，只是说明一个事实，而不是想装作摩登进步的架式。过去的地主豪绅，乃至都市的富商大贾，再加上政府的达官贵人，过的是"天天献岁，夜夜元宵"的生活；年节对于他们，只不过是多余的点缀。有如因糖果吃得太多而闹牙痛的孩子，再请他吃糖时，口头上说声"谢谢"，心里面却感到为难。即使是住在大都市的勤劳大众们，可以得到年节的休闲；但五光十色，平时已经见惯，很难领略到年节由热闹而来的一番欢悦。只有成天在田地山林沼泽中工作的劳苦大众，有如一年吃不到一次糖的孩子，偶然遇到的即使是粗糖，对甜味才有真的感情，才有真的享受的感觉。因此，我认为，只有农村劳苦大众所过的年，才真能算是过年。只有农村过年的风俗，才真能表现人民活跃的生命。

过去的诗人文人们，对这类的风俗，远自《三百篇》，还有的加以歌咏，有的加以记载。到了现在，有的则站在云头上呼风唤雨，破旧立新。有的则在用典雕龙，或装洋画鬼。由勤苦大众的生命生活所形成的风俗，快埋葬以尽了。只有像我这种没出息的人，才偶然漂浮着一点轻岚薄雾。

二

秋收冬藏，照道理说，冬天农村是休闲的季节。但真正有点休闲意味的只是农历的十一月，我们乡下便称为"冬月"。因为此时的豆麦已经播种，即使是半自耕农或佃户，也不愁吃的粮食。但到了农历十二月腊月，许多人已是开始挣扎在粮食问题、债务问题里面，气氛便非常紧张了，一直要紧张到除夕才松一口气。

即以小康之家而论，为了年节作准备，家长和儿女们的心情，也不一样。下面的一首歌，正是两种不同心情的反映。"新年到，是冤家。男要帽，女要花，媳妇要勒儿走娘家。"男、女、媳妇的这点要求，在一年中，只有新年时才可以提出，家长们只好全力以赴，使儿女们在新年中得到一分喜悦。

到腊月底，要为年节特别准备食物，最特出的是三粑，即是糍粑、印子粑和豆渣粑。糍粑即是年糕，多半作款待客人之用。印子粑是把粘米粉揉好后，按入在各种雕花的模子里印出来的；一做便是几百个，这主要是留给自己吃的。但初一初二初三的三天也用来打发给乞丐。过年做豆腐多下来的豆渣，地主们是用来喂猪的，但富农以下，多当作菜来使用，过年时也做成粑，以补印子粑的不足。

到了除夕这一天，全村的儿童，都欢天喜地地出来做大扫除的工作，贴红纸春联更是大家抢着做的。除夕吃完了"团年饭"后，全家大小都围在火炉边"守岁"。此时讨债的人也不能讨债了。并且各家把大门早早关上，称为"封门"，以表示这一年的结束。一直等到五更左右，按照日历上所说的吉利时辰在爆竹声中把大门打开，向大吉大利的方向祭天祭地，以庆祝一年的开始。这称为"出方"或"出行"，还贴上"出行大吉"的红纸条。我的印象，农村的劳苦大众，只有除夕才是最平安的一晚；有了这样的平安的一晚，元旦才像个元旦，新年才像个新年。而定下一到除夕便不能向人讨债的规矩的人，大概真正是人民最伟大的领袖了。

三

元旦早上是要向亲长们拜年的，从自己村子里，可以拜到邻近的同宗的村子。小孩子开始可以尽情地玩，但最怕一个不小心，见人说出了不吉利的话，坏了人家一年的兆头。因此，新年时口里所说的话和平时有点不一样。好在大家知道，要孩子不乱讲话，是一件难事，所以先贴上"不禁童言"的红纸条，作为一种预防措置。

彼此见面拱手时最吉利的话是"恭喜发财"。还有穷极无聊的人，在新年的头三天，敲着一面小锣，向人家送财神菩萨，人家便得给他一点零钱或食物。印在粗糙黄纸上的财神菩萨也和现世的财神菩萨一样，有些面貌可憎，但这是新年中的事物，大家只好忍耐。

从初一到十五，是一年中穿得最好的，吃得最好的半个月。头三天甚么活也不做，三天过后，也只做点轻松的活。龙灯、采莲船、大头包、打狮子等游艺节目，农村里也只有此时才一齐出动。亲戚朋友，只有在这几天才有一番来往应酬。一年的劳苦，换下这半个月的休闲欢悦，所以这是真正的欢悦，是人作为是一个人，所必不能少的一点欢悦。而这些欢悦，只是出乎劳苦大众生命的要求，在集体生活中，日积月累地积累起来的；所以一旦展现出来，便与他们的生命连结在一起，使他们的生活，得到一时的舒展，为了再劳苦，准备了新的精力。假定老百姓连这点欢悦都没有了，连这点欢悦，也受到飞天夜叉的蹂躏，还有甚么道理可讲呢？

一九七五年二月十六日《华侨日报》

旧梦·明天 [*]

　　"明天"，的确是一个动人的题目。尽管许多人说，"瞬间"、"刹那的瞬间"，才是我们生命的实体；伟大的诗人，便在于能把握住自己生命的瞬间，而加以表出。但我不是诗人，对于自己生命在刹那生、刹那灭的每一瞬间，总是糊涂地让它过去；好像用手在水中捉月，到头总是一无所有。因此，我也和许多人一样，把一切的希望，都安放在"明天"。而一说到"明天"，当下所涌出的便是返归故里的"旧梦"。

　　我的故里，是出浠水县城北门再走六十华里路的团陂镇、黄泥嘴、徐塆凤、凤形塆。因为"凤形塆"太僻、太小了，所以每一向朋友介绍时，已经成为习惯地，在它上面还要加上两个地名。"凤"有一个头，并张着两个翅膀。十一二家的土砖房子，便分布在张着的翅膀里面。一口水塘，淤塞的沙土，似乎从来不曾挑干净过。再前面，便是从右向左，一直延伸到一条小河的"大畈"，这是我们一连四个塆子生命所寄的稻田、麦田。正面对着我们塆子的有一个像馒头样的山——"鳡鱼脑"，鳡鱼脑上面，便是拔出于群山之上的"落梳峰"。大家都说曾有一位仙女坐在一块平阔的大石板上梳过头，却一个不小心，将梳子掉下，所以石板上到今

---

[*] 这是应《自由谈》编者以"明天"为题所写的。

还留有仙女的脚印和梳子的痕迹。这个峰，像一口大钟伏在地下，显得特别秀整。在我以放牛、打柴为生的幼年，这里是经常上下处所之一。此外还有上下得多的是"大山背"。不过，从我能记事的时候起，四个儿子的人，很少有一家能终年吃饱饭。除开春夏天的景色以外，有时，只是荒寒、破落，大家好像整年过着冬天的生活。

我十二岁到县城读高小，十五岁到武昌读师范，这已经是四分之三离开我的故里了。北伐军来后，一直到离开大陆，其中仅有几次，偶尔回去住上两三天。抗战胜利，我真想永远住在故里，过后半生身心干净的生活。但一回去，农村的百孔千疮，简直淹没了天伦之乐和塆前塆后的草木的光辉；便又在自己精神的压力下，逃避出来了。真的，我对自己的故乡，一直是在逃避、抛弃。

但是一说到"明天"，自然感到这必须是和我的生命连在一起的事物。岂仅政治上受骗、骗人的一套，早从我的精神中，绝尘远去；连走遍大半个中国所曾经留恋过的许多名都胜境，也都和我漠不相关。甚至连目前冥心搜讨的所谓学问，也都漂在我生命的外面。我的生命，不知怎样地，永远是和我那破落的塆子连在一起；返回到自己破落的塆子，才算稍稍弥补了自己生命的创痕，这才是旧梦的重温、实现。

父亲、母亲、哥哥，都已经磨折地死去了。嫂嫂、弟弟，不知道是否还在人间。我回去后，把离散了的侄儿侄女，重新团聚在老屋里面，这是一件大事。我和受了现代教育的儿女，应作共同的努力，使我家里乃至塆子里的男女，能过着谷吃完后有麦吃，麦吃完后有谷吃；一年到头有油盐，有酸菜、青菜；客人来了，能买一块豆腐，甚至一小瓦壶酒；每月初一、十五，过年过节，有点猪肉吃的这种生活。这是我们当时所希求的生活，也正是"明天"的本分而正常的生活。假使那时（"明天"）的政治还有点"人的"气息，我将提议在团陂镇开设一个苗圃，让只要是山，便有树木；只要是隙地，都是果园。还要把半掩没了沙土的池塘，挑得又深又广，里面养满了鲢鱼、鲤鱼乃至大头鱼。假使还有力量的话，要把三里以内的三条小河，在上游筑成水坝，让河水能流进每一家的田里，河岸上都是密密的杨柳树和其他的树。

当然，返回故里的第二天，便应去看看在"罗家榜"埋着的祖父、姑母，十六岁便夭折了的姐姐的坟，不知还是否存在。我的父亲、母亲、哥哥的坟，也预定安放在这里，不知是否得到允许。假定这些坟已经被毁了，我也要作一种象征式的恢复。然后在旁边，为自己和妻，留下两个穴地；并预先吩咐，在我死后的墓石上，刻下"这里埋的，是曾经尝试过政治，却万分痛恨政治的一个农村的儿子——徐复观"三十个字。我流落在外面，常常想到"罗家榜"。这是一个小小山凹，没有风水，也没有值得说的景物。但在我四五岁时，随着父亲到离家二里的"小河"私塾去玩时，从塆子左手青龙嘴，一直顺着半山的小道走去，一定要经过这里。到了八岁，在距家三里的白洋庙正式发蒙读书时，也一定要经过这里。以后将近有七八年时间，寒暑假都起居在小河的村塾，每年有三四个月的时间，都要经过这里。每经过一次，眼睛自然会向路上边的坟墓注视一次。十年多的岁月，这个山凹，不仅埋葬的是自己的亲人，并且于不知不觉之间，也注入了自己的生命。假定每一个人，要有一个埋骨之所的话，这就是我"明天"埋骨之所了。

当我返回以后，希望还有能认识我的父老；而不相识的儿童，也不会把我当作仇人、敌人。假使原有和我小时同过学的朋友活着，有如"大山背"的陈六哥等人，那便是我"明天"的真正朋友。故乡的习俗，在上元节的那一天，整年劳动的妇女，一大早，便结伴出外踏青。当我刚读师范时，有一次，偶然在踏青节看到陈家的三位姐妹；一到现在，我觉得这三位女孩子，才代表了人间所能见到的最圆满的女性。等我回去后，她们当然早已老了，或者已经死了；但我依然要打听一番，或者去凭吊一下。我初看到她们时，回家后瞒着父亲，曾偷偷地作了几首打油诗，现在还记得"古佛拈花唯一笑，痴人说梦已三生"一联。"明天"本来就是梦，我希望能在梦中说梦。

假使还有生活的闲暇，我便要补偿宿愿未偿的故乡山水的游兴。"斗方山"上的庙，石梁石瓦，听说是神仙一夜中吹上去的，我要去。"小灵山"上听说有位和尚种了不少桃树，我要去。"天福寨"的天福寺，我曾经来往过一年；土壤和泉水非常地美好，我要去看看是否已经好好地利用。离我们十多里路的"桃树墰"，有座"狮子山"，以前曾去过一次，看到几个石洞、石壁上刻了许多字和神像；我要再去考证一番，知道一个究竟。至于"四望山"寨的"四望寺"，我要常常去借住的。这里山势崔嵬秀丽，够得上"林泉之胜"；寺和寺里的许多尊铁佛，以及半山上的田产，都是我们先人捐出来的。我父亲在里面教过一年书。在武昌师范学校还没有开学时，我曾住在寺里。有一天，来了一位姓贺的朋友，写得一手好字，于是大家提议，在门、窗、大殿、戏楼的柱子上面，要都贴上对联；"初生之犊不怕虎"，由我作，由他写，一口气作了写了二十多幅。记得其中有一联是"松菊有缘，半笠烟霞还旧梦。圣芬不远，五洲风雨共斯文"。除了这种"烟霞旧梦"，还有什么值得称为"明天"呢？苏东坡在海外的诗，有"管宁投老终归去，王式当年本不来"两句，每读一遍，辄为之怅惘不禁。但他毕竟是归到他所愿归去的地方了。生于今日，不会"明天"永远是"明天"吧！

一九六二年十二月七日于东大

一九六三年一月一日《自由谈》第十四卷第一期

无惭尺布裹头归·生平

我的父亲

一

每次回忆到我的父亲时，感情多少有些复杂，和回忆到母亲时有点两样。

我曾从界河的总祠堂外面经过一次，从黄泥嘴小镇附近眠牛地的分祠堂经过无数次，但没有在祠堂里面参加春、秋二祭的资格。堂屋供"天地君亲师位"的神龛的一旁，有个竖立的木箱，里面装着好几十册《徐氏宗谱》。十二岁时，曾好奇地偷偷拿几册出来翻过，只见上面印着○—○—□这类东西，莫名其妙，赶快归还原处，怕被发现时挨大人的骂，等于不曾看过。以后出门读书、做事，在家的时间很少。所以对我们这一支徐氏，除了偶然从大人口中听到些片断外，没有正确的了解。据说，从江西迁到蕲水县的第一代，是住在县城东面约五十里的洗马畈。再由洗马畈分一支到蕲水、罗田交界的界河。这一支又分为"军分"、"民分"，我们是属于"军分"。把老百姓分为军、民两分，应当来自明初的屯卫制。由此推测，从江西迁到蕲水、洗马畈，可能是元代的事情。在传说中，我们的故里，实沉埋着一段惨烈的战争历史。距我们村二三里的地方有一山村名金鼓冲，相传在山冲里埋着有金犁金耙，一直传到我小时的民谣是"金犁金耙，挖到的人可得天下"。住在金鼓冲的老百姓姓陈，但一般人说，他们的祖宗牌有前后两层，前面一层是"陈氏门中宗祖"，后面一层却是"金氏门中宗祖"。另一距我们村子约二里有一不太高的山岗，名"杀二万"，相传在这里杀过两万人。我在十七八岁时放暑假回家，有一天和几个朋友游山游到这里，偶然在草丛中发现一块露出的岩石，上面刻着"金小姐殉难处"六字。大家惊疑之下，又在山上寻找，在离此石约十多丈的地方，又在一块岩石上，刻着"金将军殉难处"。而刻石字迹粗劣，乃仓卒中所成。把上面的几个片断传说与两石刻结合起来，可以推定我的故里当时曾经受过一场很大的劫难。这可能和徐寿辉在蕲水起义有关。

徐氏由洗马畈分到界河的一支，大概是在此次劫难之后。界河分一支到我们现住地的"徐珤坳"，开支的祖人徐珤（我们称为珤祖），有六个儿子，称为六房。我们便是第六房的子孙，前面说到的眠牛地祠堂，即是六房的祠堂。珤祖下来的辈分，是用从一到十来分别。我父亲的辈分是"十"，由此推测，珤祖应当是明末清初的人。

父亲辈分的名字我不记得。学名执中，号可权。祖父弟兄三人，伯祖是一个优贡，曾在下巴河闻一多的上两代教过书，听说八股作得很好。我年幼时在旧书柜中，曾发现他手抄的几厚册诗；字写得很秀，但由他老人家抄诗的取材，及有一册后面附录的自作的几首诗来看，在诗的造诣上并不太高明。

我的祖父行二，和行三的叔祖，都是种田的。曾祖父听说是个举人。曾祖父以上，便更不清楚。在我十多岁时，伯祖父的三个儿子，即是我的大伯、二伯、六叔，已经很穷困。大伯读书连秀才也不曾考到，却不事家人生产，更是穷得顾不了"书香门第"。有一次，我清理七八个破旧书柜，除了有一柜完全是医书外，其余的都是八股文、试帖诗；虽然有的被蠹虫吃得一塌糊涂，但都印得相当讲究，有的还是套色版。大概从康熙时代起，一直到废八股以前，都收罗得有。我约了几个年龄差不多的堂兄弟，仅把医书保留下来，此外都抬到河边烧掉了。

有一次修补屋漏，在屋梁上发现有两部书，一部是明版讲律吕的（名字记不清楚），一部是吕晚村的集子，这不知是哪一代留下的比较有意义的两部书。其所以放在屋梁上，当然和吕晚村所遭文字之祸有关。这两部书以后也一齐丢掉了。由上述情形推想，曾祖父以上，大概有好几代是与八股有关系的。但我们的"世代书香"，却与学问并没有什么关系。

二

当时的风气，一个中人之家如有两个以上的儿子，总尽可能地让一个儿子读书。伯祖三个儿子，伯父读书。我祖父两个儿子，我父亲读书，叔父种田。我小时听到母亲和其他伯叔们说，父亲读书非常用功。整天坐在书桌边，椅子脚下面的地磨成了四个小洞。到二十岁左右，吐血吐得很厉害；全靠非常能干的祖母的照顾，才不曾死去。但天分大概很低，八股文一直作不好；考来考去，考不到一名秀才，只好靠教蒙馆为生。种田的叔父耐不住，吵着分了家。

蒙馆的收入是正月元宵后第一天上学时的"见师礼"，这只等于香港过年时的"利是"。再便是年终时的"学钱"。收入的多少，决定于学生人数的多少、年龄的大小及家长的经济情形。

蒙馆的地方，多半借用祠堂、庙宇及人家的空宅。起一个蒙馆，先要有一两位热心的人士发起借地方，邀学生。我父亲连秀才的头衔也没有，大概有很长一段时间，教的是不到十个穷苦的儿童。但他做人很正派，不"管闲事"，教书很认真，讲解得很清楚。到我发蒙的一年，即是辛亥革命的这一年，设馆在白杨河东岳庙里，已经有近二十名学生；其中有几个已经有十七八岁，作整篇的文章，在当时便称为"大学生"。后来有一年，县里"劝学所"（后来的教育局）举行全县师资考试，我父亲考了第一名，他自己高兴得不得了，邀学生时比以前更容易，他的蒙馆应当称为"私塾"了。及民国六年县中学招考，我正在县城住高等小学，也私自报名投考（当时并不严格限定资历），头一场考了个第一名。当时考中学的年龄都在二十岁上下，我年十三岁，又矮又瘦，在旁人眼睛里，是地道的穷孩子。高小的同学，给我取了两个浑名：一是"逃水荒的"。鄂中沔阳县一带，遇着大水灾时，便成群结队，向外县逃亡乞食，称为"逃水荒"。一是"卖油果子的"。我们县内只有县城里才有油条卖，城里人称油条为"油果子"；穷苦的小孩子，提着竹篮里装的上十根油条，在小巷里大声喊着"油果子呵！""油果子呵！"地叫卖。但一旦由我考了个第一名，在科举气氛还十分浓厚的情形下，简直哄动了。

下巴河的闻、陈（陈沆的后人）两大世家及暴发户汤化龙家的子弟们，联合起来要和我打架。因为这些关系，父亲教书的行情也提高了，虽然不是教书中的"大先生"，但学生人数增加，收入也增加。到民国七、八年以后，家庭生活，渐由春季缺粮而进到谷麦相接；再进到只吃谷，不吃麦，可以称为富农了。民国十五年以后，公立的初、高级小学，慢慢发达起来，社会也把科举的观念转向到大、中、小的学校教育，私塾受到自然淘汰。但我父亲的私塾教书生活，一直继续到抗战末期。

三

科举改八股为策论，同时提倡数学，数学好的也可以"进学"为秀才。我不知道我父亲从什么时候起，练习起数学来。到我七八岁时，他已经不常练习了。但我还发现厚厚的竹纸算草本子，保留了十几二十册，用的不是阿拉伯数字，而是用的中国数字，但零和点都已用上了。除了加减乘除外，还有一两册是勾股（三角）的算草。这一切，都是为了考试。考试不用了，我父亲也就放弃了。但他教书时，也教一点数学。

我父亲一生精神上最大的压力，是科举中考试的失败。自己没有完成的志愿，当然寄托在儿子身上。开始是我哥哥上学，但因生活的紧迫，哥哥到十一二岁时便改学种田。我四五岁时，父亲在小河口的一间空下的铺房里教师，离家只有两里路，有时便带我去玩。有一次，一个小孩背《三字经》，背了两句接不下去，我一面玩，一面替他接下去。这时还未教我认字，大概听到旁的小孩读，便和儿歌一样地记下了。隔壁的屠户老板跑过来再要我背，我也胡乱地背下去，我父亲开始发现我有点聪明。但一连两三年，蒙馆改在较远的地方，所以直到辛亥年才正式发蒙。父亲开始有了点"新"的观念，从"人"、"山水"、"耳目"、"手足"的教科书第一册教起。第一册读完后，读第二册及《小学韵语》和《论语》，而没有读《龙文鞭影》及《幼学琼林》这类的故事入门的书，因为考试时不消作诗赋的原故。当时儿童在开始作文以前，先教联字。两字一联时，老师在写出的一个字的上面或下面，画一个圆圈，教学生填进一字，看与老师所写的字，在意义上是否联得上。再进一步便是四字一联，以成一句。这大概要发蒙一年以后，才作这种训练。我发蒙后的三四个月，有一天大家围在一张圆桌子边，我父亲写"日入"两字，再圈上两个圈，让大家填。有的说"过夜"（我们乡下，吃晚饭称过夜），有的说"困醒"（称睡觉为困醒）等等，我父亲都不满意。我挤进去说"而息"，我父亲和几位大学生都大吃一惊，因为并没有教我读"日出而作，日入而息"两句话；追问起来，我也不知道从什么地方听来的。这年下季，便开始作文，几十个字写得承接清楚。这样一来，把自己害苦了；我父亲把两代没有达到的希望，都寄托在我身上，恨不得能"一锄头挖一口井"。

回忆起来，我从小就是任天而动、毫无志气的孩子。不仅要我立志做官，使我发生反感；实际是懵懵懂懂，什么志向也没有。

假定当时诱导向做学问的路上去，情形可能两样；但在长期八股迷的家庭里，这是不可能的事。父亲用科举鼓励我的千言万语，只当作耳边风。这越发使父亲焦急起来，逼得越紧。我每早背完《论语》、《孟子》、《论说入门》这类的东西以后，都要讲一遍给他听，错一点，轻则用手纠脸皮，重则在头上打"栗壳"。字的好坏，和考试有关系，每天练字时，他站在旁边，一笔不对，便一栗壳打下来，打得我泪眼模糊，越写越坏。有时我被打得性起，把纸笔一丢，索性不写，这样便要大打一顿，我就大哭一场，他再百样地哄我。晚上带我睡觉，在我睡意正浓时，突然考我某一句书或某一段文章；若是睡着不醒，或答得不对，便用手扭小腿肉。旧历年放假，但我没有假放。除日村中儿童从事大扫除，我非常想参加，却不准我参加。有时母亲看到我坐呆了，叫我出去溜一溜。我前面走出去，父亲便从后面追出来，逼着我回到书桌边去。大年初一，可以玩一天；有一次，我挤在一群孩子中间，也陪着"跌钱"玩，父亲来了，就是几栗壳。在旧书柜中找到一部板本精美的《聊斋志异》，惊为奇书；还未看完，被父亲发现了，投之于火。小时非常喜欢读诗，十岁左右便弄清楚了平仄。但因此时考试不出诗题，也不准读。在十二岁进县城高小以前，所读的是四书、五经、《纲鉴易知录》、《东莱博议》、《古文观止》、闱墨（选印考举人进士所作的策论）等。父亲听到举人高锦官姻长说《困学纪闻》、《廿二史劄记》很有用，买回给我看，我一点不感兴趣。一直到前年（一九七一年）偶然在《困学纪闻》中找一项材料，方惊叹王伯厚氏以抄书为著书中的鸿裁卓识，欲写一文加以发明而无暇进一步用力。总之，父亲教我的都是以应付他所经历、所想象的考试为目的，此外不准旁骛。

四

十二岁送到县城住高等小学，把我拜托给一位国文教员高少庵先生。他和我的伯父是儿女亲家，虽然此时伯父及三堂兄已死，高小姐并未过门，但总算有点亲戚关系。高先生在当时很有点名望，听说他的诗、古文词作得很好；但性情傲慢而懒散，人一提到"高八先生"或"高八麻子"，总有几分敬惮之意。父亲带我到他的房间里，首先磕了一个头，说了一番恳笃拜托的话，看到有旁的客人来，便走了。高先生回头给我一枝铅笔、一张十行纸，叫我作一篇《学而时习之》的作文；我站在他的桌子头边，大概写了两三百字，把铅笔放下，站在原地不敢动。客人走了，高先生问："你为甚么还不作？"我说："已经作好了。"把写好的一张纸送到他面前，他看完后，向抽屉里一放，不说一字的好或坏，只指着窗子下的一张小长方桌说："你可以在这里坐。"过了几天，有位相当有名的拔贡严恩露先生来看高先生，高先生从抽屉里拿出我的作文给严拔贡看，并小声说："这个小鬼比徐味三强。"徐味三是离我们十五六里路的一个大地主，又是举人，做了几任知县（县长），在我们族中，威灵显赫，家里曾听人多次讲到。突然听了高先生这句话，心里感到莫名其妙的自负："原来我比他强呀！"这句话，再加上第二年在中学招考时考了个第一，还有位亲戚私下向人说："这孩子在科举时代已经是举人了。"可以说，把我的幼年时代完全葬送掉了。

我到了县高小后，吃饭是由哥哥送米送菜，把米用饭碗量给学校请的厨手，菜交给厨手回锅，再算点柴钱给他。同学们的菜有很大的差别。我家里除了偶然送点豆腐乳以外，实在送不出甚么菜来，零用钱更少。我经常的菜，是一块豆腐剖做两边，上面洒点盐，在饭上蒸一蒸，作午晚两餐之用。我不在乎吃得好和坏，只是一脱离了父亲的掌握，除了每次回家把没有读完的《左传》，按照指定的页数，背给他听以外，完全过糊涂日子，并不好好做功课。开始有点怕高先生，以后发现他并不管我，玩的胆子越来越大。回想起来，没有进高小以前，我虽然也有些调皮，但是一片纯朴、真诚，没有丝毫的坏念头。一进了高小以后，除了不用功外，各种坏习惯、坏念头，都慢慢沾上了。我常常想，受不够水准的学校教育，完全是人生堕落的过程。

在家里不准看《聊斋志异》，此时便放胆地看章回小说。所有小说都是手掌大小的本子，油光纸上印着小得不可再小的字。有一次，晚上自习的时间，我把功课摆在桌面上，抽开抽屉，把小说放在抽屉里偷偷地看。突然一只手从我背膀上伸了下来拿住我的小说，回头一看，原来是高先生，真把我吓坏了。他一言不发地把其余的三本一起拿走。过了几天，他又一言不发地归还给我，大概他知道我是向人借的。好像黄梨洲不反对人看小说，今人也多鼓励看小说。住三年高小，把可以找得到、借得到的章回小说，几乎看完了。我在小说得到了甚么好处，真是天晓得。

不久，有另外四位同学，在一块儿玩得最好，结拜成兄弟，这是当时的风气。一位姓陈的是老大，他专门出些坏主意。有位李鼎同学，后来大学毕业，当中学校长当得不错，但当时文字不通，是一个小地主的独生子。他父亲来送东西给他，穿得相当地破烂；但这位李同学告诉我们，他父亲的钱，都是装在瓦罐里放在床底下，床底下的钱罐子简直塞满了；陈老大便出主意叫他偷，偷来我们"打平和"（此间所谓"打牙祭"，我们县里称为"打平和"），我们都赞成。自此以后，李同学回去一次就偷一次。有一天，我们在李同学房里，关着门开始大花脸来大蹦大跳，突然校监来拍门，我们藏在门后，李同学把门一开，我们便一冲而出，逃到烧热水的地方洗脸。洗完后，回头伏在窗子外面窥看，监学扭着李同学的耳朵，扭到房内每一脏乱的地方便打上几栗壳，总打了十多次，我们忍不住又哄笑起来逃掉了。

其中有位王同学步云，年龄和我不相上下。功课方面，我只有作文一样出色，他的作文，绝不在我之下；但我的字写得乱七八糟，他的大小字已经有个样子；此外英文、数学等科，无一不行。人生得很秀气，一看就是小说中的才子乃至是天才型的人物，读书又比我用功。高小毕业后，我们便分了手。一直到我住国学馆，有一次放假特别绕道从兰溪去看他。沿路经过秋风岭等景物绝佳的山地，到他的风景如画的村子里住了两天。他的祖父是位进士，留下有印的诗集，曾送我一部，早已丢掉；父亲早死，母亲守节抚养他成人。家境应当是小地主，家里藏有不少的书。他感叹地对我说："你已有点名气了（其实并没有），但我在家里也读了不少的书，只是没有方法出外去闯闯。"说后把《皇清经解》他看过的地方翻给我看。我对学问完全外行，对他除了少年时的一番怅惘之情外，也说不出点甚么。再过几年，知道他因到县城狎妓等等，不到三十岁便死去了。在一个沉闷腐烂的旧社会中，像我和王步云这种有希望的孩子，不知不觉中都糟蹋掉了。

我虽然在中学入学考试时考了个第一，但为了避免纠纷，由县长路孝植出一面告示，把我夸奖一番，结语说因我年龄太小，应俟高小毕业后再进入中学。但我在高小越来越不像话了。中学和高小都在莲池校舍之内。中学有位潘临淮学监，因为人很和善，学生便送他一个浑名叫"潘糍粑"，糍粑即是由糯米所做的年糕。有一天，我和一个同学打了玩，潘学监从旁经过，我说："不要打，漫打出黑糍粑来了。"加一个"黑"字是讥笑他不通文理的意思。潘学监气急了，告到我们校长前面，校长的意思，打两下手板，敷衍潘学监一下面子也就算了。谁知我连校长也骂起来，弄得下不了台，挂牌把我开除学籍。这时已快放寒假，离毕业只有一学期。我回到家后，当然不敢直说，只在父亲面前把学校批评得一钱不值，认为没有住毕业的价值，不如在家自己用功。父亲看到我进高小后，并没有一点进步，觉得我的话也不错，我便安心"过年"了。哪里知道，过年以后，父亲从一位亲戚口中，知道我是被开除掉的，气得要死，对我说："现在也不打你，你过了十五（元宵）后，要回到学校去。回不去，再狠狠地打。"这样一来，只有再去，点名册子上根本没有我的姓名，但我依然嘻嘻哈哈地跟着同学一起上课。一直到毕业考试的前两个月，册子上又突然有了我的姓名。以最优秀的学生入校，以倒第六名毕业。这是民国七年的六月初的事情。

五

小学毕业的时候，父亲已成为我乡横直三四十里内有数的教书先生。但对我毕业后应做甚么，实在说不出一个办法来。升学，经济情形绝对不许可。教蒙馆又年龄太小。我便提议学中医，并约一位姓陈的同学打伙开中药铺，父亲都赞成，并把药柜也买好了。我对药柜的许多抽屉是早已感到兴趣的。七月初到县城去拿毕业文凭，听说武昌有个省立第一师范，五年毕业，住食等项都由公家供给，回家后告诉父亲，父亲便四处为我借盘费，这样便在民国七年考进武昌省立第一师范。

师范校长是黄陂刘凤章（号文卿）先生，讲阳明之学，提倡知行合一，校规严肃，读书风气很盛。同时，同学的国文水准很高，图书馆藏书也相当丰富，请的教师也相当整齐；这样，在精神上不知不觉地把我向上提了一步。这时我看的书，乃至写文章的能力，可能比父亲要高一点了。但寒假回家，还一定要我每星期作一篇文章给他改。我虽不敢反抗，但总是作他最不喜欢的翻案文章，父亲看了也无可奈何。

父亲在学问上没有成就，对时代一点也不了解（乡下从来没有报纸），精神上始终脱不了科举的枷锁。但在家庭内，孝弟出乎自然的本性。对儿女的慈爱和教养，用尽了他的心血。他虽然常常打我，有的是来自我的蹩扭，有的是来自他的希望太切，有的是来自他的识见所限；他爱我，和爱我的姐姐、哥哥、弟弟，完全没有两样。在乡里间，除了竭心尽力教书以外，绝无旧式读书人喜欢干预农村他人生活，从中讨便宜的心理与行为。二十岁左右吐血，四十、五十岁之间，经常患头风，发时痛得直叫唤。加以生计寒苦，营养不足，所以身体很瘦弱。但五十以后，反而非常健康。生于一八七一年（同治十年），死于一九五六年，以高年身经巨变，依然活了八十五岁。这有两个原因。第一，他生活非常有规律，凡医生认为不应吃的东西，便绝对不吃。不抽烟，不沾一滴酒。在我全村中，一年三百六十五天，他是起得最早的一个人。第二，除教书所消费的时间外，勤于体力劳动。一有空，便村前村后，收捡猪粪牛粪，作农田的肥料。一生没有沾一分不义之财，没有做一件败德之事。他很希望我能升官发财，这一点，也隐伏着父子思想与感情的差距。但有几个旧式读书人真能跳出千余年的科举遗毒呢？从某一方面说，我父亲是旧社会中的牺牲者。从另外方面说，他是一个堂堂正正的农村里的读书人、教书人。

癸丑旧历正月三日于九龙

一九七三年三月《明报月刊》第八卷第三期

我的母亲

位于台中市大度山坡上的东海大学的右界，与一批穷老百姓隔着一条乾溪。从乾溪的对岸，经常进入到东海校园的，除了一群穷孩子以外，还有一位老婆婆，身材瘦小，皱纹满面，头上披着半麻半白的头发。她也常常态度安祥地，有时带着一个孩子，有时是独自一个人，清早进来，捡被人抛弃掉的破烂。我有早起散步的习惯。第一次偶然相遇，使我蓦然一惊，不觉用眼向她注视；她却很自然地把一只手抬一抬，向我打招呼，我心里更感到一阵难过。以后每遇到一次，心里就难过一次。有一天忍不住向我的妻说："三四十年来，我每遇见一个穷苦的婆婆时，便想到自己的母亲。却没有像现在所经常遇见的这位捡破烂的婆婆，她的神情仿佛有点和母亲相像，虽然母亲不曾捡过破烂。你清好一包不穿的衣服，找着机会送给她，借以减少我遇见她时所引起的内心痛苦。"妻同意我的说法，但认为"送要送得很自然，不着形迹"。这种自然而不着形迹的机会并不容易，于是有一次便请她走进路旁的合作社，送了她一包吃的东西。这位婆婆表示了一点惊奇的谢意后，抬起一只手打着招呼走了。

现在我一个人客居香港，旧历年的除夕，离着我的生日只有三天。不在这一比较寂静的时间，把我对自己母亲的记忆记一点出来，恐怕散在天南地北的自己的儿女，再不容易有机会了解自己生命所自来的根生土长的家庭，是怎么一回事。但现在所能记忆的，已经模糊到不及百分之一二了。

一

浠水县的徐姓，大概是在元末明初，从江西搬来的。统计有清一代，全县共有二百八十多名举人，我们这一姓，便占了八十几个。我家住在县城北面，距县城约六十华里的徐瑄坳凤形塆。再向北十五华里，是较为有名的团陂镇。团陂镇过去三里，是与黄冈县分界的巴河。巴河向上十多里又与罗田县分界，便称为界河。据传说，徐姓初迁浠水的始祖，是葬在古田畈附近的摩泥（泥鳅的土名）地，古田畈及县城附近的徐姓，最为发达；许多举人进士，都是属于这一支的。我们这一支，又分为军、民两分（读入声），这大概是由明代的屯卫制而来。在界河的徐姓是民分，而我们则是军分。

军分的祖先便是"瑄"祖。村子的老人们都传说，他是赤手成家，变成了大地主的人。因为太有钱，所以房子起得非常讲究，房子左右两边，还做有"八"字形的两个斜面照墙，这是当时老百姓不应当有的，因此曾吃过一场官司。八字形的斜面照墙，在我们小时，还留有右边的一面。而早经垮掉的老大门，石头做的门顶梁和石头柱子，横卧在地上，相当地粗大。上面的传说，可能有些根据。

瑄祖死后，便葬在后面山上。在风水家的口中，说山形像凤，所以我们的村子便称为凤形塆。瑄祖有六个儿子，乡下称为"六房"。我们是属于第六房的。由琯祖到我，大概是十二代，所以琯祖应当是明末的人。若以凤形塆为基准，则凤形塆右前方的村子，我们称为"对面塆"，又称"老屋"；这是第六房原住的村子，在曾祖父时才搬过来的。隔一道山冈的左后方村子是"楼后塆"，住着第三房的子姓。从左前方的田畈过去的村子，住着二十多家的杨姓人家，我们就称他们的村子为"杨家的"。

大概在曾祖父的时候，因洪杨之乱，由地主而没落下来，生活开始困难。祖父弟兄三人，伯祖读书是贡生，我的祖父和叔祖种田。祖父生子二人，我的父亲居长，读书，叔父种田。伯祖生三子，大伯读书，二伯和六叔种田。叔祖生二子，都种田。若以共产党所定的标准说，我们都应算是中农。但在一连四个村子，共约七八十户人家中，他们几乎都赶不上我们；因为他们有的是佃户，种出一百斤稻子，地主要收去六十斤到七十斤，大抵新地主较老地主更为残刻。有的连佃田也没有。在我记忆中，横直二三十里地方的人民，除了几家大小地主外，富农、中农占十分之一二，其余都是一年不能吃饱几个月的穷苦农民。

二

我母亲姓杨，娘家在离我家约十华里的杨家塆，塆子比我们大；但除一两家外，都是穷困的佃户。据母亲告诉我，外婆是"远乡人"，洪杨破南京时，躲在水沟里，士兵用矛向沟里搜索，颈碰着矛子穿了一个洞，幸而不死，辗转逃难到杨家塆，和外公结了婚，生有四子二女；我母亲在兄弟姊妹行，通计是第二，在姊妹行单计是老大。我稍能记事的时候，早已没有外婆外公。四个舅父中，除三舅父出继，可称富农外，大舅二舅都是忠厚穷苦的佃农。小舅出外佣工，有很长一段时间，在下巴河闻姓大地主（闻一多弟兄们家里）家中当厨子。当时大地主家里所给工人的工钱，比社会上一般的工钱还要低，因为工人吃的伙食比较好些。

母亲生于同治八年，大我父亲两岁。婚后生三男二女。大姐缉熙，后来嫁给"姚儿坳"的姚家。大哥纪常，种田，以胃癌死于民国三十五年。细姐在十五六岁时夭折，弟弟孚观读书无成，改在家里种田。一九四九年十月左右，我家被扫地出门，母亲旋不久死去，得年约八十岁。

三

父亲读书非常用功。二十岁左右，因肺病而吐血，吐得很厉害；幸亏祖母的调护，得以不死。祖母姓何，是何家铺人，听说非常能干，不幸早死，大概我们兄弟姊妹都没有看到。可能因为父亲的天资不高，所以连秀才也没有考到。一直在乡下教蒙馆，收入非常微薄。家中三十石田（我们乡间，能收稻子一百斤的，便称为一石），全靠叔父耕种，勉强维持最低生活。所以母亲结婚后，除养育我们兄弟姊妹外，弄饭、养猪等不待说，还要以"纺线子"为副业，工作非常辛苦。她的性情耿直而忠厚。我生下后，样子长得很难看，鼻孔向上，即使不会看相的人，也知道这是一种穷相；据说，父亲开始不大喜欢我。加以自小爱哭爱赌气，很少过一般小孩子欢天喜地的日子。到了十几岁时，二妈曾和我聊天："你现在读书很乖，但小时太吵人了。你妈妈整天忙进忙出的，你总是一面哭，一面吊住妈妈上褂的衣角儿，也随着吊出吊进，把你妈妈的上褂角儿都吊坏了。我们在侧面看不过眼，和她说，这样的孩子也舍不得打一顿？但你妈总是站住摸摸你的头，儿上几声，依然不肯打。"真的，在我的记忆里，只挨过父亲的狠打，却从来没有挨过母亲一次打。有一回我在稻场上闹得太不像话了，母亲很生气，拿着一枝竹条子来打我；我心中一急，便突然跑到她怀里去，用脸挨着她的胸口，同时用手去抢住竹条子，原来是一枝大茅草梗，母亲也就摸着我的头笑了。这一次惊险场面，至今还记得清清楚楚。

四

叔父只有夫妇两人，未生儿女。他一人种田，要养活我们兄弟姊妹"这一窝子"，心里总有一股怨气；但他不向我父亲发作，总是向我母亲发作；常常辱骂不算，还有时动手来打。我印象最深的一次是，叔父在堂屋的上边骂，母亲在堂屋的下边应，中间隔一个天井。一下子，叔父飞奔而前，揪住母亲的头发，痛殴一顿。母亲披着头发叫，我们一群小孩躲在大门角里哭。过了一会儿，才被人扯开。父亲是很爱自己的弟弟的。加以他到黄州府去应考，一百二十里路，总是由叔父很辛苦地挑行李。考了二十多年，什么也没有考到，只落在乡间教蒙馆，对叔父会有些内疚。所以在这种场面，还要为叔父帮点腔，平平叔父的气。

叔父这样打骂我母亲的目的，是要和父亲分家，结果当然只好分了。叔父分十五石田和一点可以种棉花的旱地，自种自吃，加上过继的弟弟，生活当然比未分时过得很好。但我们这一家六口，姐姐十三四岁，哥哥十一二岁，细姐十岁左右，我五六岁。

父亲"高了脚"，不能下田；妈妈和姐姐的脚，包得像圆锥子样，更不能下田；哥哥开始学"庄稼"，但只能当助手；我只能上山去砍点柴，有时放放牛，但牛是与他人合伙养的。所以这样一点田，每年非要请半工或月工，便耕种不出。年成好，一年收一千五百斤稻子，做成七百五十斤米，每年只能吃到十二月过年的时候；一过了年，便凭父亲教蒙馆的一点"学钱"，四处托人情买米。学钱除了应付家里各种差使和零用外，只够买两个多月的粮食，所以要接上四月大麦成熟，总还差一个多月。大麦成熟后，抢着雇人插秧，不能不把大麦糊给雇来的人吃。大麦吃完后，接着吃小麦；小麦吃完后要接上早稻成熟，中间也要缺一个月左右的粮；这便靠母亲和大姐起五更睡半夜的"纺线子"，哥哥拿到离家八里的黄泥嘴小镇市去卖。在一个完全停滞而没落的社会中，农民想用劳力换回一点养命钱，那种艰难的情形，不是现在的人可以想象得到的。大姐能干，好强，不愿家中露出穷相，工作得更是拼命。村子的人常说"他家出女儿不出儿子，几代都是这样"。因为早死的姑母也是如此。我还记得的一次，家里实在没有任何东西可吃了，姐姐又不肯向人乞贷，尤其是不愿借叔父的；她就拿镰刀跑到大麦田里，找快要成熟的，割了一抱抱回家，把堂屋的一张厚木桌子侧卧下来，用力将半黄的大麦穗，一把一把地碰击到侧卧着的桌面上，把麦子碰击下来；她一面碰击，一面还和我们说着笑着。母亲等着做麦糊的早饭。

五

我们四围是山，柴火应当不成问题。但不仅因我家没有山，所以缺柴火；并且因为一连几个村子，都是穷得精光的人家占多数，种树固然想不到，连自然生长的杂木，也不断被穷孩子偷得干干净净。大家不要的，只有长成一堆一堆的"狗儿刺"及其他带刺的藤状小灌木。家里不仅经常断米，也经常断柴。母亲没有办法，便常常临时拿着刀子找这类的东西，砍回来应急；砍一次，手上就带一次血。烧起来因为刚砍下是湿的，所以半天烧不着，湿烟熏得母亲的眼泪直流。一直到后来买了两块山，我和父亲在山上种下些松树苗，才慢慢解决了烧的问题。分得的一点地，是用来种棉花和"长豆角"的。夏天开始摘长豆角，接上秋天捡棉花，都由母亲包办。有时我也想跟着去，母亲说"你做不了什么，反而讨厌"，不准我去。现在回想起来，在夏、秋的烈日下，闷在豆架和棉花灌木中间，母亲是怕我受不了。我们常常望到母亲肩上背着一满篮的豆角和棉花，弯着背，用一双小得不能再小的脚，笃笃地走回来；走到大门口，把肩上的篮子向门蹬上一放，坐在大门口的一块踏脚石上，上褂汗得透湿，脸上一粒一粒的汗珠还继续流。当我们围上去时还笑嘻嘻地摸着我们的头，捡几条好的豆角给我们生吃。在我的记忆中，只有当我发脾气，大吵大闹，因而挨父亲一顿狠打时，母亲才向父亲生过气。却不曾因为这种生活而出过怨言，生过气。她生性乐观，似乎也从不曾为这种生活而发过愁。当她拿着酒杯，向房下叔婶家里借点油或盐，以及还他们的一杯油一杯盐时，总是有说有笑地走进走出。母亲大概认为这种生活和辛苦，是她的本分。

六

　　辛亥革命的一年，我开始从父亲发蒙读书，父亲这年设馆在离家三里的白洋河东岳庙里。在发蒙以前，父亲看到我做事比同年的小孩子认真，例如一群孩子上山砍柴（实际是冬天砍枯了的茅草），大家总是先玩够了，再动手。我却心里挂着母亲，一股正经地砍；多了拿不动，便送给其他的孩子。放牛绝不让牛吃他人的一口禾稼，总要为牛找出一些好草来。又发现我有读书的天资，旁的孩子读《三字经》，背不上，我不知什么时候听了，一个字也不认识地代旁的孩子背。所以渐渐疼我起来。

　　这年三月，不知为什么，怎样也买不到米，结果买了两斗豌豆，一直煎豌豆汤当饭吃，走到路上，肚子里常常咕噜咕噜地响，反觉得很好玩。到了冬天，有一次吹着大北风，气候非常冷，我穿的一件棉袄，又薄又破了好几个大洞；走到青龙嘴上，实在受不了，便瞧着父亲在前面走远了，自己偷偷地溜了回来。但不肯把怕冷的情形说出口，只是倒在母亲怀里一言不发地赖着不去。母亲发现我这是第一次逃学，便哄着说，"儿好好读书，书读好后会发达起来要做官的"。我莫名其妙地最恨"要做官"的话，所以越发不肯去。母亲又说，"你父亲到学校后没有看到你，回来会打你一顿"。这才急了，要母亲送我一段路，终于去了。可是这次并没有挨打。父亲因为考了二三十年没有考到秀才，所以便有点做官迷，常常用做官来鼓励我；鼓励一次，便引起我一次心里极大的反感。母亲发现我不喜欢这种说法后，便再也不提这类的话。有时觉得父亲逼得我太紧了，所以她更不过问我读书的事情。过年过节，还帮我弄点小手脚，让我能多松一口气。十二岁我到县城住"高等小学"，每回家一次，走到塘角时，口里便叫着母亲，一直叫到家里，倒在母亲怀里大哭一场；这种哭，是什么也不为的。十五岁到武昌住省立第一师范，寒暑假回家，虽然不再哭，但一定要倒在母亲怀里嗲上半天的。大概直到民国十五年以后，才把这种情形给革命的气氛革掉了，而我已有二十多岁。我的幼儿帅军，常常和他的妈妈嗲得不像样子，使他的两个姐姐很生气；但我不太去理会，因为我常常想到自己的童年时代。

以后我在外面的时候多，很难得有机会回到家里。即使回去一趟，也只住三五天便走了。一回到家，母亲便拉住我的手，要我陪着她坐。叔婶们向母亲开玩笑说，"你平时念秉常念得这厉害，现在回来了，把心里的话统统说出来吧"。但母亲只是望着我默默地坐着，没有多少话和我说；而且在微笑中，神色总有点黯然。我的世面见得多了，反而形成母子间的一层薄雾，这就是我所能得到的文化。

七

民国三十五年五月初，我由北平飞汉口，回到家里住了三四天。母亲一生的折磨，到了此时，生命的火光已所余无几；虽然没有病，已衰老得有时神智不清。我默默地挨着她一块儿坐着，母亲干枯的手拉着我的手，眼睛时时呆望着我的脸。这个罪孽深重的儿子，再也不会像从前样倒在她怀里，嗲着要她摸我的头，亲我的脸了。并且连在一块儿的默坐，也经常被亲友唤走。我本想隐居农村，过着多年梦想的种树养鱼的生活。但一回到农村，亲戚朋友、左邻右舍，都是千疮百孔。而我双手空空，对他们，对自己，为安排起码的生活也不能丝毫有所作为。这种看不见的精神上的压力，只好又压着我奔向南京，以官为业。此时我的哥哥已经在武昌住医院。我回到南京不久，哥哥死在武昌了，以大三分的利息借钱托友人代买棺材归葬故里，这对奄奄一息的母亲，当然是个大打击。此后土崩瓦解，世局沧桑，我带着妻子流亡海外。当时估计，我家此时已由中农升进到富农（这都是用共产党所定的标准），但绝对没有资格当地主。弟弟和侄儿侄女们，应当凭劳力在自己的故乡生存下去；而我的内心，是深以出外逃亡为悲痛的，所以劝他们都安心留在故乡不动。等到知道一九四九年十月，已被扫地出门，使全家"白天无一碗一筷，夜间无一被一单"（弟弟辗转寄到的信上的话），母亲当然迅速倒下，而我也由此抱终天之恨，与乡土永隔，连母亲有没有坟墓，也不得而知了。

一九七○年三月《明报月刊》第五卷第三期

到香港后，与弟弟、侄儿们联络上了，才慢慢知道，我们的土砖房子，拆了做"水库"；从祖父祖母起葬在山上的坟，一起被挖掉了。

一九八○年六月十一日补志①

---

① 编者注：此补志系本文收入《徐复观文录选粹》（萧欣义编，台北学生书局印行）时所加。

和妻在一起

　　这是套用孙大妹淡宁的《和幺儿在一起》所定下的标题。但它有自己的两个特定背景。第一，我和妻结婚刚一周年，便爆发了卢沟桥事变；我是军人，由职责而东西奔走所花费的时间，远多过和妻在一起的时间，因此常引起妻的深深怨恨，有时简直难于解释。回想起过去悲欢离合的岁月，才体验到这几年和妻在一起的真正意味。第二，我在台湾的东海大学，教了十四年，在这段安定生活中，当然是和妻在一起，但四个儿女，个个娇惯，妻的精力，几乎完全用在儿女身上，我每当看书写书精疲力尽时，只找着儿女逗了玩，从儿女的戏耍、嘻笑中，得到艺术的最大享受休息。这实际是和儿女在一起，而不能算是和妻在一起，真正和妻在一起，是儿女都已高飞远走，于一九七二年搬来香港以后之事。和妻在一起的总感觉，是我们都不曾长大，而且将永远也不会长大。反省起来除了妻在厨房、我伏书案的各安生业的时间之外，我们两人相接触的语言、行动，不知不觉地，都带有儿童的意味，有时我在她面前放点小赖，好像她是我的妈妈，有时她在饭桌上吱吱喳喳地这样菜是怎样买的、怎样弄的，又考问我："你知道这是怎样做出来的？"诸如此类，我眯眯笑地听着，又感到她是我的小女儿。有时两人在看电视时不断地抬杠，有如报导节目小姐的眼，是不是正在望着我；武林高手打得飞来飞去，功夫是怎样练成。侦探连续剧在快结束前的十分钟，我逼她打赌，会不会马上要破案。或者说一两句极端无聊的话乃至我们乡下人所说的粗话，两个人常常莫名其妙地因此而哈哈大笑；这样的一对老宝，很难算是长大了，妻也几次向我说"我常常不知道自己有好大年纪"。我亲自看到有几位的小姐因敬慕老师而恋爱而结婚像梦一般的故事，在未结婚以前，总是一声"老师"叫得敬爱交加；结婚以后，便把老师的名字叫得庄严冷澈。我有时感到，这位小姐追求老师的目的，似乎就是为了能这样呼唤老师的名字。我的妻，是在带封建气氛的家庭中长大的，她从来不叫我的名字而称我为"先生"，小孩在一起，她便一切为小孩着想，小孩离开了，她便一切为我着想，生活上大大小小的事情，都将就我，我几次向她恳求地说"你这样将就我，使我心里很难过"，但妻却坚持并没有什么事情将就我。

当然，我也有许多能得到妻的欢心的地方。她曾几次感叹地说："我们的儿女，没有一个像你这样用功！"妻喜欢用功的丈夫，可能和妈妈喜欢用功的儿女，是同样的心理。

结婚后，我的薪水袋一直是交在妻手上，再由她发零用钱给我，我认为"钱既是由你管，你爱买什么便买什么好了"，所以我过去从外面回家，从来不带东西送给她。这十年以来，我体会到这不合做丈夫的规矩，于是留心她的嗜好，不断地送她小礼物，例如她喜欢吃板栗，我便买一元两元的板栗送给她，她每次都是欢天喜地地接受。

妻有些小气，为了节省石油气，洗澡时舍不得多用点热水，我便抢着为她放洗澡水，我知道她怕我不把盆子弄干净，所以在放热水以前，先大声说一句"我在洗盆子呀"。

早上她只愿做橙汁给我，我便抢先做满满一大杯给她，并且总是用两只手把杯子捧得和自己的鼻子一样高，赢得妻说一句："你何必这样呢？"

我以前放过牛，下过田，做过许多苦活，但确实没有洗过碗，可是到香港后，我常和妻争碗洗。妻总是说："男人为什么要做女人的事情？"或者说："你够辛苦了，为什么还要洗碗？"我心里却想，到美国去留学，不过比土包子多洗洗碗而已。我现在洗碗，也等于到美国去留了学。

日常生活中也不断出现些争执，遇着一分为二的食物时，尤其是争执的焦点；妻要我吃好一点的，还要我多吃一点，我对她，也是一样。三年前，我想出一个好办法，由她分，由我择，她便只好分得很平均。有一次，她分西瓜时，把一块的瓜肉挖了些到另一块上，外表上比另一块大，实际比另一块少。我一眼看透了，便择上虚有其表的一块，把她气得个半死。我说："这是西瓜，不是傻瓜啦！"

每天九份报纸，我看国际大事的标题把重要的剪下来。妻忙于看小新闻、小方块；这两年她也注意到国际大事，有时向我发表点意见，有时问我剪报有无遗漏；从去年起，她又常常读诗，读得津津有味。她从来不批评我的朋友，遇着我对朋友在语言上失检时，她便教训我一顿。有时我气起来，向她质问："你并没有这样地教训过儿女。"她便饶过了。

但是，日子也并非都是这样轻松。我一向马马虎虎，在语言上得罪了她，自己并不知道。她总是忍上两次三次，最后发作出来，就会狠狠地数骂一番。幺儿在身边时，他便乘机扇火地说：

"妈！你这次不要轻易放过爸爸，不要听爸爸说一两句笑话你就心软了。"实际，幺儿这样说，倒是帮了我的忙。我想，一切女人都有个特长，就是男子不记得的事情，女人多半是会记得，所以妻一发了脾气，常把二三十年前的鸡零狗碎的事情，都罗织成为当前的罪状，有时真是气死人。但第一，因为她身体不好，我不能反口去刺激她。第二，我知道她发过脾气后，很快就会后悔的，一后悔，就要想方法弄好东西给我吃。"百忍堂前有太和"，所以我和妻在一起，总算过的是"太和"的生活。

一九七七年十二月四日《星岛日报》

我的读书生活

我从八岁发蒙起，即使是在行军、作战中间，也不能两天三天不打开书本的。但一直到四十七八岁，也可以说不曾读过一部书，不曾读通一本书。因为我的读书生活是这样的矛盾，所以写出来或者可以作许多有志青年的前车之鉴。

我不断地读书，是来自对书的兴趣。但现在我了解，兴趣不加上一个目的，是不会有收获的。读了四十多年的书，当然涉猎的范围也相当地广泛。但我现在知道，不彻底读通并读熟几部大部头的古典，仅靠泛观博览，在学问上是不会立下根基的。这即是我在回忆中所得的经验教训。

我父亲的一生，是过一生的考，却没有考到一个功名的人；我父亲要我读书的目的，便是希望我能考功名。这一点曾不断引起我的反感，也大大地影响了我童年的教育。一发蒙，即是新旧并进。所谓"新"，是读教科书，从第一册读起，读到第八册。再接着便是"论说模范"。接着，就读"闱墨"。所谓闱墨，是把考举人、进士考得很好的文章印了出来的一种东西。在这上面，我记得还读过谭延闿的文章。

所谓旧的，是从《论语》起，读完了四书便是五经；此外是《东莱博议》、《古文笔法百篇》、《古文观止》、《纲鉴易知录》，后来又换上《御批通鉴辑览》。除《易知录》和《辑览》外，都是要背诵，背诵后还要复讲一篇的。

上面新旧两系统的功课，到十三岁大体上告一段落。这中间，我非常喜欢读诗，但父亲不准读，因为当时科举虽然早废了，但父亲似乎还以为会恢复的。而最后的科举，是只考策论，并不考诗赋。有一次，我从书柜里找出一部套色版的《聊斋志异》，正看得津津有味的时候，被父亲发现了，连书都扯了烧掉。等到进了高等小学，脱离了父亲的掌握，便把三年宝贵的时间，整整地在看旧小说中花掉了。这也可以说是情绪上的反动。

十五岁进了武昌省立第一师范学校，还是那样地糊涂，当时我们的国文程度，比现在大学中文系学生的国文程度，大概高明得很多。尤其是讲授我们国文的，是一位安陆的陈仲甫先生，对桐城派文章的工力很深，讲得也非常好。改作文的是武昌李希哲先生。他的学问是立足于周秦诸子，并且造诣也很高。他出的作文题目，都富有学术上的启发性。两星期作一次文，星期六下午出题，下星期一交卷，让学生有充分的构思时间。他发作文时，总是按好坏的次序发。当时我对旁的功课无所谓，独对作文非常认真，并且对自己的能力也非常自负。但每一次都是发在倒二三名，心里觉得这位李先生，大概没有看懂我的文章；等到把旁人的文章看过，又确实比我作得好，这到底是什么道理？好多次偷流着眼泪，总是想不通。有一次，在一位同学桌子上看见一部《荀子》，打开一看，原来过去所读的教科书上"青出于蓝而胜于蓝"的一段话，就出在这里，引起了我的好奇心，便借去一口气看完，觉得很有意思。并且由此知道所谓"先秦诸子"，于是新开辟了一个读书的天地，日以继夜地看子书。因为对《庄子》的兴趣特别高，而又不容易懂，所以在图书馆里同时借五六种注本对照看。等到诸子看完后，对其他书籍的选择，也自然和以前不同。有过去觉得好的，此时觉得一钱不值；许多过去不感兴趣的，此时却特别感到兴趣。此后不太注意作文而只注意看书，尤其是以看旧小说的心情来看梁任公、梁漱溟和王星拱（好像是讲科学方法），及胡适们有关学术方面的著作。到了第三学年，李先生有一次发作文，突然把我的文章发第一，自后便常常是第一第二。并且知道刘凤章校长和几位老先生，开始在背后夸奖我。我才慢慢知道，文章的好坏，不仅仅是靠开阖跌宕的那一套技巧，而是要有内容。就一般的文章说，有思想才有内容；而思想是要在有价值的古典中妊育启发出来，并且要在时代的气氛中开花结果。我对于旧文章的一套腔调，大概在十二三岁时已经有了一点谱子；但回想起来，它对于我恐怕害多于利。

我对于线装书的一点常识，是五年师范学生时代得来的。以后虽然住了三年国学馆，但此时已失掉了读书时的新鲜感觉，所以进益并不多。可是奇怪的是，在这一段相当长的读书期间，第一，一直到民国十五年十一月底为止，可以说根本没有看过当时政治性的东西，所以对于什么主义、什么党派，完全没有一点印象。我之开始和政治思想发生关涉，是民国十五年十二月陶子钦先生当旅长，驻军黄陂，我在一个营部当书记的时候，他问我看过《孙文学说》、《三民主义》没有，我说不曾；他当时觉得很奇怪，便随手送我一部《三民主义》，要我看，这才与政治思想结了缘。第二，我当时虽然读了不少的线装书，但回想起来，并没有得到做学问的门径。这是因为当时虽然有好几位老先生对我很好，但在做学问方面，并没有一位先生切实指导过我。再加以我自己任天而动的性格，在读书时，并没有一定要达到的目的，也没有一个方向和立足点，等于一个流浪的人，钱到手就花掉，纵然经手的钱不少，但到头还是两手空空。

从民国十六年起，开始由孙中山先生而知道马克思、恩格斯、唯物论等等。以后到日本，不是这一方面的书便看不起劲，在日本陆军士官学校的时候，组织了一个"群不读书会"，专门看这类的书，大约一直到德波林被清算为止。其中包括了哲学、经济学、政治学等等。连日译的《在马克思主义之旗下》的苏联刊物，也一期不漏地买来看。回国后在军队服务，对于这一套，虽然口里不说，笔下不写，但一直到民国二十九年前后，它实在填补了我从青年到壮年的一段精神上的空虚。大概从民国三十一年到三十七年，我以"由救国民党来救中国"的呆想，接替了过去马恩主义在我精神中所占的位置。从日本回国后，在十多年的宝贵时间中，为了好强的心理，读了不少与军事业务有关的书籍。这中间，现在回想起来还觉得十分怅惘的，即是民国三十一年军令部派我到延安当联络参谋，住在窑洞里的半年时间，读通了克劳塞维兹所著的《战争论》，但又从此把它放弃了。这部书，若不了解欧洲近代的七年战争及法国从革命到拿破仑的战争，以及当时德国从康德到黑格尔的哲学背景，是不可能完全了解它的。在延安读这部书，是我的第三次。这一次偶然了解到它是通过哪一种思考的历程来形成此一著作的结构，及得出他的结论；因而才真正相信他不是告诉我们以战争的某些公式，而是教给我们以理解、把握战争的一种方法。凡是伟大的著作，几乎都在告诉读者以一种达到结论的方法，因而给读者以思想的训练。我看了这部书后，再回头来看杨杰们所说的，真是"小儿强作解事语"。当时我已写了不少的笔记，本来预定回重庆后写成一书的；但因循怠忽，兴趣转移，使我十多年在军事学上的努力，竟没有拿出一点贡献，真是恨事。但由此也可知道对每一门学问，若没有抓住最基本的东西，一生总是门外汉。

我决心扣学问之门的勇气，是启发自熊十力先生。对中国文化，从二十年的厌弃心理中转变过来，因而多有一点认识，也是得自熊先生的启示。第一次我穿军服到北碚金刚碑勉仁书院看他时，请教应该读什么书。他老先生教我读王船山的《读通鉴论》，我说那早年已经读过了，他以不高兴的神气说："你并没有读懂，应当再读。"过了些时候再去见他，说《读通鉴论》已经读完了。他问："有点什么心得？"于是我接二连三地说出我的许多不同意的地方。他老先生未听完便怒声斥骂说："你这个东西，怎么会读得进书！任何书的内容，都是有好的地方，也有坏的地方。你为什么不先看出它的好的地方，却专门去挑坏的；这样读书，就是读了百部千部，你会受到书的什么益处？读书是要先看出它的好处，再批评它的坏处，这才像吃东西一样，经过消化而摄取了营养。譬如《读通鉴论》，某一段该是多么有意义；又如某一段，理解是如何深刻。你记得吗？你懂得吗？你这样读书，真太没有出息！"这一骂，骂得我这个陆军少将目瞪口呆。脑筋里乱转着：原来这位先生骂人骂得这样凶！原来他读书读得这样熟！原来读书是要先读出每一部的意义！这对于我是起死回生的一骂。恐怕对于一切聪明自负但并没有走进学问之门的青年人、中年人、老年人，都是起死回生的一骂！近年来，我每遇见觉得没有什么书值得去读的人，便知道一定是以小聪明耽误一生的人。以后同熊先生在一起，每谈到某一文化问题时，他老人家听了我的意见以后，总是带劝带骂地说，"你这东西，这种浮薄的看法，难道说我不曾想到？但是……这如何说得通呢？再进一层，又可以这样地想……但这也说不通。经过几个层次的分析后，所以才得出这样的结论"。受到他老先生不断的锤炼，才逐渐使我从个人的浮浅中挣扎出来，也不让自己被浮浅的风气淹没下去，慢慢感到精神上总要追求一个什么。为了要追求一个什么而打开书本子，这和漫无目标的读书，在效果上便完全是两样。

自卅八年与现实政治远缘以后，事实上也只有读书之一法。我原来的计划，要在思考力尚锐的时候，用全部时间去读西方有关哲学这一方面的书，抽一部分时间读政治这一方面的。预定到六十岁左右才回头来读线装书。但此一计划因为教书的关系而不能不中途改变。不过在可能范围以内，我还是要读与功课有关的西方著作。譬如我为了教《文心雕龙》，便看了三千多页的西方文学理论的书。为了教《史记》，我便把兰克、克罗齐及马伊勒克们的历史理论乃至卡西勒们的综合叙述，弄一个头绪，并都做一番摘抄工作。因为中国的文学史学，在什么地方站得住脚，在什么地方有问题，是要在大的较量之下才能开口的。我若不是先把西方伦理思想史这一类的东西摘抄过三十多万字，我便不能了解朱元晦和陆象山，我便不能写《象山学述》。因此，我常劝东海大学中文系的学生，一定要把英文学好。

当我看哲学书籍的时候，有好几位朋友笑我："难道说你能当一个哲学家吗？"不错，我不能，也不想。但我有我的道理：第一，我要了解西方文化中有哪些基本问题，及他们努力求得解答的经路。因为这和中国文化问题，常常在无形中成一显明的对照。第二，西方的哲学著作，在结论上多感到贫乏，但在批判他人、分析现象和事实时，则极尽深锐条理之能事。人的头脑，好比一把刀。看这类的书，好比一把刀在极细腻的砥石上磨洗。在这一方面的努力，我没有收到正面的效果，即是我没有成为一个哲学家。但却获到了侧面的效果。首先，每遇见自己觉得是学术权威，拿西化来压人的先生们时，我一听，便知道他在什么地方是假内行，回头来翻翻有关的书籍，更证明他是假内行（例如胡适之先生）。虽然因此而得罪了不少有地位的人，使自己更陷于孤立，但这依然是非常重要的；因为许多人受了这种假内行的唬吓，而害得一生走错了路，甚至不敢走路，耽搁了一生的光阴、精力。其次，我这几年读书，似乎比一般人细密一点、深刻一点；在常见的材料中，颇能发现为过去的人所忽略，但并非不重要的问题；也许是因为我这付像铅刀样的头脑，在砥石上多受了一点磨洗。

在浪费了无数精力以后，对于读书，我也慢慢地摸出了一点自己的门径。第一，十年以来，决不读第二流以下的书。非万不得已，也不读与自己的研究无关的书。随便在哪一部门里，总有些不知不觉地被人推为第一流的学者或第一流的书。这类的书，常常是部头较大，内容较深。当然有时也有例外的。看惯了小册子或教科书这类的东西，要再向上追进一步时，因为已经横亘了许多庸俗浅薄之见，反觉得特别困难；并且常常等于乡下女人，戴满许多镀金的铜镯子，自以为华贵，其实一钱不值；倒不如戴一只真金的小戒指，还算得一点积蓄。这就是情愿少读，但必须读第一流著作的道理。我从前对鲁迅的东西，对河上肇的东西，片纸只字必读，并读了好几本厚的经济学的书，中间又读了不少的军事著作；一直到一九五二年还把日译拉斯基的著作共四种，拿它摘抄一遍。但这些因为与我现时的研究无关，所以都等于浪费。

我一生的精力，像这样地浪费得太多了。垂老之年，希望不再有这种浪费。第二，读中国的古典或研究中国古典中的某一问题时，我一定要把可以收集得到的后人的有关研究，尤其是今人的有关研究，先看一个清楚明白，再细细去读原典。因为我觉得后人的研究，对原典常常有一种指引的作用，且由此可以知道此一方面的研究所达到的水准和结果。但若把这种工作代替细读原典的工作，那便一生居人胯下，并贻误终身。看了后人的研究，再细读原典，这对于原典及后人研究工作的了解和评价，容易有把握，并常发现尚有许多工作须要我们去做。这几年来我读若干颇负声名的先生们的文章，都是文采斐然。但一经与原典或原料对勘，便多使人失望。至于专为稿费的东西，顶好是一字不沾。所以我教学生，总是勉励他们力争上游，多读原典。第三，便是读书中的摘抄工作。一部重要的书，常是一面读，一面做记号。记号做完了便摘抄。我不惯于做卡片。卡片可适用于搜集一般的材料，但用到应该精读的古典上，便没有意思。书上许多地方，看的时候以为已经懂得；但一经摘抄，才知道先前并没有懂清楚。所以摘抄工作，实际是读书的水磨工夫。再者年纪老了，记忆力日减，并且全书的内容，一下子也抓不住，摘抄一遍，可以帮助记忆，并便于提挈全书的内容，汇成为几个重要的观点。这是最笨的工作，但我读一生的书，只有在这几年的笨工作中，才得到一点受用。

其实，正吃东西时，所吃的东西，并未发生营养作用。营养作用是发生在吃完后的休息或休闲的时间里面。书的消化，也常在读完后短暂的休闲时间；读过的书，在短暂的休闲时间中，或以新问题的方式，或以像反刍动物样的反刍的方式，若有意若无意地在脑筋里转来转去，这便是所读的书开始在消化了。并且许多疑难问题，常常是在这一刹那之间得到解决的曙光。我十二三岁时，读来易氏，对于所谓卦的错、综、互体、中爻等，总弄不清楚，我父亲也弄不清楚。有一天吃午饭，我突然把碗筷子一放："父，我懂了。"父亲说："你懂了什么？"我便告诉他如何是卦的错综等等，父亲还不相信，拿起书来一卦卦地对，果然不差。平生这类的经验不少。我想也是任何人所有过的经验。

一个人读了书而脑筋里没有问题，这是书还没有读进去，所以只有落下心来再细细地读。读后脑筋里有了问题，这便是扣开了书的门，所以自然会赶忙地继续努力。我不知道我现在是否走进了学问之门，但脑筋里总有许多问题在压迫我，催促我。支持我的生命的力量，一是我的太太及太太生的四个小孩，一是架上的书籍。现在我和太太都快老了，小孩子一个一个地都自立了，这一方面的情调快要告一结束。今后只希望经常能保持一个幼稚园的学生的心情，让我再读二十年书，把脑筋里的问题，还继续写一点出来，便算勉强向祖宗交了账。

一九五九年十月一日《文星》第二十四期

五四运动的一个角落

　　我听过王德昭先生一次很有意义的演讲，他指出五四运动与新文化运动，在发生的时间上及内容上，并不是一个运动，而是两个运动。我完全赞成王先生的说法。就北京、上海两地而论，新文化运动在先，五四运动在后。就我上学时的武汉来说，则五四运动似乎在先，紧接着的是新文化运动。从历史性来看，则新文化运动乃继承废除八股后所应当有的进步的文化运动，源远而义复，并非单系某一特定事件之反应。五四运动则系由日本帝国主义所激发起的政治性的救国运动，它的发生虽在新文化运动开始之后，但并非因有新文化运动才有五四运动；二者之间，没有直接的因果关系。但就实践的情形来讲，则在五四运动以前的新文化运动，只是少数人手上的运动。因有五四运动，新文化运动才成为社会上的一股洪流。站在武汉这一角落看，是因五四救国运动的政治性发展不下去，才转向新文化运动，因新文化运动在救国的实践上有些渺茫，才又转向广州的国民革命运动，所以国民党的国民革命运动，是五四运动的直线发展。

　　北京的学生示威运动，发生于民国八年五月四日。大概在五月七日或八日，武汉全体学生罢课加以响应，此时我是湖北省立师范的一年级学生。我们同学当时的情绪非常激昂，同房一位姓许的同学自动把一顶买了不久的日制草帽，投在地上用脚踏得稀烂。因督军王占元宣布戒严，不能结队游行，于是每班组成八个人一队的演讲队，要向市民宣传不买卖日货及要求政府决不承认巴黎和会有关山东问题的决议。我也是演讲队队员之一，扛着一面旗子，以上战场的心情走出校门，但街上布满了军队，店门紧闭，路无行人，找不到演讲的对象。有同学提议，不如走向抱冰堂，或许有些游人在那里。途经武昌国立高等师范学校（后改为武汉大学，当时尚未迁往珞珈山），校门有重兵驻守，不准学生进出，有些学生爬在围墙上，向我们欢呼挥手。快进抱冰堂时，一班北方胯子（这是我们对北方军队的称呼），枪上上着刺刀，跑出追上来，一言不发，把我们的旗子抢去，折为两段，并跟着我们后面行进。进到抱冰堂，没有一个人敢和胯子监视之下的我们接近，于是我们绕了一个圈圈回校了。事后知道，除了我们这一队以外，其他各队，都没敢出校门；其他各校，有没有这种组织，我不清楚，但街头上不曾遇见。

五四运动，是学生反抗日本帝国主义的救亡运动，但上面的例子，摆得很清楚，要对外，首先就要对付国内的军阀。这是当时的学生，尤其是以中学生为主的学生所无能为力的。所以五四运动，除了发扬了我们民族争取生存的坚强意志以外，在真正的政治救亡工作上是发展不下去的，必须有另一更大的政治结集，另一更大的政治运动，才能继续前进，这便是以广州为中心的国民革命运动。在这一运动还未到来之前，已经奋起而又得不到着落的学生心理，便自然转向新文化运动；这站在武汉看，情形的确是如此。

在五四运动以前，早已发生了的新文化运动，对武汉而言，几乎可以说没有什么影响，但经过五四运动，教育文化界的气氛为之一变。在武昌横街头周围一带林立的旧书店当中，出现了一家规模很小的书店，我忘记了它的名称，是专门出售新文化运动有关书籍的。此外还出有每周一小张的周刊，我也忘记它的名称，是鼓吹新文化运动的。这个书店和周刊，到底是出现在五四运动以前，还是出现在五四运动以后，我记不清楚。但有一点可以断言的是，经过了五四运动，这一小书店才突然门庭如市，而那一周刊的销路也一定大增。大家仿佛从这里可以吸一口新鲜空气。

当时讲阳明知行合一之学的刘凤章先生，当我们第一师范的校长。他尽力为学生聘请好的先生，尽力提倡读书的风气。每星期日上午，他在大礼堂讲程伊川《易传》，或请其他名人讲演。李汉俊（早期共产党领导人之一）也以"破坏与建设"为题来讲过一次。刘校长除了重视普通体操以外，也重视"军操"和拳术。学生多是寒家子弟，生活俭朴而严整，天还没有很亮，大家就起来练操练拳，或在树底下读英文。晚上十二点钟，他和监学分别巡查自习室，取缔学生过分用功，因为一连有几届考第一的都不幸短命而死。刘先生本人平时不坐人力车，总是走路；冬天不穿皮裘，一件旧棉袄打上补丁；自律很严，对人都谦恭有礼；国家民族的观念很强，似乎很称道蔡松坡；所以刘先生不仅在本校里得到一致的拥戴，同时也是武汉文化教育界中的重镇。但新文化的风吹来以后，大家开始对他冷淡了，接着是厌倦了，于是开始闹学潮，闹的积极目的乃至消极目的到底是甚么，我也是"闹"中的一分子，我一点也不知道，相信其他同学也不知道，只是"人心思变"，觉得闹一闹总是好的。刘先生洁身自好，一遇着学潮，立刻辞职而去，到我毕业时，三年中换了五次校长，我便被开除五次。

当时到省立第一师范传播新文化的，有位黄冈的刘子通先生。他也在女子师范教课，带着女学生到城墙上去教《红楼梦》，这在当时是石破天惊的"新文化"。听说他对佛学有研究，这在当时，似乎是摩登的学问。他的哲学是心物二元论，常常在黑板上画两根竹竿子，说若交叉在一起，便都能站着，拆掉一根，另一根也就倒了，他以此来说明心物的不可分。教我们的心理学，总是从"我刚才路过蛇山，现在一想，蛇山就在我脑子里"开始。刘先生说话慢条斯理的，很有条理，学问都是有限，新也新不到甚么地方去。但当时他在武汉发生了很大的影响，成为新文化运动的急先锋，我现在想，这是乘人心思变的形势所产生的影响。奇怪的是，谈新文化运动的文献，从来没有他的姓名，他本人后来也不知所终，有点神龙见首不见尾的味道。

其次进到我们学校来推行新文化运动的，有两位或三位北大毕业的新教员。他们认为我们学校是读线装书的老顽固，所以有一位第一次上课，便向学生讲："你们以为我不懂旧学吗？《皇清经解》我都读过了。"当时大家的中文常识相当丰富，此言一出，引起满堂大笑，而这位先生也更不知所云了。我现在回想起来，民主、科学是新文化运动的两根柱子。在武汉，没有任何人拒绝科学，但推行新文化运动的却没有甚么人研究科学；改革政治社会须要民主，却并没有任何人宣扬民主。武汉这样的新文化运动，过了两年，自然是烟消云散了。但当时的社会，腐朽陈滞，有如农历九、十月的树上叶子，甚么风一吹，便都会飘飘而下。我常常想，刘凤章先生这种人，难道应为这种腐朽的社会受过吗？

一九七三年五月《中大学生报》

我的教书生活

一

用一个基本概念来解释历史的发展，便是历史哲学。用一个基本概念来解释人生的态度，便是人生哲学。假定能用一个基本概念来解释一个时代的性格，或者也可以称为时代哲学。虽然很少看到时代哲学的名称，那只由于当代的人，总是匆匆地过去，并不曾停下脚来思考自己的时代；等到下一代的人来思考他的上一代，而可归纳为一个概念时，却已经划入历史哲学范围里去了。不过若是历史哲学的名称可以成立，则又何妨有所谓时代哲学？因此，我常常想，许多先生们实际上早已在有意无意之间，提出了我们的时代哲学，这即是"糊涂官打糊涂百姓"的一句非常流行的基本概念。并且，假若这一说法可以成立，则我正是此一时代的宠儿、骄子，因为我的人生哲学与这一时代哲学是恰相配合的。我由教室走上战场（这名词对我有点夸张的意味），再由战场走进教室，这些一波三折的人生，只有用糊涂官打糊涂百姓的哲学才能加以解释。

我是八岁发蒙读书的。有一次，当穿着又薄又破的棉袄，实在抵不过冬天的北风，而身上有点发抖的时候，很有些逃学的意思。慈爱的母亲，摸摸我的头说："儿，好好地读书，将来会发达起来做官的。"我当时虽然勉强上了学，但对于"做官"两字，却发生莫名其妙的反感，这种反感，一直保持到十年前与官场绝缘时为止。仔细回想，反感的来源，并不是由于秉性的高洁，而是不愿有一个什么明显的目标压在自己的精神上，使自己不能任天而动。我的老朋友，都会承认任天而动，是出于我的天性。几十年来，始终想不出做官的好味道，大概也是植根于此。

二

我能从县高小毕业，家庭实已受尽了千辛万苦。但毕业后的打算，则是想在乡下一面学中医，一面开一个小中药铺。我对于中药铺的药香和装上许多抽屉的药柜，从初次遇到时便有点神秘之感。而乡下的郎中（我们乡下人对医生的称呼），从东村走到西村，总受到农家恭敬的招待，无拘无束，也有点使我羡慕。但结果以一个偶然的机会，糊里糊涂地考进了武昌的第一师范，只好放弃原有计划。不过我还私人借了点债，和一位姓陈的同学好友，顶下一个小中药店；于是我的初步志愿，完全由这位好友担承过去了。

民国十二年暑假，师范毕业。但当时不仅休想在武汉找一个小学教员，连回县里找一个县立小学教员，也是难于上青天。于是我们同学联合起来，向县的劝学所（后来的教育科或教育局）所长汤老四大吵大闹。汤老四是汤化龙的堂弟，是以"狠"著称的；但吵闹的结果，我们每人以半价待遇的教员分发到一个位置。我分发在县城里的第五模范小学。当年同事的师范前辈詹伯阶先生，现在还在台北金瓯商职任教。小学教员，什么都要教的；音乐一课，我可以按风琴，但唱不出声音来；图画一课，我只会勉强在黑板上画一枚树叶子。最得意的是向学生讲《左传》，这不仅在现在想起来是笑话，在当时也只是适应少数学生的要求。所以这场面弄得相当地尴尬。尤其难堪的是，读师范虽然是公费，但零花钱是由家庭辛苦筹措出来的。现在毕业当教员了，对家庭的生计，总要有点交代。可是，合五块半到六块银洋的待遇，维持个人生活，还要私下借债。这种经济窘境，简直逼得我无路可走。当时听说武昌创办专门研究国学的国学馆，我于是铤而走险，跑到武昌去参加考试；我当时只是在无路可走中，以暂能脱离窘境为快，并没有什么堂皇的目的。

三

参加考试的有三千多人，我的卷子是黄季刚先生看的，他硬要定我为第一名。他在武昌师大和中华大学上课时对学生说："我们湖北在满清一代，没有一个有大成就的学者，现在发现一位最有希望的青年，并且是我们黄州府的人……"当旁人把这些话告诉我的时候，我并不是得到鼓励，而是心里又抱愧又好笑。因为我一向喜欢逛旧书铺，当考的前一天，在一家旧书铺里拿起张惠言的文集看了半天；第二天入场，我选择的题目是"述而不作"，不知如何从张惠言谈礼的文章中受了些暗示，写上一两千字，居然把这位国学大师蒙混住了。平生辜负了许多师友的期望，黄先生正是我抱疚的恩师之一。因为自己太不成才，所以从来不敢公开说是他的学生。

在上述的一阵兴奋之下，只有住进国学馆，生活完全靠考课的奖金维持；我从来不用功，考课的成绩，时好时坏，生活得朝不保夕。有一次，原系第一师范学校的校长，此时也在国学馆教《周易》的刘凤章先生把我找去说："我知道你很穷。但不要灰心。像你这一枝笔有一天露了出来，一定会名动公卿，还怕没有饭吃吗？……我现在介绍你到汉川分水咀周家办的私立小学去教书，每月四十串钱，暂时维持生活，你愿意吗？"刘先生是真正知行合一的阳明学者，对《周易》很有研究，我们平时很怕他，不敢和他接近。突然听到他这一番恳切的话，精神上得到的鼓励，超过了季刚先生所给我的鼓励。于是一面为了穷，一面受到刘先生的感动，便在民国十四年下季，又到汉川当上四个月的小学教员。

四

维新小学，设在周家祠堂里面；周家是大姓，除了一个姓黄的和一个姓什么的学生以外都是周姓子弟。校外是一片广大的棉田。教员除我以外，还有姓周、姓李的两位，一位是孝感人，一是黄陂人，都是师范的先后同学。我在应付上课之余，用功看郝懿行的《尔雅义疏》，这是季刚先生吩咐我的。此外，便和那位周先生闲聊。我和周先生，根本不曾把小学放在脑筋里面，整天以开玩笑的态度胡混；而那位李先生却一本正经的，非常认真。于是三个人分成两派，我和周先生非常亲密，把李先生孤立起来。对他的一股干劲，总是暗中好笑。当然是不欢而散的。

民国十六年十月，我当了省立第七小学校长，那位周先生已死，我四处打听李先生的下落，请他来当教员。当时省立小学教员，每月可以拿到七十到一百二十银元的待遇，比各县小学的待遇好得多。所以和李先生再见面时，他以惊喜的眼光问我："老徐，你当时这样讨厌我，为什么现在又特地请我呢？"我开玩笑地答复："当时讨厌你太认真，现在希望你能像那时一样地认真。"原来我在国学馆读书时期，渐渐浮出了自己的两大愿望，一是当图书馆长，一是当大学教授。在三四个月的小学校长期间，又浮出了第三大愿望，即是要娶一位湖南小姐做太太。当时教员中的两位湖南小姐，使我时常想到世上除了咸汤、甜场、辣汤以外，应该还有一种由易牙秘传下来的甜辣汤，给人的味觉以庄严的感动。

五

十七年三月间，突然由当时湖北清乡会办陶子钦先生，叫我和他的弟弟、侄儿及当时清乡督办胡今予先生的弟弟们到日本去留学。这真是喜出望外。到日本后，我的兴趣是经济学。对于河上肇的著作，片纸只字必读。但学经济学便得不到学费的帮助，于是糊里糊涂地进入到日本的陆军士官学校。

九一八事变发生，反抗、入狱、退学，怀抱满腔救国的热望，和同学们从日本回到上海，这时才真正和社会接触。一个多月的呼号奔走，所得的结果是冷酷、黯淡。于是同学们各奔前程，再不谈什么救国大志。我随孔雯掀先生回湖北，便住在他家里；他为我向当时省主席夏斗寅找工作，没有成功。同时我不知怎的突然想组织一个国共之间的政党，即是要以唯物辩证法来完成三民主义理论的发展，以发展完成了的三民主义来指导中国的革命。说干就干，当时也集结了十几个年轻的人，开了两三次会，研究宣言和纲领，并取了一个"开进社"的名称。"开进"是进入作战位置，完成作战准备的军用术语。不到一两个月，组织也要钱，恋爱也要钱，而我已经一钱莫名了，为了生存，只好放下一切，跑到广西去当营附，正式过起丘八生活。我以后常常回想，当时一同组党的十几位青年，从何而来，分手后二十多年的时间，为什么没有再遇到过其中的一位；因而不仅记不起他们的名字，连姓也一个记不起；这在我的一生中，真是一直到现在还想不透的谜。假定说我一生中有过政治梦，大概就是这一两个月的时间。十多年后，在旧皮箱底下，偶然找出当时拟就的宣言底稿，文章写得不坏，我看后笑了一笑就扯掉了。

我的丘八生活留在将来再写。

六

抗战胜利，三十五年，我回南京的第一件事，便是呈请志愿退役。当时正要裁军减员，退役正符合政府的政策。但退役后还是在南京瞎忙一阵。自民国三十年起，对时代暴风雨的预感，一直压在我的精神上，简直吐不过气来。为了想抢救危机，几年来绞尽了我的心血。从三十三年到三十五年，浮在表面上的党政军人物，我大体都看到了。老实说，我没有发现可以担当时代艰苦的人才，甚至不曾发现对国家社会，真正有诚意、有愿心的人物。没有人才，一切都无从说起。难道说这样大的国家民族，就此完事吗？于是我假定，国家的人才恐怕是藏在党政军以外的学术界，尤其是各大学的教授先生里面。因为我自己想当大学教授而无法当到，所以对大学教授的评价非常地高，以为这些人正是真才实学、血性良心结合在一起的国家元气。于是由我内心所蕴蓄的二十年来的憧憬，及由对时代责任感而来的迫切期待，便急于想和这些先生们通通声气。但隔行如隔山，一个丘八凭什么和他们来往呢？我在奉化蒋公那里要来一笔钱，和商务印书馆合作，办一个纯学术性的刊物《学原》。我是想以此为桥梁，有机会和教授先生们接近，由此来发现国家的新希望，同时也是我想回到学术圈里的一个尝试。对于此一刊物的问世，我除了由衷地感谢蒋公以外，也永远忘记不了陈果夫、陈布雷两位先生。

七

上面的一切，在三十七年年底，统统告一结束，我和妻子出走广州。三十八年三月，我应奉化蒋公之召，到溪口住了四十天，曾提出了一个自称为"中兴方略草案"的文件，内中有一点是希望三民主义的信徒能和自由主义者团结合作。这在我个人的认识上，也是一个大的转变。我的用意不是注重拉拢几个人，而是想把自由民主的精神注入到国民党内部来，以洗涤沉疴，打通社会，重新在社会中生根生长。我当时的认识是，国民党的新生，是一切问题的前提条件。但在大陆上，政治权力葬送了国民党；所以国民党的新生，是要靠社会而绝不是政治权力。这一底稿，在三年前我已清出将它付之一炬了。不过香港《民主评论》的出刊及其以后的态度遭遇，都是顺着此一意愿下来的。

在十六岁到二十岁之间，湖北的老先生们，说我的古文写得不错。但不久因受二周文字的影响，见了之乎也者的文章便头痛。后来除了偶然的机会外，很少写文章。三十八年六月《民主评论》在香港出刊，不仅其势非写文章不可；同时，也实在有说不尽的话，以稍能一吐为快。当时有的朋友在背后说，"徐复观的文章，是钱宾四、唐君毅这些先生捉刀的"。一年以后，又有朋友说，"徐复观的文章写得不坏，可惜只能写政论，不能写学术性的"。这倒是事实。不过，在我个人，只是因为要了解问题而认真找材料，因找材料而落下心来读书，因读书而开始衡断当代的所谓学术，一天一天地，把我的精神，引导向另一方向去了。因我个人的社会经验与历史，越是熟的朋友，对我的评价越差；一生中在军事上的知己，只有一位老德国顾问；在政治上的知己，只有××××。于是也有朋友为我叹息说，"优孟得时皆贵客，英雄见惯亦常人"。但我总是想：在乱世能做一个常人而不做反常的人，已经是难能可贵了。何况发蒙读书时，我父亲给我起的学名正是"秉常"二字呢？

八

从一九四九年到一九五一年，常往来于港台之间，且去过两次日本。一九五二年起，住在台中简直动弹不得。当时台中省立农学院院长林一民先生，不知听了谁的吹嘘，跑到我家来要我教新设课程"国际组织与国际现势"，这完全是我意想不到的。当时我告诉他，我是丘八出身，并没有进大学去教书的资格。林先生以为我是骗他的，硬说我在大陆上是武大的教授，并开玩笑地说："你若不答应，我便跪下了。"我太太在旁说："你就答应林院长吧。"这样便踏进了大学的门。第一年是兼任，第二年改专任。我接受专任的条件是不教国际现势，改教大一国文。因为我对与时事有关的东西，开始发生了衷心的厌恶。

假使不是有"国际组织与国际现势"这门新课，假使不是林院长对朋友过分热心而把我估计错误，更推远一点，假使不是办刊物、写文章，一个退役丘八，不会有机会走进大学的教室的。这一切都是偶然中的偶然，不用糊涂官打糊涂百姓的哲学，如何能加以解释？在农学院教授会的欢迎会上，我说："平生三大志愿，竟然达到了一件，所以我真是以感激的心情来接受农学院的聘书。可惜娶湖南小姐做太太的志愿，真是此生休想。"说完后，名植物生理学家易希道教授马上说："徐先生把湖南小姐说得这样好，可是有的人却觉得吃不消，时常感到不自在呢！"大家哄堂一笑，简直把我弄得莫名其妙。事后才知道易教授正是典型的湖南小姐，而山东佬罗清泽教授，对自己的学人太太，虽敬礼有加，但因专心学问，以致温情蜜意，或稍减于昔日东京追求角逐之时。难怪我们的易大姐，不免含颦带恨地发出一点牢骚来。不过，罗公当时的神情，似乎很是得意。这是当然的。辣味比甜味有时更能满足人的口福啊！

因为我是半路出家，所以把全部时间，都用在功课的准备上面。教国文，最大的准备工作，便是把预备的材料读得烂熟。对前人文章的好坏，只有在熟读中衡量得出来。我曾经选过几篇近代人的名作，初看一两遍，觉得有声有色；但细声一读，便读垮下来了。经不起读的文章，讲时感到非常窘迫，学生听得也没精打采。有几篇古人的短文章，初看很平淡，但越读越觉得深厚，越觉得有精神。讲的时候，不是在对学生作字句的解释，而是自己在作文学的欣赏，学生们只不过在旁边见习；这便自然会使教者听者，都感到兴味。我开始以为读文章是我国的老习惯，这两年看些西方文学理论的书，知道他们也常提出同样的方法和经验。同一篇文章，有不同层次的讲法和领受。只要教的人出于真正的责任心，则许多中学国文课本所选的文章，在大一国文中一样可以选用。我教大一国文，似乎稍能收到一点效果。但农学院的学生本不是学国文的，所以从结果上说，总不免有空虚之感。

九

当我听说私立东海大学会设立在台中时，我的确曾动过念头；因为它有文学院，有中文系，可以教出一点结果。等到和我有相当友谊而又是东大创办人之一的两位朋友随便谈谈后，知道他两位似乎都不约而同地暗示我的能力还不够，我便立即对此断念了。一九五五年七月间，突然接到台大文学院沈刚伯先生来信，说东大曾约农校长托他征求我到东大的同意，这当然是由于曾校长听过了沈先生的推荐而来，我当时非常高兴，因为这在我的一生中，是唯一的受到朋友善意援引的一次。当时我的好友张研田先生，极力反对我来东大，并且因为看到我在日本时所读的经济学书籍，便说："你如不愿教国文，可以到农经系教经济学。"农经系主任宋勉南先生也这样劝我。我说："已经是四不像了。这样一来，更成为四不像。"研田兄才因此接受台大训导长的聘书而同时离开农学院。这一段友情，真有点像男女热恋中的难分难舍。到东大后，听说有某要人曾以两次长途电话要曾前校长解我的聘；也有人说，我们讲中国文化，影响了基督教义的宣扬。但这些先生们却忘记了最基本的一个事实。我只是竭心尽力，教学校分配给我的功课的精神劳动者。假使因我们的教课，而能使中国的学生，不以当一个中国人为可耻，那只有归功于中国文化精神的伟大及主持校务者的努力、认真。我们除对功课本身负责外，一切都是多余的。所以我现在辞去中文系系主任的兼职。

十

到东大已经四年，我教的功课，由大一国文而转换到大二国文，这是东大重视本国文化所特设的一门功课；它的内容，主要是思想史的材料，所以涉及到先秦及宋明的重要思想家。讲授的方法，是在某家的整个思想轮廓中讲解他重要的一篇或两篇文献，所以范围是相当广泛的。另外，我开了《文心雕龙》及《史记》两种专书；初开时，也有朋友为我担心；不过，我是以自己的研究工作来带着学生研究。以后我还准备开一门"经学发展史"。我把这些功课，都当作通向某一门学问的钥匙来教。假使因此而能提供东大中文系的学生以做学问的钥匙，为中国文化开辟出一条新途径、一个新面目，则我想当教授的愿望，或稍有点意义。但这是关系于以后个人的精力和学校的环境的。

没有追求到手的小姐，永远是最美丽的小姐；没有追求到手的职业，可能也是最理想的职业。大学教授，对于我，已经是结了婚的主妇了；只能希望以道德的责任心，补偿一天一天消逝掉的桃色美梦。进入到这一圈子以后，使我深深感到"教书三年成白丁"的话，是一个事实的真理。我要想从白丁中逃出来，须有相当的毅力。同时，我和这已经结了婚的职业，不会再离婚吗？

这也在未定之天。但糊涂官打糊涂百姓的人生，配上糊涂官打糊涂百姓的时代，一切都是偶然。因此，我的任天而动的生活性格，正和我的人生哲学及时代哲学相配合，用不上多作盘算的。

一九五九年八月一日《自由谈》第十卷第八期

东瀛漫忆

一

民国十六年十月左右，桂系军队讨伐国民党左翼残存在武汉的政权。唐生智的军事力量，因分化而没有什么激烈抵抗。大概到了同年十一月左右，武汉已出现了一个新局面，胡宗铎的十九军，陶钧的十八军，成了控制湖北政治的军事力量。这都是从桂系北伐时的第七军发出来的。第七军到了湖北后，它的声光反为湖北人所统率的十八军、十九军所掩，这便伏下民国十八年南京出师讨伐桂系，第七军首先倒戈，以致桂系势力瓦解的导火线。

在桂系未到以前，我参加武汉商民协会的工作。桂系到了以后，我和一批年轻人（事后才知道，其中有国民党的左翼，也有共产党），展开了保卫原有的省市党部的工作；后来一网成擒，几乎丢了性命。我和陶子钦（钧）先生，家乡相距只一公里多一点，本来很熟识。正因为有这点关系，才救出了同时被捕的五六十个人。陶先生对我很好，先要我当武汉卫戍司令部的军法官，当了三天，便私自离职。司令部的参谋长是现在名女作家聂华苓女士的父亲，他要以弃职潜逃的罪名拘捕我，陶先生便请我住到他军部里的副军长室（当时副军长尚未到差）；偶然和聂参谋长碰面，彼此笑笑也就算了。胡、陶把南京派来接收党务的方子樵先生的一批人（里面多是黄埔学生）又一起撵走了，陶先生要我去搞汉口市党部的工作；我当时以为不是左便不是党，立刻拒绝了。至于左到底是什么东西，连现在我还说不出一点名堂来。更妙的是，我不曾加入到国民党的左派，乃至什么党什么派都不是。后来依然得陶先生之力，我到武昌省立第七小学去当校长。

当校长正当得有声有色的时候，胡、陶集团派送他们的弟弟（当时他们只三十多岁）赴日本留学，目的是想进日本陆军士官学校。陶先生也把我拉在一起。这样，便于民国十七年（昭和三年）三月左右，一行十一个人，一起到了日本。这里我得交待一句，我们到日本以后，胡、陶发动了大规模的反日运动，封锁汉口日租界，以致胡、陶的保送无效。这年下季，日本陆军士官学校，并没有接收我们。

二

到东京后，在与中国留日学生有很深关系的成城学校的日语班学日文，同学的人数不少。教日文的一老一少，老者姓服部，忘其名，很有点文化修养，对中国学生的态度非常亲切而自然。有一次，四川的一位同学向他请教一个辞汇，他很感慨地说："这都是你们中国很流行的辞汇，怎么一革命就都革掉了？"在我的记忆中，凡是日本的"支那通"，十之八九，都在参加谋害中国的某一方面的工作。这位服部先生，当然也是支那通，但他可能没有参加这种工作。

这也奇怪，当时的日本人当然轻视中国人；但我的内心，对一般的日本人，也潜伏着轻蔑和敌意（日本女人除外）。不过他们读书风气之盛、生活的质朴、工作的勤勉，却令我非常佩服。成城学校为学生烧开水的一位老工人，我们去要开水，十次有九次他都在看书。有位阔人的弟弟，跑到横滨去狎妓，回来后努着嘴一脸不高兴；追问之下，他才牢骚地说："有什么意思！她一面和我××，一面还拿一本书在看。"

到了民国十七年冬季，我的日文可以勉强看书；而我的兴趣是在学经济，决不在学军事，便到明治大学的研究部去挂了一个名。偶然遇到一位日本学生，随便聊天，聊得很不错，他便常常到我住的地方来，很纯真地想帮助我。有一天，他要我去看一位当时颇为有名的经济学教授；我看过这位教授著的《价值学说史》，他也很热诚地接待我。要我以后常常去，并开了一张我应当看的书单给我。我以后没有能继续学经济，和这位日本学生和教授，慢慢失掉了联络，连他们的姓名也忘记了（教授可能是姓青木）。但他们这种无所为而流露出的对一位陌生人的热情，及被书籍理得没有多少空隙了的那位教授的书斋，至今回忆起来，还难免有一番怅惘。在这种怅惘中，消解了中国人和日本人间的界限；只觉得自己没有出息，辜负了这位纯真的日本青年学生和热情的教授，也和平生辜负了国内许多期望过我的师友一样。

民国十八年五月左右，胡、陶已经垮了。到了下季，我在日本的生活已没有着落，我便写信问他们，愿不愿继续接济，因为我知道只要他们愿意，接济几十个留学生的力量也是有的。他们回信，进士官学校便可以，否则有心无力。我知道，当时回国是无路可走的，便请东京中国青年会总干事马伯援先生向冯玉祥那里找了一份保送公事，决心进了士官学校。马先生是湖北枣阳人，又是冯的驻日代表。好像他有两位漂亮而功课又很好的小姐，成为当时大家谈天时都很健羡的对象。

大概是这年冬季吧，也或许是十九年的初春，我到青森县的弘前联队，以二等兵（或者是上等兵）资格入伍。中国人在这里入伍的一共八个人，三个广东人中有两位是华侨家庭。有一位是湖南人欧阳禧，貌不扬而性情刚健，且懂点拳术，后来曾帮我挡过一次群殴的风险。他在抗战中被日人捉住砍了头。有一位是傅作义的侄儿傅朴，很有点气概，我不了解他为什么回国后没没无闻。有位是汤玉麟的参谋长的儿子，实在不是继承父业的材料。有一位钟石盘君，大家说他曾充张宗昌警卫旅的旅长，他带着有两位太太，人倒很不错，现在台湾长斋念佛。我们八个人住在一间房子里，虽小吵过几次，有一次广东姓白的要和我打架（因为我讲话刻薄了他），我当然打不过，幸而个子又长又大的傅朴冲上来，把姓白的一下子丢到床上，我才没吃眼前亏；但大家年轻，雨过天青，彼此一块儿生活得不错。

我们的中队长（连长）是陆大毕业的。日本陆大毕业生，在成就与出路上，都受到社会的尊重。另外有位上尉教官和一位中士班长，是专门管教我们的。还有一位上等兵，是为我们做点杂事的。那位上尉教官，听说阎锡山在这里入伍时他是中士班长；阎做了督军后，他去过山西一次，大概因为实在没有出息，不久便回来了，一副无精打采的老好人的样子。中士班长，愚蠢而又非常瞧不起中国人。有次问我："假定我在中国，可以担当什么职务呢？"我说："很难安排。""为什么？""给你当勤务兵吧！你的样子又令人一看就讨厌，有什么办法？"他听了气得要死。有一次，他考我的步兵操典，我的理解力，他当然只有甘拜下风。诸如此类的，我的一些莫名其妙的言行，日积月累了不少。有个星期天，我在书店买了一本日译的《西线无战事》的小说，一回到学校，便被没收了，给中队长叫去痛骂了一顿，这便开始了我在士官学校中一直过着不舒服的生活。不过有两件事值得一谈。第一，我们八个白领兵，当然不会翻杠子，被那位班长很奚落了几次。于是，我们在夜晚有空的时候，避开班长的耳目，拼命练习，手上都练起了泡，不太久，每人的杠子都翻得很不错。第二，苹果刚熟时，打完野外，教官带我们到一望无际的苹果园去休息，便宜得不能再便宜的苹果，大家吃个饱。

三

六个月的入伍完毕，正式入校。学校的步兵中队长，态度一开始就对我不太友善。加以我未入士官以前，因为喜欢看河上肇的东西，因而读了些马克思、恩格斯及苏联的理论家们的著作。所以我在学校里，组织了一个"群不读书社"，专看《在马克思主义之旗下》的这类苏联读物。其实，我什么政治关系都没有；但日本中队兵们看在眼里，当然很不舒服。其次，我讲话一向非常随便，尤其是在日本人面前喜欢争中国人的假面子。有一次几位日本士官和我聊天，有一位说："我们日本，不到五十岁的人，不能当政务官。贵国的蒋介石样，太年轻了一点了呢！"我说："他比你们天皇还大几岁。"这话一出，几个日本士官简直张皇失措，一哄而散。这当然是小情报的资料。而我的擦枪和内务整理，又经常不够水准。大概因为上面这些原因加在一起，除了一位战术教官对我不错以外，中队长及他的麾下，对我的仇视一天深一天。有一次，整队准备出发去打野外，中队长甚么事故理由也说不出，却当着全体同学面前，把我大骂一顿，叫我不必随队出发，大概预定回来以后，决心开除我。幸亏他在中途，马因滑蹄而跌在马路上，把中队长的腿跌断了，住了一两个月的医院，才挽回我被开除的命运。

中队长的腿好了返校。不到一个月，九一八事变发生了。我为了避避风头，赶快到队部请三天外出休假，我们的中队长说："准你一个星期吧！"我便立刻到一位从黄兴起便与湖南留日学生有缘的老太婆家去藏了起来。果然我们同学中，有一部分主张退学回国，有一部分反对；两种不同的意见，相持不下。主张退学的同学，当然希望能做到全体退学才有声势。有人出主意说，要做到全体退学，只有找徐某回校来发动。于是几位湖南同学找到我藏的地方，以大义相责，非要我返校正式出头不可。我便选定在大家正吃晚饭时（不可能借地方给我们开会）出现在饭厅里，把平日所积的国仇私恨，慷慨陈词了五分钟，同学非常激动，决议全体退学，并把领章、佩刀，一起解下交出，以示决心。推了九个代表，第二天向中国大使馆请愿，由蒋作宾大使接见；看样子，他是一位忠厚长者，大概处境困难，同我们讲些含糊不清的话。

从大使馆返校后，我们九个代表立即被捕了。陈骏南、崔燊星（名字可能有误）和我三个人拘留在一个宪兵队里，各人分别关一叠席子的小房间里，大、小便都要在这小房子内行之。宪兵队长问我们："为什么日本教育你们，你们还要反抗我们日本？""日本士官教育，是爱国教育。我们爱国，便必须反抗日本。"我们这样答复，那位队长也就无话可说了。

关了两天，又押返学校，限期离日，这总算是释放了。原来我们被捕后，中队长集合同学们说："徐某是共产党，你们今后再不会看到他。"同学们都知道我什么党也不是，并且这次是大家逼着我出头的；听中队长的口气，凶多吉少。年轻人重意气，便大家绝食，不释放不吃饭，所以很快地把我也一起开释出来了。我心里很清楚回国做抗日工作，是毫无结果的。但当时也只好互相砥砺，先回到上海，为抗日而效命。当然，也有几位同学，临时又溜回到学校里，读完他们的课程。

我在这次日本士官教育中，对他们军事动作的确实、武器保管的认真，留有深刻的印象。除此以外，觉得日本军人，收容我们中国学生，反而培养了我们的反日精神。我们同学中，只有最无出息的少数几个人，才在抗日中当了小汉奸（一起退学返国的同学中，倒一个也没有）；此外，其余的没有一个人感到日本是可以合作的，是可以共存的。这就说明了中日两国过去悲剧的命运。

有一点值得一提的是，我们的大队长是金子定一中校，他戴一副近视眼镜，态度从容娴雅。有一次，我们到他公馆去看他，他的会客室除窗户外，四面都是书架，书架上摆满了书；当中一张小圆桌，主客围着圆桌而坐；当时我觉得这真是一个"书城"，引起我十分羡慕。我喜欢买书的癖性，和此一印象也有一点关系。

一九七二年六月《明报月刊》第七卷第六期

军队与学校

"秀才遇到兵，有理说不清"，这是很流行的成语。可是到底是秀才讲理些呢？还是大兵讲理些呢？就我的经验来说，历史上最不讲理的是秀才，最能讲理的莫过于大兵。

军队是由大兵组成的，学校是由秀才递变而来的知识分子组成的。到底是军队中有是非呢？还是学校中有是非些呢？就我的观察来说，学校由小而大而研究院，校级越高，越与合于事实的是非相反；只要不是太堕落的军队，是非观念，一定远超过大学与研究院。下面我先举出一件亲身经历的例证的一面。

初任军官当场献丑

我在九一八事变发生后，和二十三期留日的陆军士官同学，因反抗而被捕，而退学返国。却在长江一带，怎样也找不到工作。后来由一位不太熟识的朋友，写封信给白崇禧先生，在南宁旅馆里住了一个月，分派我到警卫团第一营去当上尉营附，这大概是二十一年六月前后的事情。当时广西精兵简政，励精图治，虽与中央处于对立状态，但全省只有军队十五个团。警卫团长冯璜，在日本住过步兵专门学校，听说是白先生的得意干部。第一营长白如初，听说是白先生的侄儿，但不是很亲的。我头天下午搬进第一营部，和营长见面，人倒也蛮和气。第二天是星期一，全团到北校场去操制式教练。在操场，营长顺便介绍和三个连长见了面。这是我第一次和我国军队发生关系，我以好奇的心，随着营长东看看，西看看，脑筋里却是空空洞洞，一无所有。在收操半小时前，团长下令，各营集合，由各营长指挥，操营制式教练。我们的营长突然地"报告团长，我的喉咙痛了，请徐营附代我指挥"。团长听完后，只说一个"好"字，责任便交到我身上了。可是，第一，我从来没有喊过中国口令；而中国的口令和日本的口令，大同中却有小异，这是我当时一上操场便可以听出的。第二，当士官学生，排制式教练还要轮流练习，每人只有一两次机会，我可能一次也没有轮流到，更从来没有指挥过连教练的机会，何况是一个营，一下子站在我面前一大堆，把我的脑筋和眼睛弄得有点发昏了。第三，营长大人事先没有打半点招呼，可以说完全是出于我的不意，心理上没有丝毫准备。可是这是不能讲理，不能叫饶的。把心一横，我不作队形变换，只是"开步走"地走走，也就混过了。于是从"立正"喊起，接着"向右，看齐"，再接是"扛枪"，当时广西扛枪的口令有预令，我依日本口令，没有分出预令来，全营的枪上肩，已经是前后参差，阵势有点不稳了。再"开步走"以后，走到校场一边的尽头时，当然要喊"向后转走"；可是"走"字落错了脚，全营稀里哗啦地转得乱七八糟，笑声和骂声都有。正不知道怎样下台的紧急关头，团长跑过来接替了我的指挥，这样才能收操完场。

终凭实学湔雪前耻

在回到营部的路上，我当然要思考这个情势。跑了这么远的地方来当上每月七十元毫洋的营附，第一次出操，便出了这样大的笑话，实在应当卷行李了。但是这样一来，笑话传开以后，人家便用这一个笑话来下我的判断。军事知识，我自信比他们高得多，便把脸皮一厚，决心要干出一点名堂给他们看看后再走。从这天起，白营长的面孔不管对我怎样冷淡，也完全不放在心上。当时年纪轻，好胜心强，又有的是精力；除了出操外，自己赶忙翻译日本陆军士官学校的所谓秘本战术讲授录。

过了一个多月，全国实行一个连续想定的作战演习，即是两个支队，由行军、遭遇战、阵地彻夜、攻击防御、退却、追击的连续演习。演习完了以后，团长把全团排附以上的军官，集合在一间大教室里，作演习后的讲评。我以为这是团长和中校团附（当时的中校团附是江西的杨种之先生，现时还在台湾）的责任，我们不过去听听而已。但团长却"请第一营白营长先讲，以后各营长继续讲"。大概他是准备各营长讲完后，由自己或中校团附作总结。我们的白营长听到团长的指示后，立刻站起来，"报告团长，我学的已经落伍了；徐营附回国不久，学的很新，请他代表本营讲"。白营长话一讲完，引起满堂的笑声。团长说："也好，徐营附讲讲吧。"我只好站起来讲。大概讲了十多句左右，团长下命令说"大家拿出笔记簿来笔记"。我总共讲了一点钟左右。讲完后，第二、三两营营长都说"我想讲的，都被徐营附讲了，没有什么补充"，连团长、中校团附，也只对我所讲的说几句客气话，也不再作总结。

北校场之耻，总算借个机会扳了回来，耐满三个月，我觉得可以走了。当把这个意思表明后，团长以为我是和白营长合不来，把我调到第三营。其实，白营长是个老好人，我们之间，并没有什么。第三营是资格很老的黎营长，北伐时他已经当过营长，此时因缩编关系，只有委曲他，以中校阶级依然担当营长的职务，人也比白营长老练而精干。我去后，他完全以朋友相待，一有空，两人便谈恋爱经，常常谈得哈哈大笑，百谈不厌。谁知我初从第一营调到第三营后，第一营的排附、班长，却向团长要求挽留我在第一营，以便他们继续能增进一点学识，这完全是出于我意料之外的。团长于是要我分担一部分全团的军官教育功课，作为对他们的安慰。

往事昭彰足以为证

我从日本回到上海时，偶然认识了一位小姐，她出身于刚没落的大家庭。我回到武昌，住在孔庚先生家里，她家住在汉阳；我们两人从汉阳坐一只小划子到武昌，到了武昌，又坐回头到汉阳，这样在小划子上一坐便是大半天。武昌找不到事做，我只好到上海。她母亲刚死，迟几天，她也追到上海，两人一起住在长沙客栈。但当时从来没有发生肉体行为的观念，这连我自己回忆起来也是无从索解的。等到我的钱快花完，说要到广西去找事做时，她坚决地反对，并且说"住在上海，生活也没有问题"。说完后，便把她带的一只小小的旧皮箱开给我看，里面有文徵明画、祝枝山写的《前后赤壁》的长卷，裱得非常精致，还有许多翡翠和许多鸡血、田黄的图章。她说："我妈告诉我，这些东西在当铺里可以当钱的，我们慢慢地当了维持生活。"当时我对字画完全不懂，也不知道翡翠很值钱，只在先施公司里看到所标的鸡血、田黄的价钱是相当可观的。她箱子里大概有近百副左右。我告诉她："我从日本回国，不能使家庭和朋友们太失望。我到广西一找到工作，便接你去，找不到我就回来。你暂时还是找个中学教教书等我。"她送我上船后，一个人回到客栈。夜很深了，船快启碇，她又跑上船来要我上岸，或者同我一起走，那怎能答应，逼着她上岸。我站在甲板上，望着她在夜雾迷蒙中消失了孤弱的影子。但我一到广西后，却渺无音信；再写多的信给她，也没有一个字的回音，这件事，令我怎样也不能死心塌地，非要找出一个下落来不可。于是在第三营干了三个月，又请求长假，黎营长当然不肯；我便老实把情形告诉他，并请他代为报告团长。当我请假的风声传出后，许多排附又联合起来到团长面前挽留我；团长便准假三月，并示意给我，回来后，当为我想办法。三个月中，由上海追寻至武汉，追寻的结果，对我来说是很悲惨的。这一直到两年后在北平认识了我现在的太太，才很侥幸地弥补了些创伤。追寻三个月后，再回到警卫团，升我当少校团附，这在当时的广西，便算升迁很快的，但在广西前后总共只住了一年多一点，这是因为把恋爱的事情告一段落后，便经常想到国家的问题。我当时认为不论怎样，国家必须统一。李、白当时在地方建设方面的进步，不能构成割据的理论根据，这便使我内心终是忐忑不安，所以终于又提只箱子投入到不可知的茫茫人海中去了。但我回想起当年警卫团官兵们的讲理讲是非的情形，不是今日任何大学的先生们所能企望于万一。当然，绝对多数的学生还是肯讲理，很有是非之心的。

一九七一年五月廿九日《新闻天地》第一二一五期

抗日往事

　　此文所纪录的回忆，对整个七七抗战来说，只不过是一点一滴。因我没有记日记的习惯，所以年月记得不完全，而且也多错误，请阅者谅之。

一

　　民国二十二年秋季，因为我不满意割据的局面，便决然离开广西。在离开以前，和当时总部参谋处的罗科长（江西人，忘其名）谈得不错。他说和新疆的盛世才有交谊，我便托他介绍，要到新疆去效力疆场。及到了南京，偶然听到当时的内政部长黄绍竑，奉命暗中作戡定新疆的准备，我的目的是疆场而不是某一特定个人，便丢掉了罗科长的介绍信，向黄绍竑投效，被他收留了。以后回想起来，此一改变，等于从阎王老爷手上抢回了性命。那位罗科长，听说后来便死在盛世才手上。二十三年五月，由绥远归绥城出发，和罗中天、孙以仁几位，带了四部汽车，经百灵庙绕到居延海二里子河，侦察交通状况，及给水情形，作行军设站的准备。及返回归绥复命，才知道此事已因胡宗南的反对而取消了。我及由我约来的十多位日本士官同学，当然一起解散失业。

　　回到南京后，穷得生活发生问题。有位国学馆的老同学陈锡九兄，在南京市府担任会计主任，由他介绍和市长石蘅青先生见面，谈得非常入港。他很讨厌南京的警察，要我为他成立保卫团，担任乡区的治安，并兼上新河的区长。但我依然对沿途的交通水泉等状况，提出了近十万字的报告。正因为这种关系，所以黄绍竑调任浙江省主席后，又找我去当保安司令部的上校参谋，使我有机会跑到向往已久的西子湖边去。

当时黄似乎有一番抱负，很留心物色了一批精干的人才，如王先强、胡子威、贺扬灵、孙煦初、陆桂祥、吴绍彭等，很有点朝气。但我去了几天，叫我拟一个电稿，拟得他看不中意，便一直冷藏在那里，拿冤枉钱。但在这冷冻的约略一年之中，我四赴北平，追上了我现在的太太——王大小姐，算是我一生的最大收获。

二

大概到了二十四年夏天，黄奉命兼沪杭甬指挥官，秘密筹备这一方面的抗战工作，我们便在主席办公室的小楼上，从事各种准备计划。这时的幕僚，以徐景唐为首，都是陆大出身，或很有名望的前辈先生，其中只有保定三期毕业，和黄同乡的一位韦中校，便算是阶级最低的。准备工作，第一当然是建筑国防工事；安徽的杨鲁原先生，担任工程处长，的确是位吃苦而又能干的难得人才，很得黄的信任，大家对他也无不心服口服。他的太太是以《渔光曲》出名的王人美的姐姐，我们很羡慕他有这样的一位姨妹，可惜从来没有见过。我结婚后，大家都住在车站附近的国泰第一旅馆；我太太从来不打扮，当新娘子也是一样。当时的旗袍很长，扣子又多，我太太常常只是扼要地扣上三分之一或二分之一；杨鲁原的嗓门很大，几多次站在旁边忍不住地说"这位名士派头的太太"。

除了工事之外，便是拟定各种演习计划与将来作战的计划。黄是一个妙人，整天地沉着脸不与幕僚讲话，使幕僚对他莫测高深。有人告诉我，他和李济琛从广州坐船到梧州，两人在一个厅里，整天便没有交谈过一句话。我是日本陆军士官尚欠六个月没有毕业的学生。各种计划的题目，交给徐景唐，徐景唐当然不分配给我做。现在想来，这是一件好事。但当时偏不服这口气，见到题目便写，写成后直接塞到黄的办公桌上，黄一看到总是眉毛一皱，嘴巴一努。我也不管这一套，但经过两三次后，重要的计划及向中央机构呈出的重要公文，几乎都直接交到我手上。我经手办的重要公文的特点，是对问题照顾得周密，条理很清楚，而文字非常明快；但我并不懂公文程式，所以每一次把稿起好后，便低声下气地，拿到那位韦中校面前，请他帮我装头安尾。这位韦中校来日已经是牢骚满腹，又看不惯我那种飞扬跋扈的样子，所以一拿到他面前，他便瞪眼拍桌地说："这样能干的青年上校，连这种事都不会做？不会做，好好地学学啦，总是找我干吗？"我总是陪着笑脸，老辈前老辈后地达到目的。说也奇怪，公文程式，本是一文不值的东西，但我当时硬是不学，一直到在湖北省府保安处当科长时，才费一两个钟头把它弄清楚。

二十五年夏天，作了一次交通动员的大演习，当时旁的地方很少这样做。演习完了，要编一本"纪事"报到中央去；我们开会决定共分五章，由五个人分别担任，我担任最后一章。大概过了一个星期吧，黄跑到楼上来，因为我的年纪较轻，便向我开腔说："纪事编得怎样？""我等他们各位编好后，才方便写总结，所以还未动笔。"黄明白大家还未着手，便说："你一个人负责编吧。我有事到上海住几天，编好后用电话告诉我。"我便在三四天内赶编完成。当然，图表是指示给另外的专门人员帮忙画的。马上用长途电话问是否要把稿子送到上海由他校阅一遍，他说："赶快付印吧，印好后送几本到上海来。"这类文件，是由省府自己的印刷所秘密印刷的，很快地便印好，我亲自送几本到上海交给他，他看了一看，一言不发。我随即告诉他："想请两个星期的假。""为什么？""结婚。""你还未结婚啦，等一等。"他上楼去一会儿下来，交给我一千元的支票，"送你点贺礼"。这在当时要算很重的礼。以后我回想他的种种情形，大概是要极力向中央表现他的军事才能，取得对他的军事信任。

三

民国二十四、二十五这两年，是上海文化界，以抗日为中心，争辩得最热闹的时候。照常情讲，我应当留心这些情形，甚至应当和他们有点来往。但除偶然的机会，和郁达夫、王映霞夫妇们在一块儿吃饭闹酒以外，对上海的热闹文坛，完全不闻不问，可以说是一无所知。不过救国会的一般人主张团结抗战，我内心是非常赞成的。有一次，我和黄从上海坐汽车回杭州，车上把经过我用红铅笔圈点过的一篇文章，交给他，要他看。他稍为翻了一翻，把眼睛蹬着我。我说："日本逼得我们太不像话，只有奋起抵抗。要抵抗，便必须团结。我希望主席对此事应有所努力。"这是我第一次向他谈政治问题。他听后一言不发。但过了两三个月，大概是二十五年八、九月间，我和他一起赴南京，在火车上，他叫他的一位矮子副官，把委员长蒋公回给他的一封亲笔信送给我看。信的内容说得很痛切，很坚定；强调抗战一开始，不论如何艰苦，绝不能中途妥协，中途妥协即是投降。一定要有作战到最后一人的打算。当时我看过后非常感动。他之所以把这封信给我看，大概一面是表明自己的态度；同时也让我不要为外面的浮言所惑，坚定对委员长的信仰。而委员长之所以回他这封亲笔信，可能也有要他转告广西的李、白的意思。

西安事变后，黄调湖北省府主席，沪杭甬的军事责任交给张发奎。我也随同回到武昌，当保安处的第一科科长。当时湖北的情形，军事势力及学校军训，是在以丁炳权、阮祺、韩浚、杨啸伊等黄埔学生手上，听说他们是蓝衣社。党部是在CC手上，听说他们与蓝衣社很有些磨擦。省政府的秘书长、民政厅长及有些专员县长，听说是杨永泰留下来的政学系。我则什么也不是，对他们的情形，只是"听到说"，实际什么也不知道。只感到生活的气氛，不如在杭州的爽朗；对抗战问题，也无法加以关心。

但在二十六年六月，委员长召集全国教育界重要人士，集合到庐山，举行盛大的训练。编成两个总队、六个大队，黄被调为第二总队长，黄便带了几个幕僚上山。当时余家菊先生好像是省府法制室的主任，调派为总队部的书记，余一气之下，拂袖而去，连法制室也没有干。我调派为总队部的副官。因为我的名字，与"副官"的声音相近，所以许多初见面的人，以为我是当副官。有一次住在北平饭店里，茶房都叫我"徐副官"。其实，我倒真当了这一个月的副官。我是个乡下人，没有见过场面，这次才看到委员长以及其他许多阔人。阔人和名流学者讲演，我是要陪着去听的。听了许多人的讲演，只留下两个印象。一是王世杰讲演，殷锡朋站在侧边，有时为他写黑板，但写了两三个白字。这本算不了什么，但无形中使我这个乡下人对中枢大员，不免打了点折扣。二是训练副监周亚卫的讲演。他是军学前辈，而又是以怕老婆名噪一时的。可能是因为经常在太座威压之下的原故，所以弄得他讲话讲得很慢，而音调又是断断续续地有些低沉。但我仔细听，在他每一句寻常的语句中，都有确切的意义，我承认他对典范令确有研究。这在中国军人中，是少而又少的。有几句话，一直到现在还记得。"你们要经常把口闭着。在他人面前张着口，人家便以为你是骃子。"在训练中终于卢沟桥事件发生了，日本军阀逼着我们无路可走，于是委员长在七七这一天，聚合全体学员，发表了震古烁今的抗战宣告。当时委员长悲愤激昂的情形，使几万教育界的人士都为之感奋。而我能亲自听到这次历史性的动员宣告，真可谓为毕生最大的荣幸。

这次庐山集训，可以说是对文教界的大动员，也可以说是全国的精神总动员。随着抗战的宣告，大家纷纷下山，各就各人的岗位。抗战发生后，千千万万的教员学生，历尽无限艰辛，由沦陷区走向后方，由后方走向前线，这次庐山训练，应当算是一个关键。

四

抗战发生，黄以湖北省主席，兼军委会第一部部长。第一部即后来的军令部。我随他到南京，并没有机会参加第一部的工作，因为第一部完全是陆大的天下，我是插不进去的。黄似乎也没有正式办过公。到南京不久，便随他到太原去一趟。当时八路军集中陕北，还未渡河，我在正太路的车上对黄说"这个问题应当解决"。此时阎锡山在雁门关，黄便赶到雁门关。我听说在雁门关，黄、阎为八路军问题，曾联名打了一个电报给委员长，不知确否。到雁门关后，又匆匆经同蒲路、陇海路回南京。第二次我又随他从浦口坐专车，到徐州转陇海路，由陇海路转平汉路到石家庄。此时我军已节节败退，林蔚文在石家庄召集了一个军事会议，我当然没有资格参加。此时周恩来也到了石家庄，不知由谁人出面请他作了一次国际大势分析的讲演，听完讲后，我对黄说"我们可能还没有这种人才"，黄笑而不答。在石家庄开完会后又到太原。此时的作战计划部署，及黄到北方干什么，我完全不知道，不过，从侧面观察感到我们军人的精神和学识，实在太落伍了。在车上，送了两首诗给黄：

　　登车慷慨上幽燕，不信金瓯自此残。
　　宫阙九重留帝宅，长城千里剩雄关。
　　破巢尚有求完卵，击楫宁无共济船。
　　未许新亭空洒泪，如公一柱已擎天。

　　太行落日乱千峰，也似秦关百二重。
　　胡马正寻千里牧，将军真欲一丸封。
　　徒闻上将矜奇策，只见青磷怨大风。
　　莫道此行行不易，河山入眼总匆匆。

　　黄看到我的诗，还和了两首。等到第三次随他北上时，在车上发现他带着一堆《杏花天》、《肉蒲团》这类的下流小说看，我立即感到："这还算得一枝柱吗？"

回到南京，第一部长交由徐永昌，黄以湖北省府主席兼第二战区副司令长官，司令长官是阎锡山。这次黄便约了以陶子钦先生为首，一共五个幕僚同行。并向广西要一个卫士大队，广西先给了他三十个卫士和三十枝短枪。我们到了太原，阎锡山要组织一个参谋团，作为总幕僚机构，以陶子钦先生为首，以楚溪春为副。实际这是一种假客气，黄也知道，所以只虚幌一招，并未成立。但阎答应给他两个师的装备，让他成立两个直属师。他便调湖北乡政训练班的学生两千人到山西，先成立战地军政干部训练班。由我担任教育长，作为两个师的骨干，并商同周恩来，由他派政工人员，帮助训练。这一计划，幸而因战局的迅速恶化终于告吹了。旧式军人，总要有自己的部队作资本。黄在归绥时，要由广西调士官来编孙殿英的残部五个旅作入新疆的本钱。可见他的想法做法是一贯的。

我到太原不几天，八路军也开到了。有一次，阎宴请我们和八路军的将领。我留心观察，他们每一个人都是面黄肌瘦。萧克坐在我的左边，后颈延髓的地方，陷入很深。在谈话中，他们对苏联期望很大；对外面的事情，非常地隔阂。

当时任务的分配，由阎直接指挥北面作战，黄指挥东面作战。我们一出娘子关，前面已经垮了，军队纷纷后退。碰着赵寿山师长，便要他守乏驴岭、雪花山一带。我们马上回到娘子关车站，住在车站附近，早经构筑好了的山洞里。情势紧急，黄昏时，黄赴太原讨救兵，我们连通讯设备都没有，便只好利用车站的电话。晚上七、八点钟，前方赵寿山向副司令长官求救的电话来了。但副司令长官不在，大家彷徨无策。我便只好拿起听筒，自称副司令长官，用"打应急符"的方式，在电话中指挥起来。大约以后两点钟三点钟便有一告急的电话，我便要在电话中打一道符，不准他后撤。这样挨了两夜一天，正面勉强顶住了。赵寿山这样叫唤，主要是怕把他这一部分丢在前线不管。乏驴岭离娘子关车站不远。只要在电话中让他知道副司令长官是稳坐娘子关，便可以增加他的信心，他更不好意思随便向后开溜了。这是我必须打符的主要原因。但第三天一大早，敌人由右侧方的谷地窜了进来，车站已经听到清晰的枪声。恰好孙连仲的黄旅到达，这是当时最好的部队。黄旅长说，"奉命来保卫副司令长官"。我请他立刻阻击快绕到车站附近的敌军，他的部队很迅速地堵住了山口，并以一部绕到敌后，打死了敌人不少，还俘虏了几个日本兵。在一个日军死尸身上，搜出一本《部兵操典》，在《操典》里夹着一张非常漂亮的，大概是他的新婚太太的照片。我当时把"可怜无定河边骨，犹是深闺梦里人"的两句诗写在照片的反面。战局由此得到暂时的稳定。

黄从太原回来，知道我以他的名义指挥部队的情形，当然心里很高兴。但是接着发生了一件不愉快的事。石家庄稍南，从地图看，有一条直通山西的谷道，谷道口名为旧关。我向黄建议，敌人正面攻击顿挫，可能由这条谷道出到我们的右后方。应当派出一小部分兵力，到谷口去监视。黄不以为然，但我再三争持，弄得他怒目相对。

此时冯钦哉总指挥，穿着长袍和中式大衣，住在隔壁的洞里。他大约有两个直属师，在保定附近与敌接触后，便不知何往。他当然是知道的，但怕说出来，黄又要用上，所以怎么也不说，以便保存实力。孙连仲也来过，他的气质，和冯钦哉完全不同，说话质朴有力，一见便知道是能练兵打仗的好将领。当时大概他的部队两边都需要，弄得孙有些为难的样子，详细内情，我不很知道。

有一天，我在洞口外散步，遇到一个年轻军人，在那里徘徊瞻顾，我有些疑心，便和他聊天。他说："我是陕西××警卫团李振西团长的副官。团长听说黄副司令长官住在附近，要我来打听是否确实。"接着他告诉我，杨虎臣下台出国时，把最精锐的部队和装备，编成这个独立团。所以一团有三千五百多人，作战很勇敢。从陕西开出抗战，归冯钦哉指挥。第一次在前线上损失了四五百人，李团长受了伤，掩护了冯的直系军队安全撤退。但冯说李团长作战不力，要撤职查办，把部队编到他的直系军队里去。这在当时的名称，即是要把它"吃掉"。李团长急得走投无路。全团很团结，冯有点顾虑，不过总是会完蛋的。所以想找副司令长官。我问李团长还能动不能动。他说，伤的是腿部，有人搀着还可以走几步。我便叫他回去报告李团长，请他秘密来见黄，并说"副司令长官一定会明辨是非曲直的"。我进山洞后把上述情形报告给黄，并向他建议："我们一点预备队也没有，最好看到李团长后，命令他为长官部的直属预备队，冯钦哉便没有话可说了。"过了半天，先前看到的副官和一个卫士，果然搀着瘦长个子的李团长来到洞口，我便陪着他见了黄。黄照我的意见处理了，并给他以安慰。李团长当时好似含冤无处告诉的孤儿，一朝得救，感激得眼泪也流了出来。因为有这个偶然的遇合，才使我们没有当俘虏。

大概过了五六天吧，敌人果然从我先前顾虑的一号谷道窜了

　　　　　　　　　　　　　　　　无惭尺布裹头归·生平

进来，一直窜到司令部（实在不成一个司令部）右后方的一个山上（我忘记了山名）。大概是等后续部队，稍为停顿一下，此时我们才发觉。但司令部已在敌人可以控制到的范围之内。冯钦哉便发牢骚，说风凉话，主张立刻开溜。但赵寿山这些前线部队，岂非一下子完蛋。于是下命令要李团长反攻，这一天打下来，敌人是被打退了；可是李团牺牲重大，全团只剩下几百人。黄于是一面电军委会褒奖李团长，准调他回西安整补，同时电西安的孙蔚如，叙述李团的战功，对他调回西安整补的事，请他予以帮助。可是在李团开拔时，李的副官牵了三匹马来找我，对我说："这三匹马，两匹是大走马。一匹叫黑老虎，也非常精壮。都是杨主任（虎臣）下野时交给团长的。团长现在回后方，认为徐参谋用得着，所以要我送来。"我一下子吓呆了，赶快说："我并不会骑马，也不会招呼马，送给我，我没有办法，必须带回去。"但那位副官说了就跑，弄得下不了台，只好找两个勤务兵暂时招呼。我把这件事报告给黄，并说一定要带到西安，退回给李团长。黄知道训练一匹大走马成功，是很不容易的。并且训练成功后，若是骑的人不内行，也会糟蹋掉。他赞成我的意见，把马交给卫士大队的莫大队长，嘱他好好招呼，并叫他路上不要使用。为了这件事，后来在路上，我几乎被莫队长一枪打死，黄也把莫赶走。几经周折，三匹马依然在西安物归原主。

在这一仗打完后不到几天，又发生一个插曲。有一天上午八时左右，司令部山洞的对面山脊上，相距约五百公尺，很炽烈地，步枪机关枪，直指向司令部的洞门射击，这是从后面而来的射击。当时直接的印象，这回我们完蛋了。黄对陶子钦先生说："三十枝短枪，由你指挥突围。""没有问题，我负责。"我突然想到：

"是不是出于误会呢？"便叫号兵拼命吹号，没有效果。山洞和射击我们的山脊之间，隔着一个凹地，我便说"我想去看看"。陶和我的关系深，反对。黄不作声。其他的人，当然都是面面相觑，说不出一句话。我说："只要跑出洞门，滚下三十公尺，便是死角，让我试试吧。"说完冲出洞口，睡着向下滚了一段，跑到对面的山脚下，大声喊叫说："你们是什么部队？不要误会呀。"只喊两三次，山上便有回声问："你们是哪一个单位？""我们是黄副长官的司令部！""呀！对不起，误会了。"一场虚惊就是这样平静下来了。我慢慢走回山洞，心里想"真侥幸，没有死掉"。后来大家研究，认为冯钦哉早想开溜，可能是他耍的把戏，先把我们吓跑，他便可以为了保存实力而自由行动了。是否如此，没有确证。

五

这种小康的局面，没有维持多久。敌人依然由我先前顾虑的一条小路，向我右后方迂回成功，再没有什么部队可以用来阻击，快被包围了，于是开始大撤退，大混乱。黄临走的时候说："徐参谋，我们先到寿阳，交你八枝短枪、一架电话机、两千元法币，用我的名义指挥掩护作战。"我只有答应："是，尽力而为。"但心里已经不断地想，"这真是一个奇怪的指挥部，本身没有组织，没有可以与各部队直接联络的通讯设备，没有情报侦察机构，甚至没有确实的战斗序列"。我在黄的幕僚中虽然阶级最低，但因上述的各种原因，事实上是当了他的负责的幕僚长。但对于周边部队的情况，始终蒙在鼓里面。恐怕黄本人也不清楚。娘子关正面，因我的僭越指挥而把战局稳定下来，乃是偶然的机会。现在是没有可能的。

在撤退的流动中，我带着八条短枪和一架电话机，不能成立一个独立的临时指挥所，首先必须依附到一个军事单位里去。于是就近找到了一位见过面的军长（忘其姓名）的司令部去，我坦率地把黄交给我的任务告诉他，请他帮忙。他立刻愁眉苦脸地说："怎能做得到呢？联络不上呀！""为什么？""唉，你不知道部队的情形。在撤退的当中，连我自己的部队也联络不上。他们把一切通信的东西封锁起来，一直要撤到比较安全的地方，才肯恢复联络。因为怕早早地联络上，会交给他们以任务，他们吃不消。说你不信，我把通讯队长找来你和他谈谈。"事实果然不错。同时我想到这位军长可能也是这种人中之一，若和他军部共行动，会彼此不便的。我便带着我的八条短枪，单独向寿阳追去。此时四川邓锡侯的部队，刚刚开到。

黄这次是住在土洞里面，我把实际的情形告诉了他，他也没有话讲。只说"彭德怀在这里，晚饭后你和他谈谈"。原来我们以前到雁门关时，彭德怀大概是先到前方了解情况，也和我们住在一起；第二天，一声不响地走了。这次一块儿晚饭后，黄和我便同他闲聊。我问："你的部队现在的位置？""有十四个团聚结在盂县。""你的计划怎样？""我们绕过寿阳，从昔阳方面配合友军，向敌人侧击。"我便疑惑起来，向他说："我的看法，时间是决定的因素。现在敌人尾追我军的，不过一个师团，并且他们正在行进中，并没有集结。盂县的贵军，正处在他们行进的侧面，此时赶他的后续部队未到、先头部队未聚结的间隙，贵军立即开始侧击，新到达的四川部队从正面反攻，可能给敌人以歼灭性的打击。

像你的计划，从盂县绕过我军战线的后方，再向右侧方前进，最少要多花三天时间。在这三天时间内，敌人后续部队到达，攻击开始，我们可能已经垮了，还侧击什么？"彭听了我的话，面现怒容，脸朝着山洞上面，说一句"我不赞成你的话"，再不说什么。黄向我望望，向彭望望，一言不发。这次谈话，在不愉快的气氛中结束了。他带了二三十个十三四岁的红小鬼，都活泼可爱。第二天一大早，又人不知鬼不觉地走了。我以后常常想，他们的战术思想为什么这样差呢？过了三四年后，才知道他们对情势的估计，比我们清楚得多。并且他们早已胸怀大志，当时是急忙展开建立太行山基地工作的。

在寿阳，黄已完全失掉了指挥的机能。不几天，这条战线便垮掉，于是退向榆次，此时山西北面的战线也崩溃了，接着太原失守，我们一路退向临汾。沿途看到人民在仓皇中奔逃，几十里路长的大行列，拥挤、杂乱、茫然、悲戚。有位非常漂亮的少妇，牵着一匹驴，驴上坐着她三四岁的孩子，走进同蒲铁路的一个车站里面，东望望，西望望，想弃驴挤上车吗？连车顶都堆满了人，她挤不进。牵着驴继续向前走吗？她也不知走向什么地方。那种彷徨凄切的表情，我没有能力形容于万一。我常常想，当时代的巨轮碾了前来时，不管谁美谁丑，谁善谁恶，总归是一齐被碾得粉身碎骨而死。

到了临汾，中央发表黄调浙江省主席，结束了这一幕混乱的哑剧。他当然希望我也到浙江，但我自己知道，就对事来说，我是一个最好的幕僚，就对人来说，同时也是一个最坏的幕僚。不愿再和黄在一起了，在西安呆了几天后，便只身回到武昌。当民国二十五年正在金山乍浦建筑国防工事时，独山是一个管钥地带，我再三向黄建议，工事不仅要以由公路来进攻的敌人为对象，还要考虑到敌人可能由海上登陆，绕到我们防线的后面，明代的倭寇，便是从金山乍浦的海上登陆的。黄坚执不从。我在武昌，听说敌人果然从乍浦海面登陆，我们全线不战而退，便写了一首七律寄给他，记得收尾的两句"可惜金山三尺浪，至今犹似旧潮痕"。现在想起来，"依旧潮痕"的，又岂仅是金山三尺浪吗？

一九七一年七月一日《大学杂志》第四十三期

垃圾箱外

在这篇文字中所叙述的我在政治生活中的小故事，连丢进垃圾箱的价值也没有。我之所以把它写出，有两个偶然的原因。一是从《明报月刊》一一七期中看到法国作家萨特七十岁的谈话，他提出"透明的人生"的观点，实际就是中国所说的"事无不可对人言"的观点，很值得玩味。因为"透明的人生"是意味着"人生的真实"。在"前台"、"后台"，完全两样的虚伪矫饰的世界中，假定有人肯把自我生活的真实剖露出来，以作为时代的曲折、人生的曲折的一例，所剖露出的虽十分微细，也或许有点意义。其次，香港某刊本年（一九七五年）九月号，有一篇政治性的问答文章，其中有下述一段：

"一九四八年十二月……在南京成立了一个名叫中华人民救国大同盟的秘密组织，集中所有蒋的嫡系人物，在南京鼓楼的青年部大会议室召开成立大会。当时参加这个秘密组织的有二百多人，口号是效忠祖国，抢救危难。我是这个同盟的发起人之一。陶希圣、徐复观、叶青、胡轨、吴英荃、胡秋原、蒋廉儒等人都是盟员，徐复观是第一任书记，胡轨是组织部长，叶青是宣传部长……"

我的学生及若干年轻朋友，看到这篇文章的，曾当面或写信问有无此事。我应有个答复。在这篇文字中，若记忆有错误，望有关的先生们加以指正。

一九七五年十月二日

一

　　我在国民革命军到达武汉前，完全没有政治意识。革命军占领了整个湖北，并在地方展开猛烈的党务活动后，我在家乡找不到饭吃，便经九江到德安，投奔和我家相距只有三华里的陶子钦先生。他在民国十二年十月前后，背着包袱往广西投效时，我正在浠水县城模范小学当教员，曾邀他到我们学校里住了一晚。我到德安时，他因打孙传芳的战功刚升第七军的旅长，把我派到一个营部当中尉书记，并送我一部《三民主义》，我开始想到了政治问题。接着看了些翻译的社会主义方面的书籍，引起我对线装书的反感，连三民主义我也保持一种疏离的态度。我对三民主义真正有了感情，大概要迟到民国三十三、三十四年的时候。

　　民国十六年初，我调到第七军一个师政治部里当宣传科长，师范同学好友田逸生当上尉科员。但当时我并不是国民党员，对时局一片迷惘，所以除了奉命写点宣传文字外，实在过着胡混的日子。及蒋总司令下野，政治部缩编，田逸生立回湖北，我在南京闲住。有位师范同学陈道守，汉阳人，刚从苏联回国，在中央党务学校（政治大学前身）训育处当训育员（这些名称都记得不确切），训育处长大概是谷正纲先生。我们同学时，并无来往。但此时相遇，分外亲热。他和我说"我的苏联同学中有位康泽，人很不错，我介绍和你谈谈"。过了两天，他陪康泽来了，大家把对革命的高见各自发抒一番。康泽此时也是当训育员，但我觉得他有些气概，讲话时语气也很诚恳。过了几天，陶子钦先生派人来找我，他此时已当了师长，并曾代理胡宗铎先生的十九军军长，在龙潭和孙传芳打了一狠仗，在保卫南京上，立了大功。他向我说：“我们快出发去讨伐唐生智，想你同师部一起出发。”我于是收拾行李，准备先搬到师部里去。

恰在此时，康泽来找我，劝我不要参加桂系的军事行动，最好是到武汉去搞革命。我接受了他的意见，由他介绍一位留苏的马西凡和我一起到武昌去找孟十还先生，孟也是留苏的，当时是省党部工人部的秘书，部长是朱霁青。马先生从苏联回国不久，和我见面后很热心地用劳工神圣这类的大道理开导我。两人在下关一起坐招商局的船赴武汉，由码头工人把行李搬到合住的“官舱”里，照先已讲好的价钱付账。谁知那位工人把眼睛一翻，用手将钱一拂，说出一个多出十倍的价钱来。马先生奋起和他讲理，那位工人破口大骂，把指头指在他的额角上，不照数给钱便非揍人不可，大吵大闹，旁人谁也不敢过问，马先生白净的脸上气得发青，嘴唇气得发颤。我出那位工人的不意，一掌把他推出官舱门外，迅速把房门闭上；不管他如何叫骂，都置之不理，最后多给一块大洋，由窗口塞出去了事。

船开后马先生痛骂中国工人的横蛮落后、不可理喻。我和他半开玩笑地说：“你原来的理论并不错，我们遇到的是一种严重的社会问题，而不是工人自身问题。”到了汉口，先住旅馆，马先生坚持要“找婊子”，我却坚决不参与，他把“婊子”找来了，和她扯东拉西地扰攘了个多小时，我只靠墙坐着，不闻不问。他把“婊子”打发走后，向我笑了笑说：“老徐，我没有旁的意思，只怕你笑我不逛婊子，所以显点本事给你看。”这是位天真无邪的文人，我一直对他留下深刻的印象，后来听说他很早便死去了。

二

到武昌阅马场省党部看到孟十还先生，他介绍和朱霁青部长见面。朱部长生得长瘦的身裁，山羊的胡须，中山服配上一双长统马靴，很是神气；问了一两句话后，便吩咐暂先在部里当干事。我出去后，先找田逸生先生，他此时已是全省商民协会的常务委员。见面后，他说"何必去当干事，到这里来当宣传部长好了"，于是我就住进全省商协里面当起宣传部长来。

当时南京组织了一个特别委员会，要改组湖北省市党部。大家说特别委员会是反动的，非打倒它以拥护党的法统不可；于是组织民众团体联席会议，作为打倒拥护工作的机构。大概因为我的热心，变成了联席会议的主席，忙着发宣言，贴标语。最得意的是把"特别委员会"的"委"字写成"尾"字，将最后一笔拖长得像一条狗尾巴。这些民众团体中间，大概杂有各色人等，而我却什么也不是。何以是反动？什么是法统？我一概不知，却自以为这是自己起来革命。既反对特别委员会，当然也反对包括陶子钦先生在内的"西征军"，认定桂系是反动的势力。康泽的政治观点如何，同来的马先生在干什么，更从来没有想到。

热闹了两个月左右，桂系的西征军进入武汉，唐生智的势力瓦解；但我们依然占住省市党部，不准南京派来的人进入。有一天，方子樵先生带着一群干部，听说其中以黄埔学生居多，拿着手枪，分别冲进省市党部。一进大门，便啪啪地一轮枪响，喊着"抓反动分子"的口号。于是占住省市党部的人，都偷偷地从侧门后门溜掉，省市党部就是这样弃守了。可是我们说"联席会议还要斗争下去"，大家奔走、开会如故。大概过了个把星期，方子樵们所占领的省市党部，又突然被军队接收了，他们偃旗息鼓地跑回南京。我们并不了解其中的变化，依然我行我素。有一天，我们五六十人在商协楼上会议室中开联席会议，一阵枪声后，冲上几十名武装警察。带头的一位，拿着手枪冲进会议室，惊喜地大叫着："好了，这回共产党部一网打尽了！"接着他们都进来，用枪指着我们。我向他们说："我们没有武器，跑不了，何必用枪指着？"险恶的场面，稍稍缓和一点；他们用绳子把我们的手绑在背后，并一个连一个，押解出去，由提枪的警察在两边夹着前进。走经常常枪毙人的阅马场，许多看热闹的人都说，"又要枪毙共产党了"。一直押进黄土坡的武汉警备司令部的武昌办事处。我有位姓何的亲戚，也在阅马场看热闹，发现我也是被绑者之一，便赶忙托人去找已升了十八军军长的陶子钦先生。陶先生打电话过来问情形，我在电话中说："难道你相信我是共产党吗？"于是办事处主任程汝怀说："你可以离开。"我说："我是联席会议的主席。你们既相信我不是共产党，也应相信他们都不是共产党；仅让我走，我是不能接受的。"程主任又和陶先生通电话，把我们一起放了，我们的活动，就此告一结束。这次被捕者中，有后来在文坛上大出风头的张光人（胡风），有五六位湖南的女性；大家到底是些什么政治关系，我一概莫名其妙。在这以前，有一次在首义公园开会，一颗手榴弹从我坐着时张开的长袍下摆滚过，未曾爆炸。是什么人丢炸弹，我也不知道。后来看到鲁迅的《阿Q正传》，使我感到，我当时正是阿Q之流，死了也是一个糊涂鬼。更常常想到，在大江中漂着成千成万的尸，其中只有一二人知道是为什么被淹死。其余的都只是被一个大浪头卷去，连想一想的机会也没有！

三

出来后，陶子钦先生要我到卫戍司令部去当军法官，参谋长是今日名女作家聂华苓女士的父亲聂巨夫先生。当了四五天，有一次从楼上看到绑着几个人去枪毙，被绑的人在两个兵挟着向前飞跑中喊口号。其中有个十八九岁的青年，没有喊，只是不断地掉转头向后望。我当时看到一个年轻的孩子，在临死时对生命的留恋，使我感到非常悲痛，立刻跑到军法处长（姓谢，广西人）办公室向他说："我不能在这里干下去了。"说完就走。聂参谋长知道，派人来抓我，我跑进十八军司令部找陶先生，陶先生要我在他的军部里住几天，免得在外面出事。他的张副军长义纯还未到职，我便住在副军长室里。过了几天，陶先生对我说："你到汉口市党部去，好不好？"我未加思考地加以拒绝。陶大不高兴地说："你们年轻人太容易受骗。"教训了一大顿后，问我愿做什么。我说："我是师范毕业生，想当小学校校长。"过了几天，陶先生请当时教育厅长刘树杞吃饭，当面介绍，我便当了武昌水陆街省立第七小学的校长，这大概是民国十六年十二月的事情。

武昌成立革命政府后，把省立的小学教员待遇，一下子提高了很多。在军阀时代，每月只能拿到二十到三十元的，此时可以拿到七十元到一百二十元。因此，省市立小学的校长、教员，也成为北大和武师大出身者所追逐的目标，师范生反无立足之地。我根本不懂得办教育，因同学的怂恿，才利用关系抢一个小地盘。同学们为了能够保住这个地盘，大家都非常努力，学校进步得很快。自己除了开会、主持纪念周外，悠哉游哉，每月坐支一百七十元的薪水及二十元的特支费。所以这是我一生中的黄金职业。但到了民国十七年三月，胡、陶军事集团的将领，把自己的弟弟（他们还没有年龄可以留学的儿子）送到日本，想进日本陆军士官学校。陶子钦先生以我的国文程度很好，可给那批"公子"以文字上的帮助为名，也把我的名字列上，这样，便十多个人到日本去留学。在未离开省立七小以前，曾有一件小事，使我很感慨。某天夜晚，有位同搞联席会议的张先生来找我，不肯进房子里面坐，在庭园的桂树下小声对我说："不瞒你说，我是CY，只有你一个灰色朋友；现在我的同志，关的关了，杀的杀了，跑的跑了。我不跑，也会被捉被杀。要跑，没有路费，你能不能帮助我？"并说出二十元到三十元的数目，我当即送他三十元。民国二十一年或二十二年，我又在南京偶然遇见他，把我吓了一跳。他却笑了笑，要约我吃饭；原来他已在张厉生下面，为党效力了。

因为胡、陶反日反得厉害，日本陆军士官学校并没有收我们。而胡、陶在民国十八年春夏之交，已经垮台了。一直到民国十九年，我才因东京青年会总干事马伯援先生之助，以冯玉祥的名义，送进士官学校中华队二十三期。因马先生是湖北人，兼冯玉祥驻东京的代表。

我们这期同学中，从党派说，有属于南京中央党部的，有属于汪精卫改组派的，有属于国家主义派的。从实力背景说，有中央的，有广东的，有广西的，有唐生智的，有冯玉祥的，有四川各派系的，有东北系的，还有傅作义的侄儿等等。我则孤零零的什么也不是，因到日本后，看了些河上肇和苏联出版的书，心里有个莫名其妙的想法：假定能在国共两党之外，组成一个使马恩主义适合于中国现实的政治势力，岂不可以解决当前的窘局？于是我发起一个"群不读书社"，取《论语》"君子群而不党"之义，共同买《在马克思主义之旗下》这类的书刊，共同阅读。开始也有少数同学附和，但时间稍久，便各有根源，各有利害，再没有人过问了。不过在私交方面，和大部分同学都相处得很不错。这时马恩主义的幻影，在我脑中幌来幌去，不断引发政治的幻想。这种幻想，随着布哈林、德波林等，一个一个地从理论的王座，倒向"叛徒"的血污中去，而头脑渐渐清醒了不少。但希望在国共两党之外，有一个"勤劳大众"为主体的政党的出现，还是时时在脑筋里起伏。我对中国知识分子的寄生情形、堕落情形，早痛心疾首。这可能是受了鲁迅的《呐喊》的影响。

四

九一八事变发生，一部分同学要我出头发动大家退学回国抗日的运动，结果和几位同学在日本宪兵拘留所关了三天，释放出来，大家抱着一番抗日的热情回到上海，住在八仙桥刚刚开放的青年会，保持团体行动，派代表到南京向政府请求效力的机会。在南京看到训练副监周亚卫先生，他要我们向军校报到，编入第八期。除了一两位同学接受了此一处置外，其余的都很不满意；住了一个多月后，大家决定解散，各奔前程。由我起草了一个声情激越的解散宣言，责备政府一番。但同学们都有去处，我却穷无所归。孔文掀（庚）先生一向对我很好，劝我随他回武昌，住在他家里。此时省府改组，夏斗寅任主席，孔先生是委员；他为我进行两样工作，一为我向夏斗寅找一个秘书或助理秘书，二向武汉警备司令叶蓬找一个上尉参谋，都碰了钉子。可是在这一个多月中，遇见过去在一块儿搞民众团体联席会议的老友，大家谈起来，认为为什么不自己组织一个政治团体呢。说干就干，分别约了三四十个人，开了两三次会，定名为"开进社"，因为作战时在向火线散开以前，各部队先进入到准备位置，称为"开进"，表明这是我们进入到政治战斗的准备位置；也由我起草了组织大纲及宣言，这份宣言的稿子，保留了十多年，才把它毁掉。假定我在武汉能找到工作，可能拖了下去，拖到出一个大纰漏为止。但因我没有找到工作，势必离开，再加上另一原因，这一个苟合性的团体，自然像泡沫一样地消散。尤其奇妙的是，参加过这一苟合性团体的是些什么人，我一个也记不起来，真是荒唐、儿戏！

我所谓另一原因是，有位胖胖的朋友，曾恳切地对我说："老徐，你太天真了，怎么这样就会组成政党呢？这三四十人中，各形各色的都有，谁是真正和你同心合力地干这种事？我看，很快便会出事情。假定你真要干，为什么不加入到现成的组织里，有如第三党之类。"我同他继续谈下去，才知道他就是第三党的成员。我答复可以考虑这个问题。

到上海后，写封信给住在东京的刘为章先生，把我没有找到工作的情形告诉他。因为在东京时曾和他作过一次长谈，谈得很投机，他说我是在东京所遇到的最杰出的士官学生。他很快在回信中附两封介绍信，一介绍我到南京去见汪精卫，一介绍我到广西南宁去见白健生。最后我决定赴南宁。

在赴南宁以前，第三党有人来找我，劝我加入他们的党。有一天，到一家旅馆，和一位瘦瘦的人见面；并说，他们已把我加入组织的手续准备好了，望我作一个决定。我说，假定没有什么要求和拘束，我便可以加入。那位仁兄满口承应。并说，邓演达死后，由黄琪翔和章伯钧两位领导，目前只求生存、不求发展云云。于是我便宣誓，并接受他为我取的一个秘密名字（大概不到一个月，连影子都忘记了）。这位仁兄还说他在旅馆里打麻将、玩妓女，这都是为了作工作的掩护。我推测，大概他们的第三党，和我的开进社，在实际上都是一无所有。自此以后，除在福州见过一次黄琪翔，在重庆见过一次章伯钧外，便从来没有过他们的影子，而章伯钧和我见面时，是为了打听延安的行情，很避忌谈到第三党的问题。我这次荒谬幼稚行动之由来，乃显示对现实政治的无知，及模糊不清的政治幻想。

但这种幻想，并没有彻底发展下去，大概因为两个原因：第一，我爱自己的国家，可以说是出于天性。国家的利害，常常压倒私人的意气。第二，我做每一件事情，都相当认真。到广西后，先当上尉营附，后升少校团附，除了出操上课外，用全力研究典范令。当时训练总监部从日本翻译过来的，错得一塌糊涂，中国的军人，却很少人能发现。而对步兵操典的了解大概能达到我的水准的人不多。同时我买到一部士官学校教授日本学生的现地战术教材，三大本，是不让中国学生入手的。我在当营附团附有空时，便从事翻译。我翻译成功后，有位姓谭的，已抢先在南京出版，所以我译的没有机会印出，但对军事的基本知识，比一般军人总要多出一点。因为这种附随于业务的研究兴趣，使自己的精神有个着落，不致因无聊而走入极端。我发现，许多人的走向极端，并不是因为他的勇气过人，而只是出于因不务正业而来的百无聊赖的精神状态。我在广西当营附团附，前后一年时间，应当算是干得有声有色。

广西当时，可以说是励精图治。但它与南京政治的对立，使我渐渐感到不安，因为我始终认为国家必须统一的。总司令部的参谋处长徐斗西先生和一位上校罗科长（忘其名，江西人），都对我不错。有次与罗科长聊天，聊到新疆的盛世才，罗说他和盛很有私交，盛并约他到新疆去。我便问："可不可以介绍我去？"罗科长一口应承，认为再好也没有。于是我决心辞职，想赴新疆找盛世才投效。到了广州，知道陈铭枢们在福州建立人民政府；他们打出的旗号，也似乎是在国共之外，另树一帜。我便决心前往看看。到了福州后，我尝试去找黄琪翔，见到了，很亲切。他又介绍我见李任潮，我觉得他淳朴忠厚，平易近人。他问我愿留在福州，还是愿到外地去。在陈铭枢的圈子里，我不认识一个人；同时感到若没有外面有力的反应，福州的局势是绝不能长久的。便说，若有需要，我愿到外面去。李先生于是叫他的副参谋长（好像是张香山，记不清楚）和我联络、安排。这位副参谋长和我说："在豫鄂这一带，有几部分军队早和我们有默契，苦于没有一个恰当的人和他们联系，并作政治性的指导。任公和黄先生，想给你一个豫鄂皖区的政治特派员的名义，带四个委派令去，好让他们能决心响应。"四个人中，我只知道樊钟秀，所以现在也只记得樊钟秀，其余三个，我连名字都不知道。我问，有什么方法能和他们联络得上，又使他们能相信我呢？这位副参谋长告诉我，可先到郑州，和某某参谋长（好像是绥靖公署的）见面，此人甚为可靠，由他负责安排。我当时愿接受这个任务，他便交一个秘密电码给我，可以记在任何书籍上，不易被人发现，他细心教我如何记、如何用的方法。这是我第一次接触到秘密电码。还送了我几百元的旅费。我把五张红缎写的，盖上"人民政府"大印的派令，藏在西装的夹层里，自己以为这便很秘密。马上坐船经上海、汉口转铁路到郑州。一下车，住进旅社，便去找那位参谋长（把他的姓名完全忘掉了），他在衙门里没有见我，只叫人问我住在什么地方，回头他便到旅社来了，把我的手捏得紧紧地说："我知道徐兄要来，但情形已经变了，我也不便招待你，能越快离开越好。"我只是笑笑，没有答腔，便送他出去。立刻收拾简单行李到车站，想了想，再到什么地方去呢？突然好奇心起，坐车到徐州转泰安，找冯玉祥看看。

到了泰山，经过传达手续，冯派孙子仁出来接待我。孙是湖北人，留学德国。过了两个月。不久，黄绍竑先生在归绥要我帮他找一批中级干部，我便把孙子仁也找去当少校参谋，并随同我一起去侦察由百灵庙到新疆的交通、水泉状况。此后他如何当了青年军的师长，又如何到台湾后被捕枪决，因为廿多年未再见面，便完全不知道。早听说冯的生活很刻苦，但孙子仁陪着我吃饭时，五样菜、一个火锅，有鸡有肉，味道不错，馒头也蒸得很好。吃到中间时，冯来了，坐在我侧边，慢吞吞地说了十几句话，主要是"多行不义，必自毙，不必灰心"等等，因为此时的福建问题已经解决了。他临走时向孙子仁说，客人愿意住几天时，陪着去看山。但我一见到他已经索然兴尽，下午便下山坐车去浦口了。

福建问题，中央能以雷霆万钧之力，迅速解决，实是国家的大幸。假定拖延下去，则日寇的加剧，内地的糜烂，真不堪设想。许多知识分子参加此次事变，我想，多半和我一样地，精神上吃了第三路线的迷幻药。此次行动，对国家是有害的。但参与的知识分子的良心是无辜的。因为有若干人内心深处，是真挚地想为国家找出一条出路；若以现在观念来表达，大家模模糊糊地觉得"民主社会主义"，才是中国应走之路。当时确实缺少一种思想的领导，怎能使幼稚却带点理想性的年轻人，能安分守己，受低级意识形态的人的支配呢？这是两方面都应该警惕的问题。不过，这次曲折，倒捡回了我的一条性命。当时若冒冒然地跑到盛世才那里去，早被他杀掉了。

因为我们的国家很大，而当时统治者的控制并不严，所以我到南京后，还是平安无事。同时我在这曲闹剧中，连跑龙套的角色也说不上，所以认识我的人，谁也不知道我有这次近于滑稽的行动。到南京的目的是要找职业。偶然听到，当时的内政部长黄绍竑先生，正在受命秘密筹划平定新疆的事情。我本来是想去新疆的，便以在广西待了一年的资历，写信给他投效。我在广西是少校，和他见面后，给我当中校。此公的妙处，乃在当着部属，是"惜话如金"的。接着我们到归绥去着手筹备，一是整编孙殿英残部为若干旅，一是把整编的部队，以汽车输送到新疆。这都要阎百川及傅作义的帮助。当时向美国某汽车公司一次定购运输汽车五百辆，是破天荒的大交易。先到了六辆，由黄的老部下罗中天上校、我、孙子仁，及一位会绘图的蒋上尉，带四辆车向西侦察交通和水泉状况，做运输的准备工作。在出发前几天，黄得报告，说我是闽变时候生产党湖北省党部的委员，他找我问，到底是怎样回事；我便把由桂返京的途中，曾赴福州住了几天，并曾见过李任潮的事，告诉了他；但不知有生产党，也不知生产党派我到湖北的事。他听后不作声。我问，是否要离开，他也闷着脸不讲话。过了一会儿，他叫罗中天告诉我，积极准备出发。

到底有没有生产党，我实在一点也不知道。后来大概由情报机关在上海出版的《社会新闻》，对于我也有近似的报导。我几次想找知道闽变内幕的人，问问生产党的内情，但总没有找到这种机会。不过说也奇怪，我在东京时，的确有一段时间，曾想到：

与其把社会分为无产阶级与资产阶级，不如分为生产阶级与非生产阶级。并也偶然在谈天中，以说笑话的方式，说中国最好组织一个生产党，消灭寄生虫和剥削阶级。假定福建当时真有过昙花一现的生产党，也真算是巧合了。抗战时，黄琪翔当第六战区的副司令长官，我当了几天的高参，曾见过一次面，两人都不曾相识，也是妙事。

五

赴新疆的事，因胡宗南的反对而告结束。我们侦察回来，指挥部的人员已经星散。因为路上我与罗中天相处得不好，到南京后，罗住在黄的公馆里，向黄讲了我不少的坏话。我去找黄一次，没有见到，和黄的关系便完全断绝了。但我依然写了几万字的侦察报告，对交通及水泉等情形，纪录得相当详细，并提出路线选定上的若干建议，由邮局寄给他。我自己则因南京市政府会计主任陈锡九先生，是国学馆的同学，由他的介绍，市长石瑛先生找我当保卫团主任兼上新河区长，总算解决了职业问题。黄回南京不久，便调任浙江省政府主席。过了两三个月，他来电报要我去当上校参谋。而罗中天潦倒乡曲，始终未到浙江，大概因为黄发现罗对我的攻击全非事实的缘故。

闽变敉平后，长江一带的政治社会，已经相当安定；而我的思考能力，也相当地成熟了。此时能在黄季宽先生领导的沪杭甬指挥部（不公开）参加抗战的准备工作，这是军人本分，已经是心无外务，专在自己岗位上希望能做一个好幕僚。找到一部日本陆军大学的战术讲义，我着实下过一番工夫。这不仅使指挥部的重要计划和文电，几乎都出于我之手；并对尔后的资料处理、运用，都发生相当大的影响。抗战发生后，随黄赴山西参战，卒因对黄的不满而和他分开，这段经过，我将另外写出来。

民国三十二年起，由偶然的机会，经常能与奉化蒋公接近，以与从前完全不同的动机，激起我改革国民党的热望。我认为国民党早变成为由传统知识分子所集结的一个在社会不生根的党，虽然其中许多是好人，但很难发现真为实现三民主义而肯作无私的努力的人。这在与中共斗争中，绝不是中共的敌手。我曾在何敬之先生左右待了一年，发现他的态度很宽和，但性格却非常保守。蒋公与何先生，是两种不同的形态。当我以一个无名小卒，向他陈述党政危机及中共有能力夺取整个政权时，似乎都能给他以深刻的印象。于是我几次向他进言，希望把国民党能改造成为代表自耕农及工人利益的党，实行土地改革，把集中在地主手上的土地，转到佃农贫农手上，建立以勤劳大众为主体的民主政党。每在口头或书面上向他提出一次，他未尝不为之掀动一次。这是使我重燃起过去积累的看法，想以蒋公为中心，创发新的建国力量的原因。当时只作原则性的陈述，但脑筋中也不断构想大规模使国民党脱胎换骨的方案；只因蒋公不曾进一步向我提出这一问题，便停顿在初步陈述意见的阶段。时间稍久，我渐渐了解，此事牵涉太广，顾虑太多，而我的个性一向不重视局部的技术性的打补丁的工作。蒋公表现赞成而不肯下决心，这是形势及他所负的责任，不能不使他更侧重到现实问题上面。抗战胜利，较我们预期为早地到来，面对的现实问题更多，而国民党员抑压了八年的人欲，更随胜利而横决出来，想维持重庆时期的一点战时精神也不可能，还谈甚么改革。所以此后我便从未想到这个问题。

六

大概是民国三十六年下季（详细的月日记不起），有一天，张道藩先生带着翻译，亲陪一位瘦瘦的外国人，到我家里来，说有问题要和我谈谈。从言谈中，我觉得此人很精悍，有观察和分析的能力，对国际局势及我们当时的情形，了解得很清楚。他认为国民党已失去了斗志与能力，这局面不能支持下去。劝我帮助蒋公，赶快建立一个可以斗争的新组织。我问他对建立新组织，有没有更具体的构想，他便把他的构想说了出来，主要是在若干地方，作小规模的地下部署。我听后很不以为然，并怀疑他到底是干什么的。因为我心目中所构想的组织，是要确定主要社会基础，在主要的社会基础上决定政策的方向、工作的方针及推动工作的方式；并建立以工作效能为中心的干部政策，从国民党的派系烂泥中跳出来，作以工作效能为中心的大团结、大淘汰，来扭转当时虚伪、争夺、飘浮、对人不对事、看上不看下、彻底自私自利的风气。我的个性，使我不太重视技术性的工作。这位外国人士向我所作的提议，我认为不是可以挽回世局的提议，不够称为"一个党"的新组织。

但既是由张道藩先生郑重其事地亲自陪来，我站在幕僚的立场，还是向蒋公报告了。蒋公听后，没有表示意见。

大概过了两三个星期，有一天，会报完毕，大家退去的时候，蒋公说："复观，你等一下。"大家走完后，他向我说："你上次所说的建立新组织的问题，我认为是需要的，你可负责进行。"这完全是出我意料之外的指示，当下涌起一股无法形容的非常沉重难过的心理。我请示说："这组织，是在党内进行，还是在党外进行？"他说："我没有意见，你去考虑。"我又请示说："像这样重大的责任，我是担负不起的。请总裁指定几位干部，我们以集体之力，好好地研究出一个方案，呈请总裁核定。""人也由你向我提出来。"这时已过了正午十二点，于是我以非常沉重的心情退出。当我快要跨出门口时，他在后面又说："你可和经国谈谈。"我回答说："我和他不认识。"他说："我会告诉他。"

过了几天，经国先生约我和他在励志社见面，送了我一册书，里面印的是他在赣南负行政责任时所下的手令。我提到总裁所交代的问题时，经国先生说："我已找了几位同志在研究，研究出个方案后，再请你看。"于是我沉重的心情顿时轻松了。过了个把月的时间，蒋公有一次在会报完毕后问我："组织的事情进行得怎样？"我答复说："经国先生曾告诉我，他正在研究中，研究好了后，会给我看。"蒋公没说什么。过了几天，经国先生又约我在励志社见面，他拿出一张表来给我看，并说："用我两人的名义呈报给总裁，好吗？"我把表拿在手上扫了一眼，大概是党团的机构调整和人事安排等，没有仔细看，便说："由你负责呈给总裁好了。"此后蒋公再没有向我提到此一问题。我推测，郑彦棻先生以后当国民党中央党部的秘书长，可能是此一方案的结果。

民国三十七年初，蒋公在庐山牯岭过旧历年。在元宵节的前几天，来长途电话，要我去一趟。到后，林蔚文、周至柔、陶希圣几位先生已经先在。蒋公把三个文件给我看，一件是熊式辉先生找了十位陆大的教官共同提出的对共军作战的意见。另一件是位姓曹的处长提出的对共军作战的一套方式。都是克劳塞维兹在《战争论》中所说的中世纪的"几何学"的性格，而不是"力学"

的性格，在实战上无大意义。再一件是预备印发给指挥官们的作战手册，由删节《步兵操典》及《战术教程》的条文而成。我当时向蒋公说："《步兵操典》和《战术教程》，都是由实战的经验而来，还要用到实战上去。凡在实战上不需要的，绝不录入，以免增加指挥官精神的浪费。所以各条文，都是严密地互相关连着。像这样的删节，流弊是很大的。"蒋公听后说："你的看法不错。但我们的指挥官很懒惰，不会读全文的，删节虽然不很妥当，但比没有好。"同时我又向他说："有不少人认为总裁直接指挥作战的方式不太妥当，我不知道当面向总裁报告过没有。匪军特性之一，是他们的机动能力特别强。由前线的团长师长，把情况逐级报到总裁这里来，再由总裁指示下去，中间经过的时间，匪情已有了变化，再适当的指示，也成为不适当的了。尤其是养成他们遇事请示的倚赖习惯，缺乏积极的责任心；失败后，把责任都向总裁身上推。这种风气应矫正过来。"蒋公听后一言不发，我也便起身出去。我了解，我所提出的意见，蒋公自己当然知道得非常清楚；他之所以不能改变，从他的表情看，感到他内心的苍凉，有许多难言之痛。这也增加了我心里的难过。

在牯岭闲住了十天左右，我向蒋公提出了一个局部性的方案。当时地方的政治社会都非常空虚，有的已被共党的组织所控制，军队在共党控制下，打瞎子仗；没有被控制的也麻木混乱，面临瓦解的边缘。为了突破这种难局，也成立有两个由武装下级干部组成的工作总队。一个规模较小的总队队长是郭仲容，一个规模较大的总队队长是刘培初。他们的做法我完全不了解，但知道都没有什么效果。我的方案，是想选集一万个武装下级干部，先对地方政治社会的改革及军政的配合等，作严格的训练。训练完成后，集中在与战地接近的几个重要地区，全面而彻底改建地方的政治与社会工作。在中央承认的大原则下，有自主自动的权力。某一地区改建完成，可由本地新干部负起责任时，即拓展到另一地区。工作所到之处，即是党的改造所到之处。使党先在许多地区的社会生根后，再作整个的改造。我当时写了一个完整的方案呈给蒋公。后来胡轨先生所率领的什么救国团（名称记得不清楚），是开过了许多次会，经过了几多曲折，到最后，经费如何筹拨，人事如何安排，都由经国先生想妥后，再由我向总裁提出他们的结果。胡先生所做的，可能比我原来所构想的更好，但与我原来的构想，已全不相干了。听说他发出了不少的委派状，有如什么司令之类，我因为有人民政府的一段经验，心里颇不以为然，不过也止于心里而已。

在牯岭时，有一天，我和陶希圣先生晚饭后一起散步，陶先生在和我聊天中有两句话我还记得。"追随总裁的人，有时一下子红得发紫，有时一下子又黑得发紫。"他接着举了一两个例子。因陶先生学问上的成就，我一向对他很尊重。他比我年长，说这种话，是出于暗示我不可得意忘形的好意。但我当时的心境，只想到如何能帮蒋公渡过难关，而愧恨自己智穷力竭，精神上常感到莫大的压力，根本没有想到红或黑的问题。每看到有人争这争那的时候，总是以惊异的心情，自己问自己："这件事容易做吗？那件事容易做吗？怎么有勇气去争呢？"我是一个天生没有出息的人。我任性而行的原因也在此。

七

　　三十七年，有很多机会和经国先生见面，他对朋友热情而富有幽默感，在我这一方面，渐渐对他发生了友谊。当时刘培初先生，也开始得蒋公的信任，有经常见到蒋公的机会。有一天，刘先生来看我，把他见美驻华大使司徒雷登，要司徒援助他组织第三势力的情形告诉我，问我应当怎样办。我以前的幼稚想法与行为，就是来自第三势力的憧憬，同时我一向不反对任何人搞第三势力。但当我听到刘先生的说法时，引起很大的反感，却很不客气地向他说："老头子对你倚赖正殷，而他又是在艰困之中的时候，你怎可以找外国人搞第三势力。"我们本是很好的朋友，因此弄得很不愉快，他当然不会再搞了。民国三十八年春，蒋公退居溪口，刘先生率领总队，担任溪口一部分但很重要的警卫工作。我到溪口后，刘先生和我商量，要把部队拖去打游击以求发展。我力加阻止。有一次，我到他宁波的总队部去看他，他又认真地同我辩论这个问题。我问他是不是想投共产党，若是如此，当然打游击比担任警卫方便，他指天誓日地说绝无此意。我问："你既无此意，为什么可以置总裁的安危于不顾，而要自由行动？"他半天不作声。我又问："这是你自己的意见，还是旁人向你的提议？"他说："是方步舟向我提议的。"我当下对他说："你要特别小心，方步舟一定有问题。"刘先生极力为方辩护，说我多疑。我从他的办公室出来时，方步舟穿一件长棉袍，头上戴一个鸭舌帽，低着头，眯着眼坐在火盆边，原来他在外面偷听。他是鄂南红军的师长，二十六年春不能立足，便投降过来，和刘先生是小同乡，刘先生对他很佩服，请他当副总队长。我因为信任老朋友，没有把这种情形告诉经国和俞济时两先生。但我和刘先生的抬杠，也救了他一条性命。我离开溪口不久，他的第三大队，请他去训话。他快要到达时，发现气氛有点不对，便躲进一家民房中，听着方步舟正在叱问："总队长为什么还没有到？我们走吧！"于是拖一个大队跑了。

民国卅七年九、十月左右，局势已经危急，南京的中层干部，尤其是动摇。我当时激起了一股"兴师勤王"的念头，想先把党内颇负声望的中层而又属中年的人士，团结在蒋公的周围，稳定那种局势。我把此一想法报告给蒋公，蒋公当然很高兴。我的构想，先由少数人——有如胡轨、叶青、吴英荃等十人左右，以座谈会的方式开始，慢慢扩大。希望在座谈会中谈出些共同意见，以形成组织与行动的骨干和纲领，再向外发展。参加座谈会的人数，增加到百多人。有一次夜间蒋公找我和胡轨先生，问进行的情形。又有一次单独找我，问要不要经费，他可想办法拨付。我说，还没有到需要钱的时候。但到了十一月中旬前后，我决心撒手，并带着家眷赴广州了。因为时局变得太快，人心也变得太快；在座谈会中，一次比一次，更对蒋公不利；若顺着此一趋向硬组成一个团体，势必成为反蒋、投降的团体，最低限度，在我个人，不能这样做。我撒手后，胡轨先生到他所统率的救国团里去做，原来参加座谈会的，恐怕没有什么人在场了。"玄都观里桃千树，尽是刘郎去后栽"。

八

我离开南京，实际是说明我已决心离开现实政治。我深知自己实在没有能力，不曾在危难中帮上蒋公的忙，而蒋公有时是以为我有能力帮他的忙的；我每想到此点，便深切自疚，感到我太辜负了他对我的期望，所以我不应再在现实政治中胡混。到了广州后，第一次来电报要我回南京。我受到我妻的责备，她说："你一生中以老先生待你最好，他在困难时找你，而你不去，在道义上说不过去。"于是我只好离开广州，想先了解武汉的形势，再到南京。但到武汉时，蒋公已经引退，我也只好返回广州。过了不久，又要我赴溪口。我到溪口，大约是卅八年二月底、三月初。我到后，蒋公当然首先向我提到组织问题，但我已决定再不沾这个问题了。我当时向他报告，现在是抢险，能多救一分便算一分。组织的事救不得急，最好先把黄埔同学的组织整顿一下，或可发生点作用。蒋公说这可以先做，并要我写个计划。我的计划写得简单。过了两天，袁守谦先生向我说："你的计划，总裁要我负责实行。现在我请你负湖北方面同学的责任。"我说："我根本不是黄埔学生，怎么可以参加负责呢？"袁先生听后很惊讶地说："你不是黄埔同学，怎么会提这个计划？我听说你是第六期的，怎的不是？"

我分明知道蒋公是被桂系逼迫引退。但我再三劝他对桂系让步、容忍，争取内部的团结。我当时为蒋公设身处地想，认为内部团结比什么都重要。我写了一个所谓"中兴方略"，只从思想上分析过去在此一战线上的失败，要如何才能使三民主义与民主自由者结合在一起等等，没有提组织。我提议在香港办一个刊物，以作与现实政治保持相当距离之计，结果便是《民主评论》。

大概为了将来复兴计，蒋公此时有决心改造国民党。策划的责任，落在经国先生身上。有一次，经国先生把他拟议的两个名单给我看，有一个是为了准备改组党的一个核心小组的名单。我看完后，说："你把张道藩的名字漏掉了。"回头他笑笑地向我说："还是你想得周到。"因为呈给蒋公看时，蒋公在第一名的旁边，添了"张道藩"三字。第一次在上海汤恩伯先生公馆里开会，推定负责人，大家推谷正纲先生担任书记，推经国先生担任组织。我当时说："目前以团结为第一。党内有些部分对经国兄不满意，所以我觉得暂时退后一步较好。"我的话，完全是为蒋公当时的处境着想而说的。对经国先生的才略，我此时已非常钦佩，绝没有半丝半毫的他意。推我当副书记，我当场拒绝。晚饭后，谷先生约我到他的寓所长谈几小时，无非劝我接受副书记的任务，我没有答应。我由广州到台湾，住在台中；有一天袁守谦先生来，说谷先生留在上海帮助汤恩伯先生作战，小组迁到广州，要我到广州去主持，我更不会接受。因为我早已了解自己根本不是那样的"一块料"。

蒋公初到台湾时，对我颇冷淡。很久后，有朋友告诉我，因为有人向他报告，说我和桂系有勾结。后来蒋公看到我《李宗仁是第三势力吗》的一篇文章，才知道他所听到不确，又找我，要我帮着筹办革命实践研究院，我没有接受。后来又给了我一种组织性的任务，拖了三四个月，也完全摆脱了。"少日迢迢思远道，老来兀兀守遗经"，一生便在如梦如幻中度过。现在除了写点不识时务的书以外，还有什么可说的呢？

附：给《快报》副刊编辑的一封信

编辑先生：

十二月二日《快报》中有马五先生的《政治登龙术》一文，齿及贱名，颇多讹误。由民国三十三年起，我常参加委员长官邸会报。先以军委会高级参谋调侍从室第六组办公的资格（组长唐乃建先生）。后是以中央党部联合秘书处副秘书长的资格。马五先生之所谓"特务秘书"，不知从何而来。当时陈布雷先生系侍从室第二处处长，亦非"主任秘书"。侍从室亦无此名义。马五先生所提及与张厉生先生有关之事，亦完全错误。当时因承认外蒙古独立问题，引起以中央政治学校（即政治大学）学生为主的学生抗议，并决定大游行示威。在示威前夕，由当时宣传部长吴国桢，召集会议，商议对策，会议地点是宣传部会议室，并非官邸。到会的有中央党部吴秘书长铁城及其他各部长。行政院有教育、内政、外交各部长及维持治安的各首长，大概有二十多人，王世杰先生也在里面，推张治中为临时主席（他当时大概是以三青团书记长资格出席，我记不清楚）。由下午八时左右开始，你一句我一句，拖到了十二时，张治中把手表一看，所作结论是，在苏联大使馆横巷（我忘记了街名）入口处，设置障碍物，并配以重兵，不使学生从苏大使馆前通过。张治中并说："十二点了，谁也不准再说话。"我在这以前，一直没有发言。听到张治中所作的结论，我觉得太危险了，便站起来问张治中："我仅说三句怎样？"张治中绷着脸向我望了望，"那只能三句啦"。我说："像你们的办法，一定要出惨案。我主张让学生自由通过苏联大使馆，保护的军警不要摆在大使馆的外面，以免刺激学生的情绪。"张治中听后，要我补充理由，我说："在先头的学生被路障阻住了，并与军警发生争执，后面的学生，因愤激而向前推、向前挤，形成大混乱，怎会不发生惨案。"我说完后，张厉生先生站起来，慷慨陈词，认为绝不可采用我的意见，维持原结论。张坐下后，陈布雷先生慢慢站起来，只说一句："我觉得徐同志的话可以考虑。"布雷先生坐下后，张厉生先生立刻站起来又慷慨一番，赞成我的意见。事情就是这样决定的。次日的游行，除了喊口号、发传单，通过苏联大使馆前时，痛骂了一番外，幸得平安无事。我与马五先生系老友，愿以此为他拾遗补缺。此颂

撰祺

徐复观上　七五年十二月二日

一九七五年十二月五日《快报》

娘子关战役的回忆

　　这应当是《垃圾箱外》一文里的一部分，但因怕该文字数太多，所以单独抽出。因月日记不清楚，便从友人处借到黄绍竑《五十回忆》参阅，发现或因他存心掩饰，或因他记忆讹误，或因他自我吹嘘，所记多不足据。则我这篇文章，或可反映出我国当时军队情形的一个侧影。

　　　　　　　　　　　　　　　　七五年十二月五日记

一

　　民国二十六年七七抗战发生，黄季宽先生由湖北省政府主席调兼新成立的第一部（后改为军令部）部长，我随他住在南京。不久又随他坐津浦路转陇海路再转平汉路到石家庄开军事会议。时间大概是九月中旬前后。此时保定快失掉或已失掉，北方军事情势很坏，我在石家庄作了两首打油诗送给黄先生。

　　　　登车慷慨上幽燕，不信金瓯自此残。
　　　　宫阙九重留帝宅，长城千里剩雄关。
　　　　覆巢尚有求完卵，击楫宁无共济船。

未许新亭空洒泪，如公一柱已擎天。

太行落日乱千峰，也似秦关百二重。
胡马正寻千里牧，将军真欲一九封。
徒闻上将矜奇策，只见青磷怨大风。
莫道此行行不易，河山入眼太匆匆。

　　黄先生和了两首，我一句也不记得。石家庄开完军事会议后，又随黄由正太路到太原。此时阎百川先生在雁门关指挥作战，于是坐汽车到雁门关。在太原停留的一天中，适逢绥靖公署在中午请八路军刚到太原的将领们吃饭，我也被请参加。当时我看到他们多半面黄肌瘦，萧克坐在我的左边，后颈窠凹下很深，倒使我心下有些难过。这与现时从照片和电视上看到他们，除周恩来外，每一个人都有些痴肥的情形，恰成一显明的对照。在吃饭中，他们很关心国际局势，对苏联的幻想更大。从他们所随便提出的问题来推测，他们对外面的事情知道得很少。在石家庄，周恩来作过一次讲演，讲抗战初起时的天下大势，口如悬河，头头是道。相形之下，这批将领真是土包子了。
　　在赴雁门关的途中，遇见彭德怀。到雁门关后，我和彭德怀及他的随从，住在一个窑洞里。彼此之间，没有讲过一句话。我一向起得很早的，但我次早起身后，彭氏一行不知何时已经走了；走得无声无息，并把睡的炕及房间，弄得很整齐清洁。

二

　　由雁门关转回南京不几天，第一部部长由徐永昌担任，黄调兼第二战区副司令长官，司令长官是阎百川。于是在九月下旬他再赴太原，连我在内，带了五个幕僚；陶子钦先生是军委会中将，其余的三位是少将，我是上校。到太原后，阎百川先生提议，组织一个参谋团，以陶先生为主任，楚溪春为副主任。此事并未实现。据说，这是阎的客气，并无此必要。

　　黄用幕僚的方式，非常奇特；他不仅不把他的任务、企图及有关的局势，告诉任何一个幕僚，并且也没有组织，没有分工。自我由湖北省府随他到南京，到太原，他到底干什么，只能出于估计。至于做幕僚的应干些什么，只是随时处于待机的态势，听他临时指示，无法主动地去研究、准备。此次到太原住了几天，他带我们赴娘子关。我们估计，由阎指挥北面的战事，由他指挥东面的战事。到了娘子关，车继续前进不远，据报，前面已不能通行，于是我们下车步行，只见军队纷纷撤退。在撤退中看到赵寿山（当时是师长），黄告诉他，不准再退，死守雪花山、乏驴岭之线，阻敌前进。我们回到娘子关内，住进早已准备作指挥之用的石岩山洞；这就是副司令长官部，距车站很近。黄告诉大家，他到太原去开军事会议，我们在此待命。此时大概是十月三日下午四时左右。山洞里没有电话设备，除一架无线电机外，与前线联络要靠车站的电话，所以我就守在车站里。晚上六、七点钟，电话铃响了，我拿起听筒，原来是赵寿山请黄副司令长官讲话的。我早看出，赵守乏驴岭，乃出于不得已；假定此时说黄不在，赵可能马上从前线垮下来或撤下来，娘子关会迅速失守。我只好在电话中说："我是黄副司令长官。"赵便报告敌情及自己军队的状况，我也把友军的状况告诉他，一定要他坚守阵地。实际我并不知道友军在什么地方，只是"打应急符"，为赵镇胆。我在电话里当上一次黄副司令长官后，便只有硬着头皮继续当下去。过了半夜，大概敌人准备拂晓攻击，活动更频繁，赵的电话也越来越多，电话的意思，只能用"告急"两字来形容。我在电话中总是说两句激励、宽解的话，坚持要他死守。赵的为人和他的部队，大概相当不错，顶了两晚一天，居然把乏驴岭的正面守住了。我也一天两晚地当了副司令官。到第三天拂晓，黄从太原回来了，我推测，他是到太原去要援兵。过了一两天，在拂晓的时候，娘子关的右前方，枪声大作；原来敌人未能在正面得手，便先以一个加强大队，由赵阵地右侧的谷地，偷入进来，要占领娘子关车站，将赵军包围歼灭。到谷口时，才被警备部队发觉。黄的镇定功夫倒还不错，下令把自己的卫队（他向白崇禧要了两三百广西武装子弟作他的卫士大队）及铁路两百名守备队，一起开上去，因为敌人尚未出谷口，兵力无法展开，双方便僵持了两三个钟头。九、十时左右，孙连仲的黄旅长率领先头部队一团人赶到，说是奉命保护副司令长官，黄要他立刻增援上去，把敌人歼灭了。捉了两名俘虏，敌人的偷袭，遂完全失败，娘子关的局面暂时稳定了下来。前方军队，在一个敌人的死尸上，发现他口袋里面，保存的一张女人照片和其他与敌情有关的俘获品，送到副长官部来，这可能是死者的太太，实在很漂亮。我留了下来，并在背面写上"可怜无定河边骨，犹是春闺梦里人"的两句诗，并记下此一战死者的姓名番号，心想，在战事结束后，假定能把这张照片交还给这位女主人，她不知作何感想。当然，在八年中，经过的事故太多了，这张照片早已如一片落叶，不知何时化为微细到看不见的泥土。黄旅长精干笃实，他的部队，身强力壮；以后孙连仲先生也来过，高大的个子，厚重果决，虽系行伍出身，却有大将风度。这是我在抗战中看到的最好队伍。那位黄旅长给我的印象很深，以后没有再见面的机会。

三

在暂时稳定情形之下，出现了若干可资记述的事情。有一天，我在洞外散步，遇见一位年轻的军人，我和他聊天，知道他是陕西独立警卫团（名称不知是否错误）的副官，据他说，杨虎臣西安事变后出国时，把最好的装备与人员，编成这个警卫团，士兵多系青年学生，有三千多人。抗战发生，由冯钦哉（当时是第×路总指挥）指挥，到河北参战，作战很勇敢，团长李振西受伤。冯钦哉反说他作战不力，要把部队并编到冯的嫡系部队里作补充。李团长逼得走投无路，想打听可不可以向黄副司令长官请愿。我问："李团长还能走动吗？"他说："两人扶着还可以走。"此时冯钦哉也住在窑洞里，矢口说他和自己的部队失掉了联络，不知道他们的位置。因他为了保存实力，生怕黄给任务与他的部队，以致不能自由行动。这是一个典型的落伍而狡猾的军阀，黄和我们都心照不宣。我听了这位副官的话后，便叫他把李团长扶来见黄。我转身向黄建议，不能让冯钦哉把此团吃掉。李团长来后，黄慰勉了几句，并下命令调该团为总预备队，由副司令长官部直接指挥，这样，使冯无从下手。李当时真是"生死人而肉白骨"地感激。冯的气愤当然是不待言的。过了一两天，窑洞对面的山头上，突然步枪机枪，指向窑洞口射击。洞口距山头，直径只有五六百公尺，不过中间隔着一个小凹地。变起仓促，开始以为是敌人窜进来了，陶子钦先生便叫大家准备突围。我说："是不是友军的误会？"黄叫号兵吹问答号，吹了几次没有反应。我觉得若是向我们射击的是敌军，因距离太近，突围也难有生理，不如冒险前去一查究竟。我便向黄说："这可能是误会，我想亲自跑去查个清楚。"陶先生表情严重，有不愿我冒险之意，黄则不作声。我便弯着身子以最快的速度冲出洞门，再卧倒在陡坡上向下一滚到凹地上，再爬向对方山坡的"死角"，大声问是什么部队，不要发生误会。山头上有应声了，说是误会，枪声便停了，但没说出他的番号。后来有人告诉我，那是冯钦哉的把戏，想把黄吓跑，他好自由行动，又可出口恶气。不知是真是假。

四

我和黄先生在军事上抬过两次相当厉害的杠。一是民国二十五年在浙江平湖金山乍浦一带规划国防工事时，我认为明代倭寇，常由金山乍浦的海上登陆，所以主张也应顾虑到将来有这种可能性，尤其主张在"独山"应有对海的工事。黄认为由上海向杭州前进，有一条铁路和两条公路，敌人绝无由海上登陆的可能。不幸黄二次到浙江当主席，敌人果然从金山乍浦的海上登陆，绕到国防工事线的后面，前功尽弃。黄在他的回忆录中，对此只字不提。我当时曾寄一首七律诗给他，收尾的两句是"只惜金山三尺浪，至今犹似旧潮痕"。第二次是这次娘子关战役。在得到短

　　　　　　　　　　　　　　无惭尺布裹头归·生平

期小康局面后，娘子关的右前方，有个"旧关"，由东向西，是一条狭长的谷地，正太铁路未筑成以前，这是出关的隘口。敌人攻娘子关正面挫折后，我判断敌人有由旧关绕到娘子关右后方的可能，曾再三主张派一小部分部队，例如一个营，到旧关隘口去负防守并监视之责，黄怎样也不肯接受。而副司令长官部，没有丝毫派遣情报人员的能力。有一天接到报告，敌人果然由旧关钻进来，占领了离窑洞不到十华里左右的右后方的一个制高点（是一个山头，忘其名），已形成包围之势。黄便急忙派李振西团前去夺取此一制高点。李因感恩图报，拼命死战，两千五六百人（先已牺牲了五六百人），剩下四五百人，暂时把敌人打退，李团长身受重伤。黄把李团调下来，着其回西安整补，并电军委会及当时陕西主席孙蔚如，称道他的战功，要加以奖励。李团撤出后，我们顶替上去的兵力，不能把敌人逐退。过了两三天，敌人得到增援部队，继续攻击前进，我们正面的部队及司令部，只有向后撤退，娘子关因之弃守。黄在撤退时，向我说："给你八个卫士、一架电话机，另携带两千元，用我的名义，指挥后卫部队，阻击敌人。我到寿阳等你。"他另外也给了陶子钦先生两千元，由他指挥副司令长官部。当时有哪些部队是属于我们的战斗序列，他们的位置何在，我一概不知，其他同僚更莫名其妙。副司令部后方有一个军司令部（今忘其番号），其军长参谋长，和我颇有来往，我便带着八名卫士及两个电话兵，先到这一司令部，他们正在收拾行装开溜。看到我去了，并告以来意；军长参谋长和我说了几句客气话后，便开门见山地说："黄副长官太天真了。大家在撤退中，谁也不架设电话及电机，决不与上级联络。因为怕联络上了，上级便给他的任务，使他吃不消。现在我们军部和直辖的师部都联络不上，何况老兄和他们没有一点人事关系。这一任务是任何人都不能达成的。"我觉得这话倒是实际情形，并且我察言观色，这位军长参谋长，也生怕我在他们那里，使他们的行动不便，我只好改变主意，向寿阳去复命。

五

到了寿阳，看到四川邓锡侯的部队刚刚到达。寿阳当时的秩序和气氛，显得很混乱。任何好部队，在混乱中投入战斗，战斗力也要打折扣，何况邓部的训练、装备，本是很差的。在这种情境下开上前线，自然莫名其妙地溃散了。此次黄是住在一排土窑洞里，我把情况向黄简单报告后，他不发一言。晚饭后，他派人找我。我走进他的窑洞，另外还有一位是彭德怀。两人坐在炕上，我坐在饭桌子边的椅子上。黄问我："你看敌人的情形怎样？"我说："他们行动很谨慎，似乎后续部队还没有到达我军阳泉阵地的前线正面。"黄眼睛望望我，又望望彭。我便问："副总司令的部队现时在什么地方？"彭答："有十五个团（或是十四个团）集中在盂县。"我说："这样，便可好好地打一仗。把邓锡侯部加强正面防御，吸引敌方的先头部队。彭副总司令的部队，在敌后续部队没有到达前，发动侧面攻击，可以把敌人的一个旅的先头部队消灭掉，战局便可好转。"彭说："不行，我们的部队，要从这里（寿阳，即当时我军前线的后方）绕到敌人的左侧（即是从北绕到南），再发动攻击。"我说："按照副总司令的计划，要三天后才能采取攻势；此时敌后续部队已经到达，成功的可能性不大。按照我的计划，则十二小时内即可采取行动，并可振作全般士气。"彭说："我不赞成你的计划。"黄坐着一言不发，彭满脸兀傲骄横之气，我便起身走了。后来才知道，他们正着手忙于开辟太行山的根据地，不愿配合友军硬打，其用心之深远，真非我们所能料到。彭这晚也和我住在一个窑洞里，一个大窑洞里可以连贯几个小窑洞。我一大早起来，他又已带着二三十名十三四岁的配有短枪的红小鬼，一声不响地走了。他带的这批红小鬼中，今日应有不少人已成为重要军事干部吧。

在寿阳，没有一次有计划的战斗，便在混乱中撤退。在退向榆次的途中，下午五时左右，副长官部在一个大村庄停下来。黄对陶子钦先生说："我到太原去开会，司令部由你指挥，沿同蒲路向南撤退。"说完便带几个卫士走了。陶先生随即大发牢骚，因情势混乱，对敌人的行动，只知道离我们很近，但不能知道确实的位置。陶怕夜晚敌人突然来了，大家都当俘虏。我对他说："在行进中，我已留心到沿途的地形，多是由断绝地所形成的深谷，敌人夜晚不敢轻进。何况村头的谷口，只要有少数兵力警戒，便可阻止敌人的大军前进。"陶于是和我带着卫士大队长去实地勘察布防，一夜得以安然无事。次日继续南撤，大约到了介休，又与黄会合。副司令长官部，沿着榆次、祁县、平遥，介休，一直退到临汾。在祁县、平遥、介休等县，都停留了几天。我们曾亲自站在道口上，想阻止溃退的士兵，重新集结一点部队，全无效果。沿途人民沿铁路公路向南逃难的拥挤、混乱、彷徨、悲惨的情状，使人对"亡国之痛"，得到刻骨铭心的认识。在某车站上，看到一位二十多岁的少妇，牵一头毛驴，抱一个孩子，在人丛中挤来挤去，凄惶焦苦，仿佛大地都要随她而沉沦到十八层地狱之中。我在娘子关作了六首七言绝句，对指挥的情形及军事情势，表示非常不满与忧虑，送给黄；黄在撤退途中，和我的诗，我还记得"两行清泪一行人"一句，自己的绝句却完全忘记了。他这句诗多少反映出了一点当时的情景。

六

到临汾住下，知道黄曾和阎商量，要成立两个师，由阎供给装备；并由湖北乡政干部训练班调两千学生来成立战地干部训练班，由我担任教育长，并与周恩来商量，由他推荐政治教官。因战事转变太快，此事没有实现；但两千湖北乡干班的学生，已经渡过黄河；黄也得到重调浙江主政的电令，所以便急电运城着其返回武昌。而因为一件偶发的小事，促成我决定与黄诀别，单独返鄂。当时何成浚先生以武汉行营主任兼湖北省府主席，严立三先生为民政厅长，张难先先生为财政厅长，石蘅青（瑛）先生为建设厅长，到武昌后因蘅青先生的推介，严派我当大冶县长，我没有接受。接着便由何先生派我去充八十二师的团长，进入到另一生活阶段。

所谓偶发的小事是，大概退到介休时，返到西安养伤的李振西，派了我最先认识的那位副官，携带了三份贵重皮货（白狐浅皮统及金狮猴褥子），分送给黄、陶和我，另外送我三匹马，一匹称为"小黑老虎"，两匹是"大走马"，我怎样也不肯接受。那位副官说些恳切感谢的话，并说："黄副长官和陶参谋长已接受了，徐参谋怎好拒绝？"于是我勉强把皮货留下，要他把马带回去，那位副官说完话，留下马夫，便跑掉了。我听说西北的大走马，除了马本身的条件特别好以外，还要经过长期训练；所以坐上去，它只是大步走，使坐者无颠簸之苦，而其速度，等于普通马的小跑步。小跑步不能持久，大走马却可以持久。这是杨虎臣留下来的。但假定是外行的人骑，便把训练好的"大走"能力破坏了。我决心要把这两匹马完璧归赵，所以只偶然骑骑"小黑老虎"，不骑大走马。广西人本来连普通马也骑得不高明。黄的卫士大队莫大队长，他偏偏骑上大走马乱跑一通。有天到了宿营的地方，我劝他以后不要再骑，他说非骑不可；争吵起来，他拿出手枪向我射一枪，子弹从侧面飞过。黄知道，骂了他一顿后，把他撤职了。黄左右的几位广西人士，平时也觉得我有些跋扈，此事发生后，我感到以后彼此相处的困难；更加以对黄使用幕僚的方式及指挥的能力，深感不满，我便决心分手。在分手前，退还他给我的两千元。也力劝陶子钦先生退还，以保持君子风度。经过西安时，当然把马还给李振西了。

七

在娘子关一役中，我深切体验到，并不是敌人太强，而是我们太弱。我们的弱，不仅表现在武器上，尤其表现在各级指挥官的无能。无能的原因是平时不认真地求知，不认真地对部队下功夫。再追进去，内战太久，赏罚一以派系为依归，使军人的品格及爱国心受到莫大损伤，更是根本原因所在。黄以在广西打滥仗的经验，冒然接受国际战争中的大军指挥，我实在没有一次发现他运用过指挥的能力。娘子关之战，若由有现代战争基本知识的人来担任，多支持一个月，是绝对可能的，这便会少牺牲许多国力。有一次在火车上，我偶然发现黄手头携带的书籍，竟是《肉蒲团》这类的黄色下流小说。这次发现他在回忆录中，很得意地叙述他第二次当浙江主席，当由杭州撤退时，拒绝把黄郛家里的大批古玩字画带出（他住在黄郛家中）的请求，而只把两条洋狗带走。我心目中的"一柱擎天"的文化教养，太令人难过了。当然还有大量赶不上他的人。以后我在当团长时所亲自体认到部队中的情形及部队中的风气，怎么能在艰危之会，担负国家的责任呢？

一九七六年一月廿四日《新闻天地》第一四五八期

战地旧事 *

《新土杂志》记者：共产党目前出现了这么多缺点，据你的了解他当初如何兴起呢？

徐复观：共产党的兴起如果没有亲身的体验是很难了解的。现在他还说他取得政权有三个法宝：武装斗争、统一战线、党的组织活动。这是一点都不错的。

所以我在抗战发生前，我对共产党是相信的。我在谈话（记者注：指《七十年代》的访问）中间，到太行山来，我只讲一点，并没有详细讲。共产党的工作技巧是太厉害了。他初到一个地方的时候，这个地方凡是有声望的人，他都是卑躬折节地，什么东西都请你指教、请你指导。这个地方有什么不平的事情，有什么应该要做而没有做的事情，也都顺着大家的意思做。在这个情形下，哪个人不说他的好话呢？但在这个阶段的时候，他就秘密地培养他的干部，就是贫农、雇农。秘密地布置，布置好了，领导的唱笑脸的调走了，另外来了一个领导人。这个领导人一来，培养的干部露面了，有组织了。再在过去他所捧有声望的人中间选择一个人出来，斗你、整你。把其他人的罪名都加在你一个人的

---

* 编者注：本文节录自《徐复观谈学术与政治的关系》一文［此文收入《徐复观全集》之《学术与政治之间续篇》（一）］，题目系《全集》编者所拟。

身上。在所谓群众大会上斗。虽然只叫你一个人，但是大家心里都很清楚。他那些罪名，大家都有。这一下子翻了脸，社会就完全控制了，对外面的交通也完全断绝了。那就非要路条不可了，完全隔绝。就在里面清洗、搞了。

因此，你只看到他前一个阶段的时候，你只能说他的好话。你再到重庆，旁的国民党统治的地方去，就是统战。统战的口号是"民主自由"、"抗战有钱的出钱，有力的出力"、"劳资合作"，都是大家愿意接受的口号，都是青年愿意接受的口号。所以有三重，国民党统治之下，他初到的地方，他组织发生的地方。我们了解他，只从统战的地方去了解他。而统战所提出的口号，讲句实在的话，是和实际恰恰相反的。进一步到他初到的地方去了解他。譬如这个村子有一百户人家，他只要两个、三个党员就控制住了。其他的人不敢动。这两个、三个后面有一套组织，有一套武装。他并不是把村子的人个个都变成共产党员，这是不可能的。这是说他的组织和统治。

至于他的武装，这是最引起我的反感的。凡是参军，你吃得饱、穿得暖，给你戴许多高帽子。为了喂这些参军的，老百姓真是饥饿，那是真正饥饿。在太行山里面，他们突然一下子把政府指挥的游击队有一万多人一下子解决了。……他一方面包围着打，一方面喊口号："中国人不打中国人！""同志们！同乡啊！缴枪啊！"一方面他们机关枪围着打……我校阅的这个部队。那个姓何的是不是在台北？他原来是个小学校长。我在娘子关作战，他来接头。他要点枪打游击。我那时在黄绍竑那儿，黄绍竑那时当副司令长官。我就同黄绍竑讲，拨了一百多条枪给他。我这次去校阅，他已经有一万多人。他当然很高兴。我那时当高参，他知道徐高参来了。他以前是何教员，现在是何司令。晚上吃晚饭，他说："报告主任委员，情形有点不妙。"我说："怎么不妙呢？"他说："凡是我们部队驻扎的地方，八路军都是四面驻扎，包围我们。可能他们要动手。"我就说："我们赶快打电话出去，叫你们部队正式派人和他们去联络。免得他们说是误会。"他把碗筷放下来，去打电话去。

我们那次大概有上十个人。吃完饭我们睡觉。听见枪声，我们是中央派去的，还要伪装镇定，在床上不动。一下子，副司令进屋来说："报告主任委员，睡着了吗？"那时哪一个是睡得着呢。我说："没有睡着。怎么样？"他说："我们受包围了。"我说："到底是日本人，还是八路军？"他说："不知道。"我说："然则怎样呢？"他说："司令到前线去指挥去了，叫我来带着各位去突围。"我说："好啊。"我记得一个村庄，有一条路出去。我听到喊叫："中国人不打中国人！"我们突出五个人。到山顶，我总是不放心，有他们司令放哨的，我叫他们问一问，打我们究竟是日本人还是八路军。他喊："是什么人啊？"答说："是这个东西啊。"我才知道是八路军。我同副司令说："我不愿同他们一起。"有三个人愿意跟他部队一起。我说："我不愿意同你一起突围。"有一个副官说："那我同主任委员一起。"他们就同部队一起，以后一起都打死了。

我走一个相反的方向，上了太行山，叫黑龙关。老百姓知道我是中央的人，很客气。到了第三天，说不行，他们要来搜山。我说到西安好了。为什么？他们的游击队也在我检阅范围之内的。

我正好走到他们的根据地那里去。中午到了一个很大的村子，大概就是大寨。那里房子都是很好的，都是青砖做的房子。我说请村长给我们弄点东西吃，我们给他钱。找个村长五十多岁。那个村长说："大人，好容易你们到这里来，招待都招待不到。怎么说吃餐饭我们还要钱呢？可是现在就是给钱给我们，找得出来找不出来，那还没有把握。"说的时候，有几个年轻民兵追来，说："好了，追到了，原来在这地方。"我说："你们追什么呢？"他说："就是追你们啊！"我说："为什么追我们呢？""哦！我们得到报告了，说有反动分子来了。"我说："什么反动分子？我们是军事委员会派出来的，你们是归军事委员会指挥的。你们知道不知道？"我把公事给他们看。

他们年轻的不作声，坐着。老头子讲："大人，什么东西都搜刮完了，连柴火都没得烧。一个村的人，分明知道你家什么都没有了，还逼着大家向你要，不要就整你。我们一个村子的人，怎么做得出啊！我们没有办法啊！"我说："有柴火，怎么没得烧？""年轻的人都参军参完了。都剩下我们老头子、女人啊！"他一面讲，眼泪直流。年轻的还不是嘻嘻哈哈地望着笑。以后，我再前进一步，走到他们的一个补给站里面住一个晚上。以后我就从太行山出去了。所以他们把老百姓一切的东西收割完，养参军的。你参军，你一切问题没有。你不参军，你就吃各种各样的苦头。所以就这样尽量扩军。

一九八一年十月《新土杂志》

曾家岩的友谊
——我个人生活中的一个片段

有一次，我和唐乃建兄聊天，突然感到二十多年的友谊，大家都过六十岁了，未免有点慨叹；所以写了这篇回忆性的文章，或可作为我个人生活片段中的一个纪念。

一　从鄂西到重庆

我是一个既糊涂而又没有志气的人，从来没有想在政治上建功立业。到了三十多岁，还不知道中央有哪些机关，有哪些要员。对党的活动情形，更是一团漆黑。民国廿七年我当团长，在参加武汉会战的前夕，有五百元大洋交在内人王世高手上，要她带着一岁多的儿子大毛，回到鄂东乡下，和我的家人同住，以免我万一战死而令她在外面流落。二十八年夏，我以战地党政委员会战地政治指导员的名义，到大别山里走了一趟，说老实话，实际是想借机会看看家里的情形。世高在小学里教书，农村因都市的隔绝，手工业的复兴，生活过得并不很坏。尤其是我亲历了经扶、麻城、黄安、罗田及黄冈和浠水的山区以后，感到山水之美、土地之沃、人情之厚，实在可以在每一个村子里，过着有意义的生活。所以，我二十九年初，从冀察战区检阅游击部队返重庆后，请求重派我到大别山，内心是要由此作归隐鄂东故乡之计。

此时湖北省政府设在鄂西恩施。为了到鄂东后有话可说，便先到恩施看看风色。适逢第六战区成立，陈辞修先生任司令长官，朱怀冰先生任参谋长。因为朱先生当九十四军军长时，我当过他极短期间的参谋长，所以他便坚留我在长官部当高级参谋。当时陈长官精勤奋发，招贤纳士；恩施僻地，顿成为冠盖云集之区。于是我也怦然心动，随着几位新认识的朋友，互相约定，大家应好好地效力一番。谁知不久便听说这中间有人是专搞派系的，致令长官非常生气，因而大家便收敛下来。以后的事实证明，辅佐陈先生在政治上建功立业的，只是当时几位年轻秘书，"招贤"、"纳士"，在中国政治中，多半是白费。

不久，朱怀冰先生调充民政厅长，我也调充荆宜师管区司令。忽然，气氛对我变得有些不妙了。当时物价陡涨，而战区的补给机关，不补给我们的军粮，逼得我们以市价买米；这么一来，几乎有米吃便无菜吃。我便同司令部的官兵，自己种菜。三十年夏天，军政部兵役署署长程泽润到恩施开兵役会议，路经建始，顺便到我的司令部来视察业务，这是我第一次见到顶头上司。他听完了业务报告后，同我谈兵役法的问题，因为我对自己所做的事，有点研究的习惯，所以他和我很谈得来。忽然想起，快到吃午饭的时候了，便问："署长可不可以在这里吃午饭？"他笑了笑："好，在这里吃午饭。"司令部在乡下，办总务的人忙了一阵，吃饭时桌子上六样菜，除一碗鸡蛋外，都是出在自己的菜园。过了三四年后，偶然想到此事，恍然大悟地，觉得那应当好好办一次招待，但当时实在想不到。还有一件难忘的插曲，我顺便记起来。当时担任经理主任的是我第一师范的前辈同学饶鹤樵兄。师管区下面，有四个团管区，二十几个国民兵团，征兵征夫，经费相当复杂。轮到他报告经费情形时，我见他手无片纸，心里很不高兴。谁知他报告一宗一宗的收支时，连几角几分的数字，也不遗漏一点；当时程署长和我，都为之骇然。事后程署长问我："你怎么找到这样一位有能力的经理人员啦！"三四年后，这位精干的朋友，以贫病死在重庆了。

在兵役会议中，感到我是处于很奇特的孤立地位。过了不久，当时省参议会议长石蘅青先生，突派专人把我找去说："昨天陈长官到我这里来，特向我说，现在的青年都不可靠。原来大家说徐某不错，哪知他也贪污起来了。说时颜色很沉重。我当时告诉他，徐某的脾气不好，但不至于贪污，你应好好地查查。"石先生说后问这到底是怎么一回事。我听后当然很生气，把自己所处的情况，略为讲讲后，"蘅公请放心，不会辜负你的知人之明的"。因为从南京市政府时候起，石先生对我非常地好，并曾因为我的问题而与严立三先生弄得很不愉快。他听完我的话后说，目前不应当辞职，要等事情弄清楚。这大概是三十年九月前后的事情。

大概过了一个多星期，朱怀冰先生着专人送来一封亲启的信，里面有陈长官给他的亲笔信。内容我还记得相当清楚：

怀冰兄：

徐司令贪污事实：（一）该部主任参谋李某赴渝受训，带茶叶两千余斤送礼。该司令若不贪污，此款从何而来？

（二）该司令假借合作社名义，擅移公款，私人图利。请转告该司令，但问己不为，莫谓人不知也。

诚 ×月×日

我此时才知道所谓贪污的内容，原来是如此。当即复一信，大意是本部主任参谋受训时与长官部赴渝受训人员同车。两千余斤茶叶，非专车装载不可，此专车由何而来？建始收购茶叶两千余斤，固不困难；但既系带渝送礼，此地物资奇缺，除麻袋外，我实想不出有什么其他包装方法。但用麻袋装茶叶送人，似不甚雅观。至于合作社的事情，军管区两次来命令要我成立，我都呈复无此必要。第三次命令成立时，才呈准在节余项下拨款三万元作基金。合作社章程规定司令不能参加理事会，其经营所获利益，与本人不发生关系云云。后来与朱怀冰先生见面时谈及，他说："你的答复使人无话可说，但口气不够缓和。"

幸而到了十一月左右，师管区全部改组。荆宜师管区分为两个，限原有各司令部于一个月内办完结束。我调到重庆中央训练团兵役训练班里当教官。此时，世高和大毛，已从鄂东接出来了；没有到鄂东的名义，通过敌区时，找不到援助，所以我只有把妻子安放在建始，只身赴重庆。到重庆后，有若干余波，也很有意思。有一次，我和在鄂北当师管区司令，而又同时奉令办结束的冯先生谈天；他知道我的处境，耽心我的结束问题。我告诉他，恰在一个月的限期内办理清楚。帮我办结束的三位同事，我每人送三百元，他们都不曾接受。冯先生听后叹息了半天："复观！你怎么会找到这种圣人来办经理！"真的，说也奇怪，在我一生中，帮我管过钱的，都是此道中的圣人。大概过了一年的时间，偶然遇见湖北省银行重庆分行的一位经理，他兴奋地说："找司令总是找不着。你老人家由省银行汇给军政部的七十万元，几次送去都不收，简直没有办法。"我听后很奇怪，便去找程署长，他找经理人员来问，原来是无此科目，不好收账。我说："你们多少次公文要下面缴节余，为什么没有科目？"程署长笑了笑："你是好司令。"大概兵役署由此新设了这一收入科目吧！战时征兵征粮，乃是一大惨事；我每次接到要兵要夫的电报，心里总感到十分沉痛。"耿耿一灯凄不寐，万家儿女泪同倾"的两句诗，正说明当时的情景。但这是政治基础太坏的原故，不一定是某一二人能负得了责任的。

今年的某一天，过去曾为陈副总统负过调查工作总责的张振国先生，突然来到寓所，说要在我这里住一晚，和我谈谈；这是恩施的老朋友，没有不欢迎之理。在谈天中，我问起当师管区司令时我所遇到的上述这类情形，到底原因何在。张先生告诉我："当时以赵××为中心，加上若干黄埔同学，都怕朱怀冰先生当了湖北的省主席，所以设法尽量打击与朱有关系的人。他们认为你与朱有关系，所以便摆布到你头上。这些事都不曾经过我的手。"正谈之间，小孩来说，广播中报告副总统刚刚死了。张先生当时表情很痛苦，而我突然记起不知是出自哪部佛典上"一切世间法，我说即是空"的偈语，有点像老僧入定了。

二　重庆与延安

到重庆后不久，因为当时交通困难，托友人刘培初兄来渝之便，把世高和大毛带来，先住南岸的黄桷垭，后来又搬到新市场，分住一间房子。世高在来渝第一天的路上，住在巴东的绿葱坡，山高、地冻，许多人挤在一家破民房里。大毛当时是七岁，晚上吵冷吵饿，给世高打了一顿；此事至今，世高提起时还觉得难过。当时的少将，每月除实物配给外，大约收入五百元法币，只能过着度命的生活。有一次，世高拿一碟咸菜拌豆腐放在饭桌上，天真无邪地向我说："我们吃得并不算坏。"我也陪她笑了笑。每次饭后，她还给我一盆热水洗脸。我劝她不必如此费事。她说："费什么事？菜炒好后，把柴炭退出来，赶快就灶的热气，锅里放上一点水，水就热了。"又有一次，她正把自己的旧衣服改给大毛做吊裤。她愉快地和我说："裤子的吊带是旧衣服上的边，线是从破袜子里抽出来的。"这时，我才感到她很有些本领。

三十一年十月二十四日，世高进南山协和医院生产，这就是现时在美国研究生物化学的小毛。她进医院后，家里只有一两百元。于是我把在南京当区长时向军政部购领的一枝白朗林手枪，赶快拿到乡前辈陶子钦先生处，卖了一千三百元。我这个幸运的女儿，便和妈妈从医院中平安地回到家里。当然，因为增加了这一"千金"，生活也扣得更紧。

住在新市场的时候，现在记不起是何机缘，认识了一位萧先生，湖南人，军校六期，也当过师管区司令。他此时大概是军委会的高参，住一栋小楼房，还有一个小石磨，每天早上磨豆浆；这在当时便比较是阔绰的，所以我的印象颇深。他喜欢找我谈政治问题，议论颇为高远。又把他写的三个字一句、四个字一句的文章给我看，大概是学周子《通书》的体裁。以后他又邀我参加他们所办的《经纬月刊》座谈会。有位冷冷淡淡的朋友，他介绍给我说："这是侍从室的唐组长，唐乃建兄。"我又从旁人问到他的名字是唐纵。当时给我印象较深的却是另外三位：一位是端木铸秋兄，他谈话幽默而爽健，对问题的看法颇为明快。另一位是姓马的，长长瘦瘦，斯斯文文，说起话来慢吞吞的。当时我想，所谓"学者"，大概就是这种样子。还有一位姓徐的，看来有点小孩的天真气味。他最高兴谈的是夫妇合作做有蓝墨水的副业，好像大家都有点羡慕。回首前尘，真所谓白云苍狗。

在上述场合中，我与乃建之间，彼此不会有多的印象。但那位萧先生，却常常找我聊天，在聊天中极力推重乃建。说他在德国充武官时，非常好学；说他在委员长前，当了不声不响的八年随从参谋；说他很肯用脑筋，很肯研究，但绝不轻易出风头；说他对朋友外面很冷淡，但实际很平恕，很亲切等等。又说第六组组长，地位虽然不高，但非常重要；只有像乃建这种性格稳重的人，才适于此一工作。他当闲话谈，我也当闲话听。

我在这段时间，虽然不写文章，但对现实怀有深刻的不满。当时鄂西的声势煊赫，但名实之间，是相去得这样远，其他又何待论？所以当时我什么也不想，只想带着一家四口，回鄂东过隐居生活，可是找不到这笔路费。我住第一师范时，有位姓陈的同学（名字已忘记了），民国十六年秋，在南京相遇，知道他刚从苏联回来，彼此见面，非常高兴。他和我说，他的同学中有位康泽，很不错；在党务学校充训育员，希望我也认识。有一天下午五时左右，陈同学陪康泽（兆民）先生到北极阁下一家民房中来看我，见面后谈了个把钟头，我觉得其人英气勃勃，说话颇有分量。他劝我回湖北省党部工人部长朱霁青先生处做工作，有位姓孟的秘书，和他同学，他可以介绍。过了几天，他来说，已经安排好了，还有一位云南的马西凡先生同行，这样便在武汉开始了一段戏剧性的生活。但自此之后，从未和兆民通过信，也不知道他以后在干什么。大概是民国二十三年，我从内蒙古一带回到南京住间，突然接到兆民的信，约我到江西星子去当教官。我拿着信打听星子的方位和兆民的官职，只听说他已经很重要了，详细的情形也不清楚。我终于没有去。后来在南京中国日报社（不知有否记错）里见了一面，完全没有第一次见面时的亲切神气。此后又不相闻见。这次到重庆，我知道他在三民主义青年团负责，便去看他，他要我到合江分校去当教官，我去住了一晚，便回来了。但此后，他常常约我到他家里去吃饭。有一次，在他家里吃饭时问我："愿不愿到延安去当联络参谋？"他便把军令部派联络参谋的情形告诉我。我便问："一次可以发多少旅费？""半年。"说来谁也不会相信，人有时竟无聊到这种程度，我当下想到，在旅费中可以省下一笔钱来作回鄂东的川资。所以把旅费拿到后，分一半给世高，送他母子三人上开往巴东的船，我便在延安大概住了六个月不到的时日。

从延安回重庆，和兆民见了一次面，彼此非常不愉快。我告诉他，国民党像目前这种情形，共产党会夺取全面政权的，他听了更不以为然。当然和那位萧先生见面时，我也谈到这种情形，并告诉他，不改造国民党，绝没有政治前途的。萧听了我的话大喜，说："我们为什么不向这方面努力呢？"这种话，我只当笑话听。大概由他的热心，也和乃建谈过。我当时住在南方印书馆，每天打湖北的天地人和纸牌，等船东下，与妻子会齐，遂还乡之愿。有一天，乡前辈陶子钦先生劝我见见何总长；横直闲着没事，便接受了他的意见。挂号的第二天下午三、四点钟，便见到何先生了。我发现他和陈辞修先生，在对人的态度上，完全不同。一位是在短小的躯干上，堆满了威严。一位是亲和乐易，对我所说的听得津津有味。谈完后，"你还到延安去吗？""我最近就回鄂东。""有什么任务？""回去种田。"何先生说："不必回鄂东，等几天好了。"回到南方印书馆不久，又接到通知，委员长定当日下午五时在曾家岩约见，这可能是何先生打的电话。到官邸后，有位武官招呼我："向委员长报告，最好不要超过五分钟。"由小客厅走进大客厅，委员长已经站在那里。我第一个印象，他的威严也赶不上陈辞修先生。当答复问题时，总记着五分钟的时间限制；但实际，他要我谈了好几个五分钟，并要我写个书面报告。实则，这不曾变更我回鄂东的计划，所以根本不曾动笔。过了几天，已经夜晚十点钟了，接到曾家岩的通知，立刻召见。我以为延安方面发生了什么重大问题，要问我的意见。但见面后，只问我家里的情形，拿起铅笔来写三千元的条子给我，叫我不要离开重庆。我出来后，觉得有些奇怪，送点钱给我，不是须要紧急处置的事情。到了第三天，报上刊出他召见的第二天一大早，飞往开罗去开会的消息；这一点，倒确实令我感动，便打消了回鄂东的念头，拿起笔来写他所需要的报告书。此时同乃建的来往也较密切了。他介绍我看陈布雷先生，长谈过一两次。布雷先生对我所说的结论是"复观兄谈的其他各点，我都赞成。至于说到要建立以自耕农为基础的民主政治，和解决土地问题，我都不很懂"。

三十二年大概是十月底或十一月初吧，军委会送来了"高参"的头衔及调总长办公室办公的命令。过了两三天，乃建把委员长调我到侍从室第六组办公的手令给我看。我当时想，一个乡下人进入到最高统帅的侍从室，恐怕适应不了环境。所以我选择了总长办公室，乃建也同意我的选择。

进总长办公室后，才知道是由十几个机关调集来的干部成立一个联合秘书处；刚由陆军大学校长下来的阮肇昌先生任秘书长，其余的都是秘书；任务是集中各方面有关共党的情报，加以研究整理，向总长提供意见。我进去半年后，此一机构，因为一件极小的事情，实已陷于停顿。到了三十三年，何先生调陆军总司令，驻节昆明，我曾去昆明住了一个月。当时重庆的谣言是何先生私人存在美国的外汇，应以九个数目字计算。在一次吃饭的时候，我问了何先生；何先生听后，用筷子画着九个数字，从右边向左边数，"呵！上了亿呀！"我所了解的何先生，是一位奉公守法、按部就班的太平时代的好军政长官。既无毒性，更不会贪污。当然，我在他身旁，只是无用的废物，浪费了我一年多的时间。所以从昆明返重庆后，便到乃建主持的六组了。

三　曾家岩与台湾

六组的工作，直接与政令军令无关，而是帮助统帅对局势的了解，因而可以影响统帅的决心乃至政治方向的工作。各机关呈给委员长看的各种报告，乃至许多人向委员长所作的建议，都先集中到六组，由六组加以研究判断，决定哪些应当呈上去，哪些只需要汇报或存查。有的加上意见，有的不加意见。其中最重要的是各个政党——尤其是共产党及贪污的情报。在对于这类情报的判断中，我发现我和乃建之间，实有相当的距离。老实说，我对问题的看法，无宁常是和委员长更为接近。但第六组是委员长耳目之所寄，只有像乃建这种冷静、公正、平实、谨慎的人，委员长的耳目才不致为人所蒙蔽。我进六组后，有人告诉我，乃建和军统局的关系最密切。但在处理各方面的资料、意见时，乃至我们聊天、研究问题时，从来看不出他有丝毫的偏袒。我和乃建，有一个根本不同的立场：他是一个很忠实的幕僚，而我则是带有浪漫性的票友。在我内心里，是希望能通过政治军事的杠杆，发生点旋转局势的作用。这样，便于不知不觉之间，乃建是尽心竭力地要让最高统帅戴上平光眼镜或验光眼镜；而我则一有机会，便希望能送上一副望远镜或显微镜。在当时，我认为委员长并非完全不愿戴这种科学镜子。没有这种浪漫性的动机，我便没有参加这种工作的兴趣。但我与乃建之间，友谊是一天一天地加深。这一方面是出自他的平恕、忍耐，一方面是我根本没有私人利害上的打算，所以抬杠而绝不勾心斗角。乃建的家，和办公室的地方只隔一个院子。有时，他太太满身大汗地弄菜给我们吃。乃建有一次很得意地指着养的两只猪给我看，那当然要算他的一笔大财产。事后想，假定他当时稍稍向外卖弄一点，生活会过得更好的。

　　我到第六组后，开始参加当时所谓"官邸会报"中的一种或两种，又参加其他若干会议，这都与六组的工作无关。我因此有机会领略到当时政治中坚人物的风采、言论。我读过不少的线装书，也读过相当多的社会科学这一方面的书。我不了解现实中的政治和政治人物，但我了解书本上的政治和政治人物，尤其是我常常留心历史上的治乱兴衰之际的许多征候和决定性的因素。这便引起我有轻视朝廷之心，加强改造国民党的妄念。我为此曾经写过一篇很长的文章，提出具体的意见。那位萧先生很赞成，希望多约些人签名发表；他更希望乃建也签名，乃建拒绝了。后来由萧先生印成小册子，签上他、我和另外一位姓邓的名字（当时我并不认识那位邓先生）发表了。其实，那位萧先生只是要动，要变，并无真正主张。他是一个很有天资，有热情，但不十分好学的人。不仅因志大才疏，最后使他陷于困境；更因他生活上的浪漫情调，使他与现实的环境愈离愈远，而无法收拾。胜利后，当他的报纸无法维持时，老朋友对他都有点敬而远之。他要我把办《学原》的一点基金借给他，我没有答应，世高曾责备我说："这几年，萧先生对你最好，你为什么不帮他的忙？"我但说这点钱救不活他的报，也救不了他；而只是使《学原》破产，使我也无法下台。我不能从井救人。虽然如此，我在写此文时，衷心还是为这位朋友祝福。

上述的彻底改造国民党的意见书，乃建虽不很赞成，但我依然摘要呈给委员长，并得到委员长的嘉许。国民党开第六次全国代表大会，委员长下一个手令给我，叫我临时充总裁的随从秘书，随从出席大会，每天向他提出观察所得的意见。不过到第二天，陈布雷先生又交一个条子给我，加派罗时实先生和一位曹先生（是连云港同事时的老朋友，把名字促住了）。每天的报告，由三人商量后共同署名提出。我的推测，大约布雷先生怕我提出过分突出的意见；多两位先生商量，便容易得到平衡。当时罗先生在陈果夫先生负责的侍从室第三处，曹先生好像和吴鼎昌先生们的关系不坏。不过，会议开过后，我私人还是把我观察所得的现象、危机及如何彻底改造党和政权的性格基础等问题，以随从秘书的身份向总裁提出了。我当时认为国民党的组成分子，完全是传统的脱离了广大社会群众的知识分子。这种知识分子，只有争权夺利才是真的，口头上所说的一切道理都是假的。因此，要以民主的力量打破当时的几个特权圈。要以广大的农民农村为民主的基础，以免民主成为知识分子争权夺利的工具。一切政治措施，应以解决农民问题、土地问题，为总方向、总归结。当时因为不断地思考这些问题，说来自必相当具体。但在我的记忆中，委员长实际是很重视我这类的意见，这从他在报告上的批、点及和我谈话的情形可看出。但这些想法，和当时中坚分子的想法，实在相去太远了。

在当时，我和乃建对问题看法的不同，也可以说，我重方向，重原则，要先确定方向、原则；乃建则重实行的技术，认为不先解决实行的技术问题，则所谓原则，只是落空的一场大话。我现在想起来，我的观点，也可能是受到我的军事知识的影响。中国能彻底了解克劳塞维兹的《战争论》及鲁登道夫的《全民战争》，大概只有我一个人吧！这一点，在今日，真是无从说起。

但忍不住在这里稍稍带一笔，是因为委员长从来不重视我对军事的意见，因为他不以为我了解军事。记得第一次我向他说"陈总长并不懂剿匪军事"时，他老人家连连用手摸自己的脸，一言不发，这是要发脾气的表现，我便赶快起身走了。但过了两三个月，我忍不住又提此一看法时，他老人家却和颜悦色地听下去了。假定我有一个黄埔或陆大的资历，我自己的历史会完全两样。我这里只说，在一个作战计划中，第一项便是方针。军队的部署、行动，都是跟方针下来的。但乃建的观点，乃代表当时多数人的观点。假定为了撑持面子，不妨说我是理想主义者，而乃建则是现实主义者。

日本宣布无条件投降的一天，我突然大吐其血。在重庆狂欢的晚上，我立刻想到，接着来的会是中共大规模的军事攻势，而当时陆大的红蓝铅笔教育完全不能适应这种战争，使我心头感到一股很大的压力；所以一面吐血，一面把中共作战的特性，写成要点，附上简单地图，呈给委员长，希望在军事上要彻底检讨，早作准备，不可用对日作战的观念来对付共产党。第二天，我便进医院去了。一个月的医院费用，是乃建为我要来付出的。

接着，委员长要重组联秘处，并要乃建任秘书长，我任副秘书长；乃建没有接受，便改任他为内政部政务次长。及全国警察总署成立时，又任他为总署长，那应算是一个重要的权力机构。在萧化之先生充联秘处秘书长的期间，复员到南京。此时有两点我是很清楚了。第一，我势必与此一政权同运命，再无归隐的可能。第二，我了解当时的人们，宁愿以片刻权力的满足，不惜明天的碎尸万段的天性，决不再谈什么改造。这时我心里想：能不能延长此一政权的命运，以待国际局势的变化呢？同时，我有没有转行到学术界的可能呢？《学原》的创办，一方面是想测探学术界到底有些什么人才，一方面也是个人对于学术工作的一种尝试。此事，也得到乃建侧面的支持。

有四件事，已决定了政权的命运，不是地位低微的我所能为力的。第一，由疯狂的劫（接）收更进一步为疯狂的物质享受的追逐。第二，由顽固而又非常自私的整编政策，变成无可用之将，无可用之兵。当时硬性遣散游杂部队的口号是要"让这些东西去害死共产党"，山东、东北的共产党，就是这样"害"大了的。当张灵甫将军攻下淮阴，我前往视察返京，向委员长报告："部队的士气真旺盛，但要补充兵员后，才可继续前进，因为每连只有五六十人。"所有的部队，在紧要关头，都兵员缺乏，到底应由谁人负责？第三，"三个月消灭共匪"、"六个月消灭共匪"的作战指导方针，轻突盲进，军力受到大量的消耗。第四，党内疯狂地选举竞争，在生死关头，选到了从中央到地方的虚脱状态。这一点，我曾向当时内政部长张厉生先生及组织部长陈立夫先生，沉痛地呼吁过。张先生回了我一封客气的信，立夫先生听后只是皱眉头。当然，也有人希望我能出些奇谋密计，把共产党压下去，让大家争夺得更舒服。我岂特没有奇谋密计，并且在我的脑筋中，从来就轻视这一套。政治斗争的基本条件，是要"有理"，而又要"有力"。理和力，都是建立在共同行为之上。行为上的无理，即是从行为上提供敌人以力量。这一切太明白了。所以我从三十七年春起，实际上已摆脱了我的工作。因副总统的选举，和桂系已造成裂痕。当时我的想法，这种裂痕应尽量想方法去弥补。不可以把桂系估计得太重，也不应当把桂系估计得比共产党还可怕。何敬之先生由美返国，重负中枢军事大任，当时似乎有意拉白健生先生在军事上合作。这在当时情势之下，绝对是正确的。但上海的谣言攻势来了，说这快要演成民国十六年的局面。这种谣言攻势，愈来愈凶，不仅影响到整个剿匪的意志，而且已经暴露出内部分崩离析的情状。这太使我不能忍受了，因为剿共之战，小之也关系到我一家的性命；所以跑去找陈布雷先生，痛陈利害。布雷先生表现了从来未有的爽朗态度，深以我的看法为然。"布公既也以我的看法为然，布公便应当讲。""复观兄，还是你讲的好。""以我的地位，如何能讲这种大事？""总裁相信你是忠于他的，没有其他用意，所以你可以讲。有机会时，我也讲。"当然，我还是冒昧地讲过，也或许发生一点作用。可是这次对内破坏的影响太大了。不久，布雷先生死去；我无官守言责，也挈眷移居广州。事后证明，上海的谣言，收到预期的效果。不过把政府在大陆的命运，更促短一年两年罢了。

在南京这段时间，我和乃建没有工作上的关连，但私人的来往很密。他这时已经算是阔人了，不过，在生活态度上，还和曾家岩时代没有两样。三十八年四月，我们在宁波见面，此时他也是无官一身轻。有一次，在谁家花园里散步，他问我："你听到有讲我什么闲话没有？"我说："李叶超当你的总务处长，又先你辞职而去，可能有若干不愉快的事情。但在上海和我谈到你时，说你实在是谨慎、干净，决不贪污。辞职的总务处长尚没有说你的闲话，谁会说你的闲话呢？"

乃建和委员长的关系，以他平实勤谨的作风，到台湾后，当然会要负重要工作的责任。当时我的未上草山，有若干朋友颇以为异。但我知道，这是奉化蒋公对我最大的仁慈，给我最大的机会；较之重庆夜晚十时的召见，我更为感激。否则我真要完全糊涂一生，虚度一生了。十六年来，过去的老朋友，一天阔一天，当然早经彼此相忘。但我每次到台北，还和乃建通个电话，吃他一餐饭。初到台湾的三四年，他还和我谈谈问题。到后来，便没有问题可谈了，有时吃完饭后下象棋。在台北，拉我下过象棋的，连化之、新衡，共有三人。我和新衡的棋，互有胜负。但有一次，当他的客人面前，使他三战三北，面目无光，我常引此为这些年来非常得意的一件事。其中，乃建的棋，当然是最蹩脚的。乃建由中央党部第一组的主任调省府秘书长时，我怕他不干，所以特别跑到台北去劝他。当时他在美国还未回来，我便写一封信。不久他来台中就任，心平气和，没有半句闲话，表现其涵养工夫之深。他当中央党部秘书长以后，有两件事，使他不很高兴。第一，我没有登记为国民党员；这只要了解我对政治不过是玩票的性质，人老了，已自己开辟出另外的生活世界了，玩票的兴趣当然也早完了。朋友在这种地方，应当"相悦以解"。第二，当他提倡"党

　　　　　　　　　　　　　　无惭尺布裹头归·生平

友运动"时，偏偏有位新闻记者来问我对此事的意见，我当时的答复，大概认为动机是好的，但站在政治的立场还不够。乃建对此一谈话，大概心里很难过；以后有两三次向我提到党友的问题，这是他对我作有涵养的抗议，我只是笑而不答。有人说，他的秘书长的调职，和我对第五届县市长选举的批评文章有关系，这一点，乃建是不会相信的。假定我不了解政治的内情，当然也有几件事使我难过。事实上，我了解他的处境，所以我连提也不愿意提。不过，秘书长的地位，不能不说是一个要职。一忙一闲，有两三年时间，见面较少；但当他调职以后，我依然以他调充省府秘书长时的心情去看他，这是老朋友相互间不知其然而然的关切。调职以后，他没有半点不自然的表情，没有为自己作解释的一句话，更不批评任何人半句。分给他的工作，还是竭心竭力地尽一己之所当为。我们的友谊能维持得这么久，真不是偶然的。我常想，所谓友谊，只能存在于一切利害关系之外。友谊的可贵，正在于此。

　　站在搞政治的立场来说，乃建有他很大的弱点。第一，因为他和奉化蒋公的关系太深了，便使他只有这一个独门的政治关系，而从不想，或也不可能，另外建立互相声援的支派关系。第二，和他来往久了的人，可以相信他决不背后出卖朋友，并且是外冷内热的性情中人。但相知不深的人，会感到他的冷淡，缺少吸引力。同时，当幕僚太久的人，在人事上常不知不觉地过于谨慎，不敢选拔新的人材。但他勤勤恳恳地日计不足、月计有余的努力，在理想主义者的我看来，不免觉得气魄不够。但他还肯不断地提出些做法来，而他人连分量不够的做法也没有。所以每调动一次以后，过了不久，批判他的人，对他又变为怀念。他目前的工作，他自己认为很好，我做朋友的觉得更好。曾两次当面半开玩笑地说："当你们反攻成功时，帮我两个忙：一是帮我收回南京的一栋小房子，一是介绍我到武汉大学去教书。"乃建听了说："这很容易。"我觉得，只要国家有前途，乃建的事业还方兴未艾。好在乃建知道我只希望朋友的事业成功，却从不存揩油沾光之想的。

一九六五年十一月一日《民主评论》第十六卷第十七期

末光碎影

　　"末光"两字，是由《史记》"依日月之末光"而来。

　　历史上有机会依日月之末光的人，多会成就一番功名事业。故总统蒋公对我的一段知遇，也勉强可以说是依日月之末光。但因我无才无志，真所谓"未有涓埃答圣朝"，只能留下若干零碎的影子。

　　民国三十二年，我和一位郭仲容先生，以军令部联络参谋名义派驻延安。林森主席去世，中共开追悼大会，要我们去参加。会上由吴玉章报告，他并不报告林故主席的平生，而粗言秽语，对蒋公加以丑诋，种种不伦不类的话，一齐出笼。我当时非常愤慨，要求登台答复，共产党人说，"今天没有安排徐参谋发言的节目"，加以拒绝。我立刻退席，门卫不让我出去，我说"要便是扣留，要便是让我离开"；有人以小跑步来回一次，大概是请示，让我回到招待所，我即以绝食表示抗议。郭君开完会回来后，向我吵闹不休地说："我的性命不能陪着你这样丢掉。一个是浙江，一个是湖南，对我这个四川人来说是'卵弹琴'"。

　　郭是黄埔六期，又是康兆民先生的干部，我除了心里感到奇怪外，对他的吵闹，一言不答。第二天周恩来写封长信来道歉，叶剑英亲到招待所，在极力安慰我中，并说"像徐先生这种人能参加委员长的机密中去，对大局是有好处的"。他大概以为我和蒋公有某种亲密关系。实际我只在民国二十七年春当团长调到珞珈山武汉大学受训时，列队由蒋公亲自点名，才亲眼看到蒋公外，并没有见过第二次。与国民党中的任何派系，更无丝毫瓜葛可言。我之所以绝食抗议，完全是出于不自觉的"职业精神"。这次经过，除了康兆民先生知道，并对我加以责难外，我未曾向任何人提及，更从未向何敬之先生及蒋公提及。只是此后我与郭君，一直没见过一次面，因为彼此心照不宣。今日世事沧桑，我在回忆中提到此事，仅在说明，我所得到的末光，与此事绝无关系。

我之所以接受康兆民先生向军令部推荐到延安去当联络参谋，是因为当时我在中训团兵役班当少将教官，有许多感触，决心要返鄂东种田，但没有这笔路费。接受这一任务，一次可以拿半年出差费，所以把出差费领到手，便分一半给妻，让她带着两个孩子先回到鄂西建始暂住，等我由延安回来。我从延安回来后，和康兆民先生吵了一架，住在陶子钦先生所开的南方印书馆，等开往巴东的船。在等船期间，和友人聊天，认为中共志在夺取全面政权；而且就国民党的情形看，是抵挡不住的。

陶先生劝我把这种观点向何总长报告，我因与何总长无任何关系，恐怕见不到他，陶劝我"横直没有事情，不妨去挂个号"。大概上午挂号，何先生下午三时约见，谈了将近一点钟；谈完后，何先生问我还去不去延安，我说预定回鄂东，他问回鄂东做什么，我说"种田"，他很惊讶地说："不要离开重庆。"到了下午六时左右，接到曾家岩侍从室委员长约见的通知。大概是何先生向蒋公提到的。到侍从室后，先在一间小客厅里等待。里面挂有章士钊送给蒋公的条幅，上面写着"指挥能事回天地，训练强兵动鬼神"

的两句杜诗。一位年轻的武官进来引我晋谒，并特别提醒我"委员长非常忙，徐高参的报告，不要超过五分钟"。由小客厅走进一间很宽大的客厅，蒋公已站在对过的一边，我走过去时，连声说"请坐"、"请坐"，开始了彼此间的问答。我尽可能地控制自己的话，说四五分钟便停下来。蒋公总是要我继续讲，大概讲了三十多分钟。临走时，他要我把所讲的写成书面报告。但我只把这当作一件偶然的事，并没改变我"有船便走"的决心，根本不想写报告。过了两天，大概快到晚上十点了，又接到通知，立刻约见。我到曾家岩时快十一点了，以为陕北有什么紧急情况。但见面后，蒋公很安闲地只问我家庭情形，并说"生活大概相当苦"，我赶快说"生活得不错"，又歉然地说"报告还没有写好"，他连声说"没有关系"；接着从茶几的中格拿出铅笔和便条，写上"送徐参谋复观叁千元"字样。我这个乡下人，怎样也不肯接受，他塞在我的军服口袋里，再加一句"不要离开重庆"。回到印书馆后和朋友研究："送点钱给我，随时都可以，为什么忙在夜晚呢？"到了第三天从报纸上才知道，约见我的第二天早上，他坐飞机赴开罗开四巨头会议。我心里想："当他出发参加这样重要的国际会议的前夕，还记得有一个默默无闻的军人，应给以安慰、留住，这不是一个寻常人所能做到的。"于是我才决心留下，才决心写报告。

此时因为参加萧作霖所办的《经纬》杂志座谈会，已认识当时担任侍从室第六组组长的唐乃建先生。他派人送来委员长调我到侍从室第六组办公的手令（我当时的名义，是军委会的少将高级参谋），何先生也送来调我到总长办公室办公的手令。我是道道地地的乡下人，感到一下子进侍从室，恐怕适应不了，便接受何先生的手令，去了以后才知道是在由阮肇昌先生当秘书长的"联合秘书处"办公，里面的秘书，都是由各机关首长派来的，一共有十多位。何先生并指定我为秘书长的随从秘书，一切重要公文，由我亲送呈阅并亲自取还。我此时才知道有军统局、中统局等机构。

到联秘处不久，由唐乃建先生介绍我去看了一次陈布雷先生，他身裁瘦小，态度谦虚，和他为蒋公所写的气势磅礴的文章并不相称。我和他谈完后，他谦虚地说："复观兄所谈的中共的做法和我们的弱点等等，我都能了解。只是谈到民生问题、农民问题，我不能了解。"我听后，感到有些失望。我写的报告书，是经唐乃建先生的手，才呈到蒋公，而得到蒋公非常重视的。我和布雷先生的真正友谊，只在他死前几个月才建立起来。

何先生调陆军总司令，驻节昆明后，经过了一些曲折，我才向唐乃建先生提出愿到他的第六组办公。第六组的业务是集中各方面的情报，及各方面呈给委员长的意见书，选择何者值得呈阅，何者不值得呈阅；值得呈阅的加以摘要，有时附加意见，呈给委员长看的。后来又把贪污的案件，也交由这里经手。可以说这是委员长的耳目之所寄。唐乃建先生忠实而又平正，对这一业务的领导，可以说做得恰到好处。

我到六组后不久，奉到指示，每周参加一次中午的官邸会报，实际是中午陪着蒋公吃一次午餐，有什么事情，由蒋公提出，征求参加者的意见。当时参加者有吴铁城、张治中、王世杰、张厉生、李惟果（当时宣传部长）、董显光（国际宣传处长）诸位先生。侍从室第一处处长林蔚文先生（后来是钱大钧）有时参加有时不参加，第二处处长陈布雷先生一定参加。此外便只有我。大家对蒋公所提出的问题，常仅以一两句话表示意见，最后由蒋公作结论。当时对美国的关系已经不愉快。有次董显光先生说："美国说民主只是表面的，实际它只重视实力。所以对它责备我们不民主，可以置之不理。"因为这次董先生把自己的意见说得较完整，所以我一直留下很清楚的印象。在这种场合，我有时不知天高地厚地也讲点话。现在回想起来，蒋公之所以要我参加这种场面，可能是出于对一个乡下人的培植，让我能见些世面。西汉光禄勋下面的几千"郎"里面有一种地位低微的"议郎"，有时可以参与朝廷大政的议论，难说蒋公也把我当"议郎"看待吗？可惜我"非其人也"。

在珞珈山受训点名时对蒋公的印象是态度刚健，他两目炯炯有光。此时有机会接近，则感到他的刚健之气，一寓于从容闲暇之中，以后在最紧急的关头，也没有改变过。有一次吃完饭大家散去时，蒋公叫李惟果："惟果，你的家好不好……"只露出一副慈祥恺悌之情，有如慈母的呼唤爱子。听说蒋公到台湾后，对人所流露的多是这种情谊。

陪蒋公吃饭，中菜西吃，菜很简单，分量不多，烹得很烂，但味道还不错。到南京后，虽然我参加的会报比较更多了，但总是十二时便散，或者是下午三时左右开始，缺少了这样的一餐饭。翁文灏当行政院长时，有时约三四十人在一块儿午餐，餐后一哄而散，我去了一两次后便不再去了。三十八年春在溪口，除在武岭中学吃"招待餐"外，有时在经国先生府上吃饭，一大碗一大碗的菜，还保持乡下的风味；有时在坟庄陪蒋公一起吃，又有些像重庆曾家岩的风味了，但经常有宁波出产的小蚌壳。

参加会报，在我的总印象中，似乎与重要决策，没有太多关系。国民党六次代表大会，蒋公手令我充当"总裁随从秘书"，每日随同出席，并提出意见，这是给我讲话的机会，但布雷先生随即补充了两位，等于对我讲话的一种约束。在这次代表大会中，国民党的弱点乃至危机完全暴露了出来，所以会后我还是单独提出了一个字数相当长的报告，在报告中又提出民主问题、农民问题。蒋公看时依然加点加圈加批，绝不曾拒绝我的意见。在我心目中，蒋公接受意见的量与识，国民党高阶层中，没有一人能赶得上。我参与蒋公的末光，极为程颂云、陈辞修两位先生所不喜。程代何先生为参谋总长，有次在蒋公面前阻止我发言；陈辞修先生则当蒋公面前给钉子我碰，在南京时，常在许多人面前骂我（当时宪兵司令张敬夫先生曾告诉我）。但蒋公从未因此而对我疏远。

有一次会报完后，我一人留下不走。蒋公坐下问我要说什么，我说："陈总长并不了解剿匪的军事，这是个严重问题。"蒋公听后，脸上变了颜色，并用手抹脸，这是要发脾气的表情，我便马上站起来走了。过了一两个月，我又留下不走，向蒋公说："因为总裁不高兴，上次的话没有讲完，但我依然要讲下去。"蒋公的记忆力是惊人的，他立刻问："你何以见得陈总长不懂剿匪军事？"我说："他是参谋总长，决定全般军事战略部署，决定的根据是来自敌情判断。他说三个月要把共匪剿平，就要根据三个月来作部署，又说六个月要把共匪剿平，便要根据六个月作部署，现时证明他的判断完全错误了，由此可以了解他的部署必然犯了全般的错误，以致不断受到意外的损失。"蒋公听后一言不发。当派辞修先生到东北去当长官时，我了解他总要以第一自居的个性，必然要求增加兵力，以趋赴事功。但当时东北问题，已有国际的复杂性在里面，不是我们单独的力量所能解决的。曾向蒋公提出修改战略，以巩固华北的目的守东北，缩短战线，先集中力量打通

　　　　　　　　　　　　　无惭尺布裹头归·生平

津浦、平汉两路，抑制向东北增兵的请求，以免扯垮山东的战局。结果范汉杰们调走了，胶济路的局势很快便逆转。最不幸的是陈先生破坏了何先生返国后提出的与白崇禧合作的计划，又增加桂系与中央的裂痕。平心而论，陈先生到台湾后以能用尹仲容而有功，但在大陆则绝对负有过早崩溃的重大责任。我这里提到的只其一端。

当幕僚的人，只是用心去想，把想到的说出来；对执行者的困难，常常没有顾及到。我的印象，蒋公的坚定、智慧、突破困难的决心与勇气，及接纳比较新的观念，可称为历史中的伟人而无愧。

我因为叨被末光的关系，有机会看到党政中高层人物，感到蒋公几乎无才可用。于是突发奇想，认为人才原于学术；大学是最高学府，大学教授中应有不少真才实学之士，可备国家的缓急。但苦于无法接近，便想办一个学术性的刊物，作为通向大学教授间的桥梁。根据这个意思拟一报告，请求津贴一亿元，先将报告交陈布雷先生，布雷先生说："总裁津贴学术刊物的钱，数字很小，如《时代思想》等，只有多少钱。你所要求的数字是不可能的。"不肯转呈。我便找俞济时先生，俞先生说得更恳切："总统的特支费每月只有多少（数字不记得），怎能拨这大个数字给你办刊物呢？你改写五千万元，好吗？"我说："币值贬得太快，五千万元到筹备出刊时，实值已所余无几了。局长尽管拿上去，给不给在总裁。"俞先生说："好吧！总统看后还不是批一个'阅'字。"过了两天"照付"的批示下来了，我便去告诉布雷先生，并请示办法。布雷先生大喜地说："你真有本事。"于是由布雷先生介绍商务印书馆的李总经理，商定由我集稿付稿费，由商务印书馆担任印刷、发行，每期送我五十本。布雷先生又提议由翁秘书（忘其名，在布雷先生公馆里办公）负经费保管之责。我另组一编辑委员会，刊物很快就出来了。因贬值的关系（初领到一亿元时约值美金两万元，很快便贬去一半），与翁秘书商量，换成黄金，由翁秘书介绍一家与他熟识的银行存放，可收息钱支付稿费。不久实行金圆券改制，布雷先生要我兑成金圆券，我反对。布雷先生沉痛地说："复观兄不拥护国策，谁拥护国策？金圆券完了，我们也就完了，还办什么刊物。"他这种无保留的效忠精神，我被他感动，只好兑成金圆券，刊物基金随金圆券以俱尽了；到香港后，还出过一期或两期。有人告诉我，布雷先生把自己太太手上存蓄的十几两金子，也逼出来换了金圆券。他一直到死前几个月，才了解我的政治观点，他曾对我说"总裁因为了解你没有其他背景，所以容许你随便讲话"。我想布雷先生当然也是因为了解我这一点，所以他有时对我很生气，但总是保持很自然的涵容的态度。我虽然有时感到他太谨慎，太保守，但对他既忠且勤的精神，始终佩服无间，至今还怀念难忘。

三十八年春，我在广州先接到由南京发来的电报，要我火速赴京，我为了想了解桂系的情形，以便有所献替，便坐火车先到武汉。谁知到武汉后，蒋公已经引退，我便立刻返广州，又接到长途电话要我赴奉化溪口。老实说我内心早想退出现实政治了，但在蒋公处境艰难的时候，找我我不能不去，尤其是我的妻常以此责勉我。到溪口后，我写了一个报告，大意是分析三民主义与民主自由，如何能融合在一起，以团结广大知识分子，重新建立政治阵容的问题。蒋公问我如何整顿党的组织，我说"现在是抢救决口，全般整顿组织已来不及，应先从整顿黄埔的组织着手。"

蒋公要我写一计划，他把计划交袁守谦先生执行。当袁先生拿着计划，要我负湖北的责任，我告诉他"我并非黄埔学生"时，他为之怅惘良久。我当时的基本构想，认为我们一旦完全离开大陆，要再返回去就非常困难（此点我与陈辞修先生的看法完全相反）；所以作最坏的打算时，也应在大陆保留几个据点。我极力劝说对桂系让步。我主张调动可以调动的兵力，保障防守芜湖大军向福建撤退的交通安全等等，但当时的情势已太复杂、太困难了。

因为自知不是现实政治中的材料，又因与香港《华侨日报》有点友谊，便在一次坟庄午餐时，提出想在香港办一杂志的建议，蒋公立刻同意，预计两年的经费港币九万元，郑彦棻先生说他可以拨四万五千元，陶希圣先生也说可以拨四万五千元，在这餐饭上，问题就解决了。后来没有收到陶先生所承拨的经费，我到阳明山请示杂志是否进行时，蒋公又给我四万五千元。结果就是《民主评论》于三十八年五月在香港的出刊。我自此正式拿起笔来写文章，由政论而学术，开辟了进入大学教书，并专心从事研究、著作的三十年的新的人生途径。今日在学术上能稍有成就，实皆来自蒋公所赐予的末光。或者由这一点而可证明尚不太伤蒋公知人的日月之明，稍减我良心的愧疚。

一九八〇年四月四日《中国时报》

"宣传小组"补记

　　《传记文学》十三卷六期，有蒋君章先生为了纪念陈布雷先生逝世二十周年所写的《布雷先生最后主持的一个小机构》一文，谈到布雷先生主持的宣传小组的工作及我担任主任秘书，蒋君章、谢然之两先生担任秘书的情形，我看后不禁引起一点感想。君章先生是一位笃实君子，他的纪录都很有分寸，是可资信赖的。当时我虽然挂一个主任秘书的名义，但君章先生一直住在布雷先生的公馆里办公；小组工作的许多实际情形，有如君章先生文章中所叙述的基金及其运用的情形，我都不清楚。布雷先生当时的确是处于"宣传参谋总长"的地位，指导一切与宣传有关的机构。当我为情势所迫，不能不接受布雷先生加给我的主任秘书头衔以后，第一个任务，是要我起草一个《宣传作战纲要》（当时是不是这个名称，我记不清楚），以决定宣传的策略及任务的分配与相互间的联系。我把《纲要》写成后，布雷先生第一次召开宣传全体会议；尤其是南京、上海各报馆、书店、刊物的负责人，都济济一堂。布雷先生听取了大家的报告后，以"总裁交下的"名义，把《纲要》印发给大家（我推测，事先布雷先生一定是呈请核定过的），大家没有异议后，以"宣誓表示服从"的郑重方式，使大家加以接受。我在参谋总长办公室及侍从室的时期内，主动或被动地写过这类不少的东西。三十五年夏，今总统蒋公要陈立夫先生到上海去总持党政军民各方面的工作时，立夫先生要我和谷正鼎、方治两先生同往；我和立夫先生，可以说是第一次共事。一到上海，立夫先生也是要我写这类的计划；写成后，立夫先生开玩笑地说："难怪共产党骂你是摩擦专家。"此一计划经会议通过，交各机关负责人后，大概也就告一段落了。

君章先生文章中提到我和当时的香港《国民日报》及《华侨日报》的情形，因为有些事是我和布雷先生当面商谈，经过"官邸宣传会报"决定，而君章先生未曾参加"官邸会报"，所以纪录得与事实稍有出入，我应稍加补充。

约略是民国卅七年二月间，香港《国民日报》社长潘公弼先生到南京来向布雷先生申述意见，大意谓："《国民日报》每月拿津贴，不是办法，应当一次筹港币四十五万元作基金，便可以自给自足，永远奠定基础。"布雷先生很赞成他的意见，并且主张多筹一点作香港方面其他宣传之用。有一天，把我找去，告诉我以筹款的方法及数字（恐怕不止五十万元），要我写一计划，并用我的名义向总裁提出。我对潘公弼先生完全不认识，并且觉得此事不应当由我的名义提出，所以非常迟疑。布雷先生笑着说："总裁很信任佛观兄，你提出就会同意的。"我只好按照布雷先生的指示，写了一简单计划，交给布雷先生，并没有写上自己的名字。但在会报时，布雷先生向总统报告说："这是佛观同志提出的计划……"问题便这样决定了。出来后，我问布雷先生："公弼提出报销账目没有？我想要了看看。"布雷先生随即要公弼先生送了三大厚册来，我约略看了以后，便去找布雷先生，向他说："布公，我看《国民日报》过去的开支情形，四十五万港币，花到今年十月就差不多了，不可能自给自足，此事值得考虑。"布雷先生听了我的话以后，非常不高兴，为公弼向我解释了一番。这件事过去后，我便把它忘记了。

大约到了这年六月底或七月初，布雷先生有一次特别向我说："佛观兄，你过去和我讲《国民日报》的事，我一直留在心下。若是万一出了问题，怎么对得起总裁！我想你亲去看一趟。"我到香港后，住在《国民日报》隔壁的六国饭店，到报馆里去看了一看，和潘公弼及其他先生分别谈了一谈，知道该报已到了无可救药的地步了；所以不吃潘公弼一餐饭，退还他送的两件衣料，以表示我的抗议。我在重庆认识的杨华波先生，当时在《星岛日报》任总编辑。我去找他并和他说："《国民日报》是不可救药了，党也没有力量再办一家报，能不能在民营报方面想点办法？"华波便把《华侨日报》的情形详细告诉我，并说："像这样有历史的报，广东的一部分人敲诈太过，逼得他们无路可走，其他的还说什么？"我说："我愿意负责解决他们所受的冤屈，你看怎样？"华波说："恐怕他们不相信了，因为他们花了不少的冤枉钱，受了不少的骗。"我当时笑着告诉华波："你知道徐佛观不会敲竹杠的，只要彼此见见面。"后来和负责的先生见了面，我相信他是一个很纯厚的人，便彼此一言为定，我就回南京了。后来他们说："想不到国民党中还有这种一文钱不要的人。"

回南京后，向布雷先生报告我所看到的情形，及要为《华侨日报》解决问题的意见，布雷先生完全赞成。第二天在官邸会报时，我向总统提出报告，总统也完全同意，并交由布雷先生负责直接处理。后来我才知道布雷先生自己拟一电稿，以总统手启的名义电知当时行营主任宋子文先生，解除禁止《华侨日报》入境的禁令；并经过一次特赦的手续，解除以前由广东当局所颁发的通缉令。这些手续，我都不曾经手，布雷先生只向我说"事情已经办了"，也没有告诉详细的内容。当时还有另外一层顾虑，所以在处理过程中，可能根本没有提向"小组会议"讨论过。还有此次赴港，布雷先生曾托我为他买了好几盒瑞士出品的镇定剂，带回后，他和我把账算得清清楚楚。

至于君章先生文章中说布雷先生要我到《华侨日报》当总主笔，我无论如何不肯去，这是君章先生的误记。三十七年九月、十月以后，我在南京实际已没有什么事可做，非常想离开南京，所以曾一度向布雷先生表示愿去当《华侨日报》的总主笔的意见；但布雷先生坚决反对我离开南京，才推荐谢然之先生前往。至于布雷先生何以反对我离开南京，我当时也不曾深问，事后不久，他就死去了。

往事如烟，我不愿再去提起。只是君章先生的文章中已经提到的，为了保存我所知道的一点真相，所以写此补记，还以正之君章先生。

六八年十二月六日灯下

一九六九年一月一日《传记文学》第十四卷第一期

历史的曲折

我没有记日记的习惯，并且不太重视政海中的波澜，所以好几位朋友劝我写点回忆录，我认为没有甚么可写的。不过今天（七月四日）看到台北《中央日报》七月三日六十一期"文史"副刊，有篇《蒋公曾邀胡适出任行政院长》的文章，其中叙述民国三十六年筹开制宪大会时，蒋公（故总统）曾邀胡适之先生竞选总统或担任行宪后的行政院长；胡先生不愿担任行政院长，而愿担任由国民党支持的总统候选人，卒因国民党内，仅有吴稚晖、罗家伦两人支持而作罢。作者对此引有物证人证，都是可信的资料。但我因此而感到"历史的曲折"，寻常人很难通过材料以把握一位伟人的心态。

笔者当年除参加官邸的宣传会报外，还参加一个没有名称的小组，每周有与蒋公见面的机会。小组共有五位到六位人士参加，胡步日（轨）先生便是其中之一。有一次蒋公向我们表示，反对李宗仁竞选副总统。蒋公这一决定，我是由衷的赞成。但为了争取团结，我当即向蒋公说："此事应由我们大家负责进行，总裁不应露面。"自此以后，有关总统、副总统选举的问题，即未被邀参加。所以蒋公曾邀胡适先生竞选总统一事，我到香港后才略有所闻，还以为是笑谈。至于邀请胡先生担任行政院长一事，在我的

　　　　　　　　　　　　　无惭尺布裹头归·生平

记忆中，曾由胡步日先生提出过，当即被蒋公拒绝了。

有一次，小组散会，大家起身要出去，走到小厅门口时，步日先生突然向蒋公说："为了应付目前的局势，似乎可请胡适担任行政院长。"蒋公连说两句"他不行，他不行"，我们就走了。当时我心里感到胡步日先生太天真，太莽撞。并认为假使真请胡适先生当行政院长，会弄得天下大乱。因为我听说接胡适先生充驻美大使的人发现胡先生的办公桌抽屉内，积压着许多应办的公事，并且乱堆乱放，乱得一塌糊涂。胡先生本是带有名士气的书生，也不足为怪。所以我当时完全赞成蒋公的看法。参加此小组的先生们，除彭昭贤（当时内政部长）先生已逝世外，还都在台北。这种历史的曲折，叫后人如何取向，如何判定呢？我以为还是保持蒋公"知人则哲"的地位，比较更有意义。

一九七九年九月《明报月刊》第十四卷第九期

这是"中国人要堂堂正正地作为一个中国人而存在"的象征

——《民主评论》出刊十周年的感念

《民主评论》出刊，今已十年。在这十年中，只有用"孤臣孽子"四字，才能勉强说明它的处境。创办伊始，几个流亡海外的朋友，对当前局势，未尝没有挽狂澜于既倒的雄心。但实际上，我们只尽了一点消极的责任，时时引以为愧。不过，我们在十年岁月的演进中，逐渐发现此一刊物值得存在的新意义，即是，今日的《民主评论》，它已成为"中国人要堂堂正正地作为一个中国人而存在"的象征。这几年为它所受的委屈，所作的挣扎，乃是生在此一苦难时代里的人，为了要堂堂正正地做一个中国人所无法避免的委屈，所不能不作的挣扎。在今天，只靠一个刊物来作为此种象征，这正说明时代的悲剧性。但若连这样的一个刊物也听其陨落，那将更说明时代的悲剧性。

中国近百年的历史，是殖民地化与反殖民地化的斗争历史。中山先生所领导的国民革命，正系此一斗争的大标志。国民革命的思想内容，本来无不与西方近代的政治社会思想，有其密切的关连；而它所要达到的目标，也正是要取法于西方近代文化，以促进我们国家的现代化。但中山先生的奋斗，始终并未得到西方的了解与同情；结果便激成以"打倒西方帝国主义"的口号，来作为此一革命力发展的顶点。这种历史事实，是说明近代的西方文化，并非真正以科学、民主、宗教之光，直接向东方照射；而隐藏在这些东西后面，并主宰这些东西的，乃是人种的优越感及与此优越感连结在一起的征服意志。此一征服意志，通过各种手段、面貌，以表达出来；而其最为深刻的一点，则是要求东方人只有以西方人的心灵为心灵，才有其生存的价值与权利。若揭穿了说，只有东方人处于此种精神附庸状态之下，才能保证西方人的优越感及其支配者的利益。因此，我们不难了解，科学、民主、宗教，不是以其抽象的概念、格式而存在，乃是以其运用这些概念、格式的活生生的人而始存在。科学的本身是无颜色的，但运用科学的人，并不会没有颜色。民主的本身，是保障人格尊严，并非即可适用到另一民族的人格尊严。宗教的本身，是崇高而超世的，但信仰宗教的人，并不一定都会崇高而超世。可以说，一切文化的内部，都存在着活生生的人的主体性，并都由人的主体性而决定其在现实生活中的归趋与价值。正因为如此，所以我们只能站在中国人的立场来追求科学，追求民主，信仰宗教；要在这些东西中间，注入中国人的主体性，这似乎是不应怀疑的。

自从东西接触以后，中国之应吸收西方文化，一如过去之曾经吸收中近东及印度文化，本来没有问题。问题的发生，一方面是来自如前所述的西方人的人种优越感及其征服意志；另一方面，则在中国自身，也产生了两种形似而实非的情况。这种情况，最好先从经济现象中举一个例子，即买办阶级和民族资本家的例子，以便于说明。说起这两种经济活动，都是从西方近代产业革命后的经济发展而来，并且都在中西的关连中而生长。但买办阶级，只算是外国工商业经营者的最低级的代言人；经济发展的条件，始终是掌握在外人手上，买办们只有为了扩大外人的掌握而始能保持其地位。因为他们习惯了这种附庸的生活，便觉得在自己的国家民族里面，找不出自己的人生价值，而必须由他所依附的雇主给与他以人生价值。他们的精神状态，是自觉地低于外国人而高于本国人，即上海过去所说的"高等华人"。他们生活上的洋化，只有帮助外国人经济势力的扩展，以阻遏祖国自身现代化的意义。民族资本家，固然也是以个人利益为出发点；但民族资本家的发展，同时也意味着本国社会经济的发展。他们固然要靠外国的技术、机器，甚至一部分资本；但他们是把这些东西掌握在自己手里，因而渐渐使其变成为自己的、本国的资产的一部分。这些人的精神，无形中和自己的国家连在一起。他们要在自己国家的光荣地位中获得个人的光荣地位。他们是以独立国家中的自由人为基点而与外人合作。在这种合作中，尽管也不能避免若干委屈，但在本质上，决不同于买办阶级之必须以西崽、洋奴的面貌而出现。

中国为了争取生存，为了充实人之所以为人的向上向前发展的愿望，而应大量移植西方文化，这可以说是一种自然的趋向。但在这种自然趋向中，也发生了和上面所说的有些相像的两种情势。当我们追求人类经过长久岁月所积累的文化遗产，以解决我们个人、国家所遭遇的时代困难时，只有自己如何了解、选择及消化等问题，而不应当有地域的界限。我们假定在任何民族的文化中，可以得到一字一句有意义的启发，即使这是来自已经死灭了的民族，也应当加以珍惜，何况是来自祖国先圣先贤的遗训？对任何民族的文化，即使是对原始土人的风俗习惯，也应当有平实而客观的研究态度，何况是对于祖国的文化？对任何未经自己研究过的东西，便不应信口开河，诬蔑谩骂，这是求知识者的起码态度；则对于自己并未了解的祖国文化，也不应当两样。但这些年来，许多知识分子，对于凡是出自祖国的文化遗产，无不一笔抹煞，一脚踢开；若听说有人经过研究的结果，而提出在祖国文化遗产中，尚有某些价值的结论，便要运用各种口号、势力，去加以诬蔑、仇恨。在外国拿祖国的东西换饭吃、骗学位的人，回国以后，即把一切罪过都推到祖国文化身上，以为必剿绝了祖国文化，中国才有出路。最近洋人针对台湾当前文化的情形而骂为"文化沙漠"，也立刻把责任扯到传统文化上去，意思说这不是我们不行，而是我们的祖宗不济。试问只要对中国稍有点知识的洋人，能骂中国的历史是文化沙漠吗？试将四百年以前的洋祖宗，和我们四百年以前的土祖宗，稍作比较，能证明他们的成就，都是出于祖宗的培荫吗？这些人的目的，只在用一切方式，以证明在中国历史中，没有一样有价值的东西（除非是某一点滴，曾经受过洋人的钦定）；中华民族的延续，是侥幸、苟且、卑污的延续；今日的中国人，只有通过他们所转手的洋货，才有其生存的价值、权利。他们有的打着科学的招牌，但在他们用两三句口号所缝成的"乾坤袋"里面，却装满了疏漏武断的言论。有的打着民主的招牌，但稍稍透视他们的圈子，则把持操纵、排挤捧拍，在本质上实同于一切低级的极权专制。有的打着宗教的招牌，但稍稍了解点他们的生活内容，则争权夺利，我诈尔虞，实在玷污了任何宗教的教义。他们的目的只有一个，即是由彻底否定中华民族所自来的历史文化，以掘断中国人的根，否定中国人仅作为一个中国人而存在的价值，以显出他们是高出于一般中国人之上，

这是"中国人要堂堂正正地作为一个中国人而存在"的象征　　　　　*177*

因而可以维持他们在这不屑一顾的国土里的崇高地位。除学自然科学者我不十分清楚以外（这些人对祖国文化的态度，总比较谨慎），这些无条件骂中国文化的先生们，到底是学到了西方的什么学问，或者是由宗教熏陶出什么崇高的品格呢？甚至他们提出来作互相标榜恭维的口号，也贫乏得有如三家村学究，寒伧得可怜。很痛心地说，许多人真像经济买办一样，除了依草附木以外，对于生产的工具知识，都一无所有，而只有坐在洋人下房里所听来的洋故事。我开始以为这不过是有所激、有所偏的偶然现象，而绝不怀疑他们作为一个中国人的纯良动机。但近年来从他们不可理喻的顽强反对中国文化的活动趋向看来，觉得除了认为他们的精神，已经殖民地化、买办化以外，再找不出其他的理由可加以解释。这是十年来所急激增加的知识分子的精神状态。譬如外国教徒，对中国文化虽不十分了解，但大体上总保持一种谨慎而带善意的态度。对中国文化采取欺凌压迫态度的人，倒都是出自中国教徒之手。为什么有这种奇怪现象呢？因为外国人是以独立国家中的独立人格来作信仰的基础，所以他们虽然有偏执，有成见，但依然能保持人对人、国对国、文化对文化的正常态度。而我们中国人，在这十年急激的精神殖民地化、买办化的时代风气下，许多人多是于不知不觉之中，以买办的精神去信仰各种宗教，因而不知不觉地便以买办的态度来对待祖国文化。作为他们欺压中国文化的真正背景的不是神，不是教义，而只是他们所挟恃的世俗中的权势。他们根本不知道，以世俗权势来作宗教活动的手段，这是任何宗教的耻辱。

　　我们处在这样大的逆流之下，更感到"中国人应当作为一个堂堂正正的中国人而存在"的巨大责任。我们要追求科学，但我们要求有中国国籍的科学家，而不想假借外国国籍的科学家的光宠。我们要追求民主，但我们要追求保证中国人的人格尊严的民主，而不要用洋帽子压歪中国人的头的民主。我们很尊敬各种伟大宗教及宗教的虔诚信徒，因为我们认为这一切可以和中国文化中崇高的道德精神，相辅相成，借得以充实我们的人格世界。但对于狐假虎威的各种宗教信徒，不论他所假的虎威是如何的大，我们只投以轻蔑的一瞥。此外我们为要使中国人能自己知道自己，以培植中国人的根基，更要讲中国的历史文化；我们不仅要为中国文化伸冤，为中国人伸冤，并且要在时代的危机中，使我们的文化，使我们中国人，也分担一部分扶危济困的任务。我们在世界人类面前，不是睡在地下的被动的存在，而是要站起来做主动的存在。我们只本着这颗愿心，才委曲求全地不愿使此一刊物随便夭折。我们的力量太小，所能达到的，不及我们心愿万分之一；所以这一刊物的内容，也常不能与它所应担当的责任相应。十年以来，在此刊物上，有许多平庸的文章，但决没有内容过分荒谬的文章。有许多与我们的大目标并不相涉的文章，但很少为了哗众取宠而诬蔑祖国文化乃至诬蔑任何文化的文章。它纵然对读者的心灵、知识未能做太多的贡献，但决不曾诱骗读者的灵魂，决不采虚声恫吓的姿态来向读者贩卖假知识。

我们所抱以与读者相见的，只是通过此刊物以表现中国人要作为一个堂堂正正的中国人而存在的努力与热望。在当前逆流澎湃的情势下，此一刊物，可能明天停刊，后天停刊；抱着此类愿心的少数朋友，可能因排挤而明天饿死，后天饿死。但中国人毕竟要在世界中堂堂正正地站了起来，这会成为历史中的真理，而为我们所深信不疑的。所以我们热切期待抱有同一愿心的作者读

这是"中国人要堂堂正正地作为一个中国人而存在"的象征

者，肯多分出一分力量来支持并充实此一刊物。

最后我要说明的，此一刊物能维持到现在，就社务方面说，在前一阶段，主要是靠张丕介先生的领导。在后一阶段，则是靠了郑德璋、金达凯两位先生的苦守苦撑。仅从社内来回顾十年的历史，也够令人感激感慨的。

一九五九年十二月四日夜于东海大学

一九五九年十二月十六日《民主评论》第十卷第二十四期

《民主评论》结束的话

一个刊物，在创刊时有话可讲；但在结束时，又有何话可讲呢？并且只要想到"古今无不散的筵席"这句意味深长的谚语，则当《民主评论》向作者、读者作最后的告别时，作为创办者之一的我，并没有一丝一毫的叹息之声，不是不能理解的。下面的话，只算是为了敷衍此一收场的场面，而勉强凑数的。

民国三十八年春，奉化蒋公退居溪口，我奉电由广州前往省候。当时土崩瓦解之势已成，奉化蒋公为了再造国运，正作严肃的思考。我因为下面三个动机，建议在香港办一个刊物：

一、以当时奉化蒋公对我期望之殷，我没有理由不参加他的中兴大业。但我早了解到，自己愚拙的性情，与现实政治，极不相容。在快要成为斗争最前线的香港办个刊物，担当一份思想斗争的责任，可以和现实政治保持相当的距离，或者是一种全始全终之道。而在最黑暗中，只能从思想上开出一线光明和希望。所以这一战线的建立，在当时是很必要的。

二、中兴大业的进行，怎么也离不开国民党和社会上层的自由主义者。但我也早了解到，国民党员和中国的自由主义者，只有置境的不同；在私利的观念上，完全没有两样。若不经过大灾大难的大反省，对于这些只知有自私自利的人们，是不能寄与以任何希望的。反省是诉之于各人自己的良心，但良心的发现，有待于思想的针砭和启发。这便需要一个思想性的刊物。

三、在南京时候，常和牟宗三、唐君毅诸位先生谈到：中国的问题，最根本的还是文化的问题。因文化的虚脱混乱，以致中国的知识分子，完全迷失了自己的本性，日趋于腐化下流，使一切建国工作，都无从说起。所以建国的最基本工作之一，还是要从文化方面作一番努力；由文化大方向的奠定，使腐化下流的人们，能够拉住此一大方向的纲维，而慢慢地站起。我们这种看法，最低限度，应当向社会提出，作一番共同的探索、讨论。这也不能缺少一个刊物。

办刊物的意见，得到奉化蒋公的支持。九万港币的预算，由郑彦棻和陶希圣两位先生，当着奉化蒋公面前，各承担一半。接着陶先生的一半，没有拿到，奉化蒋公再拨补足上数。于是经过两个月的筹备，由张丕介先生负总编辑责任，得于三十八年六月十六日，在香港出了半月刊的创刊号。当时人心惶惶，真是岌岌不可终日。由大陆逃港人士，都掩护藏匿之不暇；不少的故旧，都为我捏把汗，劝我不必再白费这种无益的气力。我们自己的心情，同样地不仅"不知明年又在何处"，甚至是"不知明月明日又在何处"。在张丕介先生写的发刊词中说："特别我们面临着急速毁灭的俄顷，使我们不能不严肃地正视现实……"所谓"急速毁灭的俄顷"，正反映出我们当时的这种心情。但也正因为感到是面临毁灭的俄顷，我们更觉得责任的重大。我们要在被毁灭的俄顷之前，从文化上撒下使国家得以翻身的种子。我们以近于顽固的信心，开始我们的工作。每期印出后，除了以委托邮寄的方式发行外，王干一、张振文两位先生，手提着小篮子，亲自找摊贩做推销工作。

《民主评论》出版以后，是依着上述创办的动机发展。唐君毅先生以深纯之笔，开始了中国人文精神的发掘。牟宗三先生则质朴坚实地发挥道德的理想主义。这都是想使大家先从人的条件上站了起来，以针对共产党把人当作物来看待。两位先生并从哲学上，批判了偏激的唯物论、实践论、矛盾论。钱宾四先生的文章，走的是比较清灵的一路；因他的大名，吸引了不少读者。胡秋原先生用"尤治平"的笔名，发表了很有分量的《中国的悲剧》。这都是在文化反省方面，所演出的重行头戏。当然还有其他作者的许多有意义的鸿文，汇集在一起。在政治反省方面，则因为我了解得较多，所以也发表了几篇批评性的文章，想把我们的复兴大业，奠基于民主政治之上。并想借民主之力，涤旧染之污，开新生之路。至于对中共现实情况的批评，则我和张丕介、王干一各位先生，后来加入了郑竹园、金达凯两位先生，一贯地向客观而深密的方面去努力。我们不是不重视自然科学的提倡，但因为中共提倡科学，与我们并无分别，所以暂时把它放在这一思想战线的后面。

问题还是出在我自己身上。有的人开始说："徐某拿了国民党的钱，来骂国民党。"假定不承认由反省而更生的需要，则这一种责难，并不算错。但离开由反省而更生的立场，我们又何必办此刊物？假使顺着这种责难演下去，《民主评论》早就关门了。其所以能拖到现在，一是在经济最困难时，自由亚洲协会补助了我们一部分印刷费。自由亚洲的补助停止后，国民党再恢复象征性的支持，直到最后。所以我们不能不感谢奉化蒋公的涵容之量，以及几位热心的朋友，无条件地从侧面帮忙。帮忙一直帮到最后的，我应当提出老友涂颂乔先生的名字。

大概出到五六年以后,《民主评论》的现实政治色彩,一天稀薄一天,而于不知不觉中,转向专谈文化问题的方向。我们谈文化问题的重点,原来是放在中西文化沟通上面。但因不断发现,这一有五千年历史、为七亿人所共有的中国文化,正被极权主义者和殖民主义者及其走狗们,大规模地、有计划地加以出乎常情之外的曲解、诬蔑、侮辱,以共图达到彻底予以消灭的目的。面对这种情形,而没有人堂堂正正地站起来讲几句公道话,这不仅表示中华民族精神上已经死亡,并且这也是全人类自身的耻辱。古希腊、罗马的民族,早从历史中消逝了;但他们遗留的文化,尚在人类的学术上、良心中被承传,被尊重。何以有活生生的七亿人口的中国文化,竟自卑自贱到要自加毁灭?或凭借殖民主义者的势力来加以毁灭?同时,我十五年前,在一篇文章中已经指出,大陆人民假使能从极权中站了起来,还是要凭借着以性善为基底所建立起来的中国文化中的人伦之教。因此,把中国文化从历史的专制政治的污泥中澄汰出来,使其以人性纯白之姿,向大陆呼唤,向人类呼唤,正是这一代的伟大使命。当我说这种话时,还没有估计到这样快地,中共内部便像今日样,正是以中国文化,展开了对毛泽东极权思想的生死之战。总之,不论从哪一点说,在许多刊物中,让《民主评论》挺身而起,为被夹攻的中国文化讲话,并不与创刊时的宗旨相违背。

我们也知道,办刊物应当以企业的方式去经营。但因本刊的性质、环境,及我们几位朋友的能力,无法向这一方向发展。同时,因为我们是站在中国人、中国文化的立场来讲真实的话,所以也不必,也不可能再向任何方面找到足够的支持。

"油干灯熄"，这正是本刊今日的命运。就我个人说，非常惭愧，自己只有认真思考问题的态度，却没有适应现实的能力。所无愧于心的是，我一离开大陆，在生活上，得到《华侨日报》的帮忙，所以私人不曾开支过《民主评论》的一文钱，并且还多少赔贴了一点。而凡是参加过《民主评论》工作的朋友，只拿最少的待遇，或者完全尽义务。如牟宗三、刘百闵、谢幼伟、郎维翰诸位先生，便尽过完全的义务。最后几年，由金达凯先生唱独脚戏，其辛苦更不待说。至于停刊后，抽出的登记费，依然会保留作出版有关中国文化方面的著作之用。从《民主评论》的停刊来说，我们对中国文化的奋斗，可以算是失败了。当然，少数人没有能力战胜庞大的极权主义者和殖民主义者的联合压力。但十八年来，创办《民主评论》的几个基本朋友，每一个人，在以中国文化为中心的学问研究上，都有很大的进展，更坚强了我们"中国不亡，中国文化不灭"的信心。我们以"凯撒的归凯撒，上帝的归上帝"的同样心情，坚信这一线香火，会在我们身上，使它延续下去。中国文化是在忧患意识中生长出来的文化，它必定在忧患最深、忧患意识最强的祖国乡土上，重新得到发育滋长。我在这里，敢作此悬记。

　　最后，当然要谢谢支持过我们的一切人们和许多作者、读者。

　　　　　　　　一九六六年八月九日徐复观于东海大学宿舍

　　　　　　一九六六年九月《民主评论》第十七卷第九期

无惭尺布裹头归

康熙二年（一六六三年），黄梨洲到吕晚村的梅花阁教书。春夏之间，梨洲和晚村及高旦中、吴自牧等在水生草堂，为诗酒之会。在这些人的诗中，吕晚村下面的一首诗，在十多年前，曾特别引起我的感动。诗是：

> 谁教失足下渔矶，心迹年年处处违。
> 雅集图中衣帽改，党人碑里姓名非。
> 苟全始识谈何易，饿死今知事最微。
> 醒便行吟埋亦可，无惭尺布裹头归。

晚村在上述诗中把他的民族沦亡之痛，及誓全大节之心，可谓和盘托出了。所以到康熙五年（一六六六年），他便不应乡试，宁愿把已有的秀才头衔革掉。

我在一九五五年的秋季，以偶然的机会，进到刚刚成立的，由美国基督教会所办的东海大学中文系。并且"东海"的校名，也出自我一时的构想。我为它取上东海的名称，是满怀着"东海有圣人出焉，此心同，此理同。西海有圣人出焉，此心同，此理同。推之南海北海，莫不皆然"的幻想，认为东西的文化，基督教与非基督教的文化，其基本目的与精神，本是相同；因而通过高等教育的融合，应当可以互信互助的。

但随时间之经过，又不知不觉地想到吕晚村上面的那一首诗，尤其是想到"无惭尺布裹头归"的末句，仿佛我真体会到这句诗里的整全纯洁的人格，更仿佛领受到这句诗里所涵酝的一个赤裸裸的人格挣扎中的历程。现在我从东海大学被强迫退休了，更自然而然地把这句诗和曾子所说的"而今而后，吾知免夫"的话，融和在一起，以作为一个独立自主的中国人的自我安慰。

二

东海大学创办时的校长是曾约农先生。他的基本做法，不会令每一个人满意。但他是一个有独立自主性的基督徒，他以为在中国办基督教大学，即是以基督精神为中国人办大学；而办大学的目的，乃是为了使中国青年得到知识与修养，而不是为了他自己要当校长。这是每一个东海大学的人可以承认的。所以当时东海的学生，得到由他所鼓励起的热情，团结在他的周围，奋发向上，真正有一番青年气象。但他太"老天真"了，他的英文虽然好，却不仅不懂洋务，实际他也只懂西方的基督教，而不懂由西方传向东方的基督教；所以隐藏在他左右的一支伏军，当时机成熟时，便奋狠而起，蹴使由外国来的"主的代言人"，写出一封"他如继续任职，即截断经费来源"的哀的米敦书。这样一来，便使这位老天真的校长，耐了两年的岁月，在学生的热泪中被强迫退休了。在他离校的刹那，许多同仁都到他即将离开的寓所送他上车。但相映成趣的是，平日在他面前比子侄还要恭顺的近邻，在此时抱着胜利的心情，闭门深坐，连点头挥手的起码周旋也没有。

对于一种带有世界性的欺骗，要去了解它，谈何容易。我当时对这一幕虽感到稀奇，但依然只把它当作个别事件，没有使我的幻想完全破灭。我曾为东海大学作一首校歌，由李抱忱博士作谱，在各种典礼中由学生唱出，并印在毕业同学录的前面。但歌词中"求仁与归主，神圣本同功"的两句话，引起了以中国人为主所组成的台湾董事会的反对，理由是"中国的圣，怎可比我们的神"。于是这首校歌，便从此消声匿迹了。耶稣的生日要称为"圣诞"，《新旧约》也要称为"圣经"，为什么神圣不可以并称呢？更从董事会发出抗议的声音说，"学生受洗的所以少，是因牟宗三、徐复观讲中国文化的关系。我们的学校，不是为中国文化办的"。诸如此类的一连贯下来的情形，当然会引起我更深的思考。

三

进到东海大学以后，有的人在我害病时为我祈祷，并告诉我，"只有信神才可以得救"。有的人告诉我，"西方的自由民主，是从基督教来的；你要中国能自由民主，便只有信基督教"。诸如此类的不一而足。我当时总是以感谢的心情答复说，"七万万人口的中华民族，对自己的文化真正有责任感的，只有我们少数几个人。我之所以不当基督教徒，不是为了旁的，只是要为中国文化当披麻戴孝的最后的孝子"。但五六年以后，我的心境改变了。除了少数例外，我发现来到东方来的西方人，是从他们的人种优越感与国家现实政策上来把握上帝；而绝对多数的失望的东方人，则是从西方人的脸上去发现上帝。今年一位毕业学生在毕业同学录上写下他"最伤心的事"是"在教堂里没有发现上帝"。他不从中国人对外国人的脸上去发现，却想从教堂里去发现，这说明我对青年教育上的失败。

一件中外合璧的大规模的调查报告出现了，说大陆人和台湾人是两个不同的民族，是两个不同的文化，并要东海大学教中国文化的人保证学生信仰基督教；我沉不住气，在校务会议上，反击了这一中西合璧的杰作。总的说明一点，我和东海大学，本是不能并存的。但因为二十年来吹在我身上的砭人肌骨的寒风，我仅能做到不因此而向自己民族以外的东西乞求温暖；但移动一步，便只有饿饭，我还没有坚强到自动地去接受这一置境。十四年的岁月，东海大学的当局和我个人，都在发挥不得已中的耐性。现时才被强迫退休，我对东海大学当局的耐性表示钦佩。但这一年多来，我从正面反汉奸、反诈欺的努力，在他们的内心，认为这真正打到了他们的痛脚，突破他们能忍耐的极限了。站在他们的立场，是可以原谅的。何况东海大学教授会举行了一次在中国大学教育史上从来没有的对现任校长的信任投票，到会的三十八位，有二十八位投票反对他继续留任，十位投票无意见，没有一人赞成他继续留任。等到美国有关人士来调查时，有关机关的解释是，这都是徐某一人所为，与国民党无关，这便更要和我拼命了。

大概是十年以前吧，有位在野的政治领导人物在国外去世了，许多朋友要我写篇悼念的文章，我加以拒绝，因为我知道他"裹头归"的并不是原来的"尺布"。有的本为我所敬佩的前辈先生，但一夜之间，使我和他发生了很大的距离，也是发现他在一夜之间，丢掉了他大半生的"尺布"。尽管在争多计少的现实中，东西好像有时也有争论；但在想摧毁一个赋有独立人格的中国人上，在对汉奸与诈欺的偏嗜上，则东西风是殊途同归，合作得自然而巧妙。我在这种情形之下，依然能"无惭尺布裹头归"，这不是我的勇敢，而是由几千年的圣贤所织成的这一尺布，即是我生命的自身，我有什么方法把它抛弃呢？

一九六九年九月《文化旗》第二十三期

太平山上的漫步漫想

妻有二十多年没有出门了。此次来到香港，作短期居留，好像是来作我的客人。人情上，凡是可称为香港一"景"，都应让她"应"到，这才是招待客人的道理。坐缆车上太平山顶，也要算香港的一景吧；为了应这一景，上周末便陪着妻上太平山。

我对过去的生活，比一般人要健忘得多。提到太平山，除了"曾经去过"的朦胧印象以外，便是一片空白。上去以后，我主张再走路直上山顶，四面望它一望，便算了事，但为我们带路的梁桂珍同学，认为上山的坡度太大，且领略的风景也无多，主张慢慢绕山顶下的一条水泥山道走，边走边向下面看，才可得到游太平山的乐趣。妻和我的小女蒙儿，非常相像，每到一个生地方，有特别浓厚的新鲜感觉，她也主张绕着山路转。上下一片杂木林，深绿中透出一些浅绿的、嫩红的树叶；在这中间，缠绕着一公尺左右宽的水泥山道，也实在值得走走。走起来，妻和梁同学自然走在一起，有说有笑；我一个人冒在前面，反而有踽踽凉凉之感了。

踽踽凉凉的另一面，是平时塞得满满的头脑，至此而受到山色海光的荡漾，于不知不觉之中，洗涤得一干二净，真落得一片清宁虚旷，可能这就是艺术家的意境了。但用惯了脑筋的人，很难在清宁虚旷的意境上停留太久；于是脑筋里旧的东西刚刚洗涤掉，新的东西又浮了上来。于是我一个人踽踽凉凉的漫步，又变成为一个人的踽踽凉凉的漫想，这便解释了我为什么不能成为艺术家了。

回首二十年前事

首先浮上来，并且使我暗地一惊的，乃是对着当前的景物，突然想到在一九四九年秋冬之际，可能不止一次地曾漫步在这太平山上。当时经常走在一起的有钱宾四、张丕介和唐君毅诸位先生。钱先生当时是五十多岁，我和张先生是四十多岁，唐先生大概刚挂上四十的边缘。钱先生一向是游兴很高，而且是善于谈天的人；他谈的是半学术、半生活，偶而也掺杂一点感慨和笑话，真是使人听来娓娓不倦。唐先生一开口便有哲学气味，我和丕介当时对学问有虔诚的谦虚，对钱、唐两位先生，是由衷的钦佩，所以对唐先生的哲学漫谈，也听得津津有味。一行中，丕介以身体壮硕受到大家的欣羡，他也颇以此自豪。我倒无法了解自己是怎样的一副神气。现在钱先生七十好几了，丕介则正半昏半醒地睡在伊丽沙白医院。君毅为了想维持新亚书院的"中国人的立场"，弄得焦头烂额，恐怕也再没有当年清游清谈的时间和兴趣。最重要的是，当年初逃难出来，彼此都是一无所有。一无所有的生命，是彼此容易直感直通的生命。大家一天老一天，仿佛不知不觉地自己有了些什么，学问、声名、地位，有得越多，人与人之间的距离也就越来越远。当年冲口而出，边走边谈，在谈话中，夹不进半粒砂子的情境，我知道在余年中是无法再现了。在这一刹那的漫想中，掠过了由聚到分，由无到有的后半世。但若模仿庄子的口气来说："安知一无所有之非真有耶？又安知有之非真一无所有耶？"

做学问的目的之一

走在九龙的弥敦道上，走在香港的中环，压在头上的建筑之高、形象之壮，窗橱和柜台里陈设之新奇瑰美，经常吸引我的妻欲去还留，使我这个"急性人"常常按捺不住。这也难怪，二十世纪文明的成就，不是用"光辉灿烂"这类的形容词所能形容得了的。但站在太平山上向下望去，一切建筑物，只不过如店铺里用来送客人的薄而扁的火柴盒，干燥地竖立在那里。都市中许多杂乱的情景，并不能被这些竖立的火柴盒遮盖住，而一一呈现在眼前。在弥敦道、中环所感的新奇、豪富，一下子到什么地方去了呢？做学问目的之一，便是要培养"高的精神"、"高的眼界"，使自己能居高临下地看问题。但人间世的所谓伟大堂皇，有哪一样经得起这样的居高临下的一看？而此时感到赏心悦目的，只有冻绿而凸凹的平静海水，和深浅绿色相间的丛林、杂木。这一片刻，人抛弃了都市，直接与自然相契合，因而得到了真实的美感。人在领略这种真实美感时，也会感到自己是一个真实的人。现代的艺术家的特色之一，便是"背弃自然"。艺术家背弃了自然，当然社会就可毫无顾惜地背弃这种艺术家。

中国人的聪明

从山上向海港眺望，有几处黄色的土，好像一块黄色布，补在一幅绿油油的大地毡的边缘，因而感到破坏了色彩调和之美。这是英国人继续做的移山填海、开辟建设地区的工作。我觉得英国人这样做，都是大笨伯。若像住在台湾的中国人，只拣路旁最好的耕地来使用，决不费心劳力去使用离路旁稍远几步的起伏地带，是多么省事呵！我的礼赞中国人，不仅因为我自己是中国人；而实在是因为早上眼神微困，晚上满面油光，提的公事包甚为入时，进出汽车得从容有度的中国人，太聪明得可爱了。也或许有人反问："英国人把新地区开辟出来以后，再转卖出去，政府大大地赚一笔钱来充实预算，居民也得到许多便利。中国政府却只让少数人于一夜之间，成为巨富。经手的人、官员，偶而从巨富们的口角边揩一点油水，手脚万一不快，或分配不均，反而有时落得'集体贪污'之名来收场，这岂非'赔了夫人又折兵'吗？"其实，这都是由民生主义的大原则所决定的，并无损于中国人的聪明。

还有什么可玩的牌

因为我反汉奸、反欺诈，一种组织力量与洋奴勾结，把我在台湾的饭碗打掉了，才有机会陪着妻在这里漫步。昨天在日本《每日新闻》的《民族主义的挑战》中，看到下面的材料，一下子便把平日多少还留有一点不平之气，消解得净尽了。"台湾依赖对日输入占百分之四一点三"，"由台北机场出来，首先从日本的银行到电气制品等的招牌来欢迎。台湾的化学肥料、一般金属制品，从日本输进的占百分之七十以上。光学仪器、科学机器、运输机械、电器机械、非铁金属、钢、铁等，一半以上都仰赖日本。超过六千万美元的日本投资（占外人投资的百分之六十三），在台湾活动，从事于冷藏库、家庭电气制品、维他命等等的生产，就在台湾卖出……"我还要补充一点的是，火腿、饼干、蛋糕、胶鞋等等，都必须仰赖于日本人的合作。因为除了这些东西以外，我们的大小政治家手上，还有什么可玩的牌呢？再加以除了修理普通厕所大概不至于重金礼聘外人来设计以外，所有工程，有哪一样不靠外人来设计，而外人来得最方便的也是日本。大势我弄明白了，民族主义便决不敢再挑战了。

妻因为身体不太健康的关系，有点不高兴，"转这么大个圈子，吃不消"。我的脑筋立刻有点震荡，漫想也就立刻收场，陪着妻赶快向缆车站的人群中挤去。再望望妻的脸，依然充满着小孩子般的新奇感觉，我的精神也便安定下来了。

一九七〇年四月十一日《新闻天地》第一一五六期

《徐复观文录》自序

在民国三十三年以前，我只是随意读自己喜读的书，尽力做自己不能不做的事，却不曾抱有任何目的，更不曾怀有任何野心的一个没出息的人。三十二年冬，决定由重庆回鄂东，隐居种田，希望能从已经可以预见的世变中逃避出去。但因偶然的机会，引起一种愿望，想根据自己所得的一知半解的社会思想，和中国的社会现实，结合起来，把当时庞大而渐趋空虚老大的国民党，改造成为一个以自耕农为基础的民主政党。三十四年的抗战胜利，我立刻感到自己愿望的幼稚与幻灭。但此时已驰心于当世之务，而无法自拔了。最痛苦的是，对国家的命运和自己的命运，早已经知道得清清楚楚。

三十八年在香港办《民主评论》，将不材之身，从实际政治中逃避出来，想以旁观者的地位，在言论上给担负重任的先生们以一点助力，于是正式写起了政论文章。到一九五五、五六年左右，发现这不是能走得下去的一条路；迟回瞻顾，希望把精神完全转移到教室里面。并将此一时期的言论，由故友庄垂胜先生的劝告与帮助，印成《学术与政治之间》的甲乙两集。但有几篇轰动一时的文章，并没有收进去。因为我写文章的动机，本不是为了哗众取宠的。同时，在此一时期，对于我一向非常向往的学术界的情形，已经渐渐地了解；对于我过去曾经十分钦佩的若干名流学者，也都慢慢地清楚他们的人格、学问的底蕴；由此所引起的精神上的痛苦，只有自己才能理解。而在悲剧时代所形成的一颗感愤之心，此时又逼着我不断地思考文化上的问题，探讨文化上的问题，越发感到"学术亡国"的倾向，比其他政治社会问题更为严重；于是在这一方面写了若干批评性的文章，引起不少学者名流的愤怒，使我在政治的孤立上，更加上学术圈里的孤立。但到了一九五八、五九年，忽然发现自己可能在学术中贡献出一分力量，于是而有《中国思想史论集》、《中国人性论史·先秦篇》、《中国艺术精神》、《中国文学论集》、《公孙龙子讲疏》、《石涛之一研究》等书的先后出版。并花了三年工夫，研究两汉思想史，想揭穿乾嘉以来所谓"汉学"的神话。刚刚动笔写了"背景篇"的十四五万字的文章，却因受到洋奴合作的迫害，引起生活上的播迁，把它稽延下来了。但只要能多活几年，一定会继续写成功，我认为这是没有疑问的。因此可以说从一九五八、五九年起，我的精神已经完全转向了。

但时代是一个整体。要便是麻木无所感触，万一不幸而有所感触，却希望钻进牛角尖后，再不想到生长这牛角尖的牛身全般痛痒，我只好承认我缺乏今日许多腾云驾雾的学者名流的修养。我以感愤之心写政论性的文章，以感愤之心写文化评论性的文章，依然是以感愤之心，迫使我做闭门读书著书的工作。最奈何不得的就是自己这颗感愤之心。这颗感愤之心的火花，有时不知不觉从教室书房中飘荡出去，便又写下不少的杂文；这里所印出的，乃是其中的一部分。

这些杂文，因动笔时的时间与篇幅的限制，当然不能用太严格的学术尺度去加以衡量。同时，我常常抱愧自己不是一种才子型的人物，不能发挥文采，以提供适合于时下的趣味。但王子渊曾经说过："诗人感而后思，思而后积，积而后满，满而后作。"我不会作诗，可是有些杂文，则是以诗人作诗的同样心情写出来的。世事迁流得特别快，读者如肯注意到各文发表的时间，或许可以对作者增加若干谅解。

庚戌十月三十日自序于九龙新亚书院

　　此《文录》是何步正先生担任环宇出版社主编时，为我编印的。一共分成四册。编印尚未完成，何先生即离开台北，所以错落很多。其中有一册错落得最厉害，何先生本想重印，也因他离开而作罢。一九八〇年六月由萧君欣义由四册中编选一册《徐复观文录选粹》刊印，现又由陈君淑女、曹君永洋将未选入的余稿，编成此书，其中的文章多写于六十年代的初期，这正是世界性的反传统、反道德、反理性的高潮时代，许多知识分子，在激流中呈现心理变态，日本、台湾正被此激流所淹没，所以我根据"人应生存于正常状态之下"的认定，对中日的知识分子提出不少的批评。从七十年代去看这些批评，连我自己也感到有些过分。因为进入到七十年代，整个文化动向，又接上传统而渐归于正常了。但在我写这些文章时，全处于孤立无援的挨打状态。

一九八一年二月二十日徐复观于香港九龙寓所 ①

---

① 编者注：此补文系本文收入《徐复观文存》（台北学生书局印行）时所加。

《杂文》自序

一

　　萧君欣义，大学时代是我的学生。他在美国哈佛大学完成博士学位后，执教于加拿大维多利亚大学，学问已经比我这个过了气的老师好得太多了。去年夏季，他利用休假时期，在香港大学及香港中文大学，收集研究资料。真想不到我们得此机会见面时，和东海大学师生相处的情形，一点也没有改变，这应当算是人生难得的遭遇。我偶然向他说："这些年来在报刊上刊出的一些杂文，你有没有时间为我看一遍？把其中太无聊的淘汰掉，把你觉得还有些意味的汇印出来，作为生命历程中的纪念。"他于是把自己的工作放下，用他一贯的精勤恳笃的态度，把放得乱七八糟的文章，一篇篇地看，一篇篇地贴，再按年月分次序，按性质分类别，残缺的还想方法搜补，再把整理好的影印一全份，连同抽出的，交我自己保存，他带着可以付印的到台北，又由大学时代同期同学的陈君淑女重阅一遍，听取他的意见，接洽出版的地方。总计他为我编了一部《儒家政治思想与民主自由人权》，由八十年代出版社出版；一部《文录选集》，及经他重阅一过的《学术与政治之间》，由学生书局出版；而费力最大的，是这里印行的约八十万字的杂文。他非常宝贵的休假时间，就这样为一位过了气的老师浪费掉了。

《中国时报》董事长余纪忠先生，是我四十年的老友。偶然在他给我的长途电话中，我问他，是否方便印这些杂文？他慨然允诺。中间又麻烦杨社长乃藩先生亲自编阅，里面有两篇残缺的，他居然为我找到补全。我一生亏欠朋友的情谊太多了，这即是一例。

二

我入东海大学教书后，时间精力，转到学术研究方面去了，二十多年来，也刊出了两百多万字的著作。我好似一个夜行人，总希望能在黑暗中标出一条可以回到自己家里的路，尽管现实上我并没有家。在漫长而艰苦的研究历程中，又写了这些杂文，乃说明我和我所处的时代的不幸。一九六九年我到香港后，要靠这些杂文及刊出这些杂文后面的友谊来维持生活。同时，我所处的时代，也压迫我的良心不能不写些政论性的文章。所以写杂文是为了吃饭，但有的杂文，却是在拿起笔时，忘记了自己身家吉凶祸福的情形之下写出来的。每星期七天，五天时间我是面对古人，一天半或两天时间我又面对当代。这种十年如一日的上下古今在生活中的循环变换，都来自我们国家的遭遇对我所加的鞭策。

《后汉书·张纲传》载有顺帝时曾选派八位使者考察地方的政治风俗，张纲也选在里面。当七位使者都前往被分派的地区时，"而纲独埋其车轮于洛阳都亭曰，豺狼当道，安问狐狸"，遂放弃考察工作，上书条劾当时以外戚专政的梁冀的罪恶。我每想到此一故事，总涌起一番不知其所以然的感激之情。我于一九六九年秋来到香港，渐渐明了毛泽东所发动的文化大革命，是运用尚未成熟的红卫兵群众暴力，摧残"反右"以后仅存的知识分子，否定人类长期积累的教育成规，毁灭中国几千年的文化，隔绝人类所共有的世界文化，涌现出亘古未有的全面性的野蛮行为。当我写文章时，要把这种"豺狼当道"的情形熟视不睹，采用避重就轻的手法，写些不痛不痒的东西，这是我的良心所不能允许的。但是，香港经过一九六七年的暴动，再加上由铁幕而来的神秘气氛，社会上所受的压力太大了，我并不能完全不顾虑这种压力。同时我也知道，办刊物和报纸的朋友，刊出我这类的文章，不是为了需要，而是为了我们私人的友谊。所以我曾向一位朋友说，我本想写十篇的，因抑制而只写六篇、七篇。本想责难十分的，也因抑制而保留三分、四分，却不能完全不写。同时我除了感谢肯刊出我这类文章的朋友外，也得感谢香港的左派人士，他们对我这类的文章，一直忍耐到一九七六年五、六月间，才骂我是"文特"、"苍蝇"，在这以前，都是各行其是，和平共处，这比我过去所遭遇的几次围攻，要平顺多了。香港处在夹缝中的言论自由，对现代中国知识分子来说，依然是值得宝贵的。

三

当文化大革命不断地在轰轰烈烈中进行的时候，有不少海外学者回到祖国观光出来后，对于许多与他们平日所学的并不能相容的"新生事物"，都佩服得五体投地，一晚之间，便感到非把平日所学的丢到垃圾堆去不可。有位颇负盛名的美籍华人史学家曾以非常热烈而诚恳的态度向我说："自由算得什么呢？"他认为大陆没有自由，正表明出祖国的崇高伟大。我心里不断地想，人类几千年在艰苦黑暗中所挣扎出来的文明、文化，及由这些积累的文明、文化所指出的人类生存的大方向，居然会被一口气便吹得烟消云散。拥挤在天安门广场上以百万计的叫着跳着的群众，竟能一下子叫出跳出一个崇高伟大的新时代，这对我太没有说服力了。两年多以来，中共的门已经开放了不少，文化大革命中由各种野蛮行动、欺诈方法所造成的国家人民的灾难，较之我所批评的，不知要严重多少倍。例如我在谈唐山大地震的文章中，依然认为他们会以组织之力很快地医好这次的大创伤；我不敢想到此时他们的组织及所能运用的物力，已近于腐朽、枯竭了。我这类文章中的批评，现在看来分量实在不够。但在这类文章中所意指的大方向，渐渐证明十之七八是值得参考的。我这样说，决不是想表明我比他人高明；而只想指出，把个人身家利害放在一边时的良知良识，及在良知良识上所建立起的文化，对苦难的人们，依然是可以信赖的。拿着过时的、架空的，而且是毫不相干的唯心、唯物的滥调，以诬蔑、抹煞中国数千年的良知之教，这只证明在文化上的无知，也证明他们在文化上自己陷于绝境。所以谈到自己国族的问题时，第一步要回到陆象山所提出的"义利之辨"。此处不先弄个清楚，则不论任何名词、口号，都是自欺欺人的诳语。"国族无穷愿无极，江山辽阔立多时"，我不知今后还能说些什么。

一九七九年十一月二十七日《华侨日报》

补记：我的杂文，包括的范围相当广泛；许多是由各个方面、各种程度的感发才写了出来的。但以受到文化大革命及其遗毒的震荡为最大。这一震荡，直接间接，波及到我精神活动的各方面。震荡是发自良知所不容自己，在震荡中坚守国族的立场，维护国族的利益，不知不觉地与大陆人民共其呼吸，同样也是来自良知的不容自己。良知是中国文化的根源，是每个人所以成其为人的立足点。先秦已有人指出，人民是"愚而神"的。人民所以在愚蠢中能发出不可测度的神智，以判断政治社会上的大是大非大利大害，就是因为人民在自己生命之中能发出他随生命以俱来的良知的作用。这是任何人在摆脱私利私见的一念之间，即可在自己生命内得到证明的最真实的存在。我不了解对这种基性的文化，如何可用过时的、架空的，实际关连不上的唯心唯物的滥调，来加以扭曲、诬蔑、禁锢以致使整个国族的文化，走上绝域，永远要靠警察、特务，来维持广大而深刻的道德危机。

世界不是为人而存在，所以人不是世界的中心。但因为有了人，世界才被人所认知，才被人不断发现这样的一个世界。因此，人依然是世界一切问题的起点。不过，在两千多年前庄子却强调了"真人"的观念；在这一观念的后面，意指着芸芸众生，能算得真正是人的很少。我的杂文中，正如杨乃藩先生为我所作的标题一样，有的是属于我所思所忆的。假定在这样文章中，能保有几许真人的意味，我便应感到满足。

　　一九七九年十一月三十日徐复观自序于九龙寓所[1]

---

[1] 编者注：此补记系本文收入《徐复观杂文》（萧欣义编）时修改的自序第三部分。

瞎游杂记之一

一

因为我和妻彻底不懂英文，所以这次美国之游，只好称为"瞎游"。年轻时住湖北省立第一师范，本来有英文课程的。但因家境不可能继续升学，而毕业后当小学教员，也可以用不上英文，任天而动的惰性，等于把英文这门功课放弃了。民国十七年到日本，知道英文在治学上的重要性，便和学日文的同时，对英文也拼了一段时间的命。但不久，支持我留学的先生，说明若不进陆军士官学校，便没有经济来源。进士官，是用不上英文的。到东海大学教书，学英文的风气很盛。但我为了集中精神、时间，想在中国文化中，追求一点甚么，而读日人的译著，也可以保持对西方文化的接触，便不愿把精神、时间分散到英语的学习上面。妻则自高中毕业后，一直忙于养孩子，理家务，近年来又对唐诗发生兴趣，也从来不理会日常需要上的英文，这便成就两人对英语世界的瞎子。

这次是借辞参加"清初学术讨论会"，而顺便到美国来看看三个孩子的。因为不懂英文，加上在政治上、在学术上的自甘孤立，所以参加这类的会议，还是第一次。此次会议，是由"美国学术研究机构"所支持，由大学时代是我的学生的杜君维明所主办的。杜君因学识的渊博，及对人对事所发挥的应接的能力，不仅在伯克莱加州大学，取得了重要地位，在美国汉学界中，也一天一天地显得重要。他对我这位"过了气"的老师，招呼得无微不至。开会时，麻烦了四位中国学人，以耳语的方式为我简译他人发言的要点。我自己发言时，则由杜君负翻译之劳。当我第一次发言后，在俄亥俄州州立大学教书的张灏先生向我说："徐先生的话所以能给人以感动的力量，是因为维明翻译得特别好。徐先生每一个字都说得有力，维明能一字不遗地译出来。这在他人，便不易做到。"

六月二十四日下午两时半，坐中华航空公司的波音七四七珍宝机，由香港出发，先到台北加油，耽搁了四十多分钟，有几位老友，找到一份特殊人情的关系进到"过客"休息室来见了见面。以前从文学和口头上，知道华航对旅客的服务，恭于外国人而慢于中国人；事实上，我觉得并非如此。空中小姐及其他工作人员，对旅客都一样地殷勤；她们和他们，在机上也非常忙碌、辛苦。到了三藩市，公司为不懂英文的旅客，在移民局、海关、转机等地方，都安排了为旅客服务的人员，可谓相当地周到。但当我七月二日，坐美国航空公司飞机赴休士顿时，发现他们服务的精神，依然在中航之上。翟君志成送我俩上飞机，在入口处告诉检查旅客座位卡的小姐说，因为我两人不懂英语，他想送上飞机拜托空中小姐一下，这位小姐先把我们三人招呼到里面，在通道一旁暂待，她挂上阻止入口的铁链，到飞机上耽搁了两三分钟，带来一位比较年长的空中小姐，向翟君说了一句"请你放心"的话，带我俩上飞机。下飞机时，又用手势叫我俩在一旁稍待，待我俩下飞机，走到出口的大厦，发现我有幺儿幺女来接时，她才转身回去，否则她会带我俩到下层去领取行李的。美国人自然而然的服务精神态度，随处可以看出，这不过是一例。尤其是在旅馆、餐厅中，绷起脸来为客人拿茶拿菜，或因为不会讲广东话而流露出一种渺视的神气，在美国人中，是决定找不出来的。

二

到了三藩市，走出海关口，有老友熊翔博士，及杜君维明带同两位年轻博士，和王君靖献、翟君志成兄弟，都来接机。王君靖献在西雅图华盛顿大学教书，对中国古典文学及英国十六、十七世纪的文学，尤其是对《诗经》，都很有研究。他写散文和新诗时，用的是"叶珊"、"杨牧"的笔名，台湾、香港的年轻作家，知道他的人大概不少，此次他远道相迎，并陪着在旅馆里住了两天。知道我和妻不能点菜，便写上早午（晚）餐的若干菜名而别。天真淳厚之情，使我感到莫大温暖。

二十四日到伯克莱，住在加州大学隔壁的一家旅馆。晚上杜君约我俩及王君到"台湾饭店"吃晚饭，杜君先去定座，由他的太太萧亦玉女士来接我们。萧女士也是东海大学外文系毕业的学生，喜欢现代画，在学时，已开过画展。她现在除了在学校每天工作八小时外，还照顾孩子，家务，及招待客人。最近并开了一个画廊，想不到这位"女公子"出身的主妇，是这样的能干。据杜君告诉我，这一两年来，伯克莱新开了十多家中国菜馆，都生意鼎盛，这也可以反映出美国人对东方文化的兴趣，是越来越厚。这家馆子里，居然有"左宗棠鸡"，是我在台湾、香港少闻少见的。

因为下飞机不久，胃口没有恢复，菜的味道和价钱，我都不知道。七月一日晚，翟君兄弟让我俩到唐人街的"会宾楼"吃饭。这家的菜是比较贵的，但吃下来，和我动身前几天同一位好友夫妇，在美孚新村的"海运酒楼"吃晚饭的情形相比较，菜的味道不比香港馆子差，价钱却比香港馆子便宜。即此一端，也可看出香港繁荣的前途，是极有限度的了。

三

因为我的咳嗽没有好，对以自来水代茶，是有些不惯的。晚上幺女、幺儿及大女的长途电话，都先后打来了。但我们自己却不能打电话，实在不方便，于是在吃晚饭时，托杜君为我打电话给翟君志成，要他二十五日一大早便来，他本来说是下午来的。二十五日一大早，志成和他的弟弟志达，并邀同郭君召棠来了。志达聪明浑朴，样子长得很可爱。他们以为我俩是想出去逛风景，便提出许多逛的吃的意见，尤以志达特别热心。我说，要你们早点来，最主要的是教给我打电话，其次才是到学校里逛逛。志达便教给我丢两角五分钱的打公用电话的方法，事实上学会后并没有用处，因为我想打的是长途电话，开始还是要讲几句英文。加上王君靖献（王君是在此修的博士学位），到加大里走了走，精神支持不住，便回旅馆睡了。中午王君陪同故友陈世骧先生的夫人约我俩同去午餐，因我大睡未醒作罢。醒来已下午四点了，晚上是杜君招待参加会议的全体学人。我向妻提议，先到餐厅去饮杯热牛奶吧；因为说"彻底"，也有不"彻底"之时，我居然记得热牛奶的两个英文。到餐厅，向位小姐说出"热牛奶"两字，她用手势表明这里是吃饭的，把我俩领进饮咖啡的地方。另外一位小姐拿上饮料单，密密麻麻地印上两面，但根本找不出牛奶两字。幸而有两处出现了"咖啡"，我俩便以为这里没有牛奶，为了表示大方，和妻商量，用手指向标价一元四角的咖啡上面。谁知过了不久，原先的一位小姐，送上两铁壶热牛奶，每壶可以足足地倒满三大杯。再一下子，另一位小姐送到两高杯咖啡，上面一层白白的雪膏，下面才是烫手的咖啡，用胶管吸饮时，原来渗着有酒，我和妻只好白白地把它放弃掉。后来杜君告诉我，那是爱尔兰咖啡，再和幺儿幺女谈及时，幺女儿也知道它的名称。这是"瞎游"者第一次的吃亏上当。

一九七七年七月十二日、十三日《华侨日报》

瞎游杂记之二

一

六月二十五日晚，在杜君家中的招待会中，第一次看到日本九州大学名誉教授冈田武彦先生。他严守日本儒学的正统，编有《朱子大系》、《阳明大系》，近又主编《德川儒学全集》五十册，著作甚丰。见面时，他告诉我，在台湾买到一册我著的《中国艺术精神》，觉得应介绍给日本学术界，所以正与刘三富君合作翻译中。

二十六日早，我和张灏先生坐杜君的车，向孟特瑞半岛尖端的阿斯诺马公园前进，这是一年四季，专租给人开会，并画家来此写画的地方。途中杜君利用开车的时间，把会议的大概情形及各人论文的要点，说给我听，有三点多钟的路程，多余的时间，自然扯到现实问题上去。张灏先生四十多岁，在俄亥俄州州立大学教书，博学而富有分析力。我问："美国和北京关系正常化的问题，两位有何看法？"杜君认为大概会采用日本方式，张先生根据美国的"小道新闻"，认为卡特和现有外交政策制定人并不急于这样做。我问是什么原因，他说：这几年来，美国新保守主义抬头；少数知识分子，虽主张应急速与中共关系正常化，甚至牺牲台湾，亦在所不惜，但大多数人决不肯为了正常化而把台湾牺牲掉。这观于《纽约时报》年来态度的变化，可以看出新保守主义势力之大。过去许多自由派，现在却变成了新保守主义者。我又问：美国的保守主义，何以现在会抬头呢？张先生说，美国社会是中间大两头小的社会，也即是中产阶级，或者称为沉默的大多数，占绝对多数的社会。中产阶级，总希望在安定中生活，反对破坏现有秩序的各种过激行为。一九七〇年前后的学生运动，触犯到中产阶级的根本性格，为沉默大多数所不容。中产阶级的危机感，自然会反弹出新保守主义。另一促成许多自由分子转向的，是索忍尼津事件。在过去，保守派对苏联极权统治下的各种残暴情形的宣传，自由派都斥为是反动分子的胡说八道的造谣。及索忍尼津著作的流布和他本人的各种遭遇，为保守派的各种说法，作了强力的证明，这不能不引起自由派的反省。美国人很相信自己的政治社会的体制，与中共的体制，处于绝对对立的地位，只有在保持世界势力均势，及反抗苏联上，和北京有共同的利益。在台湾的安全问题，没有得到保障之前，卡特们在新保守主义压力之下，为什么要急于与中共关系正常化呢？

二

此次的会议，是名符其实的纯学术性的会议，在一周的热烈讨论中，不仅没有沾上一点现实政治上问题，并且我发现没有人看报，更没有人把报带进会场的情形。但在吃饭时候，若是几位中国学人凑在一起，总会不知不觉地谈到现实问题。尽管与会的中国学人中，有的已入了美国籍，但在每个人的意识里，都是十足的中国人。中国人而不关心中国问题，可以说是不可思议的。

把闲聊中的话稍加条理，可以得出下述几点：（一）没有力量可以代替大陆上的中共政权，但中共若在民主法治上没有真诚的努力，他的政权也永不得安定，四个现代化也将徒托空言。（二）美国年来对毛思想的盲目崇拜，现在除极少数人外，已经成为过去。苏联反史达林，他便捧史达林，美国反尼克逊，他便捧尼克逊，自以为他有力量改变他国的局势；他的第二度约请尼克逊访问北京，等于美国今日约请江青访问华盛顿，其无礼与发生反效果，是非常明显的。（三）大家一致赞成四人帮的被整肃，但也同时相信四人帮是毛思想的产物。整肃四人帮而仍继续大捧毛思想，这也是难于理解的。这一点，和我平日的看法，倒是不谋而合。

陈荣捷老教授聊到了费正清的情形。他（费正清）在匹兹堡大学作一次演讲，匹兹堡大学送了他五千美金。在退休的讲演中，他穿上大红色的博士制服。我问，他讲些什么？陈教授说，他认为毛泽东是世界上最伟大的知识分子。主张美国应迅速与中共关系正常化，但同时应派遣舰队维持西太平洋的秩序，保证台湾的安全。我想，一个没有真才实学，全靠权术拉些基金会以建立自己虚伪地位的人，"退休"之对于他，会有特别的感受。

三

下午两时左右，到了阿斯诺马公园，分配给我俩的房子有地炉。好几晚，我俩还居然使用过。园里顺着起伏的地势，散布着各种式样的两层木造的房屋。每栋有十多间房间，外表很朴素，但房内设置得很完备，很精致。有座木造的大食堂，可以开五六百人的饭。每人住进房子后，便领到一个圆形的纸食券，吃饭时经过在食券上打卡后，各人到拿饭菜的台子上，承受自己的一份，大家的菜式都是一样，所以王君靖献为我准备的菜单，至此毫无用处。不过据陈荣捷教授告诉我，这种菜的味道，比外面馆子的好。并说：这公园的管理和风景，也比其他的公园好。我想，除了散布的朴素房子，有些山林"野意"外，最特出的是有百年左右年龄的松树，经过长期整形的结果，老干虬枝，各逞异态，与沙浪海涛，互相映发。在月夜里，森罗静寂，颇有禅的意境。

在公园里，遇见的美国人多起来了，我的印象是，他们的态度和善、乐观、坦率，而工作认真、负责。他们的自信自尊就流露在他们的和善、乐观、坦率、认真、负责之中。杜君告诉我，这可能和加州气候的四季如春有关系，美国东部人们的表情，便不一定是如此的和善。而农村人们的态度，比住在都市的人们更为和善些。但对工作的认真、负责，则无间于东西南北。七月一日下午，回到三藩市，或许是因为我的心理作用吧，发现黑人的情态，似乎和白人不大相同，有的黑人总带几分忧郁，有的黑人在街头漫步时，有点"怅怅焉不知所之"的失落感。在机场上，白人小姐和黑人小姐，列坐在一排办事时，白人小姐多是笑嬉嬉的，而黑人小姐则神情比较严肃。不过，对客人服务的周到，则无分于黑白。现在新闻报导特别发达，"常事不书"，总是选择些变态的人与事来加以渲染。但美国之所以成为美国，乃在绝对多数人的生活常态，决不在绝对少数人的生活变态。自卑与骄妄，及对工作的虚伪，这都是生活的变态。这是我们中国人应引作为深切反省的。

一九七七年七月十五日《华侨日报》

瞎游杂记之三

一

我在离港以前，曾走访一位老友，向他请教不懂英文，却参加了国际学术会议的经验。这位老友告诉我，很简单，是自己的朋友宣读论文时，便坐在下面捧捧场，不相干的人宣读论文，可置之不理，我行我素地自由活动。我听了很开心。谁知道是开一两千人汉学会议的经验，对这次小型的讨论会，完全用不上。这次小型的讨论会，过去曾开过两次，近于是中国思想史上一系列的专题讨论，参加会议的只有二十四五个人，事先须经小组委员会的通过，才得邀请。被邀请者提出论文的供给旅费。此次共有十五篇（或十四篇）论文，上下午皆讨论两篇，只有我和冈田先生因多一层翻译的手段，所以有两个下午，只各讨论一篇。讨论时轮流充当主席，另设一总评判员，先由提出论文者报告论文的要旨，再由总评判员陈述总的批评意见，接着是出席者个别提出意见，以后由提出论文者加以解答。讨论得相当认真，总是超过预定的时间，还开了三次晚间讨论会。在这种情形之下，谁也不好意思逃席。我经过长途飞行，疲劳尚未恢复，更有时感到吃不消。

出席者中，以陈荣捷教授、冈田武彦先生及哥伦比亚大学副校长 De Bary 和我年龄最高。其余多是四十余岁上下，在各大学教中国文化的精锐之士。不仅 De Bary 先生学识渊博，发言笃实中肯，年轻一代的，除了他们专门研究的问题外，对中国文化，也具有广博的知识，改变了我以前对他们的推想。会中对唐君毅先生学术成就的评价，比港台两地更高。有位先生在他的著作中，为唐先生专设了一章，大家并都关心他的健康情形，这一点，也引起我一番感慨。

二

我提的论文，是《清代汉学衡论》，对所谓"乾嘉学派"，作了总的批评。在我宣读论文前，已宣读了六篇，其中有三篇是专谈戴震的。在其他的论文中，也多关涉到戴震。我发现这次讨论会，无形中是以戴震思想为中心，大家对他有过高的评价。戴氏是反宋明理学的急先锋，胡适是他的后继者，写有《戴东原的哲学》。梁任公也倾心于戴氏。戴氏思想在美国汉学中影响之大，主要是通过梁、胡两公的著作言论而来。而戴氏思想的横决，更由此而引起我深刻的慨叹。于是我的报告，便撇开论文的主要内容，集中在对戴氏的批评上。因为我的批评，在会场中是很突出的，便引起以后一连串的讨论。有一天的晚上，是临时专为讨论此一问题而召开的。美国汉学界的"知我"、"罪我"，大概会由我这次对戴氏的批评来决定。

因为我的论文，是对清代汉学乾嘉学派采取全面批评的态度，所以我首先分四点来说明我写此文的背景。（一）台湾学术活动，仍以胡适学派为主流。他们依傍乾嘉学派的门户，不肯从饾饤考订中前进一步，这便限制了人文研究方面的成绩。（二）胡适学派，承乾嘉学派的遗风，不读宋明学者一部著作，不从正面讨论宋明理学所提出的问题，而只是以"阳儒阴释"四字，作无条件的排斥，这不是研究学问的态度（我还说了胡适之先生和我在东海大学"抬杠"的一段故事）。（三）中共取得政权后，在文化大革命前，他们在文史哲方面的研究，相当活跃。但除了把张横渠附会为唯物论外，更反宋明理学。其实，宋明理学，对于建设合理的社会主义，乃是一股精神上的力量。他们之所以如此，是直接受胡适学派的影响，间接是受乾嘉学派的影响。（四）我认为从中国文化史中若抽掉乾嘉学派，尚无损于中国文化的大体。但若抽掉宋明理学，则先秦两汉在文化上的成就，会因下部瘫软而麻木，很难接触到中国文化的精神面目。所以我的这篇论文，虽动笔于贵会邀请以后，但写此文的动机则在十多年以前。主要内容，在指出他们标榜汉学，却歪曲了汉代学术；反对宋学，却对宋代学术没有沾到毛皮。我论证的能否成立，如各位有兴趣，请检阅原文，并指出错误。我想把时间集中在戴震思想的问题上。

三

接着我分四点来检讨戴震的思想。

（一）我发现戴氏对宋学的态度，在四十岁前后，有一大的转变，只是为了迎合当时汉学家反宋学的风气，以作自己进身之阶，与他的治训诂名物之学，没有关系。据他三十一岁《与是仲明书》，他十多岁便开始治训诂名物之学。但他在三十三岁时《与方希原书》说"圣人之道在六经，汉儒得其制数，失其义理。宋儒得其义理，失其制数"。"制"是指车服等的制法，"数"是指天文历数。"制数"不同于训诂，所以说宋儒"失其制数"，不同于说宋儒失其训诂，是他此时承认宋儒是由训诂以通六经的义理。但他在四十岁后《与某书》及四十七岁作《古经解钩沉》序，便毫无证实地将宋儒的训诂、义理完全加以否定，可是他私下告诉他的学生段玉裁，谓治《易》"当读程子《易传》"，治《礼》当求《礼》意"。他的唯气论则是袭取张横渠的《正蒙》而失其条理。他这种前后矛盾、表里异致的情形，实与学术的自身没有关系。

（二）余英时先生说他对戴震和章学诚的研究法，重心理分析，这是治思想史的最后达点。但一个人的心理是与其人格关连在一起。由下述三点，我对戴氏的人格，颇为怀疑：①他三十三岁而到北京，尚对他的老师江慎修，推崇备至。因为江氏兼治汉宋之学，与当时专门标榜汉学反宋学的风气不合，所以当他四十岁写江氏行状时，便不提彼此间的师生关系，以后则只称之为"老儒"。②戴氏集中有与王光禄（王鸣盛）书，谓《尧典》"光被四表"的"光"字，应作"充"字解。但据王鸣盛《蛾术编》，则谓戴氏并未写这样一封信给他，此书乃戴氏伪托以提高自己的地位。而经过我的考察，他对"光"的解释是站不住脚的。③戴氏的《水经》校注，与赵一清的完全相同。赵一清的著作，在戴氏进四库馆的前一年已经进呈到四库馆，所以当时只认为戴是偷赵的著作，而没有人怀疑赵系偷戴的著作。

（三）戴氏思想的立足点，谓孔孟没有理与欲（情欲）的对立，理欲对立，起于宋儒，因此而以理杀人，甚于酷吏之法，所以他主张只言欲（情欲）而反对宋儒所言的理。按各民族文化，若达到"人的自觉"阶段时必出现某形态的理欲对立的观念，努力于以理主宰欲以开启人格向上之机，并建立群体生活的秩序。中国周初随人文精神的出现，理欲对立的观念，已经显著。孔孟在谈到"修己"这一方面时，几无不以理欲对立为出发点。《论语》"士志于道，而耻恶衣恶食者，未足与议也"，"志士仁人，有杀身以成仁，无求生以害仁"。由此而有子夏入见仁义而悦，出见纷华而悦，二者交战于心的故事。《孟子》"养生莫善于寡欲"，"生，我所欲也，义，我所欲也，二者不可得兼，舍生而取义也"。孔孟的理欲对立，要求以理主宰欲，是这样的明显；戴氏却把自己以欲反理的主张，套在孔孟身上，并以此作为反宋儒的武器，此之谓"枉圣诬民"。

（四）戴氏也提出"恕"，提出"通天之情"，提出好货好色，与"百姓同之"等的目标来，与宋儒所要达到的目标，似乎没有分别，但他毫不自觉到，立足于人的情欲之上，便不可能做到推己及人的恕，不可能通天下之情，不可能与民同之。所以孟子必强调义利之辨，必强调"亦有仁义而已矣，何必曰利"，利即是统治者情欲。统治者要能满足人间的情欲，必须以仁义主宰自己的情欲。戴氏既认为仁义——理是祸天下的，要锄理而只存欲，则他所说的"恕"等等，只能算是无根之谈、欺人之语。他把情欲说成是出于人性之自然，这便否定了孟子"仁义礼知根于心"，也是出于自然的观点。他以情欲之发，必然合于"礼义"，这便否定了个人修持、政治教化的必要。所以他的思想，是人禽的大混乱，也是他思想自身的大混乱。

四

上面所写的，只是讲话的大概。冈田先生听了我的讲话后，也很激动地讲了几句同调的话。以后不断有局部的讨论，如指出乾嘉学派的反释老是以当时严禁社会流行的三教合一的宗教活动为背景；戴氏说宋儒以理杀人，甚于酷吏之法，是以当时社会已流行"官逼民反"的口号，戴氏特为此言以为统治者转嫁责任；及唯气论形成的历史与不能解答人生价值问题，和程伊川的学问是"非形而上学"的性格等。这里我只记出下面两点：

（一）戴氏只以"古人曰理解者即寻其腠理而析之也"言理，这是把理只当作动词使用。他又仅以腠理、条理为理，这是限定在具体事物之上以言理。他由此以反对宋儒所言比较抽象性的理。他对理的解释，发生了很大的影响。我指出：具体的名辞有的向抽象升进，这是中西文化发展的共同现象。"理"字从玉，玉在《礼记》中已在不少地方把它从具体之物升进为抽象的"君子之德"的象征；则理由具体物的腠理、条理，升进而为宋儒的比较抽象之理，乃学术发展的自然现象。但程朱没有忽视理的条理等基本意义。条理也是一种人生价值，但从条理的自身，导不出其他的人生价值，尤其是导不出"仁与恕"来。且在人生社会中，条理何以能成立，这便要追到义礼智信，以作为条理的动力根据。所以宋儒便不能不由条理升上去，升到"根于心"的仁义礼知以把握人生价值的根源而统名之曰理。程朱有"即物穷理"的要求，此对自然而言，他们是要穷究各物之所以成为各物的基本原理，此一方面是所谓理，乃是存在所以成为存在的理，不能停顿在条理之上。虽然此种要求，必在现代科学中始能得到解答；但此种要求的提出，即显示文化发展上的一大进步，戴氏以低层次的理的观念，反对高层次的理的观念，这种是出于他要以此方法来抹煞中国文化中所提出的人生价值，并完全不了解学术发展的大趋向。

最后一次的发言，是当一位美国教授宣读他的论文时，斯丹福大学的一位美国教授，在黑板上用中文写了与论文无关的戴震的一段话，这是表示对戴震的多次讨论，还有余意未尽。这位教授在学问上用心很深很细，态度沉默而真挚，高瘦的个子，留给我很深刻的印象。他所写的戴氏的话是"凡日用事为，皆性为之本，而所谓人道也"。下面接着是些没有条理的阴阳五行的怪话。我对此特别站起来说：把戴震和章学诚，作为个人思想去加以研究，是应当的，是有意义的。但若由戴震的思想以通中国的思想，由章学诚的史学以通中国的史学，则是很可悲的。例如戴震此处所说的"凡日用事为，皆性为之本"，这两句话是可以成立的。因为程伊川曾说"善性也，然恶亦不可不谓之性"，他此处之所谓恶，是指情欲而言。孔孟程朱，都承认情欲也是人性；人性包括了理与欲，可以说"凡日用事为，皆性为之本"。但"而所谓人道也"的话，便是引起极大混乱的一句话。因为中国之所谓"人道"，指的是人与禽兽不同的人之所以为人之道。人的日用事为，有的合于人道，有的不合于人道，有的半合于人道，半不合于人道。戴氏认为"凡日用事为，皆是人道"，然则美国的水门事件，乃至纽约流行的同性恋，也都是人性为之本，难道这也是合于人道的吗？我说到此处，全场为之一笑。

在这次讨论中，我非常感谢余英时先生，因他的饱学及俊俏的口才与笔调，在美国的中国学人中，已居于第一人第二人的地位。我的话，虽完全不是针对他的论文而发，但我与他的意见是显然不同。他不仅未曾稍为介意，并且他在讨论会结束时向我说："徐先生的态度，我早已知道，也看过你的文章；但此次听徐先生的讲话，和看文章时的感受不同。许多美国朋友，受到徐先生的话的感动。"由此可见他识量之宏。

我在飞休士顿的途中，对此次来美参加会议的情形，作了一首打油诗，寄给杜君维明。附录在下面：

> 满局棋输气未降，偶携微抱渡重洋。
> 物开眼底成新界，礼失天涯讨旧章。
> 慷慨难忘先圣烈，低徊真叹后贤盲。[1]
> 人心颇信同今古，一笑声中是道场。

一九七七年七月十八日至廿日《华侨日报》

---

[1] 后贤指梁任公、胡适之两先生。

瞎游杂记之四

一

　　站在我和妻的立场，参加学术讨论会，不过是借口，看久离膝下的三个孩子才是真情。所以会一完毕，便由杜君维明安排坐东海大学历史系毕业、正在伯克莱加州大学修博士学位程君一凡的车，把我俩送到三藩市翟君志成兄弟的住处，再由翟君送到预定的旅馆，次早就飞往休士顿幺儿帅军的住所。有刚修完博士学位的韩德孙君同车，沿途不断提出许多学术上的问题，向我说是"不愿放弃这个机会"。他出身美国农村，质朴诚恳，我咳嗽未愈，也不忍拂他的好学之心，只好一一作答。这样便消耗了路上的大半时间。

　　飞机的时间，是翟君志成安排的，送我俩上飞机前他写两张英文卡片，一给空中小姐，说明我俩不懂英文，请她招呼；一张作万一发生什么事故时，请人帮我俩打电话给幺儿之用。虽然这两张卡片都没用上，但翟君用心的周到，于此可见一般。翟君由红卫兵的小头头下放逃港，先学电焊，维持生活，后由其弟志达做工帮助得毕业于新亚研究所，即随其弟之后，移民来三藩市，从事电焊工作，原来香港的电焊技术较美国高明；翟君且能用左手工作，近半年且从事最难做的轮船底部的电焊，所以每当工厂裁人时，他从未被裁掉。每月不加班，也收入一千七百元左右。其弟从事政府属下的劳工工作，年薪一万七千元。翟君为了争取自修时间，决不肯因想多赚钱而加班，他平均每夜只睡四小时到五小时，精悍之气，完全用在学习英文及阅读其他典籍上面。我的幺女儿梓琴，去年已修完博士学位，看到翟君为我所写的两张英文卡片，很称赞他的英文程度。翟君自六月底，已停工不做，全力为秋季进入伯克莱加州大学修博士学位作准备，像翟君这样有志气，肯奋励的人，在学问上一定会有成就的。

二

散文名家孙淡宁女士，是我的"大妹"，曾写过一篇很生动的《和幺儿在一起》的散文，表达了她对我这位幺儿的喜悦。的确，我这个幺儿，应当算是没有被宠坏的孩子之一；聪明、忠厚，乐于为人服务。他现在住德克萨斯州州立农工大学海洋系，这是一九七一年受到美国政府特别奖励的四个海洋系之一。这个大学，是世界上最有钱的大学，自己拥有油田。校园之大、建筑物之豪华、设备的新颖，处处给人以拭目相看之感。仅以"学生中心"而论，包括了饭厅、戏院、保龄球场、旅馆、银行支店、邮政支局，及各种豪华广阔的会议休息室。饭厅四面的大玻璃，都是手刻的，凸凹有三四分厚的花卉，其他地方，还有许多雕刻。走廊两旁的长条坐凳，蒙上有花纹的真兽皮。进门的碑文，说明这是为了纪念第二次大战中本校战死的校友所建造的。进来的人，请脱掉帽子。在联合国工作的陈君文华叹息说："虽然没有联合国大厦高，但比它豪华广阔多了。"幺儿拿一份助学金，儿媳童媚铃，性格有些和幺儿相像，做辛苦而工资低微的"打卡"工作。平时幺儿主张节省，儿媳因为娘家相当有钱，主张应过宽裕一点的生活，例如汽车应买新的而不应买旧的。小两口子常因此发生争执，在信上向两方家长告状，双方家长都不约而同地一笑置之。因为我们要来看他们，幺儿老早便向儿媳说："爸妈年老了，来后，应让爸妈过得舒舒服服的。"他们本有辆两个门的旧车，幺儿认为出去旅游时坐着不舒服，又花钱买辆一九六九年出产的豪华型的车。他为了服侍这辆虚有其表，有如一位老官僚的豪华车，真吃够了苦头。

由三藩市直飞休士顿，需要三小时三四十分，两地的时差是两小时三十四分。幺女儿在新墨西哥州立大学当 Post-Dr.，早两小时到达，随着幺儿、儿媳，一起接爸妈。坐上幺儿的豪华车后，幺儿知道我的咳嗽未好，便说"我带来了一瓶热茶，爸妈可先喝一杯"，在行车中，幺儿为他的老官僚豪华车吹嘘一番，例如前面的坐椅，可作三度调节，玻璃窗门是由电钮上下等。但他也说，"没有买这辆车以前，每月可以存一点钱；买了以后，只能勉强做到出入相抵了"。这种车，设备复杂精巧，老了不退休，不是这里出毛病，就是那里出毛病；幺儿虽然学会了一些修车能耐，但对有的毛病，是束手无策的。

车行两个多小时，到了他们的宿舍，儿媳正忙着弄晚饭的菜。大学供给带眷学生的宿舍，共分四等，幺儿住的恰是第四等。木造的两层楼一栋，共分八个单位，幺儿住楼上的一个单位，两房一厅，水电家具在内，每月租金七十八元，比香港的房租便宜得多。看来很单薄，初进来，有点可能垮下去的感觉；但厨房设备，比美孚新村的中等单位要讲究，且铺满了地毡。因为天气热，只有两个冷气机，且以晚上小两口子睡客厅的地毡，妻陪幺女儿睡卧房的地毡，只有我一人睡在床上。这种睡法，大家都认为是顺乎天理，合乎人情。但我私自计算一下，幺儿为了我们的来，增加了一千多元的设备。他妈以前爱睡在床上看小说，便收集了一堆中国小说，在床头上安装一个电灯。我这晚躺在床上，甜酸苦辣，一齐涌上心头，通宵未曾入睡。

三

次早幺儿提出他久已想好的一套旅游参观的计划，都被我否决掉；年老，兴趣都在书本上，除了看看儿女外，对其他的一切，早已看穿了。不信任这辆老官僚车，当然也是原因之一，而幺儿又坚持走远路坐两个门的车不舒服。为了不使幺儿过分失望，接受了到罕斯菲尔湖去烤肉的计划。车行一个多小时，沿途都是密密的树林和广阔的草地点缀着牛群和马，及疏疏落落的独立农村的住宅。我想像这样广大的平原，稀疏的人口，万一核子大战发生，人类伤亡虽然非常巨大，但现代文明，不致因此毁灭。现代文明，已浸透到美国农村的每一个角落，核子武器，毁灭不了德州这类的大平原；剩下的住民，依然会保存他们文明的基点，依然会爱好他们的民主自由。希望在第三次世界大战中，把全世界政体极权化，对美国而言，我认为这是狂人的妄想。

途中雷声大作，幺儿有些沮丧，因为他对这次烤肉，作了很周到的准备，包括为爸妈买了两张轻便的座椅，幸而到达湖边时，已雨过天青，树叶显得更为苍翠。湖成曲折的带状，我方便称之为"九曲湖"。树林也随湖的曲折而曲折，湖光树色（没有山色）织成一望无际的碧绿世界。幺女儿、幺儿、儿媳，对烤肉的手段，似乎比新亚研究所学生烤肉的手段，还要高明。归途中，作了一首打油诗，以作此游的纪念。

雷声过后雨声停，九曲湖边万木青。
故国河山如梦寐，他乡儿女倍情亲。
支炉作炙留真味，备物遮穷足性灵。
平楚苍苍天不尽，飞鸿应已得冥冥。

一九七七年七月廿三日《华侨日报》

瞎游杂记之五

一

民国二十四年，我在"沪杭甬军事指挥部"当上校参谋，这是浙江省政府掩护下的准备对日抗战的军事秘密机构。妻当时小姑未嫁，在北平读书，为了追求她，一年内四次坐铁路的蓝钢皮卧车赴平，与她相见。途经河北德州时，有两次在车站购买当地出产的西瓜，每个重二三十斤，带平与妻对食，瓜味非常甜脆。后来常常想到它，却再没有机会吃到。前些时与来自北京的朋友谈及，则知这种瓜因每个分量太重，社会上能购买的人不多，遂归淘汰。此次来幺儿处，所购西瓜，形状、大小、质味，与河北省德州所产的，完全一样，盖不仅品种相同，两地的土壤大概也没有分别，德克萨斯州，国人习惯上也简称为德州。感念前尘，怆怀身世，成绝句打油诗一首：

> 柔情密意德州瓜，当日杭州北上车。
> 闻道物随人世换，却怜重见在天涯。

我国有"不忘本"的观念，美国也未尝没有。这次我有个志

　　　　　　　　　　无惭尺布裹头归·生平

愿，要吃美国各种各样的馆子，发现不少的馆子，以"老农"、"乡村"这类的名字作号召。昨（七月十三）晚去吃有名的 TOM 的烤肉，房子不大，壁上的装饰品，是一柄拓荒时所用的斧头和一张锯木的锯，都锈得不像样子。简朴的长条桌子和长凳，大概也是拓荒时代的形式。烤肉是由饭店烤好后，一块块地拿来，没有叉，没有盘子，只有一柄拓荒时代用作切肉的刀，这当然是现在仿制的。桌上铺着一张白纸。牛肉放在白纸上，作调味用的唯一的热酱，也倒在白纸上，各人以刀切肉，即以刀送入口中。这大概是表示不忘他们拓荒时代的本，生意也非常兴隆。从另一方面看，美国人的好奇心，并非仅指向新的，同时也发掘旧的。海洋系办公大楼的底层壁橱里，陈设着中国各地旧式船只的模型，旗帜上还写着"老河套小红龙"、"湖北长江水警大队"等字样，做得惟妙惟肖，的确也不愧为一种艺术品。

二

亡友台中庄遂性先生，是我避难到台后的知己。他十余年前死去时，生活颇入窘境。现时则他的长子庄生，在渥太华成为加拿大政府的中级公务员，除专门的农业经济外，对艺术及一般文化问题，皆有研究。次子敬生，现任休士顿银行副总裁助理；以一个未曾在国外留学的人，能取得此种职位，是靠他在台北美国花旗银行服务的成绩。三子正生，成功大学机械系毕业，来美修完博士学位后，进到太空总署服务。由太空总署出来后，加入一个顾问公司为电脑控制、能源开发，提供有重要的尖端技术服务，正生乃此公司的重要组成人之一。四子立生，在台中工业专科学校执教。他们兄弟有一共同特色，守其父亲遗教，笃于伦理，质朴正直，不随流俗浮沉。此次知道我将来美一游，皆来信愿有见面机会。七月八日因接陈君文华飞机之便，特先到敬生处，并约正生来会。彼此见面，话旧谈新，颇为亲切。

正生去年负责为捷克装设第一个以电脑控制操作的工厂，所以常常到捷克去。装设后，须经过长期试用，证明效率圆满时，捷克政府才肯付钱。此一服务，现时才告完成。捷克的工业部长、重要工厂负责人，及新闻记者数百人，举行了盛大的启用式。正生的样子，和他父亲相像，带有满身泥土气，谁知他已成为科技中的尖端人物。

和正生谈到在捷克的情形，也颇有意味。捷克政府的调查部门，特注重外来工作人员的政治背景，对他自不例外。及知道他是来自台湾而非来自大陆时，捷克的调查人员才松了一口气。据他的感受，捷克政府对于中共保持很高的警惕。他曾遇见苏联的军事演习，其声势真够吓人。捷克的工程师们，也请他到家里晚饭，多半住着面积很小的两房一厅的房子，能以肉类飨客，即堪称为盛馔。因为他们由隔绝而来的心情寂寞，对外国客人，自然流露出最大的热情与喜悦。与他们交往，初见时虽保持沉默，但久后也就无所不谈。捷克使用的电梯，是敞开的，没有关和开的门，只是不断地上下转动，上下电梯的人，都要用跳跃的姿式。首都有家很讲究的中国菜馆，是专门招待外国人的，侍者对客人的礼貌，周到得带有艺术表演的意味。但食客须照站排的次序，听候点名入座，不可能和家人或朋友坐在一起。有一次，他的桌子上，只有坐在对面的一个英国人，此外都是苏联人，他只好隔着桌面与英国人谈天。美国住宅前后院的草地，都剪得很整齐，但捷克住数百人的住宅，前面的草地，草长得和人一样高，没有人打理。他每去一次是四个星期，中间必到比利时一次，呼吸点自由空气。

三

陈君文华，苗栗人。在东海大学时，写了一篇考证《老子》版本系统的文章，很成功。他很想到印度去追求点什么，没有得到印度的签证，便于一九六九年秋季赴日本留学；因没有经济上的支持，全靠体力劳动来维持生活，可说吃尽了苦头。幸而他在一九七六年初考进了联合国的翻译组，每年薪水二万四千美金，不抽税，还加上各种福利，才脱离了生活的困境。当他最困难的几年中，从不写信给我。一考上了联合国，便来信说了些真挚沉痛的话。此次来美，彼此都以为在纽约可以聚首。到加州，杜君维明告诉我，他又由联合国派赴非洲肯雅去服务。他偕同新婚的日本太太，于赴非洲途中，在休士顿下机，枉道到大学站住了两晚汽车旅馆，谈了些别后的情形，及若干东海同学的近状。他的一副傻样子，和当学生时没有什么改变。分手时彼此都有些难过，他说，明年还可能有再见的机会。送走陈君后，作了如下的一首打油诗：

> 征途枉道暂停骖，拂拭相看尚旧颜。
>
> 八载辛酸同一遇，临岐怅恨约来年。
>
> 忘从国论分同异，但向蛮乡祝吉便。
>
> 人世青山唯故国，倦飞他日定知还。

一九七七年七月廿七日《华侨日报》

瞎游杂记之六

一

住在幺儿的地方，人客渐渐多起来，每个人的生活秩序都破坏了；不仅不能住满幺儿所希望的一个月，连自己答应的三个星期也难于兑现。住满两周后，幺女儿回新墨西哥州立大学去做她的研究工作，我们去纽泽西看望大女儿女婿。离开的前两天，在休士顿住一晚，参观了太空总署，对太空活动的情形和成绩，当然有番亲切的感受。但最引起我的感慨的是，他们把发展的程序，通过一系列的图表及说明，表达了出来。在发展程序开端的地方，挂着一张一二三二年中国的"火箭箭式"的画，以表示中国早年所用的"火箭箭式"，即是今日太空科学的起点。但我们却一直停顿在放爆竹放烟火的阶段，这说明了中国文化主流中的最大缺点。

从休士顿机场飞 Newark 中间须换一次飞机，幺儿坚持应坐达拉斯机场可以直达的飞机，他非多开来回八小时的车，让爸妈减少十多分钟换机之劳不可。七月十八日，便由达拉斯飞 Newark，女儿女婿，带着她们两岁多的小女儿接到纽泽西的住所。

　　　　　　　　　　无惭尺布裹头归·生平

二

到了女儿均琴、女婿陈宏光的住所，和幺儿宿舍的气象，完全不同。纽泽西自己标榜是"花园州"，环境比德克萨斯的大学城还要好。女儿们在两年前买的房子，是一个新社区初建成，作为示范宣传之用的房子；除了照例的前后大草坪外，后面还附有一大片森林，时时出现野兔、松鼠甚至野鹿。房子除地下室外，有十大间，设备的完备新颖，这是我和妻第一次才亲自领略到。据女儿说，像她们两人做事的收入，在美国人中，约占百分之十，可列入中上阶层。但我发现，她们除为了自己的小女儿，不惜浪费外，日常生活上的节省，较之幺儿尚远为过之。妻今天（七月二十一）早上问："你这碗里的水摆几天，做什么？""这是肥皂泡的水呀，用来洗东西，比洁精便宜。"女儿很自然地回答。她们夫妇两人，坚持我们应搬到这里一起住；但住着七十年代的新式房子，过着抗战时期的旧式生活，对于我们，似乎不太适宜的。也正凭这一点，所以她们还保有回到台湾，为自己国家服务的心愿。

我这个女儿，在家庭中，是比较聪明，比较得到父母更多宠爱，因而脾气也是最大的一个。她刚出国后，妻清理她的房间，发现衣柜里收藏着五六十册英文小说，这是她在每月三百元台币的零用钱中节省出来陆续买的。说明了为什么她出国后能以四年时间得到博士，但在大学中成绩并不出色的原因。因为在任何情形之下有求生可能的关系，我鼓励她学理工科，但她出国后，偶然发现她，高中时代的作文，内容深刻，章法谨密，字句凝重，才后悔应当使她学文科，她没有学文科，是我的一大损失。

女婿陈君宏光，质朴正直。他得博士学位后，曾在哈佛大学一个很有名的化学实验室中，工作了三年；现时在一家大药厂的研究部门，做研究工作，很受到重视。最难得的是他对自己的国家，抱有一番真诚的心愿。两个人，早上八点钟出门，把小女儿拜托给一位朋友的太太照顾，下午五点多回家，便忙着弄饭吃，哄孩子。女儿一再要我观光她的菜园，我看了一下，菜都埋没在杂草里。她们实在是太忙，太辛苦了。为了维持自己的地位，每年至少得发表一篇论文。她说"这次我一定要花两千元来招待爸妈"。她们的确愿花这笔钱，但我看她们很难有花这笔钱的时间。

三

普林斯顿大学东方语文系教授高友工先生，我和他虽无一面之缘，但早听说，他很喜欢看我有关中国文学方面的文章。普大离女儿住处很近，昨天（七月二十）便去看他，他为我安排参观葛思德东方图书馆，并以午餐招待。餐后陪我们参观他们的校园。高先生年近五十，不结婚，不会开车，专心研究中国文学，卓然有成。美国人教中国文学而有成绩的，多出他门下。他向我说"许多人只从考证上写中国文学史，徐先生则深入到中国文学的思想里面去"。他再三称道我的《中国艺术精神》一书的第一、第二两章。谦虚诚挚，不愧为留美学人中的特出人物。

由高先生介绍与葛思德东方图书馆馆长童世纲先生见面。因为他是湖北人，所以见面后特别亲切。首先说"您的著作我们这里都有"。先参观一般的中文、日文、韩文图书，再参观世界闻名的善本书。在参观中他扼要地说明了此一图书馆的历史。

美人葛思德，到北平观光，和美国使馆的海军武官义理寿相识。葛患眼疾，久医不愈；义理寿劝他试用中药，他花两角钱买了马应龙的世传眼药，居然把眼疾医好了。义理寿精于中文中语，退休后仍居北平；葛便托他收购中国图书，在二千种以上。义理寿又向葛思德建议，中国通年战乱，旧籍不值钱，但将来一定是值钱的，不如及时收购。葛氏便委托他继续负收购之责，有的出自故家，有的出自清宫，得书共约七万五千册。抗战军兴，日寇入北平，义理寿又将续购的两万七千册运回美国。其书先藏于加拿大麦琪尔大学，开设葛思德汉学藏书库，后改为葛思德东方图书馆；一九三七年价让于普林斯顿高深研究所，研究所无地可容，乃移入普林斯顿大学，堆在一个角落里，无人过问。一九五〇年，当时校长向胡适之先生请教，胡看过后谓实无价之宝。该校遂聘胡负图书整理之责，胡先生请童世纲先生相助，并劝他们成立东方语文学系。胡辞去后，即由童先生任馆长耕耘二十多年，遂成今日的规模；藏书总量，在美国居第三位，善本书则居第一位。入门处有三道警铃，可见被宝视的情形。义理寿之言，至是始验，这是中国人应深引以自愧的。

童先生拿出些特别版本给我看，真是羡慕不已。但我印象深刻，却与版本无关的，是科举时代，租给有钱人家的子弟，作夹带用的一件绸袍，上面抄着七百二十二篇八股文，凡五十二万多字，以备科场内抄袭之用。自唐代科举起，即有舞弊与防弊的情形，愈演愈烈。这件绸袍，正是中国知识分子人格扫地、知识破

瞎游杂记之六

产的具体证明。我们应从这种地方去了解近代三百年，中西文化，何以有这样天壤悬隔的现象。

一九七七年七月卅日《华侨日报》

无惭尺布裹头归·生平

瞎游杂记之七

一

在纽约州立大学教书的洪君铭水，对中国文学，有详博而深入的研究，是东海大学特出学生之一。他知道我来到纽泽西女儿的地方，即来电话要我到他的家里住几天，因为有些老学生及其他年轻朋友，想和我见见面。二十三日是周六，便偕同女儿的家，同赴纽约市，参观大都市博物馆后，女儿的一家，在洪君家里住了一晚，我和妻则住了四晚，白天参观博物图书馆，晚上陪着来看我的年轻朋友聊天，一聊便聊到深夜。这些年轻朋友的共同点是，年龄都在四十岁上下，学问都有相当的成就，都有一份安定的职业，过着美国中产阶级的生活，对自己国家（包括大陆与台湾）都十分关心。在政治态度上，有左与右的不同，但对问题都愿意听不同的意见，作理智性的讨论。

来看我的年轻朋友中，有些是过去不曾见过面的；他们都知道我在学问上的态度，也都希望听到我对若干问题的意见。我则恰恰相反，希望了解他们的经验和怀抱。在叙述我们聊天的若干内容以前，我想先谈谈中国人在美国的左派。但应郑重声明一句，下面所谈的是我来美后从各地各人听来的综合，与我们的深夜聊天，是毫无关系的。

二

粗枝大叶地说，亲中共的是左派，亲国民党的是右派。在钓鱼台运动爆发时，大家只是基于爱国心，反对日本继续对我国的侵略，并未计及左与右的界线的划分。我在加州时，一位应当是属于右派的年轻朋友告诉我，因为当时国民党领导方针的偏差，一下子把有爱国心而感情较冲动的人，都刺激而变为左派，于是一夜之间，左派在美国占了绝对的优势。美国人不了解中国因长期受外国侵略所激起的民族意识之强，只觉得中共有如魔术师样地一下子制造出这么多的左派，感到相当震动，曾由美政府的某些单位，做了一番认真的研究工作。

但是，在美国的左派，除由中共划分为"真左"与"假左"之外，在真左中，也应划分为"可以讲理的左派"和"不可以讲理的左派"。所谓可以讲理的左派，是承认社会主义的大方向，承认中共做了许多有意义的事情；但中共的说法与做法，并非完全是合理的，并非是不可讨论的；甚至历年中共政权结构的自身，是含有某种基本性的矛盾与缺点，而需要作根源性的克服。所谓不可以讲理的左派，是认为凡出于中共之口、中共之手的，都是绝对的真理，都非常地伟大，不允许任何人加以怀疑，怀疑便是反革命。钓鱼台时代的左派，抱着理想到祖国去认同，可是经过林彪事件、邓小平事件、四人帮事件，理想幻灭了。有的人因此消沉下来，而成为"左右皆忘"。其中优秀的分子，则多成为讲理的左派。此种左派构成在美国的左派分子的精英，但他们的前途

　　　　　　　　　　　　无惭尺布裹头归·生平

我认为是很可虑的。不讲理的左派，或者是国民党忠贞分子的转型，以忠贞于国民党的方式来忠贞于中共，可谓驾轻就熟，或者是因开口不能讲理论，执笔不能写文章，只有完全靠喊口号作表现。或者是初来美国的台湾和香港的学生，尤其是学理工方面的学生；他们只听到口号，而未曾观察过事变，更没有研究过资料，但他们的动机多是纯洁的。此种左派，构成在美国左派的核心，对年老一辈的左派，负转达与领导之责。有人向我提出这样的一个问题：为什么在台湾因讲民主自由而与国民党弄得很不愉快的人，来到美国后，即使左，也只左到讲理的左派的程度；反而在台湾时是忠贞之士，来美后，若是左了，便左成不能讲理的左派呢？其实，这可以引出另外一个大问题，即是，为什么文化过于落后的像柬埔寨、埃塞俄比亚这种国家的社会主义，堕落到语言道断的野蛮程度，而西欧、日本的共党，对马列主义非大加修正不可呢？这实际是曾否通过自由民主以引起人的理智自觉的问题。

三

在美国年老一辈的向大陆回归的人士或者也可称之为左派，但不应与年轻们的左派相提并论，因为他们的动机、目的，较之年轻的任何左派，远为复杂。并且他们虽有的回过大陆，但在中共心目中，依然视为右派，有如刘××、赵××。有的回过大陆，并且出来后还发表过歌颂的言论，但在中共心目中也不认为他是真左派，有如顾××、杨×× 可以说是左派，但他不一定是甘心受不讲理的左派的领导。杨×× 对大陆的情形，知道得很清楚，但他决不讲一句批评的乃至怀疑的话，有人认为这是顾虑在大陆的亲属的关系。我听说一个故事：中共在某一重要纪念会的前夕，领先请王×和杨××讲话；不讲理的左派向王×说"我们可以代你拟讲演稿"，王×接受了，但拟的稿，文字既拙劣，交到王×手上的时间又迟，王在开会时念得结里结巴，使观众不能卒听；英文稿发表后，错误百出，几可视为笑话。当不讲理的左派向杨××提出代拟讲稿之说时，被杨××所拒绝，所以杨念的是自己的手笔。知道此事的人，即以此事定杨、王两位品格的高下。大家知道，无条件接受不讲理的左派领导的，一为王×，一为赵××，另一为何××。据他们分析，王×在地位与金钱上，都已得到满足，只有在他的学问上得不到精神的安顿，他便以这种方式来填补他精神上的空虚。此次来美，从加州到纽约，才知道被所有左派最瞧不起，最受到鄙视的是赵××，说他在不能讲理的左派面前，卑躬折节，连小丑都不如。有的人告诉我，台湾中央研究院的院士，除胡适学派外，不钻门路是得不到的。何某为了得到院士，他在钻门路上，可说使出了浑身解数。得到后，却作为向左靠的资本，真是厉害。又有人告诉我，何某"立功"心切，曾想尽方法，想认识严××的女儿，以便着实游说一番的，可惜未能如愿以偿。向我讲这种话的朋友，都是出之以"奇谈"的心理；其实，只要想到他在西南联大时，以三青团高干部的资格，去捉打当时是左派的徐高阮先生，幸而被徐高阮先生逃脱的情形，便不难发现"人格逻辑"的合理推衍而不觉其为"奇"了。

四

前面综述了我所闻的在美国的左派情形。当然也有年轻朋友

　　　　　　　　　　　　　无惭尺布裹头归·生平

问我对左右派的看法。记得我写学术性的文章，是从《象山学述》开始。陆象山的学问，是以"义利之辨"为骨干。义是大众的利益，利是个人的利益。象山认为对各种议论意见，首先要追问到说的人到底是为了大众利益的义呢，还是为了个人利益的利。是非曲直，首先应在这种地方作一反省，下一决断。象山的这种思想，给了我深刻的影响。所以我答复此一问题时，认为只要不是为了维护政治经济特权集团的利益，不是出于个人投机取巧的企图，则在这一历史巨变中，左有左的道理，右有右的道理，不左不右有不左不右的道理。只有认为不作应声虫，便是反革命，认为不是同志，便是敌人的这一批，才完全没有道理。国家一切的灾祸，都是由这批人造出的。我的这种观点，是由近几十年来的历史体验所形成的。只要想到国民党许多党员过分自私和腐败的情形，能说左的没有道理吗？只要想到共产党取得政权二十多年了，人民还不能生活于法治轨迹之上，而只能生活于干部态度之上，为什么能说右的便没有道理？今日的左与右，不仅是对问题的看法问题，而是现实势力的格套。假使有人，只愿站在国家人民的立场，而不愿落入任何格套，则不左不右的，当然更有他的"王道平平"的道理。承认他们都有道理，然后彼此间才可以商量，才可以沟通，才可以团结。今日若还有人认定"我是真理"、"我是道路"、"顺我者生，逆我者死"，则这种人必然是自己怀有不可告人的隐秘，不敢与天下以共见，所以必然是天下最坏的人。

五

在谈天的年轻朋友中，有的是在不同程度上，与中共发生过关系，抱着互有出入的反应的。但有一点，我觉得大家的看法似乎是一致：中共的基本问题，是社会主义中的民主法治问题，所以大家问我，有没有看过李一哲的大字报，大家似乎很看重李一哲的大字报。对李一哲的被捕入狱，都感到惶惑。邓小平复出，大多数的美籍华裔，都寄以莫大希望，政治意识特强的年轻朋友们更不待说。有的朋友问我："邓小平复出后，首先应做些什么？"这是我答复不了的问题。但我在四人帮刚被捕后所写的文章中，认中共当务之急，应首先恢复他们党内的民主。我对中共十届三中全会的决议案，除把"人民"放在第四位，硬制造出一个"毛主席的学生"，以此为党主席的首要条件，及对四人帮所定近于荒谬的罪名，表示反对外，对邓小平通过此种程序而始复出，觉得是一种好现象。邓小平复出后，当然会以全力推动四个现代化；四个现代化所遭遇的问题很多，但最根本的问题是干部经过反复的斗争，把一切都看穿了，自然形成苟且求全的心理。人民的生存生活，没有客观的保障，不能为自己作较长远的打算；偶然作此种打算，便被指为资本主义复活；所以干部和人民，都因自主性的完全丧失，而丧失了积极主动的精神。这种精神的恢复，不是仅靠标语、口号、群众运动便可做到的。并且这一套，老百姓已经看得多了，一次又一次地重复，可能会因引起过去的回忆而增加他们的不信任感。所以目前当务之急，应建立人民生存生活的客观保障，这便是要重新制定一部保障基本人权的宪法，及整备宪法系统下的司法程序和机能。中共应在自己的党章中规定：实行宪法与法治，是共产党的最大责任，并以此为制定政策、实行奖惩的标准，凡违反宪法，违反法治，在法外去整肃人民的，不论任何借口，都在惩处之列，使人民今后只注意国家的法，而不必注意干部脸上的表情，他们便对自己生存生活的前途有了信心，主动积极的精神，才能涌现出来。于是有的朋友说，在四个现代化以外，应加一个"政治现代化"，并以此解决政权移转时的危机。因为有资本主义的现代化，也有社会主义的现代化。有资本主义下的法治，也有社会主义下的法治；不理想的法治，也胜过以斗争为纲的斗争之治。

六

有人提到毛曾毒骂梁漱溟，但梁氏至今还健在，可见因文化背景的不同，毛毕竟比史达林为宽大的问题，我承认此种说法。但当时政协会是人民代表大会的前身，是实行国家最高权力的机构。政协委员都是由中共选定的，在会议中有自由发言的权力。而梁氏的话，只是为农民叫苦，这是当时及以后，共党内外，所一致承认的事实。毛氏对此却大发雷霆，在毒骂中破坏发言者的人格，这不仅对自己所建立的合法机构，看作半文不值，其刚狠自用的情形，远过于秦皇汉武。以后拒绝彭德怀的万言书，发动文化大革命，皆由此线索而来。华国锋把这篇骂词选入《毛选集》五卷中，这说明什么呢？

我在这些年轻朋友面前，没有说得像上面所写的激切，但我曾指出：班固为效忠汉室政权而作史，所以司马迁的《史记》，对汉室政权有深刻的批评，而《汉书》则作多方面的护卫。但贾山不过是一位列侯的骑马卫士，因为他曾向文帝上《至言》，班固便为他立传，这可以说是史家破例的特笔。《至言》的主要内容：首先说明以秦的强大，所以二世而亡，是因为始皇对提出批评意见（谏）的人，辄加之以罪，所以将亡的现象已著，而没有人敢向他说出。由此可知接受批评与否，是兴亡的关键。其次说明皇帝的威严，是至高无上的。人臣不是置生死利害于不顾，便不敢提出批评意见。所以，皇帝应当鼓励臣民提出批评，不可加以抑压。又其次，能提出有力批评的是"士"，所以朝廷应当养士、敬士。班固认为贾山的话，说到了治乱兴衰的要点，说这种话的人，才真是为朝廷效忠的人，所以便为他立传。三千多年的历史证明，凡是逢君之恶、长君之恶的应声虫，必然是奸贼；凡是犯颜极谏，提出人君所不愿听的政治社会问题的人，多是忠良。毛泽东喜欢读《通鉴》，连这一起码的历史教训都不曾接触到，继起的人还要加以师承，这真是中国的大悲剧。国内的知识分子，在那种体制之下，是无可奈何的。海外负有声誉的知识分子，有充分的言论自由，回到祖国观光，假定对这些年来最显著的错误（例如文教政策）与危机，毫无感觉，则他们的知识到什么地方去了？若有所感觉而不肯出一言，以促成中共的反省，则他们的良心到什么地方去了？他们发表的随声附和、颠倒黑白的言论，镶在历史的镜子里面看，对国家人民而言，乃至对中共而言，到底是忠良，还是奸贼？有良史出，必能加以别择。有的年轻朋友说："这是海外不曾听过的意见。"

七

有位年轻的哲学教授，不仅对中西哲学很有研究，并且对祖国问题，流露出天真的热情，当他把大陆问题，和他所研究的哲学，关连在一起，而发挥宏论卓见时，有点像刚逝世的方东美先生的神气。他太太也是哲学系出身贤德的太太，经常选定适当时机，在他肩头上拍几下，提醒他好让旁人有发言的机会。他再三强调：唯心唯物，与一个人的科学研究，及对人民服务的态度，毫无关系。假定在科学研究上有成就，对人民服务很热心，但在哲学上却相信唯心论，便应加以排斥吗？有人相信唯物论，便能保证他在科学上的成就，和对人民服务的诚意吗？在宇宙根源问题上的认定，牵涉不到现实人生、现实政治问题上的是非得失，为什么要坚持唯物打击唯心，陷在自己所造成的枷锁里面呢？于是有的年轻朋友说：这是"世界观"的问题。据我所知，早有人说过，马克思的唯物史观，与共党革命有密切关连，但唯心唯物，找不出与共党革命有何相干，也即是与共党革命不相干。马、恩当年谈这一套，只不过是囿于一时的学术风气。但常识地说，世界观可以影响一个人的人生观，例如道家虚无的世界观，便形成虚静的人生观；儒家仁义的世界观，便形成仁义的人生观。我不知道唯心论的世界观，是否即形成强调精神作用的人生观；也不知道强调精神作用，可以改变"物"的世界的人生观，对共党究竟有什么妨碍；更不知道对毛泽东口头上是唯物，而实际上则是唯心，又将作何解释。这是应当写一本厚厚的书来加以讨论的问题，这是一个应当在人类长期生活实践中来加以检证的问题。不过我近来的倾向，认为一个政治家，应当在人格、人民、国家的真实问题上立基，不必枉费心机去谈什么哲学，尤其不必谈什么"系统哲学"。

八

这位哲学教授所以年来不断强调，政治上应摆脱唯心唯物的格套的用心，是想为中国文化在中国本土上求得生存的机会。他在谈天中特别指出一个民族的文化，对于民族生存发展上的重大意义。中共这些年来，把中国文化的主流，只轻轻用"唯心"两字，便一棒子将它打死，这是对中国文化有认识的人所不甘心的。但实际，以人文为主的中国文化，在佛教进入中国而得到发展以前，根本不曾出现过唯心论。孔子只从"四时行焉，百物生焉"去认识天。天的道德性，完全是由人对道德的要求与伸长所投射上去的。老子的道，很难作唯心唯物的"一义性"的解释。孟子、庄子所强调的心，指的是人的身体之内的"方寸"之心，与西方所谓唯心论的心，相差十万八千里。看到一个"心"字，便惶惑地说这是唯心论而避之唯恐不及，乃是出于落后的无知，这位哲学教授，把他们估计得太高了。

这位教授又提出，共产党是以意识形态为主的党，谁掌握了意识形态，谁便坐上领导者的地位。毛泽东在现实路线上受到一连串的失败，却当领袖一直当到死，是因为他掌握了中共的意识形态。有的年轻朋友加以补正说：在政治斗争中，除了葡萄牙社会党战胜了共产党外，其余的都是越左便越得到胜利。毛的胜利是得力于一个"左"字。但我对此都感到迷惘。《毛选集》五卷中，毛再三说，右也不对，左也同样地不对。并明白地说："左不是马克思主义。"然则毛的胜利，是非马克思主义的胜利吗？从文革十年大陆所受的巨大损失、所陷的巨大混乱看，毛个人胜利的另一面，是国家人民乃至共党自身的大失败。现实的经验证明，斗争的胜败，乃决定于权术，意识形态在斗争中不过是权术运用的一种。毛在文革中把文教大权交给最无知识的江青，而江青现在更被定罪为"叛徒"，难道毛对自己枕边人的认识，赶不上华国锋吗？由江青的长期掌握文教大权，则意识形态的自身，到底又算得什么呢？这都是要从头思考的问题。

我曾说过，邓小平再出后，应当努力去做的事情之一，是对中国文化态度要作一百八十度的转换，把诬蔑、毁弃中国文化的态度转换为认识、担当的态度。于是有的年轻朋友问我：传统文化，怎能和现代连结得起来？我简单地答复：第一，历史归历史，现代为现代。我们岂能以现代的需求去要求历史？这对历史的正确认识，是现代人在知识上与精神上的不容自已的要求，没有这种要求，只证明某些人的成长有了问题。第二，我们应把发展的观念实践的反省，应用到传统文化中去，即可发现传统文化与现代，是亲和地连结在一起，并给现代生活以力量。最浅显地说，"不患寡，而患不均"，"货恶其弃于地"，"力恶其不出于身，不必为己"，为什么不可发展为社会主义？"舜禹之有天下也，而不与焉"，"民为贵，社稷次之，君为轻"，为甚么不可发展为民主主义？"己欲立，而立人，己欲达，而达人"，"己所不欲，勿施于人"，"主忠信"，"居处恭，执事敬，与人忠"。假使是真有实践自觉的人，把上面这类的话，对照着自己，能说是不相干的话吗？第三是发挥批判精神，以人格、人民、国家，为批判的标准，则我们在传统文化中，自然可以看出人类应走的路。

九

在聊天中，当然也聊到"华埠"的问题，即所谓"唐人街"的问题，这是作为中国人摆在眼面前应当深切反省的问题。在孟特瑞开会的中途，日本冈田武彦先生吐血的旧病复发，送院负责治疗的是美籍日本医师。餐桌上谈到此事时，中国的先生们同声叹息地说：日本人在美国，团结互助，先来的帮助后来的共同争取社会地位。中国人则先来的吃定了后来的，由台湾来的某将军所开的馆子，连小账也不分给临时打工的学生。当时愤慨鄙视的情绪，溢于言表。这种情形，在此次聊天中，得到许多小故事的证实。成衣业本是意大利的世界，华人所以能打入到里面去，主要便是来自特廉的工资。这是最显著的例子。但毕竟不似某将军的可怕。

华埠的老堂会，据说是靠赌馆维持的。每一个赌场，必须请打手保镖，干保镖的人，同时也兼营敲诈抢劫的生活。某位仁兄，向一个壁橱里陈设点小玩意的商人要"规费"，这位商人请他看看货物，实在没有值钱的东西，那位仁兄却说："你壁橱的这块玻璃，总值几百元吧！"这位商人被他一言惊醒，只好照付。从台湾来的一对年轻夫妇，开了家"四川饭店"，第一次勒去了两百元，第二次照旧，第三次未给，次日发现两人都横尸在餐厅里。最近被刺未死的李文彬，据传说，他与这批人物的后台有关。因为警局近来禁赌加严，十家赌馆临时放假，大家对这批放了假的人物更为惶恐，当然会影响到华埠的经济活动。这真不是一件小事。

一九七七年八月三日、八日、十日《华侨日报》

瞎游杂记之八

一

杂记之七,"瞎说"远超过了"瞎游",现在应扯回到瞎游上面。

据说,纽约有近三十个博物馆,各有各的特色,各有各的社会教育性、娱乐性的活动。其中当然以大都会博物馆的收藏最富,规模最大。数月以前,便有朋友来信说该博物馆最近收买了几百万美元的中国画,我到纽约时,值得去看看;所以我这次一到纽约,便首先去这家博物馆,并首先找陈列中国艺术品的地方,才知道这批画目前并未展出;陈列的是以六朝时代的造像石刻为主,气象慈祥静穆,说明了佛教进入中国后,受到中国文化影响,不知不觉地赋予了这些佛以新的形象。有一方壁,镶上了取自山西宫观中的一整幅元代壁画;从原来的壁上分割下来,移到这里的壁上复旧,中间所经过的技巧、人力,是颇为惊人的。可惜我无法知道它由中而美的经过历史。可能也是由奸商奸吏所制造出来的一段丑史。陈列中有中国陶器、磁器,没有看到铜器。

在高层陈列室里,看到古代各民族的遗物,有的比中国今日可以看到的最早的遗物更早;而在制作的技巧上,不仅各民族有各民族的风格，并且都达到相当高的水准，有的还超过了中国古代所能达到的最低限度，决不能说在中国古代所能达到的水准之下，这真可从实物上扩大我们对人类文化的胸襟、眼界。但遗留着这样高水准器物的民族，在历史上几乎都先后消失了。大家应当承认，人类一切文化的创造活动，都是以人类自身能生存、发展下去，作为最低与最高的目标。在器物创造的技术上，达到了这样高的水准，但创造这种水准的民族，却不能免于消失的命运。这说明了人类的命运，并非完全决定于技术；在由技术所征表的文化以外，还应当有其他的文化。简单地说，在人对物所表现出的技术之外，还需要人对人所表现出的智慧。我们若肯反省到这里，便应当了解以孔子为中心的中国文化的意义，也可以了解中国古代哲人，为了大众生活，而反对仅有特权阶级才可以享受的奇技淫巧的用心。

二

"现代艺术馆"，收罗了新印象主义及其以后的达达主义、超现实主义、抽象主义等等的作品，我若不去瞻仰一番，便连自己也感到在艺术方面的顽固。进到馆里面首先引起我注意的是比加索所画的西班牙内战的一幅画，我早从画册上看过多次，但终不能像从原迹上所给予我的深刻印象。尤其难得的是，它把比加索为了创造这幅画，经过许多次构想的素描草稿，随着草稿先后的顺序，一起展了出来，一直到最后的定稿。由草稿到定稿，比加索是尽量运用他的想象力，要把内战的"残酷"情景，以最大的浓缩度，以最大的悲怆气氛表现了出来。由此而获得惊心动魄、深哀巨恸的效果，引起观者对内战的彻底厌恨与拒斥。从这幅画的创造历程，可以了解一位巨匠在创造时的缔造经营之苦。此一事实应当可给宽象模糊、技术稚劣、徒以"现代"两字自掩其丑的人们以莫大的讽刺。

陈列中有许多名作，大部分是在画册上看过的。使我失望的是曾与比加索齐名的马提斯的作品，他所给我的印象是结构松弛，还用一大块白、一大块黑，或者用许多纤巧的线条、炫惑的彩色，所构成的现代画。我过去曾投以厌恶卑视的心情而挨了几次骂，现在依然没有丝毫长进，宁愿挨骂，也不能假装出内行的样子，说出一两句恭维的话。但其中我也发现出或者可称为新写实主义的作品，一位婀娜多姿的少女，躺在自己家屋前的草地上，悠闲淡远，物我皆忘，难道这不能给匆忙迫促的现代人以片刻的精神休息吗？另外一个博物馆，是为了看"两百年黑人艺术展"而前往，连馆的名字也没有记下来。十九世纪黑人所画的画，是以白人为题材；画的人物，也是白人的绅士和淑女。他们的技巧，在写实上，我决不认为在白人名家之下。若不作特别标出，便会以为是出于白人画家之手。但从二十世纪二十年代起，从题材到内涵，有了一百八十度的转变。题材由白人转变为黑人，内涵由白人高华的情调，转变为黑人在苦难中的郁勃悲伤。线条由细变粗，颜色由明转暗。此一转变，最清楚地反映出黑人在甘心被奴役以前，及不甘心被奴役而有了民族自觉以后的两个阶段。我怀疑台港有不少画家，还停顿在十九世纪黑人画家的阶段。

三

洪君铭水，再三鼓励我去参观哥伦比亚大学图书馆的东方部。
过去是由唐德刚先生当馆长，他现在到纽约市立大学教书去了，馆
长是一位留学日本的美国人士。我要看的是他们所藏的中国善本
书。进到善本书库后，首先引我注目的是他们所藏的中国的族谱。
我问一共有多少种，馆长说有一千种，大概他把我的话听错了，不
会这么多种的。但他们居然会藏到我们的族谱，我认为这是由于过
去负责人士非常有眼光所做的一件大事。听说日本有一家图书馆也
收藏了不少，可能是东京的东洋文库。大家应当记得，有位黑人作
家写了一部可译为"根"的小说，在美国哄动一时，并曾拍成电视
剧引起美国不少人的寻根热，纷纷想找自己家世的来源。族谱即是
中国人的根。中国首先有帝王的谱牒，再有诸侯、贵族的谱牒，再
有世家的传记。大概到了汉末而渐渐出现了世家的家谱，再推衍便
出现了一般平民的族谱；这是中国史学发展的高峰，使每一个人在
时间之流中，都占有一个地位。也是中国文化重视返本归源，敬宗
收族的具体结果，对中国民族克服历史灾难，渡过时代危机，曾发
挥了莫大的意义。所以中国民族，早在三千年前，即是本枝百世，
瓜瓞绵绵的植根最深最久的民族。族谱成为中国文化的一大特色。
但惭愧的是，中国人今后假若也想找自己的根，大概只有到日本和
美国图书馆里，寻千百于什了。"无知即是罪恶"，大量销毁人民族
谱的人，正犯了由无知而来的滔天罪恶。

一九七七年八月十二日《华侨日报》

瞎游杂记之九

一

承胡适之先生之后，以二十五年的岁月，把葛思德留下的旧籍，整理扩充为现在普林斯顿大学葛思德东方图书馆这样规模的童世纲馆长，他以治事同样的精神，对待他的同事，对待他的朋友。所以在他今年七月退休的时候，得到学校当局所给与的最大荣誉，及同人们在惜别会中所流露出的由真诚友谊而来的深厚感情。我在这里多住了几天，朋友告诉我，他二十五年来，每天没有办公的时间，而是以他的精疲力竭为离开办公室的标准。图书馆的每一部书，没有不用上他的心，经过他的手，来加以妥善处理的。在书架的头边，贴上小幅的艺术剪纸或绘画，下面再加上英译的中国圣贤的格言。他的用心是想进入到书库里面的人，由注目这些小艺术品而阅读到这些精粹的格言，由这些精粹的格言而引起研究中国文化的兴趣。即此一端，也可看出他二十五年的心力，系和馆里的藏书，尤其是和所藏的善本书，是交织在一起的。我参观了几处大图书馆，总的感觉，是其他图书馆，书与管理书的人系分而为二，而这里则书与管理书的人是合而为一。我恳切希望，这应当成为普林斯顿大学葛思德东方图书馆的永恒传统。在此一传统中，保持着童先生的不朽的面目。

童先生对朋友的叮咛恳切，和对他的事业是一样的。我们初次见面，除了特别破费招待我的全家外，并把馆里所收藏的我的著作，给我一份目录，其中有的是我早已忘掉了的。因为住地离普大很近，而普大的美术馆又相当有名，便偶然谈到，想去看看，但不愿惊动鼎鼎大名，并且又非常忙碌的方闻教授。但童先生认为应当借此机会见见面，由他在我面前详述了方教授从当学生时代起，各种特出成就的情形，可以推测他在方教授面前，也会着实为我吹嘘了一顿。他在电话中说："方教授很佩服你，说你是这一方面（中国艺术）的天才；欢迎你来看看，由他招待午餐。"真的，和方教授见面后，亲切诚恳，受益良多，我以为这是童先生善为朋友道地的结果。

二

湖北省立国学馆同学老友涂寿眉先生有四个男孩，是我和妻"看着长大的"，读书无一个不乖。老大砚诒，是农经博士，在美国教授行中可能要算老资格。老三剑诒，是生化博士，老四书诒，是化学博士，在美国都有很好的成就。只有老二经诒的博士，是由哲学文学得来的，算是与我同行，现在纽泽西州立大学教比较文学和中国思想史，深湛恳笃，未易窥其所至。他住处和小女住处很近，女儿女婿都忙着上班，所以八月三日，便由他开车接我去普大，耽搁了他整整一天的时间。

到了普大，由童先生陪着到美术馆和方教授见面。除看了他们挂出的中国画外，方教授问我还想看什么，我说，"并没有一定的目标，只想看你觉得比较特殊的"。于是方教授拿出了一个小条幅的石涛水墨山水，方教授笑着说，"卖的人是当作假画卖出的"，因此当然买得便宜。我觉得这是真迹。在这种地方，不能不佩服他特出的眼力。又拿出元代和明初禅僧们的墨迹册页，诚如方教授所说，这是中国收藏中所没有的。我并认为可能对禅宗史的研究有若干帮助。方教授还拿出赵子昂早年所画的青绿的深林高士图（我忘记画的标题，这是随意加上去的）的短卷给我看，认为这在许多高士图中，有关键性的意义。在一片青绿色的古木里，坐着一位五十许的士人，神闲气定，悠然自足，与他周围的气氛，融和在一起，使人有"穆如清风"之感，不须"置之岩石中"，自然见其高致，这与后人评子昂所画陶渊明图的文字相对照，亦可窥见赵子昂被形势所抑压的真实的胸怀。我顺便提到台北故宫所藏宋徽宗的《文会图》，乃《十八学士图》之一半；《十八学士图》本为横卷，而故宫者乃为立轴，此只要与《式古堂书画汇考》中所记者一加对照，其真伪立可了然。方教授亦以为然。

午餐后，方教授陪我看他们所收藏的书画图片，完备、清晰，而安放得有条理，这是经过长期努力才能得到的成绩，对研究书画史的人提供了很大的便利。我觉得这是方教授对普大所作的无私的重大贡献。

三

本来预定，女儿的一家，八月六日，陪我们到华盛顿去游览，因宾大教授傅伟勋先生两次来电话，要我们在他府上住一晚，便定于五日下午，女儿女婿下班后向费城出发。但五日早上，涂君经诒，开车来接我去参观他教书的学校。普大只有八千多人，而纽泽西州立大学总共有四万多人；学校采取联邦制，有如过去的香港中文大学。在他教书的地方便有两万多人，这种制度的利弊得失，涂君解释得很清楚，浮现出了几年来香港中大纠纷的面影。他把车开到各个单位，作扼要的说明。在成立的年代上居于第八位，在学术的地位上，居于二流的前列。文科方面，大体分为男生学院和女生学院。而有关中国的课程，则是开在一九六七年所成立的一个学院里，他是这方面课程的开山祖师。当时在反越战风潮之下，引起了激烈的学生运动，再加上黑人的民权运动及波多黎各人的民族运动，美国的社会问题，一时并发，形势相当严重，而在文化上则是反传统的。这个学院是为解决这些问题而建立，所以课程是以适应少数民族的要求，及研究突出的社会问题为主，教授和学生，黑人占有百分之二十五。"黑人民族史"、"黑人民权运动史"之类的课程，都与传统文化方面的课程连不上。可以说，这是建基于反传统之上的一个学院。但现时美国大势，是由反传统而转回到认识传统、继承传统。于是这个学院成立的基础开始动摇，负责的人也不能不感到惶惑。把有关中国文化的课程安排在这个学院里有点不伦不类。所以，涂君和其他两位教中国课程的先生，当然要求改隶到男生学院或女生学院。男生学院目前没有正式的院长，女生学院的院长是一位黑人女士。这位黑人女士，一听到他们课程改隶的意见，马上表示由衷的欢迎。这也算是很有意味的一件事。

一九七七年八月十八日《华侨日报》

瞎游杂记之十

一

傅伟勋先生在台湾大学哲学系教书的时候，有一次和几位年轻朋友到东海大学来看我，他的气象朗畅而诚挚，与当时以出风头为事的一批年轻人迥然不同。往来渐多，知道他当时治西洋哲学，已经深入而自成条理；对中国文化，则存有一番尊敬向慕之心。当时台大哲学系，已经是沉疴痼疾，而负系务责任的人，又地域之见极深。我心里便把它的前途，寄托在傅先生身上，因为他是一位对学问有诚意，只计是非，不计地域的台籍青年学者。上一代退休，顺理成章地应由他负系主任的责任。所以当我接到他偕同新婚太太钟淑儿女士即将离台赴美，就任美国大学教职的信时感到非常难过；在简单的回信中，曾说"此生大概不会有再见的机会"。据傅先生说，此信他还保存着。这次我住在纽约洪君铭水家中时，他夫妇带同两个孩子，开来回约五小时的车，到洪君家中和我见面；彼此欢慰之情，可以想见。他知道我将赴华盛顿游览，又特来电话，要我稍稍绕点道，在他家里住一晚，于是连同小外孙女一家五口，八月五日下午五时四十分钟开车，七时左右到达，在他家里住了一晚。大家因疲劳入睡后，我们两人依然谈到深夜。次日他要陪我们去游附近为了纪念华盛顿的国家公园，因去华盛顿心切，六日早十时左右分手了。

傅先生到美国后，对中国哲学发生深厚兴趣，一直作有系统的深入研究。他并对诸先生的有关著作中，特推重我所写的《中国人性论史·先秦篇》，今年春季在参加一个学术会议所提出的论文中，只引用了我的说法，而他书架上的这本书也的确翻阅得近于破损。他为了了解中共，从马克思的德文原著读起，一直读到毛泽东的选集和语录。在"中国热"正高时，由左倾留美人士组成的乒乓球队访问团，请他当团长，他经再三考虑后，不曾接受。他告诉我："没有旁的原因，我是学哲学的，哲学的本身是批评性的。假定因此行而把我对国家、对文化所应保持的批评性取消了，还是不去的好。"这和今年的二二八及五四，两次请洪君铭水讲演，皆为洪君所婉拒的心境，大概是相同的。

二

傅先生对中共文化大革命以来的文化政策——以马列彻底否定中国文化的政策，表示极端的怀疑、不满，认为这样大的一个国家，岂有不在自己的历史文化上生根，而仅凭外来的几句话便可以立国之理。这一点，涂君经诒及其他的先生们，也向我提出过。我曾向傅先生说，中国的哲学、文学、史学，都对现实的政治、社会、人生，有深刻的批评性；在这一点上，与西方文化，没有分别。政治、社会、人生，是在文化批评中推动前进。取消了批评，便取消了文化，便失掉了人类前进的推动力。由政治上的定于一尊，而不得不以教条、口号、标语及各种歌功颂德之辞来代替乃至消灭有批评性的文化，这是所有共产国家中的最严重的问题。文化大革命，发展到把孔子的"克己复礼"说成是主张恢复奴隶制度，想用这种横蛮方式，将中国文化的主流一棒子打死，毁曲阜的孔庙，挖杭州的岳王坟，这种自暴自弃的情形，真到了疯狂的程度。岂是一切心理正常的人所能接受的吗？

我们的这种想法看法，都是不顾自身利害，发于由文化学习所充实的大脑的不容自已的作用。笛卡儿说"我思故我在"，意思是说人系以其能思想而始表现其存在，不思不想的人等于不存在。思想的本身即是批评，无批评即是无思想，即是不存在。每一个独裁者，都要求由人民的不存在以表现他个人盖天盖地的存在。但每一个人民都生着一个大脑，迫使他们接触不到真正的历史文化，他们还会接触到眼面前的事物及他们自身经验的记忆，他们的大脑还会发生作用，他们的生命还会继续存在。所以每一个独裁者都有如飘在天空中的气球样，一朝爆炸，便干瘪地掉下来，连玩耍它的儿童，也随意加以践踏。吹得越厉害，爆炸得越快，这是当独裁者的吹鼓手们所必然得到的辩证法的结果。

三

我和傅先生，决不否定海外学人"向祖国回归"的心理。这只要想到漂浮在海外，感到自己的一切，没有地方可以生根时，便自然有向祖国回归的要求。这是人类良心、道德的最基本的要求。但随着此一要求而同时发现的，应当是我们的人民及人民所活动的河山岁月才是祖国的实体，而并不限于某些权势。有的权势是代表人民利益，是带着人民前进，使河山岁月因此增辉的，当然值得"与祖国同在"地加以爱护。但有的权势，却恰恰相反，而我们依然爱护他，恭维他，则我们所爱护的是权势，不是祖国。每个国家都必有政府，都必有政府中的权势。对权势的观察、判断，便必须有由思想而来的批评作用。这里有个近于悲剧性的小故事。

在留美学人中有很高地位的某君，他一心想回到祖国去求得身心的安顿，这不能说是坏事。但不知道他是不敢使用自己的批评能力，还是他所学的逻辑，只是技术性的，不能构成思想，因而没有由思想所发生的批评能力，他年来只扮演一种应声虫的角色。当他参加某国际性的逻辑会议时，不谈自己本行的逻辑而大谈辩证法，他对辩证法与政治诡辩的区别，当然弄不清楚，给一位印度的学者批评得体无完肤大丢中国人的脸。当去年四人帮以全力打击邓小平时，他写篇文章大捧四人帮，痛骂邓小平。现在要他反转来写篇骂四人帮的文章，一直还未写出。听说有人向他提到此事时，他便面红耳赤，阻止他人不要再提。这证明了无思想，即无批评，即是自己的不存在。不过，若是由他的没有批评性，而即把他当作四人帮的党徒来看待，也是非常不公平的。

在和傅先生的谈话中，所引起的思想太多了，我这里也写得太杂乱了。由华盛顿返女儿的住处后，写了一首打油诗寄给他：

> 台中初见气峥嵘，一别当时惘惘情。
>
> 隔海重逢岂天意，中宵深语极人文。
>
> 求真直迫乘槎客，爱国长怀哲士心。
>
> 一夕高斋鸡黍后，未应惆怅话来生。

一九七七年八月廿二日《华侨日报》

瞎游杂记之十一

一

　　六日下午一时到达华盛顿外围，住在一家汽车旅馆里，比台北、香港的旅馆便宜，适合于中产阶级或小市民阶级之用。为了满足两岁半的小外孙女，首先便到动物园，坐在里面的小型观光车，转了一个圈子，内容不算充实。两只熊猫，依然是动物园里的两颗明星。我们最后拥在人群中去一瞻风采。它们是别苑而居，一只已经在洞内睡觉；一只正悠闲地吃竹叶，吃完竹叶，走到前面铁栏附近，把嘴在两个浅圆盘里转了一转，并没发现游客们的什么供养，就也钻进洞里去休息了。美国人不仅为这两只熊猫，做了适合于它俩居住的山石流泉阴洞，保持适合于它俩生活的气温，种着它俩经常所吃的竹叶的修竹，并且装置了收听的扩大器，使它俩的一呼一吸，都由扩大器播送到游客的耳中。熊猫的性格据说是很孤僻的，喜欢独往独来，即使在春天交配时，也不肯像黄色影片中的男女，经常流露出馋涎不绝的下流相。可以说，它是"兽中之隐逸者也"。今日它们所受到的隆恩宠遇，完全是它们所无法理解，可能也是无法忍受的。所以在扩音器中所听到的它的呼吸，带着粗暴的吼声，甚至可以说是在咆哮。但它润泽而黑白相间的毛色，圆圆胖胖，有如一位豪绅样的身躯；从从容容，有如一位贵妇样的动作；浑浑沌沌，有如一个孩子样的表情，的确可以引起人们对它发生一种莫名其妙的神秘感。难怪小外孙女把它和长颈鹿，有时说成是她自己，有时也淘气地说是她的爸爸妈妈、公公婆婆。

二

我们到华盛顿的目的，是参观以斯密逊安研究所（The Smithsonian Institution）为中心的三个博物馆、三个美术馆，再加上国会图书馆的。一连两天，每天上午十时到达，下午五时半离开。因为小外孙女的感冒，只好把预定的时间缩短了。英国富裕的科学家詹姆士·斯密逊，没有到过美国。但当他于一八二九年死在意大利时，遗嘱把他全部财产五十多万美元捐赠给美国，用"斯密逊安研究所"的名称，作为增进与普及人类知识的机构，设立在华盛顿。当时的五十万元，是一个很大的数字。现在此研究所有三千多个职员，其中有三百多个是专家、科学者；它的研究机构及收集资料的活动，遍及于美国国内外，成为美国的一大文化活动中心。

研究所及其他六个博物馆、美术馆及另一预定在一九八〇年开放的美术馆，都位置在从国会到华盛顿纪念塔的一个大椭圆形草地的周围。每一个馆内，设有包括饭厅在内的各种服务设备，甚至有的为小孩及残废人士设了小推车和轮椅。这一个环绕着椭圆形草地的周边，不仅是美国文物的中心，或者也可以说是世界文物的中心。据导游者的报告，假定在每一样收藏品面前站一分钟，便需要八十八年之久。若是一个人每天能站八小时，必须活到二百六十四岁再加上童稚和受教育的年龄，才可以站完。但站一分钟，又能看出什么呢？每一个人，在这种巨大的人类文化遗产面前，实在是太渺小了。我在参观过纽约及此地的博物馆、美术馆后的总印象是，凡是可用金钱买到的几乎都被美国人买来了；凡是现代可以运用的高贵材料达到的设计技能水准，都被美国人在博物馆、美术馆的建筑上运用上了。进入到这里，人类发展的阶段，自然界形成的历程，科技是如何在演进，艺术是如何的多彩多姿，都可给你一个粗线条的解答。但是，只有抱着一定的研究目的，由目的限定在一个狭小范围之内的人，才可得到一点什么。就我们这种短期游客来说，尤其是就我这样的瞎子游客来说，在美不胜收，目不暇给，比走马观花、过眼云烟，还要加强几倍速度的情形之下，要想能多把握点什么，无宁是精神的过分负担。中国有"至宝山而空回"的话，我感到此乃必然之势。这里面的许多成就，多是来自资本家的捐献。这不可仅用"捐献可以免税"来卤莽地加以解说。美国人说香港是文化沙漠，香港有的人不服。殖民地的政府，不成气候的资本家，除了吃喝玩乐外，香港在文化上只有甘心承认是一块小沙漠。小沙漠中要有点绿洲，恐怕只能靠少数不屈不挠、埋头苦干的学术研究者、文化工作者吧。

三

但我并不是没有若干感想。这里随便写出一点。在自然博物馆里面，从恐龙、化石、史前史后的动植物标本、实物，以至原质一千磅重的纯洁无疵的大水晶球，各色宝石群中的被称为"希望之星"的世界最大的蓝宝石，诚可谓聚"自然"的大观。其中有南北美大陆先史时代的原住民，及现时北极下的埃斯基摩人等各方面生活情态的模仿构造，都十分地逼真。陈列他们的日用品与工艺品以及奇特的图腾等实物的丰富，在人类学的研究上，当然有极大的意义。但为什么要把这些原住人、原始人的材料陈列在自然博物馆里呢？他们生产的工具，虽然非常简陋，但他们所做的装饰品、工艺品，有的已表现相当高的技巧。不论怎样，他们已经都是"人"，都有了某种程度的文化，为什么可以安置在与动植矿物相等伦的位置呢？尤其荒谬的是，其中有个京戏中《二进宫》的场面模型，做得和真的一般无二，但这是中国十九世纪末才发展成熟的一种戏剧艺术，他们扮演的也是传说中十六世纪前后的明代宫廷故事，可以与原始民族的原始生活相提并论吗？我把它和其他现象结合在一起的粗略印象是，这一研究中心，对中国的研究最为差劲。这实是我们中国人应当担负的责任。

其次，我在国立美术馆里，对欧洲中世纪末期的绘画，与文艺复兴时期的绘画，在比对之下，得出了一种非常鲜明的分界线。这比书本的解释要深刻得多。同时，我在纽约大都会博物馆及此美术馆里，觉得其他古代民族在工艺上所表现的技巧，文艺复兴时代的绘画在光和线条、颜色上所表现的技巧，实在是目眩神移，气为之夺。几乎对中国艺术，失掉了信心。但走进夫里尔美术馆（The Freer Gallery of Art）看到商周时代的铜器及陈列的字画，方感到他们的工艺品近于纤巧，而我们所表现的则是威重。他们的绘画是适应感官的要求，而我们的则系超越感官以得到精神的解放。这完全是属于两个不同的世界。商周铜器及好的书画，我过去也看得相当多了，但只有在这种鲜明对比之下，才引起我上述的莹澈的感觉。于是我又回复到"不轻视他人，同时也尊重自己"的本来态度。

一九七七年八月廿五日《华侨日报》

瞎游杂记之十二

一

美国可以游的地方太多了，但我的体力与时间，从华盛顿回来后，感到只能以饮一滴而知大海的水味为满足。这一个月来，觉得身体不错，所以把朋友为我在台北荣民总医院预定的检查病房，写信去取消了，想径返香港。可是这几天又感到身体不太舒服，只好重新打长途电话去保留。"瞎游"也因此告一段落。两个女儿一定要送到旧金山，她们非多花这笔钱不可；只有幺儿花不起这笔钱，大概心里很难过。故友徐道邻先生的外甥李培德君，和他的太太徐燕生女士，都在纽泽西州立大学教书，本来约了十多位年轻人，今（八月十四）晚在他们家里晚餐，以便见面谈谈；我的女儿怕我身体吃不消，又有她的左邻右舍的应酬，没有答应。昨晚在涂君经诒家晚餐，看到台大中文研究所毕业，现正念博士学位的杨君。杨君说有一二十位年轻人知道我在这里，要和我见面，我也只好推托下次再来了。在"只应相对话来生"的心情下多少有点歉然和黯然的。

因语言及个人心境的关系，此次的接触面很小，这对于我想了解点美国人生活实况的心愿，几乎是不可能。曾向若干年轻朋友问美国人和美国华埠以外的中国人，在生活上有些什么差别。综合大家的答案，最显明的有三点：一是美国人把私交和公务，分得很清楚，不像中国人在应付私交上去安排公务。二是美国人很坦率，对自己的知识能力，常坦率地表白出来，不像中国人要装作谦虚、含蓄。三是美国的中产阶级，要把每个月赚来的钱花光，不像中国人，总想存积一点，为年老及子女留个余地。据解释，这是来自文化背景的不同。但我觉得主要是来自对政治、社会的际遇和感受不同。即使是加入了美籍的中国人，在社会的地位及对政治的感觉，和白色美国人相较，总有若干差异，因而不能保持同等的安全感。遇着一个机构要裁员时，总是先从有色人开始。但最大的差异，可能是第一代的美籍华人，尤其是其中的知识分子，常在对美式生活的留恋、对祖国乡土的怀念中，陷于矛盾和困扰。因我们国家三十年来的巨变，这类美籍华人特多，其矛盾困扰的情形也特为显著。这是白色美国人所没有，也是他们所不易了解的。

二

我希望从好的方面去了解美国人所以称道他们的服务精神。但不少人士告诉我，这是由于竞争剧烈的原故。并且有的人士说，美国人的道德，已到了破产的边缘，甚至已经沦丧。但有两个小故事，给我以相反的深刻印象。其一是洪君铭水开车送我回女儿住处时，有一辆车超前停住，再用手势要洪君也停车。洪君停车后在车上伸出头问："有什么事我可以帮上忙吗？"那位中年的美国人士下车走向洪君说："我是想帮你的忙，你似乎走迷了路。"

洪君和他相谈片刻，果然把路走错了，赶快绕回头改走另一方向。我问："他为什么知道？"洪君说："因为我一面开车，一面看地图。"其二是女婿宏光，从华盛顿开车回来，中途在一家"汉包"店停车午餐，一面看地图，一面走向店的入口处。有位老太太走拢来和宏光指手划脚地谈了一会儿，自己坐车走了。宏光告诉我，这位老太太问他要到什么地方，是不是找不到路？她听了宏光说明目的地后，便热心地指教一番。宏光同时说："这位老太太是百万富翁啦。"我问："何以见得？""她坐的车要一万三千元一辆。"台湾、香港，有的是富婆，她们在无求于人时，只会找机会拉架子，使颜色，决找不出这种美国式的老太太。另外我注意到，只要是两个人以上购物、买票或等车时，便自动按先后次序排队，决无例外。这些情形，应当和我你自己作一对比。

另一引起我更大注意的，是美国人强烈的历史意识；并以财富和科技的能力，来满足他们的历史意识。普林斯顿大学行政中心，是纪念华盛顿曾在此宿营的。进门的三面墙壁，刻着该校由独立之战争一直到韩战的历届战死的学生年级和姓名；这可和德州州立农工大学学生活动中心进门口的碑文，连在一起来想想。凡是华盛顿所经过的战役地点，不论胜败，无不辟成国家公园，并设置纪念馆。他于圣诞夜渡河袭击英军的渡河地点，两边都有同样的设施。我曾游览的一边，因阴雨关系，总共不过十来个游客；但配合一幅渡河的名画和实地的模拟摄影，并插入演员扮演的三十分钟的历史电影，还是按规定放演不误。纪念南北战争的情形也差不多。在华盛顿的航空宇宙博物馆的进门处，悬吊着第一架造成的飞机和林白横渡大西洋的飞机的实物。在历史技术博物馆中有一八一四年九月十三日击退英军的第一号星条国旗、华盛顿穿的军服和使用的军刀及他的假牙、一七七六年签《独立宣言》的桌子、林肯被暗杀时所穿的西装。有各时期使用的耕具、车辆、船舶、火车头、工具、机械、武器、服装、药材、药店。连过去的一间杂货店和邮政局，也复原移到这里来。我参观了"一八七六年展览会"，由各种实物的展示，复活了当时美国文化的全貌。我可以得出这样的结论，人在发展中的生命，是把过去、现在、将来，融合成为一个整体，以形成他的人生的内容。拿"复古"当作罪名，把"思古之幽情"用作讽刺，只证明这种地区人们的生命力，正在干枯腐烂之中。而"空前"的英雄好汉，一定成为"绝后"的滑稽的蠢货。

三

就社会大众来讲，有了物质精神的余裕，便会有礼节，会有艺术。在我们古人诗集中，可以发现某公主、某列侯、某世家巨富的"园林"。这是历史中特殊阶级的享受。有一次，我们特别开两小时半的车去游览"长木花园"，把沿途和过去所看的汇聚起来，突然想起，美国中产阶级的住宅，几乎没有不可称为"园林"的。这个资本家所构造捐献的长木花园，单就它的温室来说，其规模之大，培植之精，花卉种类之多，真可叹为观止。有的人一提到资本主义，便认为是万恶不赦。但美国有失业而没有饿饭之人。一个博士的待遇，常常不及一名劳工。所以现在许多美国人，高中毕业后，宁愿就业而不愿进大学。劳心劳力，不是在经济发展中得到平等吗？民主制度下的资本主义，能担当历史中的一段重大任务，应从多方面去了解。

美国的危机，我觉得今后不是黑人问题，而是他们日常生活中的浪费。不错，黑人在今日依然是一个问题，纽约停电期中的大抢劫，即是显明的例证。但我从各方面观察，在民主法治有了基础的国度中，解决了立法的问题，便会一步一步地走向解决之路。他们最大的问题，是日常生活中的浪费，尤其是能源的浪费。美国因大都市的衰退，住宅及购物中心的分散，建筑设计中，冷热气自动调节系统的普遍应用，和公用交通工具的趋向没落等等，这种浪费只会有增加。据说，现时大陆一年生产的石油总量，只能供美国一个月之用。这种浪费，不仅使美国受不起经济和政治上的打击，并对全人类来讲，也是一种罪恶。世界有限度的贵重资源，不应由美国的独特生活方式而过早消耗掉，致使全人类有"熄火"的危机。这真是一个紧迫而又复杂的问题。

一九七七年八月廿六日《华侨日报》

从"瞎游"向"眯游"

一

　　八月十六日，由大女儿均琴送我两老到三藩市，小女儿梓琴已在机场出口处，同杜君维明、翟君志成来接我们了。杜君说，伯克莱有旅馆，大学有招待所，劝我们在三藩市住一夜旅馆后，搬到伯克莱比较清静，和若干年轻朋友见面，也比较方便。他会为我们安排好。第二天他开车陪我们逛了金门大桥、红木林名胜后，再开向伯克莱，在他家的门口停下来，笑着说："这次把老师们绑票绑到我家来了。"其实，他的房子，住他们夫妇和一个十三岁的男孩子，恰到好处；一下子添我们四个人，便把他们的生活完全打乱了。尤其是他和洪铭水、傅伟勋两位一样，都是把自己的卧房让出来，更使我们感到不安。但在他多方照料之下，两天半的时间，三藩市值得玩的地方，大体都玩到了，而且使我们不感到自己是瞎子。在他家里的"谈天说地"因为大家不约而同地抱了"等着瞧"的心情，所以气氛也比较宁静。"瞎游"这样的结束，总算是值得的。

　　二十一日中午，一下子到了住过二十年以上的台湾，听的是中国话，看的是中国字，瞎子自然开了光。但我不愿称这是走向了"光游"，而宁愿说这是走向了"眯游"。我不是取《字林》"物入眼为病也"的对"眯"字的解释，而是取儿歌中"外婆见了眯眯笑"的意味。下飞机后，直到新竹大儿武军家里住一个星期，房屋宽大，环境幽美，他当工业联合研究所所长郝履成博士的副手，干得很起劲。再加上聪明漂亮的十岁大的孙女儿，这能不眯眯笑吗！十大建设中之一的南北干线高速公路，已成功的一段，我来回走了多次，完全是美国干线公路的水准。在公路上川流不息的大客车，都装有冷气，比香港的热闷"豪华车"，不知高明多少，这能不眯眯笑吗？一位做社会工作的老学生告诉我：新竹的老百姓，为了改善自己生活，从事各种小规模的工艺生产，争奇斗巧，每月赚十万台币以上的，便有三千多家。过去作为外汇收入支柱的第一是台糖，现在每年是八千万美元。其次是香蕉，现在每年是二千万美元。民间新兴起的中小型的农工业，有如胶鞋、芦笋、洋菇等等，多的总数达到两亿美元，少的总数也是几千万美元，台湾巨大的出口数字，主要是由此而来。面对人民自由创造力的多彩多姿，随处可以引起人的惊异，这能不眯眯笑吗？九月一日进荣民总医院作身体总检查，此外又作了两次特别检查，设备之新，医师之负责，收费的便宜，与香港因陋就简、医德败坏的情形相比较，真有天渊之别，这能不眯眯笑吗？再加上小市民阶级的老朋友，争着酒食相邀，谈新说旧，意厚情深，经常是突破眯眯笑而是哈哈大笑的。

二

但眯眯笑时的眼睛，和"物入眼为病"情形，很有些相像，所以一字才可两用，而"眯眯笑"和"眯着眼睛看"，毕竟是不大能分开的。十大建设，七宝庄严，值得人礼赞。但这并没有带动各级政府的工作精神、建设精神，举手投足之劳可以做到的许多事情，似乎听其荒废，这只有眯着眼睛看了。在自由民主旗帜之下，有的议会，竟从来没有过"决议案"；而一位国民党籍的省议员，稍稍揭了一点省议会的疮疤，此次便得不到党方提名，气得他要违纪竞选。有人说，凡没有决心治好疮疤的，便不准人揭疮疤。这也只有眯着眼睛看。台北的高楼大厦，及许多达到国际水准的新辟马路，正引起我眯眯笑的当中，突然感到台北市的气氛，大概有些近于开罗而决远于耶路撒冷；九月十一日一家晚报的标题是"骄奢淫逸之风，有如竞赛"，说的是老实话。这便使我在眯眯笑之中，带出了眯着眼睛看的心境。台湾是比我的出生地住得更久的乡土，希望此后只有眯眯笑，而不再需要眯着眼睛看吧。

三

台北住在许昌街青年会。妻要我再理一次发，便走进最近的南阳街的一家理发店，在黯淡的灯光、简陋的设备下，却打情骂俏之声不绝。为我理发的一位小姐，大概看出在我身上没有什么瞄头，剪法刀法使人有拔毛剥肤之惧。了事后，新台币九十元，设备技术，都不及香港，而取价约贵四分之一。晚餐时，我不服气地提出此一问题，大家说，标准价钱是六十元。但许多地方，收一百元到两百元不等。"你知道最近有位香港客，花了一千元，还不能脱身，闹进警察分局去的故事吗？"

台北故宫博物院藏了元代大画家黄大痴的结构完全相同的两

山水长卷，一卷称"山居图"，又方便称"子明卷"，他们说是假的。一卷称"富春山居图"，又方便称"无用师卷"，他们说是真的。经过我写了四篇文章的考证，证明他们把真假完全弄颠倒了。在讨论中，他们一致说《无用师卷》的画，远好过《子明卷》。我九月五日上午出医院，到东吴大学翁同文教授家午餐。餐后，同翁教授一起赴故宫博物院，请他们把两长卷一齐放在长桌上，再作一次仔细比较的研究。首先我了解两长卷不仅画面的空白处没有"山居图"、"富春山居图"的标题，连前隔水也都没有这样的标题；这便解答了董其昌何以会有时称为"富春山图"，有时又称"富春大岭图"，因为画卷本身并无标题，便可容许他信口开河地加上名称。翁教授最近出版了《艺林丛考》，在这方面很有研究，便由他将两卷一段一段地细作比较，立刻感到《子明卷》的笔墨鼓舞，气象浑穆；而《无用师卷》则笔墨呆滞，气象单寒。且《子明卷》正如恽南田所说黄大痴特色之一是"其笔意于不经意处作腠理"，而《无用师卷》则有的笔墨与主脉不相连贯，成为无主的游魂。两卷的好与坏，乃是相去千里，一见即可分明；而故宫诸人却一直把它颠倒过来，并且有许多人从而附和；由此可知，在堕落的官僚机构里，在自以为是权威者的心目中，是安放不上学术良心，使"知识"无用武的余地的。

四

我于八月二十八日，由新竹搬到台北青年会，一进餐厅便有许多年轻朋友等着我，谈到近来文艺界的情形，使我感到困惑。

自一九七〇年以来，台湾在经济上有了畸形的发展，在文化上也出现了转形的蜕化。所谓"畸形"是指对外国资本家，尤其是对日本资本家的开门揖盗而言。所谓"转形"，是指在中华文化复兴的虚伪口号下疯狂地把中国人的心灵彻底出卖为外国人的心灵而言。对此一趋向的反抗表现为若干年轻人所提倡的"乡土文学"，要使文学在自己土生土长、血肉相连的乡土上生根，由此以充实民族文学、国民文学的内容，不准自己的灵魂被人出卖。乡土不是抽象的，上面住着辛勤耕种、辛勤工作的父兄子弟。这些父兄子弟年来的生活，在绝对上可能提高了，但在相对上则是不断地下降，此即所谓贫穷的距离越来越大。于是乡土文学，必然也会成为反映这些生活不断下降的父兄子弟的写实文学。他们把有时可望见显要豪富们的颜色，幻成水中月、镜中花的文学，斥之为买办文学、洋奴文学。这种话一经说穿，文学的市场可能发生变化，已成名或已挂名的作家们，心理上可能发生"门前冷落车马稀"的恐惧。有如当大家注意到特出的洪通绘画时，许多"大画家"不觉醋性大发，说谁个提洪通的画，谁个便是想搞"台独"一样，势必要借政治力量来保持自己的市场。这可用《不谈人性，何有文学》，及《狼来了》两篇文章作代表。对于前者，老友胡秋原先生，在《中华杂志》一七〇期上，刊出了《谈人性与乡土之类》的文章，指出了谈人性的人，实际是抹煞了人性，这已经把问题认得很清楚了。关于后者之所谓"狼"是指这些年轻人所写的是工农兵文学，是毛泽东所说的文学，这种文学是"狼"，是"共匪"。写此文的先生，也感到这是在给这些年轻人戴帽子，但他认为自己已给人戴上不少的帽子，则现在还他们一顶，也无伤大雅。不过这里有两个问题：一是这位给年轻人所戴的恐怕不是普通的帽子，而可能是武侠片中的血滴子。血滴子一抛到头上，便会人头落地。二是反共的方法问题。毛说一切为人民，我们只能说"我才是真为人民，并且我更进一步要让人民自为"。难道毛要一切为人民，我们便要一切反人民，才算反共吗？这类的做法，只会增加外省人与本省人的界线，增加年长的与年轻人的隔阂，其后果是不堪设想的。不过我也要劝这些年轻朋友一句，不可轻用共党的特定名词，以致容易引起误解。更不可因受到无理的刺激，便对共党轻存幻想。你们所说的"为着下一代，我们再苦一点又有甚么关系"的"健康的人哪"（引用《联合报》九月十日王拓的文章），我了解这是真正健康的人把他们写出来，也是真正健康的文学。但共党不会承认他们是健康，而将视他们为走资派，而你们也将被视为修正主义的文学的。

一九七七年九月廿一日、廿二日《华侨日报》

重来与重生

仅以这篇语无伦次的短文对此次来台所领受的各种友情，表示
没齿难忘的感谢。

去岁八、九月间，我接受了钱思亮院长参加国际汉学会议的
邀请，并由文学艺术组改为思想哲学组。当时以即将写成的《周
官成立的时代及其思想性格》一文，作为参加会议的论文。文章
写成后，首寄中研院史语所好友黄彰健先生请其过目后，转交会
议有关的负责人。后接黄先生来信，因拙文中有的考证与他所刊
出的有关文章不同，表示异议。又谓此文他即将转交，并谓可由
我自行付印。我因黄先生的异议，尚未提出证据。而他谓可由我
自行付印，想因文章长约十万字，会议汇印困难，所以便转托学
生书局印成单行本，于今年五月出版，并分赠相识的参加会议的
先生，请其预阅，以便会议时提出讨论。

到今年六月底，尚未接到有关会议的有关文件，更未收到来
台应办各种手续的通知，乃函钱院长请其示知实情。钱院长迅速
复函，除提到论文已先行付印，将不予宣读外，谓各种手续，即
可迅速办好。乃另函老友高化臣先生，烦其赐予照顾。同时因自
五月以来，每早起来后，即感精神疲惫，所以同时托化臣兄代在

台大医院为愚夫妇两人预定健康检查日期。八月十二日来台时，化臣兄亲接于桃园机场。此后，他于百忙中，所赐予的照顾，可谓无微不至，并且这是使我得以重生的关键性的友谊之一。

因为我是乡下人，不愿住圆山饭店，继续住许昌街的青年会。一到青年会便给新旧友谊包围了，其中最困难的是如何安排吃饭的时间。尤以与老友余纪忠兄见面后，可以无所不谈，并给以各种指点。由七〇年起，我发现黄少谷先生坚持理性，但并不将理性作为固定的框框，有很高的智慧，但在智慧中流露有温厚的情意，所以此后经过台湾时，辄与他谈天一次，感到是一大快事。此次也未例外。他今年八十岁，有八旬自寿诗，颇流露人生悲慨。我读后，当即依原韵奉和打油诗一首：

> 从容明达镇愚颠，智慧真如不竭泉。
> 颇恨论交当晚岁，共期惊蛰起春眠。
> 八旬志业千丝织，万古江山一脉连。
> 岂向椿灵争寿算，名飘青史是长年。

十四日报到，十五到十七日正式开会，这是初次的尝试。规模之大，事务安排的条理，物资供应的丰富及气氛的谐和，我认为这次会议是相当成功的。以台湾目前的处境，若非经济进步，渐渐在国际上形成新印象，便很少有这样成功的可能。至于若要求更进一步的成功，便有待于台湾学风的大改变。

下机后我开玩笑地向化臣兄说，我刚写成了《先汉经学的形成》一文，不知他们要不要。化臣兄拿走后，因他的热心帮助重新安排了我宣读的时间，并赶印数十份，供本组人士参考。在开会中，我已发现精神不易支持。我作二十分钟报告，以代替宣读后，有的朋友向我说"徐先生制造了高潮"，有的朋友向我说"像徐先生的治学方法，才可称为很谨严的方法"。我把这类反应叙述一点出来，意在给爱护我的朋友一点精神上的安慰。

我没有参加十七日下午的会议，便依台大医院的规定，偕同妻住进健康检查部的病房。住进后虽饮食已受控制，但正式检查尚未开始，得到数小时的清闲，便将此次来台，略加反省，成《重来》打油诗一首。

重来

廿年岁月岛中过，此日重来意若何？

出世尚愁三宿恋，回头早唱百年歌。

菜肥果硕知民力，雀喜蝉哀感物多。

新旧友情情不断，微生无奈付蹉跎。

正式检查由十八日开始，预定二十一日上午十二时以前完毕出院。检查进行得相当认真。到了二十日下午照 X 光，发现胃有异状，但我还不清楚。二十一日早照胃镜，医生说我不和大家在一起，应作特别检查。特别检查和切片将近两小时，完毕后，领导的医师，与 X 光照片对照解释给见习的医师听，我不知道在咽喉下面，有个肉瘤的影子。返回医院检查处后，同批检查的人，正纷纷出院，医师向我说："徐教授暂时缓一下。"肠胃科权威，人品又极高的宋瑞楼教授，因过去长期看病而相识，给我的印象很深。我在准备出院时留下一名片向他问候，想不到他很快就来了，为我作了内科诊断。X 光和胃镜的资料，他已知道了。问我

重来与重生

有没有公保，我说没有。看他的神色很紧张，我便继续说："宋先生认为应怎样处理，便怎样处理，经济不成问题。"他于是说："应转外科病房动手术，越快越好。大概下午三时左右有房间。"我此时才明白是怎样一回事。

这种情形，很快便被朋友知道，于是化臣兄托他的老友住院室主任刘培勋先生，乃藩兄托他的老友院长室秘书张友樵先生，赐予照顾。两位先生都尽力为我安排，既洽妥李治学教授主持手术，又洽妥麻醉科主任赵继庆先生与李教授合作。接着乃藩兄、纪忠兄及其他朋友，都到外科病房二〇四室来照顾我。有位年轻医师来为我抽血，自言自语地说："我们病房来了一位大人物。"我躺在病床上心里很明白，"除了友谊外，我是小得不能再小的人物"。

事后知道，这天晚上我的侄女王仲莹，以长途电话，告知香港的大儿武军。他在第二天手术未完时便赶到了，除了送来医药费外（其实也得到朋友的帮助），并电召美国正在怀孕中的妹妹梓琴来台陪伴母亲招呼我，又与陈君淑女商量，在外面租一房一厅的公寓作我出院休养之用。

此次妻兼母职，等于是养了一个最难长大的孩子。

二十二日早八时医院为我换了服装，睡上活动床，推向手术室。我心里一片空白，连什么感想也没有。睡上手术台后，我向四周望了两眼，便麻醉过去了。以后到恢复知觉，仿佛是片刻的事。

随麻醉力的减退、消失，而痛苦逐渐增加，神志长期在半昏迷状态，做了许多莫名其妙的梦。有时知道自己睡在医院，有时觉得自己是睡在庙里。而这座庙，既不在台北，更不在香港，却是出生地的故乡。稍稍清醒后，便知我的故乡，如何能有这样高的医疗水准。即使有，还肯为我这样的治疗吗？

有一晚上，梦见年约五十多岁的一位女菩萨，手持缀有数颗明珠的青丝网，笑笑地要束在我的额上，意谓可以减少痛苦。我当时感到平生对佛教毫无贡献，也笑笑地谢不敢受。女菩萨随即点头隐而不见。又梦睡在一个宽大的古坟里，右边有一具尸，左边有两具。我不敢摸自己的创口，却摸了左右尸的创口，刀痕宛然。我睡在中间感到很舒适。心想，医师很古怪，为什么每天要到半夜，才送我到这里。又想：原来古人所谓身心性命之学建立的做人分际，是在生命中一刀一刀地划下来的，和西方仅凭几句抽象语言，有很大的分别。这睡梦，一连做了三晚或四晚。

因偶然的机会，我曾与毛泽东相识。七〇年以前，有时梦中与毛讨论天下事。七〇年以后，再无此幻妄。乃九月五日晚，我自知已死，蹀躞于一村头沙谷的边缘，突与毛相遇，我亦心知其非世上人，他向我说"成王命人以一书告天下"。我仔细一看，只有十三四岁的儿童，俯身沙上，嬉嬉地不曾写出一字。村头有古木新篁，毛说"因战略要求必完全砍去"。我认为这都是有生命之物，如何可以置之死地，劝他修改战略，毛木然不应。俄而天地变色，鬼哭神嚎，毛得意地说，我的百万大兵到了。一惊而悟。创口与梦情相激，泪涔涔下不已，遂于枕上成《妖梦》打油诗一首，追录如下：

妖梦

妖梦荒唐倍可哀，摧颓两叟俱泉台。

树饶生意应留命，竹正生孙好爱才。

百万呼兵森鬼窟，片书传语只童呆。

悟惊此梦缘何有，痛委残茵泪满腮。

　　入院后劳动许多朋友，连多年失去联络及未曾一面的朋友，都到病房探视。能饮流汁后，亲旧中以汤汁相馈者未曾断绝，这都给我以精神上的温暖。今年五月初，我曾住九龙浸会医院检查，结果说只有轻微的胃溃疡。这次重来台北，实给我以重生机会。若非友谊的汇集，治疗的进行，不可能这样顺利。九月十五日出院，在预定的公寓中调养，恢复颇快，不日当可返港。爱赋《重生》打油诗一首，对台大医院治疗过我的医师护士，对与我年辈约略相同的朋友，对较我年轻一辈的朋友，对我的亲旧，对我的几位老学生表示无穷的感谢。

　　重生

　　重来分外得重生，一割神医伏莽平。

　　魄乱魂迷桑梓地，神销气索古人坟。

　　汤皆续命情何厚，语尽安心药果真。

　　又拽孱躯趋海角，余年难忘友朋恩。

八〇年九月二四日于台北市

一九八〇年九月二十八日《中国时报》

台湾瓜果

一

在台湾从台大医院迁到公寓养病时，脚还踏不稳地；但我费了五天或六天的时间，每天由几十个字增加到百多个字，写成约两千字的《重来与重生》的短文，是为了不愿对许多朋友、学生的一番感激之情，随时间的经过而冲淡。

现回到香港，依然是养病，依然不应拿笔写文章，但忍不住要写《台湾瓜果》这样的近于不伦不类的文章，是为了不愿由台湾瓜果所给与我的一番惊异情感，随时间的经过而冲淡。

苏东坡谪居海南后，有句诗是"与物寡情怜我老"。从我上面两种心情看，或许我并不算老，也或许并不曾得病。

一九四九年初到台湾时，台湾对外（当时主要是对日本）出口换取外汇的物资，重要的只有三种。一是米，二是糖，三是香蕉。日本绿色革命后，多出的米，简直使日本人难于处置。而台湾的人口，也增加了三倍，米在出口中自然消失了。而台湾不仅由糖和香蕉交换来的外汇，在整个外汇收入中，早已退处于不足重轻的地位，即就农业全体来说，在整个经济结构中的比重，也是一天减轻一天。我们提出的瓜果，对台湾的经济而言，又能算得老儿。

但我不是经济学家，这里不是谈经济问题，而只是想把此次台北之行对瓜果所得到的一番惊异的情感表达出来。因下述的原因，这种情感，可能是我所独有的，便自以为值得表达。

到台湾旅游的人看到台湾瓜果，以为本来是如此，不会引起惊异。住在台湾的人，习而不察，也不会引起惊异。对台湾事物，接触面较广的人，瓜果的分量也自然退居于微不足道的地位。我则是由台湾到香港，在香港住了几年，才又来到台湾的，对台湾瓜果所发生的变化，因前后的比较而印象特别分明。同时，这次在台北，除了到中央研究院开了三天会外，其余的时间，都消磨在医院和一个公寓里，连书店都没有逛过。病中亲朋不断以瓜果馈赠，瓜果与我在台北的生活结有不解之缘，便自然把感情凝注在它们身上，所以觉得这番惊异情感，可能是我所独有的。

二

首先引起我和妻惊异的是杨乃藩先生送给我们的一盒水蜜桃。我由机场到青年会，首先来看我的是杨先生，《中国时报》当时正在招待陈若曦这般海外作家，所以杨先生忙得不可开交，说完几句寒暄话后，再加上一句"送你一盒水蜜桃"就走了。台湾原来的桃，和我故乡的所谓"毛桃"，相差不远，没有什么人沾它的。大约十四年前，郭顶顺先生招待我们在梨山宾馆住了一晚，参观过由荣工处经营的实验农场，为了安慰故奉化蒋公故园之思，其中特别种有水蜜桃，看到几个样品，也只能算是"备数"而已。所以杨先生走后，妻说"我们不吃桃子，转送他人好了"，我立刻同意。但妻又忍不住好奇地打开盒子一看，里面只有六枚，肥大和色泽，把我和妻愣住了，尝试一下，我敢肯定过去没有吃过这样好的桃子。当然也有八枚、十枚一盒的，但味道并没有分别。这摆在面前的具体事物，说明了什么呢？

台湾原有的梨，汁少渣多，我们乡下称为"朝天唷"。五十年代出现改良的"中条梨"，我曾在东海大学宿舍种了几株，已有了进步，但和鸭梨、雪梨相差还远。六十年代，开始由退役军人及少数山地同胞，在梨山种"二十世纪梨"，味道不错，但体积太小。

这次到台北的当天晚上，在端木铸秋先生家里吃饭，头脑一直昏昏沉沉。饭后主人拿出水果来，有梨，有葡萄和甜柿，主人说这都是台湾产，我眼睛为之一亮。过去瘦小的梨山梨，已和日本的二十世纪梨，一模一样，而味道稍浓。葡萄又大又甜，绝不比美国加州出产的逊色。我想不到台湾也有甜柿，和大陆北方产品，正是兄弟之邦。以后还有许多年轻朋友告诉我芒果、杨桃、文旦等等种植改良的情形，只好略去。

说到瓜，香港人当然熟悉台湾圆圆的无子西瓜，恐怕不太知道台湾又有了椭圆形的重约二十斤左右的无子西瓜。此次离开台北前，果摊上摆满了哈密瓜，这有人相信吗？它比由大陆来的哈密瓜，体积圆而不大，味道甜而不脆，还要稍逊一筹。但这是"由无到有"，较美国同类型的瓜更接近于哈密产品，我认为不应苛求了。台湾木瓜和香港新界木瓜不相上下。运气好的，可以遇上一个味道很不错，但多数都是索然寡味。要吃好木瓜，香港人只好买六港元多一磅的曼谷木瓜。谁知我所熟悉的台湾木瓜已经不见了，果摊上卖的都是曼谷木瓜，在几年时间内，木瓜发生了一次大革命。这几年，我一听见"革命"两字，便要作呕。这里是用来形容客观事物的飞跃进步，倒心安理得了。说到木瓜的革命，还没有丝瓜来得特别。丝瓜之所以成为丝瓜，我想，是因为它的形状长得秀而且长，有如柳条也可称为柳丝一样。诗人们难以忘怀的"豆棚瓜架"，豆指的是蛾眉豆，而瓜大概指的是丝瓜，使人感到有种情致。我离开台湾时，丝瓜还是这个样子。但此次妻买回来加在汤里面的丝瓜，却成为大陆商店三磅装的蜂蜜玻璃瓶状，使我有把一位婀娜多姿的淑女，变成又短又胖的矮冬瓜型的中年妇人的不愉快的感觉。但这一改变，瓜肉变厚了，可食度增加，不易折断，主妇易于收拾处理。我没方法以自己的艺术观点代替社会大众的实用要求，不愿接受也得接受。至于"台南的蔬菜中心"，已成为包括日本在内的蔬菜改良中心，对台湾蔬菜进步所发生的影响，是不言可喻的。

三

农业及副业的进步，当然要归功于蒋梦麟先生领导的中美合作的农业复兴委员会和继承的农业发展委员会。农复会在经费上有固定来源，可以得到各级政府的配合，却又可以避开各级政府的骚扰，待遇较高，能养得住科技人员，对农民仅作示范、指导、帮助，却不干涉农民的生活、意志，持之以恒，历时既久，自然得到农民的信任。

其次，台湾土改而依然保留了私有财产制度，农民对改良所获得的利益，有坚定的信心。同时，因一般经济的发展，工商业者财富的大量增加，也激发了农民"发财"的野心，并有了市场以至国际市场的观念，所以很容易接受科技的指导，加入赚取外汇的行列。当然也不应抹煞台湾政府对农村的若干合理措施。

至于台湾一般工商业，我没资格开口。但七八年前，我在《新闻天地》上曾刊出《太平山的断想》一文，认为香港的技术及日常的生活水准，可能比台湾要高出五年的说法，应当完全取消。这不仅因为我大儿武军几次向我说，台湾的工业基础，较香港的巩固，而主要这次发现台湾的建筑业与香港同样地蓬勃；但香港依然用竹竿作棚架，所以跌死工人的惨剧，每月必有数起。台湾是产竹的地区，但已不用竹竿作棚架，而一律改用钢管。所以香港所发生的惨剧，在台湾绝无仅有。这可以说明香港建筑业务的怠慢。

台湾当然有许多问题值得谈。但我只谈到瓜果为止。

一九八〇年十月二十四日《中国时报》

域外琐记（之一）

一

三月二十二日上午十一时乘华航机离开香港，在台北换机约耽搁三小时，二十二日上午九时四十五分到达洛杉矶机场。庄子曾说过"是今日适越而昔至"的话，难道他预想到由地球旋转所发生的时间差异吗？他即使预想到，也只能于想象中得之；现时则由科技在交通工具上的进步，使许多人在不经意中可身历其境地加以证明。过了四天，夏友平贤伉俪带我们游了狄斯奈乐园，看到许多超越时空的异境，也正是想象与科技的结合。想象是观念上时空的突破，科技是现实上时空的突破。由想象之力可以推动科技，但这一推动，是要经过无数人从想象中解脱出来，做一点一滴的实际研究工作。否则误以想象为真实，便成梦游病患者。一个人的梦游病患，跌死的只是个人；假定张无上权力之网，强一国的人都成为梦游病患者，其悲惨便不堪设想了。

汪锡钧兄夫妇、查石村兄夫妇及夏友平、陈廷美伉俪，都到机场来接我们这一对又哑又瞎的老宝。锡钧兄是重庆侍从室时代的老友，我从未发现他减低过对朋友的热情；他已安排好我们住在他的公寓里，但廷美早来信说"老师这次来到我们家中，是省亲，不是作客"，这便使我们夫妇感到打扰老学生，较打扰老朋友，似乎更为自然，就被他们贤伉俪接走了。

夏君在六年以前，便当了加州州立大学化学系的正教授，又是"美西华人学会"的会长，正直而热情。政治立场上是亲台湾的，但也同样希望整个国家能有办法。陈君在同校担任图书馆一个单位的主管，有才华而永远保持女性的天真。他们伉俪住在洛市东郊的钻石坝，我笑说："假定你们的住宅是在香港，便成为大富翁了。"

二

夏君有一男一女，都很优秀。他们为了保持子女的华语华文，费尽了心血。这几乎是来美的第一代对第二代的共同努力。洛杉矶有不少华人学校，每周六上华语华文的课。夏君与朋友合办的一间有十八班，学生三百多人。他们创办这种补习性的学校，固然完全是尽义务，他们苦心孤诣地要第二代保持华语华文，也没有夹杂一点功利之心，而是纯出于对祖国及其悠久文化的慕恋。可以说，他们的"中国人意识"，较许多住在大陆、台湾、香港的人们，还要浓厚。尤其是大陆对下一代，惟恐抛弃方块字之不速不尽，而留美华人的第一代多以第二代能写方块字为荣。我看了夏君一女一男所写的方块字，不免想到，语言文字与产生它的国家，到底处于一种甚么关系状态呢？一方面糟蹋自己的语言文字，一方面要求人们爱在文化上空无一物的祖国，大概有些矛盾吧。

据说，洛杉矶现有祖籍中国人口约二十万。加上第二代、第三代，可能有二十五万到三十万。这几年由台湾、香港来的特别多，新兴起的蒙特利区还有小台北之称。我曾去吃过一家中国餐馆，在其他地区吃过两家，水准都不及三藩市，尤其不及纽约。逛过一家超级市场，买东西的清一色是中国人。逛过两家书店，刊物以《明报月刊》、《七十年代》和《传记文学》较为著目。这里有一批由炒房地产而发了财的新财主，他们是由台湾、香港炒到洛杉矶及美国其他几个城市的。炒房地产似乎是现时中国人的特长了。

在政治上，亲台、亲共、台独，三分天下，壁垒分明。丢掉政治，则除了私人的利害相乘外，中国人总是中国人，中国人永远是统一的。

三

在谈天中自然常谈到此间成家立室的第一代与他们上一代之间的问题。因儿女关系移民来美的上一代，开始都是与儿女住在一起，但过了几个月，也都不约而同地分开。有的是好聚好散，有的则变成路人甚至是仇人。上下两代的代沟，再加上东西文化的界域，实际变成了父权社会与子权社会的交替而不能交融。固执自己生活习惯，要在子权的家庭中移风俗的，发生问题最快。若是把由某种权势所形成的气派、权威带到儿女面前，更会头破血流。有位画家，初来时把他的积蓄交给儿子，一转眼间儿子分文也不交出，只好四处托人骂"畜生"以资发泄，而这位儿子也编出一套家庭理由来作为防御。这固然是变例，也是可能出现之例。总而言之，上下两代之间再加上东西文化之际，有古老历史的孝道，正受到最大的考验了。其中比较值得传述的，大家多推重到曾驰名一时的电影明星郑××的身上，她结婚后是一位难得的儿媳。

洛杉矶有一个犹太人经营的老人公寓区，只出租给老人，管理得很适合于老人生活的要求。住有三十多家由中国来的老人，我的老友汪锡钧正住在这里。他们可以经常谈天下棋，谈经论道的有王东原、邵毓麟、吴俊升、查石村等诸位先生，不仅不寂寞，并且生活得很有情趣。房租要比香港便宜三倍以上，其他物资也比香港便宜。大家的心境，感到既已经不担负国家社会的任何责任，就不必受台北、香港的空气污染。

一九八一年四月十一日《华侨日报》

域外琐记（之二）

一

　　逛购物中心，发现一个玻璃橱窗里陈列了一套瓷器，精美绝伦；我立刻要幺儿拿一件出来看看是不是中国造的，幺儿看完后说："当然是日本货。"在动身来美国以前，买了一套景德镇的瓷器送给幺儿夫妇，这是住在美国的中国家庭里所经常有的陈设品。瓷器由邮局分批送到后，年轻的朋友们共同欣赏，大家想不出景德镇的名气是怎样来的。尤其是每一个汤匙下面，都有三个像"刺"样的东西，看了令人刺目。我只好解释说："可能是他们特别设计出来，以免太平太滑，容易跌碎。"实际我也知道，这只不过是为景德镇顾面子。购物中心所看到的精美瓷器，我衷心希望是来自景德镇，给年轻的中国人一点安慰。

　　最近《星海》上有篇讨论汉文文法的文章，对于这位先生主张汉文无文法的怪论，不必讨论；他在文章开始，由日本瓷之所以囊括了国际市场，是因为日瓷粗厚，能适应洗碗机的要求，中国瓷精细，一上洗碗机便破，所以在竞争上才败下阵来说起（大意如此）。但这只是问题中的一小部分。根本问题，还在由实用上升到艺术的品质上面。厚薄不代表先进与落后，是容易解决的。

景德镇瓷器在国际市场上受淘汰，尤以近十多年来更为显著，主要在品质而不仅在厚薄。真可谓"败家子无一不败"。

在攻击白桦《苦恋》剧本的文章中，有的认为若真如白桦所说，则社会主义的中国连资本主义国家也赶不上，甚至连国民党的统治也赶不上。由此而可以推出白桦的种种罪名。我不禁要反问一句，社会主义的中国，从人的方面作比较，从物的方面作比较，究竟能赶得上哪一个资本主义国家呢？不错，资本主义国家有贫富的悬殊，但社会主义的中国不是有特权阶级与平民的悬殊吗？僵化了的政治不平等，不比自由竞争下的经济不平等，更为严酷吗？抗战胜利以后的国民党，陷于昏狂状态，是没有什么可比的。但三十年来的台湾，在经济上远走在大陆的前面，这也是铁的事实。假定在《苦恋》的剧本中，反映出了如批评者所作的批评，也不过表明白桦讲了一点真话。孟子说"不耻不若人，何若人有"。现在更进一步，不仅不以"不若人"为耻，且硬要以"不若人"为"若人"，便只有愈来愈不若人了。

二

有位在台湾负过相当重要责任，而且也有相当头脑的一位朋友，移民到美国后，夫妇两人代一家杂货公司看守一个杂货分店，自得其乐。闲谈间，我问："你们遇见过偷窃、抢犯没有？""怎么没有，一年总要遇见好几次。并且他们是没有廉耻的，美国学校，没有道德教育。""哪吗，大概是黑人吧？""不，多数是白人。"幺儿住的地区，自从附近出现了公寓式的住宅后，听说也发生过十多二十次偷窃案。这还是小事。想以暗杀总统的手段来得到心上爱人注意的，最近竟有三个之多。这真是令人难以索解的国度。但不能以此来概括美国人。

美国学校教育的情形我不了解，假定在学校中没有道德教育，便不难推想，他们关于人的教养问题，是由教会负责，是由神父、牧师负责。我也注意到一般性的现象。美国以 X 作标志的电影院，即是公开的黄色电影院。但电视中绝对没有像香港电视所经常出现的黄色镜头。因为到电影院去看电影，是个人的选择；而电视则进入到每一个家庭，普及于一切男女老幼。把黄色镜头塞进每一个家庭，这才真正是最大的道德犯罪。堕落的老板、编导们，总想以这种道德犯罪来获得私人利益。这在香港是半开门的，在美国则绝对不许可。

台北有"爸爸回家吃晚饭运动"，对台北说，是很有意义的；但对美国人来说，是很难使他们了解的。广大的工作人员，从早六时起，便陆续开车出去，下午五时以后，又陆续开车回来，弄晚餐、整草地、收拾房子等家务，每个人忙得不得了，除了因公司拉生意、招待客人以外，还有甚么人不回家吃晚饭呢？美国当然有很讲究的餐厅，但最普通的是每人由三美元到五美元左右的自由餐厅，菜的样数多，情调也很不错，假定星期五或星期六到这种地方晚餐，多半是全家大小一起。我的印象，绝对多数美国人的生活，要比香港、台北人们的生活，正常得多。

三

这里不久，开过一个大规模的"外海科技工程会议"。会议是学术性的，但两千多摊位的尖端科技成绩展览，在展览中尽量争取顾客，则商业性压倒了学术性。南韩有一个小小的摊位，大陆、台湾都没有；五年、十年后，希望也能摆出一两个吧。有次和年轻的朋友谈天，他们说美国的汽车工业技术，要比日本落后十年；我便问，这种尖端科技呢？他们认为还是美国领先。

美国汽车工业技术乃至其他许多应用科技，较日本落后，一是美国工人的工作精神不如日本，一是美国的管理人员缺乏远大眼光，不及时更新设备。在十多年以前，日本人羡慕美国人，现在则美国人羡慕日本人。杂志中常常发出"为甚么我们赶不上日本人"、"为甚么日本人做得到，我们做不到"的呼声。这说明美国人毕竟能承认"不若人"，能以"不若人"为耻，这是鞭策他们前进的基本动力。

一九八一年五月二十一日《华侨日报》

域外琐记（之三）

一

一个周末，有八位年轻学人，特别带着中国菜，从纽约来看我。这番情意，很使我感念难忘。因为病后不能多讲话，到了晚上九时，我女儿便当客人面前提出"爸爸应当休息了"，大家不得不在未尽兴中告别。假使不曾因此而觉得主人的怠慢，便完全是出自他们对我的体谅。

有位研究电脑很有成就的先生，进门还未坐定，便从口袋中拿出一首赠我的诗，并把二十多年前，买的一册《学术与政治之间》的上册，交给我，要我题几个字。我把诗一看，当时吓住了，朋友中有的学问不错，但对诗的平仄始终弄不清楚；这位年轻科学家的诗，不仅平仄和谐，而且对仗工整自然，本领远在我之上。现把他的诗录在下面：

> 喜咏豳风七月篇，从来高士出桑田。
> 当年跃马千军戴，此日挥毫万口传。
> 学得宣公新会笔，展开民主自由天。
> 智人常乐仁人寿，再领风骚二十年。

我曾写过一篇《谁赋豳风七月篇》的文章，日本朋友看到的也颇为称道。第一句是指此文而言。台湾曾有一阵子把我比梁任公。张闵生先生却写一信给他的朋友王岚僧先生，说我是今日的陆宣公、朱元晦，"梁任公非其伦也"。我闻后万分感愧，才写了一篇《中国的治道》，把陆宣公的政治思想，稍稍条理出来。当时成为"论敌"的殷海光先生，对此文也颇为推服。诗的第五句，大概指此而言。随后我和了一首，以表谢意。我本不能作诗，勉强作，越来越淡而无味，远不及这位先生的原作。也记在下面：

> 浅识何堪蠹简篇，却惊沧海变桑田。
> 白头凛冽冰霜印，赤县轰隆涕泪传。
> 苦搊余丝蚕作茧，共擎大法事由天。
> 文章艺术张平子，才思滔滔羡壮年。

民主是政治的大经大法。中国问题的根源在缺乏民主，问题的解决，必须走上民主之路；这是加上我的女婿、女儿和我，一共十一个人，所不约而同的。但何时能走上民主之路，谁也没有信心，只好听天由命了，所以我写下第六句。

二

大家聊天，聊到五十年代台湾的"笔阵"，有一种说法，陶希圣、胡秋原、殷海光、徐复观，是当代的四枝笔，而这四枝笔，都是湖北人，颇有套"天下文章，尽在桐城"的笔调，而说"天下文章，尽在湖北"之概。坐中有位朋友说："我第一喜欢徐先生的文章，其次是殷先生，其次是胡先生，再其次是陶先生。"这当然是一种客气话。我向大家说，四人中，以陶、胡两先生学问根底最好，殷先生的才气最高最锐，我只是激于一股不容自已之心，偶然附上骥尾。有位先生以半反驳的口气说，陶先生的文章，好像没有盐的菜。大家听后笑了。我心里想，越年老，越要少吃盐；没盐的菜，才是最营养的菜。现在死的死了，老的老了，进入到七十年代，很显然形成了从三十岁到四十多岁之间的"新笔阵"；他们的文章，在内容与形式上，不仅早已取我们四人而代之，并且都跑到我的前面去了。这是台湾今日足以自豪之一。我提出这一点，大家也感到欣慰。

大家问我病后还写什么没有，我说，除了继续为《华侨日报》写些短文外，最近倒了了一桩心愿。去年手术后睡在病床上，曾告诉来看我的朋友，已到应该死的年龄了。但花这大工夫写两汉思想史，却没有写两汉经学，这是死难瞑目的。现在幸而把初稿写成了，有七万多字。大家问这种工作的意义，我说：经学塑造了中国文化的基型，一百年前，也成为中国文化发展的基线。假定民族能恢复活力，同时必表现为对文化的反省，一直反省到基型基线上面。目前只有我才肯做这种冷门工作。清儒在这一问题上，设的路障太多太大了，我要移去这些路障。

三

头一天，接到《七十年代》李怡先生的长途电话，问我对中共十一届六中全会的看法。来看我的各位，都是热心祖国的人，我便期待着他们的看法，好对李先生作一交代。谁知我把问题提出后，大家态度都很冷漠。他们都回归过祖国，最少的一次，最多的三次。问我何以没有回去看看，"是不是中共不愿意您去？"我坦率地说，他们曾邀请过我，我因目前不愿谈统一问题，所以还没有去。顺便向他们请教，对此问题的看法。有位朋友说："我对此问题，态度有改变。"这话一出，大家都笑了，因为大家都有改变。每人原先都是热心国家统一，甚至呼号国家统一的。但回去一看，对统一的远景，虽然还有信心，但不约而同地都认为目前在"不提台湾独立"的原则下，应当维持现状，一直维持到大陆民主的实现。他们的理由大致差不多，认为目前谈统一，当然是北京统一台北。有位先生尖锐地说："我不忍心看到台湾一千七百万人民，过着大陆人民同样的生活。"有的说，接触到中共干部时，多是无常识之人，如何能统治台湾？他们的意见对不对，我不作判断。但可以负责地说一句：无一人与国民党有丝毫瓜葛，无一人是"台独"。过去他们都是由爱祖国而爱过中共，现在很不爱中共但依然很爱祖国的理想型的人。目前另有一批并不爱祖国，却想从中共手上赚些小钱大钱的人，起而代替了上述理想型的年轻学人了。

一九八一年七月二十六日《华侨日报》

域外琐记（之四）

一

完全是偶然的机会，在"社交"中第二次遇见大陆派出的几位非常优秀的知识分子。他们热爱自己的国家，忠勤于自己的知识、职业，但他们的耳是在闻，目是在见，心是在思，是在虑，由见闻思虑而不能无所感，不能无所言，这是人之所以为人，尤其是知识分子之所以为知识分子。在第一次偶然遇见时，他们只是向我发问，我只是把他们当亲人看待，说出老实话来。这次承他们把我当亲人看待，说出他们心中的老实话。饭桌子上边吃边谈，话是零碎的，但性质却是沉重的。

首先有位先生向我说："中共六中全会对文革所作的总结，并不完全，没有说出它有意义的一面。"我听后吓了一跳，心想："难说我遇见了四人帮余孽吗？"不自禁地问："它有意义的一面是甚么？""思想解放！"他斩钉截铁地答。"这一点尽管中共不承认，但影响却是深远的。中共统治了十多年，完成了至高无上的权威构造。但文化大革命一起，人民有机会向这权威提出怀疑、提出质问，甚至把它碰得稀烂，这是许多人宁愿牺牲性命，自动参加的真正原因。所以文革的发生，不是毛泽东一人之力，有社会的必然性。"我因此想到，在两个月前，有位大陆年轻朋友的话，可以与这位朋友的话相印证。这位年轻朋友说："解放后，大家的生活都辛苦，但一方面，为了社会主义的伟大前途，另一方面，领导干部的生活和大家同样辛苦，这便辛苦得心甘情愿。到了五十年代末期，干部生活特殊化的情形渐渐传了出来，开始还原谅说，这是因为领导上的需要。但越传越多，越传越厉害；而五十年代的小伙子，到了六十年代初，要结婚生子，房子越来越挤，物资越来越少，上下级生活的悬殊越来越大，于是理想变成谎言，不平不满的情绪越积越深重，毛泽东看准了这一点，一把火便爆发起来，不可收拾了。"

前面那位朋友继续说："不管毛泽东如何用心，但文革末期所发生的反面作用的意义，也断乎不能抹煞，这即是大家所知道的民主运动。此一运动，在目前正受到压迫，力量还很微弱，但已经有了，便会积累下去，终于有一天要爆发。"我问："向甚么方向爆发？"他深信不疑地说："向民主方向爆发。"

二

我问："听说邓小平们遭到拥华拥毛派的压力很大。"他们说："不仅拥华是假的，连拥毛也是假的。因为文革中起来的一批人，什么也不懂，只有靠毛的招牌来维护自己的特权。现时中央的领导班子弄清了，要进一步把地方的四人帮势力去掉。"我问："邓能控制住军队吗？""没有问题。邓和胡耀邦的关系，是对大问题的看法完全相同的关系。胡耀邦与赵紫阳，是邓的左右手。大家对胡是一致赞成的，对赵是大多数赞成，只极少数有意见。赵在四川的经济调整上，表现了气魄与成绩。"他们这样答复。

问题一转，转到"四个坚持"上面。有一位说："提得太空洞。例如坚持共产党的领导，你是要坚持怎样的共产党来领导？坚持社会主义，你是要坚持什么样的社会主义？四人帮出来，还不是喊四个坚持？并且会比邓们喊得更漂亮。"另外一位朋友说："无产阶级专政，我们一听到，便感到是要专我们的政。不错，过去说我们是资产阶级，现在说不是的；但这只凭一句话，话是可以随人随时随地改变的，有什么保证……"

三

话题自然转到知识分子的良心与言论上面。他们认为里面大家都瞧不起郭沫若。因为文化大革命一发生，他便首先否定自己，否定十多年的文化工作，太没有品格；幸而当批林批孔时，"他站在周总理的一边。他的威望，远不及沈雁冰，沈不轻易讲歌功诵德的话，宋庆龄在这一点上也不错"。他们希望海外的知识分子多为国家人民讲真话，但感到这种人并不多。他们说："里面都很瞧不起韩××、赵××这种人。他们开始讲些歌功诵德的话，大家可以原谅他们是因为爱祖国而受骗；但他们要反复地讲，四人帮垮了以后，又把话倒过来讲，这便只知权势，毫无良心了。"中间有一位说："我和韩××认识，见面虽然客套一番，但心里是有数的。"

我笑笑向他们说："我过去写的有关文章，不约而同地和各位的看法，大体相同。言论自由，是中国人的共同悲剧。"

我因此引起另外一种感想。五十年来观察所得，知识分子常因本身学问无成，或因名利心太切，常想借政治势力以提高自己的地位与收入，而跌向左右两极中。跌向左的常以打击中国传统文化中好的一方面作进身的手段；跌向右的常以提倡中国传统文化中坏的一方面作进身的手段。他们的名利，因此种手段而确有所获，但遭殃的不仅是中国的传统文化，而且是国家与人民。国家、人民遭了殃，歌诵者与被歌诵者到头来也会由春梦变为噩梦。从梦中醒过来，岂仅是有良心的知识分子的要求，也应当是只顾利害的知识分子乃至统治者的共同要求。

一九八一年八月十七日《华侨日报》

域外琐记（之五）

一

小女儿梓琴和女婿林君华富，住在新墨西哥州克鲁斯镇；虽然此时的气候还嫌亢热，但人情上不能不来这里住几天；于是八月十一日，陪着妻由休士顿飞拍索，再由拍索坐一小时的车来到他们的家了。镇上有州立大学，女儿原在化学系做研究工作，现因上月生一女暂时停止。三十英里处有陆军火箭基地，林君在里面当工程师。翁婿间还是第一次见面，他是一位诚实勤劳而充满活力的人。镇上只住有几家中国人，故人朱怀冰先生的女公子朱立立夫妇，也住在镇上。她在拍索大学教书，她的先生白海诺在州立大学教育系当系主任。别后二十多年，居然能在此见面，倍感亲切。

新墨西哥州有史前悬崖及穴居的居民遗迹，经过漫长的岁月，逐渐演变出印第安人居住的村落。十六世纪时，西班牙的探险者来到此地寻找黄金；接着传教士前来要改变居民的信仰，殖民者前来要建立对居民的控制。长期的宗教与政治压迫，引起了一六八〇年的大叛乱，逐出西班牙人；但到一六九二年，又正式被征服。一八〇〇年前后，美国商人沿圣他菲路带着皮毛和金银回到米苏里州，吸引了美国人经济上的注意。墨西哥摆脱西班牙统治而独立时，此地成为墨西哥国的一省。但可里（S. W. Kanny）上校率领一支志愿军，于一八四六年攻占圣他菲城（Santa Fe）后，宣称此地是美国的一部分；一八四八年，正式割让与美国，被称为新墨西哥领地，到一九一二年，承认为美国的一州。今天住在此州的人，有时可以听到印第安人祭舞时的鼓声，并可以发现小村庄的泥壁教堂中西班牙人的崇拜，这正是此地一页残酷民族斗争史话所留下的一些痕迹。

二

新墨西哥州是一个起伏相当大的平原，中间散布着若干山脉，海拔由二百五十尺到一万三千一百六十尺。因为雷诺格兰河由州的中间自北而南，比科河及加拿大河在东边，科罗那多河的支流在西边，这才使其成为畜牧及可以耕种之地。土地有十二万一千六百六十六平方英里，但人口只有一百一十六万八千人。经济有多方面的来源，并发展着尖端科学和武器。虽比不上德克萨斯州的富足，但决不能说是贫乏。

我来此地后，曾一度游历与拍索仅一河之隔的墨西哥的华里士市。在河的两岸国境线，墨国关务人员检查是否有由美运入的私货，美国的移民局人员检查是否有由墨西哥混入的偷渡者，这情形大概与深圳有些相像。华里士是墨国的观光城市之一，特别着意市容；但从大建筑物里的商场看，店东、店员兜揽生意的方式及漫天讲价的情形，和香港、台北的旧式商场，没有大分别。我对此次游历，没有太多的印象。

八月二十三日一早，全家又乘车到马斯卡尼诺印第安人保留地去度假。车由克鲁斯镇开出不远，通过一道山脉，进入到宽约七十英里，长约三百英里的平原，据说，这是美国军事保留地。下山坡右转不远，是陆军火箭基地，空地上陈列有三十种左右的火箭；其中只有两种还在使用，其余都已淘汰了。再转车向东北方向前进，远远望去，平原中有点像孤立的建筑物，据说，这都是作新武器新能源的研究和试验的地方。全平原这种建筑物以千计。再前进，到了十四万六千五百三十五亩的"大白沙"。沙粒是由硫酸钙所形成的，比我过去在居延海二里子河所看到的沙堆要粗得多。中午在阿拉摩格多市一家中国餐馆午餐。一九四五年七月十六日，在附近白沙飞弹基地的偏僻地区，试验了第一颗原子弹。附近的空军基地，进行各种火箭研究，有家旅馆便以"火箭"作名称。使我感到，这是军事气氛很强烈的地带，但表面上却是一片安静。

三

午餐后向印第安人保留地前进。一般的保留地非常荒瘠，但这个四十万英亩的保留地，却是有泉水的丘陵起伏地带，可耕可牧可渔，风景幽美，成为有钱人休假的胜地。途中经过可以望见的一座教堂，因民族斗争，而曾经三度废兴，并有若干西班牙人和一队美国士兵，被杀死在这里。由此前进，转入山区，一路翠柏苍松，排列不断，直到我们预定住宿的"山神野店"。

野店的外墙，都钉着鳞次的木片，的确带有山野的风味。但它有一百三十个单位，有保温游泳池、漩涡池、小孩游泳池、游乐场、健身房，湖中可以划船，湖边可以垂钓；有六个网球场、四个射击场，再加上高尔夫球场、大小餐厅和酒吧等；房里的设备，都是一流的现代化。还有绿油油的大片草地上点缀着三四十年以上的松树，空气芳香，这是别处用钱买不到的。难怪有钱的德州人，不远千里来到这里轻松几天。

一般印第安人，多消极懒散，不求上进。唯有此族的印第安人，因为有一位很能干的族长，能积极地利用他们的保留地，并请白人为他们设计、管理，开设了这样规模的"野店"。女儿梓琴和我说："中国人和美国人，在建筑设计上的观念，并不相同。台湾梨山饭店，必须建筑为宫殿式的，从环境中突出；美国人却喜欢建筑为村野式的，与环境相谐和。"我另外听到一位年轻朋友告诉我，美国研究环境生态的科学家，与大陆这方面的人士接触后，深深以中国人早忘记了老子哲学而感到非常失望。但我们这次，能有机会穿过一连串的军事基地边缘，来到这样的山林胜境，并且从这种山林胜境中，仿佛可以浮出对印第安人的一线希望，总算不虚此行了。

一九八一年九月六日《华侨日报》

域外琐记（之六）

一

我在美国的行程，即将告一段落，琐记也应以旧式记账的方式告一结束。

我这次来美的目的有二。一是检查胃癌切除后的身体，一是体认我到底应否移美居住。休士顿安德逊医院，是世界有名的癌症研究中心、治疗中心，它的有名，决不仅在设备的新而且全，也在它的管理组织，及各医务人员负责和亲善的态度。这是我在这里先后两次检查所亲切感受到的。在纽泽西找了一位眼科名医检查眼睛，其负责及帮助病人的情形，与安德逊医院的各种医务人员没有分别。推及其他商业性服务，则美国优于台湾，台湾优于香港，香港优于大陆。服务主要表现在"为顾客着想"的责任心与语言态度之上，这是无关科技、无关贫富的。但奇怪的是，科技越落后，服务的责任心与态度，也与之成正比例地越差，这是非常值得深思的问题。可能与社会体制、政治体制，有密切关系。有位朋友对印第安人懒散的情形，十分失望，他推究原因之一，因为没有"私有"观念。

我的儿女，都是很孝顺的，但经验告诉我，这不是可以移居美国的决定因素。就我们不会开车的老人来说，交通最方便的是台湾、香港，想到什么地方去，便有能力到什么地方去。最不方便的是美国，没有人为你开车，便根本动弹不得。早出晚归的"上班"人，为他人开一次额外的来回车，一耽搁便是几小时，这在人情上和事实上，都是一种负担。老年人并不须要常常外出，但若想到要外出而有所不能时，精神上就难免感到是一种压力。我这次，每想到我的儿女、女婿、学生，为我开了这样多的车，总觉得有些抱歉。但依然没有减少我说"美国是交通最不方便的地方"的认定。即此一端，也值得移居者的慎重考虑了。

二

美国社会，常发生些稀奇古怪、在人情上难以了解的事情。例如为了想引起心里所爱的女人对自己的注意，不惜做出杀人的行为。但我留心观察，像香港有些男女特别选定人多的地方，有如候船候车的地方，搂腰亲嘴，弄眼挤眉，表演给并不是观众的人群看他们的丑剧，在美国绝对不曾发现过。若留心去观察这种在人群中表演丑剧的男女，大抵是想以"超摩登"的方法，去掩饰他或她心理上乃至生理上的弱点；而他或她的所谓"超摩登"，可能在美国黄色电影中出现过，便认为这是"美国的"，值得学习了。若再加上其他许多事例，便不难归纳出一条公式："凡是文化落后的人，便一定会拣择他人最坏的东西来学习。"

台北、香港，除了茶楼酒馆外，还有不少的咖啡室；有闲时，和朋友在这种地方聊聊天，倒不失为生活上的一种情调。但在美国，可以说是绝无而仅有。坐咖啡室，要有从容的时间，也要有聊天的朋友，这都是美国人生活中所缺乏的节奏。早出晚归，一餐晚饭的分工，一两个小孩的照顾，这已经耗尽了上班以后的余力；更加上每家一大块草地，浇水修剪，半工作，半享受，忙得不亦乐乎。有朋友开玩笑说美国人之所以不革命，就是因为有这样的一块草地，使他们没时间考虑到革命的问题。

三

人与人的疏离，人与地的疏离，可能也反映在集镇的没落、家与店的隔限上面。在中国，一两个村落之间，常常有家杂货店；杂货店的机能，不仅在出售日用杂货，而且是村落的人们，往来于杂货店之间，彼此有碰面闲聊的机会；许多生活新闻，常是通过杂货店而流布出来的。我住在大女儿均琴家里，应算是中上层的住宅区；早上散步，故意走不同的方向，走上一点多钟的时间，主要目的，便在想发现一家小杂货店，但终于发现了，难免感到情调上的寂寞。我把这件事向女儿提出，女儿说，美国人就是怕商店混在住宅区里，以致人色复杂，对治安不放心。开十几分钟的车可以买到菜，便算最近的地方了。开半小时以上的车去买东西，乃是家常便饭，住宅旁哪要甚么杂货店。不错，在美国，每一个人的家，是每一个人生活的小天地；小天地与小天地之间，有大家共同需要的看不见的一道墙隔住，或许这就是个人主义。

过去的农业社会，安土重迁；每一家，生根在一块土地上，若非遇有特别变故及人口过剩，常可经历百十年乃至数百年之久；因此，每一块土地，每一块土地上的一草一木，都织上了居民的劳力和感情，尤其村子里的一口水井。李商隐有句诗是"十载忆归元亮井",井就象征了李商隐故乡的田园父老。以农村为经济背景的集镇，虽然里面居民的变动，较农村居民的变动为大，但随农村居民的安定，而集镇本身也是安定的。但美国因人口随工业的移动而移动，大家又乐于散居而不乐于集居；开一点多钟的车到一处"购物中心"，便什么都可以买到；购物中心，摆脱集镇商店的束缚，也代替了原有集镇的机能；于是原住在集镇里较有活力的居民，首先随工厂或散居而迁出，黑人逐渐搬进来，治安与卫生都有了顾虑，使本不想搬走的也搬走了；生意一天衰弱一天，于是一个一个的颇有历史性的集镇，不能不没落下来。人与人在生活上的自然接触的机缘，也因此为之消失。最近正在没落中的某一集镇有位拥有大量土地的老人，刊出广告，凡是肯在这集镇住上五年的，他便无条件赠送五亩土地，以图挽回集镇的命运。我还不能预想，这种人与人的疏离现象、人与地的疏离现象，在文化上会有怎样的意义。但由此所表现的社会变化的速度愈大，人对社会的感情也随之愈小，则是无可置疑的。

一九八一年九月十三日《华侨日报》

徐复观最后日记 *

翟志成、冯耀明 编辑校注

编　例

一、为保持日记原貌，原文遗误处均未加修改，但以楷体在括弧内补上或订正。

二、凡遇不可辨认之字体则以〇留白以示。

——编者按

前　言

我没有写日记的习惯，现在悔也无益。十月十一日由台返港，病体似有进步，我想把零细的感想纪录下来，又因循了十多天。从今天起，写了试试。

一九八〇年十月二十六日

---

* 编者注：本文录自《无惭尺布裹头归——徐复观最后日记》（翟志成、冯耀明编辑校注，允晨文化实业股份有限公司、新加坡东亚哲学研究所联合出版）。

一九八〇年

十月二十六日　天晴有风变凉

早复董桥来信。武军儿来，[1] 在一起午餐，他不赞成爸妈移美居住，理由是生活习惯相差太远，爸妈一生辛苦，为什么晚年还要勉强去适应环境呢？可以去一趟，再回香港。他主张以住台湾为最好。蒙女认为住台湾没有人招呼，[2] 不能长靠朋友和学生。主张香港的住屋等保持不动，先到美国一年再作决定。妻是不愿移美的，我也很彷徨。四海之大，竟难觅老夫妇二人安身之地，这便是我们今天的遭遇。[3]

下午四时，韩仲锦之侄女韩碧霞偕其夫婿郑君辉文，韩碧兰偕其夫婿陈君松泉，来看望我。碧霞是眼科医生，郑君是病理医生，在桂林某医院工作。碧兰夫妇则在武昌省立第十二中学教书。来港后，生活辛苦而不易适应。我奇怪他们何以要来香港，他们说，邓小平、胡耀邦的想法不错，但中下级仍和四人帮一样，横蛮无知，万一局势再变，便不得了，所以有海外关系及华侨回国求学服务的，几乎都走光了。他们说到文革期间学生要教授教员，从凳子脚底下爬过去，学生拿着板子在后面打，爬得慢的挨打挨得多。大暑天，要教授们穿着皮袄，打着赤脚，挂着牌子，在街上走，走几步便跪下宣读自己的姓名、职业和自己的罪状，宣读完后再走，如此反复

---

① 武军，即徐武军，徐复观先生长子。

② 蒙女，徐梓琴的小名，为徐先生第三女，徐先生有时也昵称其为"蒙儿"、"蒙"等。与夫婿林华富育有一女元蕙。

③ 徐先生自知患上胃癌后，原计划从香港新亚研究所退休。由于他不满香港的医疗服务水准，有意到台湾养疴。但他的四个子女，除了徐武军在港外，其余次女徐均琴、三女徐梓琴、及幺儿徐帅军，当时均在美国定居。到台湾去没有亲人照料，到美国去又难以忘情故国，兼以无法适应当地的生活环境，是以踌躇再四，莫知所从。

多次。桂林医院有位 X 光医生，写着"士可杀，不可辱"几个字，便从楼上投下自杀。武汉医院某外科医生（他说有姓名，我忘记），是全国外科医生中的"第三把刀"，派他扫厕所。总而言之，想尽一切方法，破坏知识分子的人格。他们又说"一九六〇年前后三年大饥荒，生活比文革时还苦，但大家顶住不想出走，为什么现在都想走，是因为一切都被破坏了，什么事都做不通，大家已经绝了望"。他们对胡耀邦颇有好感。邓小平们也想医治各种坏风气，据上海的一位老教授说，恐怕二十年尚医治不好，因为思想坏了，不是一旦之间可以培养、改正过来的，他们都同意这种说法。他们又说：大陆上的主要工作，都落在他们这种年龄之上（五十岁上下）。上一代的所余无几，下一代在文革中被糟蹋了，担负不起工作。大学重开后的大学生还在校中，接不上。但他们这一代，上养父母，下养儿女，待遇微薄，生活最苦。

岑君溢成要我看他在《鹅湖》上刊出的文章，[①] 是对《孟子》"乃若其情则可以为善……非才之罪也"所作解释。我今天给他一信，说明我赞成牟宗三先生的解释，不赞成他把"情"字、"才"字都解释为"性"字；这在训诂上虽有根据，但不合孟子答公都子问所作解释"性"的答复的原意。并劝他不可轻易把现代语言分析方法应用到古典研究上。

十月二十七日　天阴

接薛顺雄十月二十三日来信，辞意恳笃。复书勉以不论治何学问，应先把握若干基本观念及大纲维，向细部用力。否则容易

---

① 岑溢成，徐先生晚年在新亚研究所指导之博士班研究生。岑君大文《〈孟子·告子〉篇之"情"与"才"论释》，连载在台湾《鹅湖》月刊一九八〇年四月、五月号。

迷失方向。陈君毓罴十月二十一日来信言搜寻先师王葆心先生遗著《湖北文征》事，当事者颇为热心，但尚无头绪。当复一信。梅广来信中附赵不波医师信，谓胃癌不必求根治，因不可能根治，反增病人痛苦失望，他可为我治标。梅君因劝我赴台医治。即复一简信，对病情只有逆来顺受。赴台事在考虑中。

汪宗衍先生来信，内附汪世清先生补充余英时教授《方以智晚节考》补论的材料，即转余教授。

晚七时十分，杨华波小女儿波平第一次来看我们，妻力叹其自然纯朴。

晚十时中大社会系梁作燊博士送中大医学院蔡院长介绍到伊丽沙伯医院放射兼癌症科潘若芙顾问看病的介绍函来，此乃金耀基、刘殿爵两先生托马校长所安排者。

十月二十八日星期二

上午九时偕妻及梓琴乘车往伊丽沙伯医院看病，庭芳已在医院前等我们。[①]一切手续都由庭芳办理，费了不少周折。十一时二十分始由潘医师诊断，决定照肺，照胃，照肝。肺已照，照胃定于十一月六日上午九时，照肝定于明年二月四日上午九时。

我们精神上最大的挫折，在于我们没有可归的故乡，因而没有真正的家。由此而可了解中国"狐死正首丘"、"木落归根"的深切意。孔子是"东西南北之人"，依然是死在他的故乡，所以他死前的精神，应当是安定的。

---

① 庭芳，即赵庭芳，徐先生长媳。与徐武军育有一子一女。长子徐元风，次女徐元音。

十月二十九日星期三　天晴

五更时做一梦，见故奉化蒋公，另一统治者（梦中亦不识其人）并坐，我向他解释集权（实即指独裁，梦中似避忌用集权两字）与民主的利弊。大意谓为解决问题，集权在短期内较民主为有效，但不能持久。民主的效力似不如集权，但可以持久而不败。蒋公问故（编者按："故"似为"何"字之误）以会如此，我答谓集权将国家权力集中于政府上层少数人之手，时间一久，则必成为今日中共的官僚主义。因权力对人而言，必发见腐蚀作用。民主则社会权力与政府权力，可以发生制衡作用，所以民主政治中的官僚主义，容易受到限制。集权政权仅植基于国家中特殊土壤之上，时间一久，此特殊土壤亦且受到一般土壤的敌视。民主则植基于一般土壤之上，故根基较集权为深厚……初醒时犹能记忆解释得极有条理，蒋公亦神色怡悦，但未及政权转移之重大问题。蒋公已去世数年矣，今日而尚做此梦可谓奇矣，故记之。

接黄兆强、岑咏芳、叶明媚三同学分别由巴黎来的问病的信。又接赖景瑚先生来信。皆分别作复。

上午过海到三联书店取《文物》及《考古》两刊物，因自八月起，未曾前往也。

因已服药一周，今日验白血球为 4400，较未服药前所验者反高 150，不知确否。

接咪儿十月二十三日来信，[1] 谓可来港接我们赴美。

---

[1] 咪儿，徐均琴之小名，有时徐先生又昵称其为"咪"、"咪子"等。与夫婿陈宏光育有一子一女。长女名陈自怡，次子为陈自敏。

十月三十日星期四　天晴

　　早九时蒙儿陪我赴伊丽沙伯医院看病。等到下午一时才由医师告诉我肺无问题。服药两星期后，再前往看，其药与台大医院所给的无异，惟台大医院教我日服两粒，伊丽沙伯医院则要我日服四粒。庭芳在电话中谓我年事已高，不应冒恶劣反应的危险，蒙儿亦同此意。结果仍按照台大医院李治学教授之处理，每日服两粒，服两星期，停两星期。待诊中翻阅夏承焘《月轮山词论集》。页一九五至一九七，谈杜甫的"读书破万卷"，谓此系唐武则天以后共同风气，实则应将《自京赴奉先县，咏怀》的"穷年忧黎元"与《赠韦左丞丈》中的"下笔如有神"，连合在一起，即是以"穷年忧黎元"代替"读书破万卷"，而成为"穷年忧黎元，下笔如有神"更合事实。不知"穷年忧黎元"是创作的动机，"读书破万卷"是养成表现的能力，"下笔如有神"是表现的效果。有伟大的创造动机，并不能保证表现的效果，两者如何可以掉换呢。

十月三十一日星期五　天晴

　　略看《宋诗特征试论》稿。[①]下午广声兄来，出示鹰侄回我的信，对我的病情及治癌方向分析颇详。武军来，商定明年赴美事。晚骆君请在好世界吃饭，主要为梓琴。我亦陪坐约两小时。

十一月一日星期六　天晴

　　上午萧立声兄来问疾，并叙及其最近曾赴伦敦大学画展情形。接武汉师范学院寄来有关太平天国书籍二种。甚为不通。又托我

---

① 此文收入徐先生《中国文学论集续篇》（台湾：学生书局，一九八一年）。

代买简又文著作。余甚拟退还，因系彼所受赠于他人者也。出街恐难作（编者按："作"字似为"买"字之误）到。

今日校阅《宋诗特征试论》稿完毕。其中析论之精，综贯之力，来者不可知，古人与今人，谁能企及于一二乎？为之叹息。

十一月二日星期日　天晴

蒙儿今日上午十一时半坐中华航机返美。她这次因我病请假来台转港，恰恰住满了两个月。此次发现她的头脑训练得很细密而有条理。但我看到她还保持若干浑浑噩噩的神情，心里便感到满足。她来港，武军和庭芳照顾得很周到。早八时，他们全家先到我们的住处，再送她到机场，我心里还是很难过的。下午研究所李祖发董事长来看我的病，他主张研究所的人事，宜拓大，不宜再收缩，并拟请金耀基先生加入董事会，这都是很正确的。郑力为君下午来，请其代校改《周官成立的时代及其思想性格》一书。①

下午校阅《王国维〈人间词话〉境界说试评》，②没有《宋诗特征》一文的精彩。此文写于一九七七年十月由美返港之后，旅途疲劳未恢复，酝酿不够，故论点不详审，气象不舒展。

晚七时杨家教夫妇来坐半小时。均琴儿来电话，言曾向某教授请教，教授劝在港勿治疗，以休养为主。

十一月三日星期一　天晴

上午略校阅《王国维〈人间词话〉境界说试评》。下午一时左

---

① 该书已由台北学生书局于一九八〇年印行。
② 此文收入徐先生《中国文学论集续篇》。

右蒙来长途电话谓已到她的家。下午略午睡后阅惠清兄所写的《马一浮先生平生述略》。

十一月四日星期二　天晴

　　写一详细信与均琴及帅军。校完《〈人间词话〉境界说试评》。

　　收到尹合三兄及陈淑女、曹永洋、郑钦仁、翟志成诸君来信，情意恳笃。惟钦仁信中谓彼将成为孔门子路，过于狷急，当去信加以宽解。蒋彦士先生来信系应酬语。但自称后学，未免过谦矣。

　　下午四时半，赵君潜来谈甚久。

十一月五日星期三　天晴

　　昨晚与今日中午，连哽两次。

　　早复陈、曹、郑三君信。在复郑君信中，特别责其性情狷急，劝其不应以子路自况。复蒋彦士先生一信，劝其在选举期间，临事不可操之过急。验白血球，增至 5000，不知何故。过海取新购改短之裤子一条。盖因身瘦致所有原有之服皆不能穿，故也。

　　港大讲师陈君耀南自日本来信（未写详细地址）问疾。信中谓"复公思精学卓，饥溺为怀，不惟学术重望，亦存现代中国知识分子正气于绝续之间"云云，吾何以得此于陈君，不觉愧赧。陈君极好学而天资高，甚有文采，殆他日港大中文系复兴之所托。拟明早赴伊丽沙伯医院照胃。

十一月六日星期四　天晴

　　继续校阅《陆机〈文赋〉疏释》。[1] 接乐炳南自乌拉圭来信，

————————

[1] 此文收入徐先生《中国文学论集续篇》。

生活不安定，欲申请澳门大学教职，要我于被征询时讲他几句好话，这是当然的。但事情很渺茫。我接受东海大学中文系主任时，系中有一宋姓学生有某种特殊政治关系，鼓动全系学生转系；乐君本为历史系学生，意不平，偕郭君宣俊特转来中文系，与萧君欣义转自外文系正同。然努力上进，而情绪不安定，不知其竟冒冒然离台赴南美，心中难过久之。

接台大医院病理科医师李丰寄药来。李医师自己亦曾得癌症，而其丈夫李君，又因言论罪入狱，立法委员费希平曾在立法院正式提出质询以明其冤，知者亦无不冤之。李医师意志坚强，对工作倍加努力，亦可谓异人。

中午渡海甚疲弊，后当引以为戒。

十一月七日星期五　天晴

今天精神不好。早上回乐炳南君一信，问其能否返台湾居住。寄港币七百元与李丰医师，以归还她所垫的药费。返港后曾复大陆友人一信，今日接来信，我所写回信竟未收到。盖因信中曾称道台湾经济之发展已超过香港，故被没收耳。真是要黑到底。下午接王尔敏先生问病的信，信中谓"今时民族存亡，文化绝续，仍在奋斗关头。国人疯狂自伐，已半世纪。知识分子尤多寡廉鲜耻，哗众取宠，求一时得意，而置国家民族于万劫不复的人；急待吾丈继续负挽救大任"云云，而不知我既年事已高，又得此绝症也。王先生专治近代思想史，颇有著作。现在香港中文大学任高级讲师。

陈正宏君寄来黄煌雄著《到民主之路》一册，观念清晰，态度坚强而平实。著此年才三十六耳，不可谓台湾无人才也。

下午五时稍过，苏文擢、刘殿爵两先生来小坐。随后黄君维（编者按：原稿空一字，当系"梁"字）亦来。

十一月八日星期六　天晴

试写《旧封建专制与新封建专制》[1]一文，辨明两者间的同异。

接秋原兄及杨乃藩先生来信。秋原兄信中转述李丰医师向我提出的几点注意。计（一）多吃有营养的东西。（二）工作一小时即休息、运动。（三）按时吃药。又言及文化流氓事，气焰已衰，希望我写一文。此文无从写。杨信亦言医药事。

下午四时多港大讲师方颖娴女士来问疾。

十一月九日星期日　天晴

复秋原、乃藩先生信。因八日晚睡眠不好，未继续写文章。九时左右，章群教授来取我著作，全部赠其系图书室，共十八册。十时杨家教夫妇开车来，过海到武军家，午餐后返家休息。下午三时左右杜维运教授夫妇来问疾，坐半小时去。

五时左右清理杂文，甚乱。晚八时半左右帅儿来长途电话问我身体状况。

十一月十日星期一　天晴

上午续写《新旧专制封建》，尚未成，搁笔。接李丰先生续继（编者按：此处"继"似为"寄"字之误）药来。接李幼椿先生自美来信，谓读陈棘荆（编者按："荆"字当为"苏"字之误）

---

① 此文原载于一九八〇年十一月十四日香港《华侨日报》，后收入《徐复观杂文续集》（台北：时报出版公司，一九八一年）。

在《明报月刊》一六六号所刊《三十年大梦将醒乎》一文，"所述大陆血淋故事以来所受之冲击，非言语所能形容，思想为之大变！第一，为导人为恶，如此其有力！而吾辈善类，如何其弱也。第二，五十年来，吾人所提倡之人文，乃不值恶棍之一棒，即被碾成粉碎，再五十年也不能复原，吾辈非另外来过不可！我将弃其所学，而从先生另外来过（信前言读到我的《杂文》四册）。……因之，思之重思之，得孟子'先王有不忍人之心，斯有不忍人之政……'，当从此'不忍'二字发大愿意……"意拟返港再从事对症下药的思想文化工作，而不知我之已老且病也，比复信告以近状。

接萧政之先生来信，劝赴美后返台居住。

《中华杂志》十一月号有郑学稼兄《徐复观杂文读后》，文章写得很得体，比以一函道谢。

武军晚间来电话约好黎姓医生于周三下午一时前往看病。

十一月十一日星期二　天晴

将《新旧封建专制》一文赶写完，约五千余字，寄《华侨日报》。以后不再多写此方面的文章。

接李丰先生续寄之药物，并附信提出运动、休息、吃（营养）养病三要点。

学生书局张洪瑜寄来《中国文学论集续篇》出版权授与契约。

下午三时左右中大孙述宇先生来问疾，并赠他所著的《〈金瓶梅〉的艺术》一册。年十四五时曾阅过《金瓶梅》，无印象。洪炎秋先生赠台湾影印明万历本一部，稍翻阅，印象不佳，即搁置。孙此著颇有深度。对文学理论亦有理解。

十一月十二日星期三　天晴

极疲乏，复张洪瑜、萧政之先生信。某报董事长乃一恶流氓，对胡菊人欺压甚亟，且登出启事。为此事写一信与余纪忠兄，问其有无方法安排胡之工作。接夏友平、陈廷美及张力宇诸君自美来信。接柯元馨女士来信，附她们所出古典今译资料，其中有裴君所写《诗经·关雎》"样书"，[1]完全打胡说，看后极不愉快。

中午十二时渡海，看方颖娴所介绍之黎启森医生，因系"名医"，价贵而傲。下午李杜、唐端正来。

十一月十三日星期四　天晴

早二时余醒后因思及裴某对《关雎》之解释，为之不寐。因起复柯女士一信，痛斥台湾学术界"以小聪明打大胡说"的风气，劝大家走平实、守规矩之路。

重阅《陆机〈文赋〉疏释》。复夏友平、陈廷美信。下午五时张子扬先生偕其婿庞均来访，欲为庞君在中大艺术系找教职。

十一月十四日星期五　天阴

《华侨日报》刊出《新旧封建专制》文一段，错字太多。

上午十时半程沧波、张万里两先生来小坐。因小便不顺畅，颇欲赴台医治，因托程先生以办出入境证事，程慨然允诺。

今日精神特差，少做事。

---

[1] 裴君，即裴溥言，其大著为《先民的歌唱——〈诗经〉》二册，收入时报出版公司"中国历代经典宝库"丛书，台北一九八一年出版。

接孚观信，^①谓欲由山西忻县返故里，要旅费。妻复一信，并寄一百元。

晚刘念真先生来电话，谓杨乃藩先生在给伊信中，以三事转告：（一）《杂文续篇》拟于明年一月付排，嘱速清理存稿。（二）托寄蒙处之杂文已寄。（三）医生曾告杨，我病须尽力调养，意谓药物无灵也。

十一月十五日星期六　天晴

清理杂文稿，拟于明日寄陈淑女君。《陆机〈文赋〉疏释》已校完，此疏释写得很扎实。钱锺书来信（九月七日来信）中谓"注则训诂精博，疏则解析明通"或可当之无愧。其余稿不复校阅，托之薛君顺雄耳。

妻赴恒生大厦看牙。

上午赵潜、郑力为两先生带来数名学生，将我捐与新亚研究所之日文书及现代文学作品、杂志数百册取去。平生爱书如命，宁愿友借钱，不愿友人借书。盖不自揣量，以为著作所及，每一书皆有价值，故买书存书，不惜勤苦。此部分日文书，除一般之文史哲外，多为日本学者研究中国学问之书，聚之不易。但得此病后，知来日无多，故捐与研究所，借留纪念。尚存下之书，真不知如何处理。^②

下午廖百源、朱国能、老权波、翁文娴诸君来小坐。五时半偕妻下楼散步并购饼干。

---

① 孚观，即徐孚观，徐先生之胞弟。
② 徐先生殁后，徐夫人王世高女士依照先生遗愿，把全部藏书捐赠台湾东海大学。

十一月十六日星期日　天晴

整理《杂文》及《中国文学论集续篇》稿，拟于明日寄台，并各写一信与薛顺雄、陈淑女两君。

中午武军夫妇及元音来在此午餐。[1] 晚有客来小坐，劝赴北京治病，笑而谢之。

连日偶翻阅熊十力先生的《乾坤衍》，其立言猖狂纵恣，凡与其思想不合之文献，皆斥其为伪，皆骂其为奸。其所认为真者仅《礼运·大同》篇及《周官》与《公羊》何注之三世义及《乾》、《坤》两象词，认定此为孔子五十岁以后之作。[2] 彼虽提倡民主，而其性格实非常独裁，若有权力，将与毛泽东无异。我不了解他何以疯狂至此。

十一月十七日星期一　天晴

早起精神甚好。复陈兆平信。因他寄了两茶叶，所以汇了六十元给他。清理过去讲演的残稿。

接帅儿十一月十二日来信，赞成到美或台居住。若回台，媚铃可带元德返台招呼我们。[3]

拟将一九六九年九月《中国文学中的人格修养》与《儒道两

---

① 元音，徐先生孙女，徐武军之次女。
② 熊著《乾坤衍》成书于一九六一年，时熊先生隐居上海，经历时变，思想发生巨变。熊先生痛斥孟子以下一切儒者为"奴儒"，世传六经乃"奴儒"为取媚人主所改作，与孔子精神完全相悖。熊氏之论，全是信口开河，于事实典籍全无征验。徐先生虽为熊氏门人，本"吾爱吾师，吾更爱真理"的一贯宗旨，在日记中对熊氏晚年阙失提出严厉批评。
③ 媚铃，即童媚铃，徐先生幺儿媳，与徐帅军育有一子一女，子元德，女元真。

家思想》的讲演稿，写成一文。^①

十一月十八日星期二　先阴后晴

武军陪我过海到中环黎医生处看病并验白血球。下午复帅军的信。时七时左右张绮文送论文的一部分来。

十一月十九日星期三　天微雨后阴

早阅过去《文学人格的修养……》讲稿。改张绮文的论文。中午武军来整理寄存于他住处的书籍，计有《丛书集成简编》及现代史资料等。

午睡起后与世高到永安公司闲步，^②为她买一双皮鞋。

今日晚开始服第三月份之药。

十一月二十日星期四　天晴

看完张绮文的论文。接到外甥姚甫侯来信，此为暌隔三十四年后的第一次来信。我的姐姐勤苦有志气，我小时受其抚养，住武昌一师时犹做鞋给我穿。姐夫人极好而不务生产，民国八年逝世后，姐姐守节抚养一女一子成人。现在县立第一中学中教书。

接均琴十一月十四日来信，不主张吃药。接陈立夫先生来信及他的两篇文章。

晚复甫侯信。看完审四人帮电视后即睡。

---

① 此即《儒道两家思想在文学中的人格修养问题》一文，收入徐先生《中国文学论集续篇》。

② 世高，即徐王世高女士，徐先生的夫人。

十一月二十一日星期五　天晴

在海边散步及早餐后又睡两小时。复陈立夫先生信。接陈耀南先生来信，比即复一信，并介绍木村英一教授。接杨社长寄来台大医院手术后的报告书，比即寄卢鹰女士。

《中国文学的人格修养问题》写约二三百字。

十一月二十二日星期六　天晴

世高到青山道菜场买菜。复均琴儿信。继续《文学修养》一文。复杨乃藩先生函。

十一月二十三日星期日　天晴

武军九时二十分开车来接我与世高到海洋公园看菊花。十一时到公园，人甚疲倦。世高早四时即起做两样菜携去，中午在武军家用食后，送返美孚新村。下午四时黄蕴云来小坐即去。阅陈寅恪《寒柳堂集》，《论〈再生缘〉》及《韦庄〈秦妇吟〉校笺》早已阅过，余率零碎。彼极反对清末今文学派，此点与我不谋而合。他说清末革新运动有二派，一派是康有为们的托古改制，一派是他的祖父、父亲及郭松杰（编者按：“松杰”似为“嵩焘”之误）们的径取法西洋。所以湖南的维新运动，并非因梁任公在长沙时务学堂讲学而始兴起。

十一月二十四日星期一　天晴

早上继续写前文，甚疲倦。下午二时过海第一次到《华侨日报》看岑维休先生，见到建章、才生诸位，①大家很关心，当即派车送回。

接宋瑞楼、杨乃藩、李丰、余纪忠诸先生来信。又接王孝廉及梓琴来信。又有张廷荣君一信。张君自力苦学，不仅卓然有成，且每周向社会讲《周易》及佛学各一次，颇有影响，称我为师，实谦辞也。梓琴信写得很好。

十一月二十五日星期二　天晴

继续写前文。下午李怡先生来小坐，②谓徐铸成先生，亲口谓当一九四九年十月应中共之号召，由香港返至北京时，即知道他此行完全错了。又谓国民党的压迫，只在职业与吃饭问题，但人格并不因此受损。中共则并将人格加以蹂躏。李先生又谓中共目前的危机，在于胡耀邦、赵紫阳与解放军无关系；邓一旦撒手，军队即难控制。而更深的危机，则在大陆较优秀青年，皆不愿加入共产党。愿加入者皆投机分子。复杨乃藩先生及梓琴信。

---

① 何建章，《华侨日报》总编辑，岑才生则为社长岑维休先生之子。抗战胜利后，国府某要员曾向《华侨日报》作无餍之金钱索求，在要求不能被全部满足时，即以"汉奸"罪名诬陷《华侨日报》，时徐先生参蒋公幕，路见不平，毅然替《华侨日报》洗雪沉冤。一九六九年徐先生被逼在东海大学退休，流寓香江，而在中文大学兼课之钟点费，委实难以糊口。岑维休有感于徐先生恩义，决每月由《华侨日报》津贴徐先生港币三千元，徐先生不愿白拿《华侨日报》的金钱，决意每月替《华侨日报》写稿两篇，以为交换，遂开始了徐先生和《华侨日报》十多年的文字姻缘。岑先生与徐先生，一感恩图报于前，一绝不苟取于后，诚有古之遗风，为香江文坛，留下一段佳话。
② 李怡，香港《七十年代》（后改名为"九十年代"）月刊总编辑。《七十年代》是海外最有影响力的中文杂志之一。

十一月二十六日星期三　天气先晴后雨

继续写文。因吃完一星期药，去验白血球，为五千五百，较上次所验者又有增加。下午午睡起后复宋瑞楼、李丰两先生信。

十一月二十七日星期四　天晴

早九时李丰先生所介绍之黄焕滔医师来电话，约于明日上午十时到玛琍医院见面。

继续写文。接陈毓罴先生来信谈《湖北文征》事。接郑学稼、李丰、程沧波诸先生来信，及唐乃建先生来信，比即作复。

十一月二十八日星期五　天晴

早九时与妻渡海赴玛琍医院看黄焕滔医师，他毕业于台大医学院，人很热情负责，与我们谈了很久，并预约了一位林钜津教授于十一时半左右为我看病。在医科毕业以后，必须在医院中实习，服务很久才能升到教授。这位林教授是肠胃专家，看了我的资料并作疹（编者按：“疹”当为“诊”字之误）断后谓情况很好。但以体重未增加为奇。他以为一可能是吃药的影响，主张按现时吃法吃到六个月后不再吃，因为一定有不良反应。二可谓系手术后生理尚在调整中。他主张今后在服药前及服药后都到黄医师处验血。因黄医师专作病理试验、研究。服完六个月后，再约林教授看一次，改服滋补之药。返寓时已下午两时半。接到立法院承办人寄来入出境证。接到陈廷美君来信谓赴美经洛杉矶时他们愿意招呼，辞意恳切。接薛顺雄君来信。

复谢立法院承办人及程沧波、李丰两先生信。接帅儿来信及元德照片。

十一月二十九日星期六　天晴

继续写完前所写的文章，完成初稿。

十一月三十日星期日　天晴

返港后几于每早到海边散步。今天由于修改文章，早起后未到海边散步。我每次一篇文章写成后，作初步修改时，精神与时间最为紧张。今日亦系如此。中午武军等三人来午餐。晚五时苏文擢先生来小坐。

十二月一日星期一　天晴

重阅写成之文稿寄《中国时报》杨社长。检出王师葆心及熊十力先生遗著与《湖北诗征传略》二十册，及我所著纯学术性之著作，由世高分包两包，寄湖北省立图书馆。

十二月二日星期二　天晴

复陈毓罴先生函，详述搜查王师葆心所编《元明文征》稿本经过，约两千字。补寄《儒道两家思想在文学中的人格修养问题》稿与薛君顺雄。

十二月三日星期三　天晴

早服药满两周。与世高寄书两包与湖北省立图书馆，寄一包与社会科学研究院文学研究所图书馆。写一信与徐孝宓先生言寄书事。但此间邮务员谓一定寄不到。

十二月四日星期四　天晴

到玛琍医院看黄焕滔先生验血。

接创价大学法学部部长小室金之助教授问疾信，并又言及到该校讲演事。阅皮锡瑞《经学通论》。写信与梓琴。

十二月五日星期五　天晴

继续阅《经学通论》，写张佛千文序。上午王尔敏夫妇及黄麟书、周毕斌两先生来小坐。此为黄、周两位第一次来。下午五时左右刘殿爵、苏文擢两先生来小坐。

十二月六日星期六　天晴

整理昨日写成之序文，当即复张佛千先生。其述怀诗四首极佳。复傅伟勋教授及阎若珉先生贺片。

十二月七日星期日　先阴后小雨

夜晚喉痛，恐伤风，起服牛黄解毒片及银翘解毒片，痛愈。中午武军们来午餐。

十二月八日星期一　天阴

感冒，服银翘解毒片。昨午犯哽，今早又犯哽。过海看黎启森医师。接程沧波先生十二月一日来信劝勿赴美，情意恳切。

接均琴十一月廿七日来信，述两小孩情形可爱。接陈已香问候信。接伍丽华夫妇由纽约来信。

复郑学稼、黄麟书、萧荫民、樊仲云诸先生贺片。世高寄压岁钱给乡下诸侄，每人六十元。接陈耀南先生自京都来信。

十二月九日星期二　天晴

　　写成《民主是可以走得通的一条路》短文，述对十二月六日台湾中央民意代表补选感想，[①]主要在说明大家都应以高雄事件为大戒。十二时过海，到美国领事馆去签证。唐鸿先生在门下等我们。下午五时始办完手续。

十二月十日星期三　天晴

　　修改昨日所写之短文，影印一信寄《中国时报》。复程沧波、李丰两先生函。将昨日《华侨日报》刊出之张佛千先生文序，影印一份寄张佛千先生。接翟志成来信。午睡起后，复均琴、帅军信。

十二月十一日星期四　天晴

　　开始阅校《先汉经学的形成》一文。[②]为了看北京故宫画展，早十时坐的士前往，未开门。乃转赴乐宫楼饮茶，约有赵聪先生及杨华波兄夫妇。小吃后精神疲困即返寓。华波兄交来两函，一为何建章先生托转一位读者关心的信。另一为李刚先生转庞鼎元先生赠港币千元作买水果之资。与庞先生一面不相识，打听之下，始知为一位工业巨子（绍荣钢铁有限公司董事长）。

---

① 此文原刊于一九八〇年十二月十六日香港《华侨日报》，后收入《徐复观最后杂文集》（台北：时报出版公司，一九八四年）。
② 此文收入徐先生《中国经学史的基础》（台北：学生书局，一九八二年）。

十二月十二日星期五　天晴

　　校阅《先汉经学的形成》。复庞鼎元及李刚两先生信。

　　下午三时半杜君维明来谈至六时始去。他由四月至九月，以交换教授在北京住四个月，除两个月游历陕、川、云、鄂、苏、浙等地。不与彼方党政负责人接触，尤其不与统战人员接触，而只与学术界中人接触。据称其中少数人正想由马列框壳中脱出，以重新评定中国文化的价值，但为期尚远。一般年轻人正陷入虚无主义、怀疑主义。媚外的心理极盛。到一九八五年，经济社会尚不能从混乱中脱出。一般市民的生活较一九八八年（编者按：此处所记年份不确，疑为笔误所致）降低而非提高。杜又谓市场开放，对公营事业的冲击很大。例如在公营商店买猪肉，肥肉多而素肉少，无选择余地。在自由市场，则农民可由买者自由选择，且价较廉。逼得公营商店不得（不）将肥素肉分开卖，现成为自由市场带公营市场前进。他的总结论，从短期看，是悲观的。但从长期看仍可以乐观。但不否定中间有反复的可能。连日感冒，到下午甚疲倦。

十二月十三日星期六　天晴

　　上午继续校阅《先汉经学的形成》。十时左右陈楷文、陈联波两同学来。陈楷文最近陪其母返故乡汕头，据谓较三十年前更落后。干部工人，只求把握现在以谋求个人利益。本规定五十五岁退休，现在不少人找医生弄手脚，证明自己有病，提前退休。盖退休后有退休金，又可使自己的子女一人去顶自己的职位，一举两得。凡事不送礼物便办不通，最低者为烟酒。现时流行的谚语是接洽事情，总要先"研究研究"，盖"研究"与"烟酒"同音，意指送烟酒才可以办得通。乞丐甚多。对乞丐的态度很坏。

下午一时半出门到研究所参加所务会议。因精神不佳，中途退席返寓。

十二月十四日星期日　天晴

继续校阅《先汉经学的形成》稿。中午与武军等三人赴雍雅山房小馆午餐，餐后循元朗青山返寓。晚间陈芬先生来小坐，语及近与某君事，某君有才而生活不甚正常，故亦影响其心理。陈芬先生赠《敦煌的宝藏》一册，印制颇佳。

十二月十五日星期一　天晴

校阅《先汉经学的形成》完毕。上午渡海办手续，精神极差。

十二月十六日星期二　天晴

上午过海赴玛琍医院验血。下午复梓琴的信，并复朋友的贺卡。

十二月十七日星期三　天晴

晚上开始服药。写一信与帅军，学业的安排由他自己作决定。

十二月十八日星期四　天晴

昨晚睡眠不好，故早餐后即精神不佳。翻阅贾谊《新书》中与经有关者。

十二月十九日星期五　天晴

　　早起写《假定华国锋真正完蛋》短文初稿，约两千字。

　　中午与世高渡海赴《华侨日报》取本月薪资。并到三联书店买书数种。旋由天星码头渡海赴中华书局看北京故宫画展，大部分为摹本，临摹之精，几可以乱真，由此可知鉴赏之难。返寓后已下午三点，即上床休息。此日精神特嘉。

十二月二十日星期六　天晴

　　整理昨日所写短文寄出。中午武军夫妇及元音来，他们明天赴东南亚度假。接曹永洋来信谈《杂文续编》已与淑女编好，挂号寄杨乃藩社长。我即写一信与杨，问付印有无困难。将《先汉经学的形成》加影印一份寄陈君毓罴。

十二月二十一日星期日　天晴

　　迟起。誊通信地址。复陈励君小姐函。下午马定波同学来小坐。摘录《新书》中有关经学之资料。

十二月二十二日星期一　天晴

　　早上六时起床，开始在附近右侧小山上爬山，上下约一小时。除回贺节卡外，把贾谊《新书》上与经学有关的材料抄下来了。接到杨乃藩先生们的来信。

十二月二十三日星期二　天晴

　　星期五写的一篇文章刊出来了。早上爬山回来后颇疲倦，复杨乃藩、陈已香的信后，即未做事。午睡后回寄贺片，亦未做什么。《儒道两家思想……》一文中补入一段寄薛君顺雄。

十二月二十四日星期三　天（编者按：此处应漏一字）

　　早六时半爬山，七时半返寓。因为有人说伪《古文尚书》是王肃伪造的，所以昨天便看《三国志集解》卷十三的《王肃传》，发现王肃应算是一位了不起的儒者，未发现他伪造《古文尚书》的痕迹。

十二月二十五日星期四　天晴

　　早起爬山。将《法言》及考证两汉《艺文志》中的经学材料影印一百六十余页。

十二月二十六日星期五　天阴

　　早上爬山回后小睡，写成《来的是哪位王先生》的两千字短文，[1]批评王力以拼音字代替形声字的主张。

十二月二十七日星期六　天阴

　　因昨日赶文头昏，起床已近八时，未爬山。上午吴冰弦来小坐，谓大陆工人之所以懒惰，因有保障之故。又谓近来大陆言论尺度较台湾为宽。广州老百姓对台湾皆有好感。因彼曾数次赴广州，又家住台北之故。

---

[1] 此文原刊于一九八〇年十二月三十一日香港《华侨日报》，后收入《徐复观最后杂文集》。

十二月二十八日星期日　先阴后晴

爬山后休息。写信与帅儿。看陈映真小说。

十二月二十九日星期一　天晴

早起爬山，返寓后小睡。摘抄《晏子春秋》上与经学有关的材料。接熊世菩世兄来信，即复。

十二月三十日星期二　天晴

早起爬山后休息。中午与世高渡海赴美领事馆办赴美手续。返寓途中到丽晶酒店看湖北工艺展，殊为落寞。

接贺麟先生寄来贺节片。贺先生为西南联大名教授，教黑格尔哲学，一九四三年我在昆明曾住一月，曾去看他一次，向其请教辩证法中的若干问题。事隔三十八年，他居然还记得我，至可感念。赠与湖北省立图书馆之著作，他们已收到，来信致谢。接刘述先来信。

十二月三十一日星期三　天晴

写一信与贺麟先生，把我三十年的情形告诉了他。旋翻阅他的《文化与人生》上论新儒家必须凭借西方之哲学、宗教、艺术而始能兴起的观点，全系捕风捉影之谈。复徐孝宓先生信，打听刘凤章先生后人下落。复刘述先先生信。过海办妥赴美手续。

一九八一年

一月一日星期四　天晴

　　上午看陈映真小说。中午与涂公遂先生夫妇及其女公子们，再加上赵聪先生，在乐宫楼饮茶，返寓后小睡。晚五时左右陈芬先生来小坐，赠故宫日历。

一月二日星期五　天晴

　　过海到玛丽医院黄医生处验血，结果与上次相同。在三联书店买书数种。每月到三联买一次书，成为生活习惯。所买之书未必能读，然买时感到快慰，不买如有所缺欠。路上因成打油诗一首：

　　　　死压床头尚买书，分明浪费也区区。

　　　　莫愁死后无人读，付与乾坤饱蠹鱼。

　　下午卢广声、潘凌志两先生来小坐。廖伯源君来，谈两汉公文程序问题，我对此亦不甚了了。而专制时代之程序亦屡有变更也。

　　陈芬先生来电话约明日中午到艺术中心与诗人艾青见面。

一月三日星期六　天晴

　　上午准备写《华侨（日报）》上的文章，中午与世高到艺术中心，原来是林风眠先生请客，因为他在杭州当艺专校长时，艾青当了不到一学期的学生。并且是他劝成艾青到巴黎去留学。我们坐了一下，艾青夫妇来了，身体很好，但有些呆滞。意志力很强。我劝他把经历的事故为历史写出来，他的太太说不必写了，但他说"你（指自己的太太）的话是代表谁的"，意思还是要写。他送了我一册诗集，我送他一册《中国文学论集》。返寓后休息。

一月四日星期日　天晴

把昨天已开始动笔的《海峡东西第一人》写完。[1]中午武军们来午餐。

写梓琴的信。复翟志成君信，劝其不要到洛杉矶来招呼我们。[2]

一月五日星期一　天晴

早上爬山一小时，抄完《晏子春秋》上有关引《诗》的材料。翻阅唐晏《两汉三国学案》。其立论至迂，但亦收有可用之材料。

一月六日星期二　天晴

早爬山一小时。《海峡东西第一人》刊出，分寄与曹永洋、薛顺雄、李怡等。

---

[1] 此文全称为"海峡东西第一人——读陈映真的小说"。徐先生因李怡向他引介当代中国作家时，力言"海峡两岸，应推陈映真第一"，便发愿读了陈映真的短篇小说集《第一件差事》，奋笔写出了这篇文章。此文原载于一九八一年一月六日香港《华侨日报》，后收入《徐复观最后杂文集》。

[2] 徐先生赴美原计划经旧金山，由翟志成负责接待安排转机。其后知翟志成正准备博士资格口试，便决改道洛杉矶，由徐先生老学生夏友平、陈廷美夫妇负责招呼。为怕翟志成不听其劝，坚持到洛杉矶相会，徐先生竟没有把赴美的时间和飞机班次告知，直到徐先生抵达休斯顿幺儿帅军住宅后，始函告翟志成。徐先生对学生之细心体贴，可谓无微不至。

一月七日星期三　天阴雨

　　未早起爬山，精神不好，仅翻阅与经学史有关材料。接陈鼓应信，①劝先到旧金山住数日，此不能再改。接陈耀南君信，告以木村英一教授中风在家养病。

一月八日星期四　天晴

　　查阅《韩诗外传》中引用《书经》之文，仅查出一条，尚有一条未查出。当时写《〈韩诗外传〉研究》时少一附注，②遂引起此麻烦。

　　接木村英一教授来长信，始悉其年来病况乃中风而不能说话，经年余调治，已大有进步。病中曾阅读我之著作，颇加称道，其用意之笃，尤为可感。晚与胡菊人君在金宵小食。

　　木村先生并寄来《在中国哲学中的中庸思想》及《语先学》。③接万大铉先生来信。

一月九日星期五　天晴

　　早起乘旅游车赴石梨贝水塘晨运。复木村英一教授信。为《华侨日报》写文章。

一月十日星期六　天晴

　　早起赴石梨贝水塘晨运。改完昨日所写短文寄报馆。阅木村

① 陈鼓应为前台大哲学系副教授，当时在柏克莱加州大学游学，为一不受薪的研究员。
② 此文收入徐先生《两汉思想史》卷三（台北：学生书局，一九七九年）。
③ 按日文之"先学"指先进，即前辈学者。"语先学"当指对前辈学者之论说。

教授《在中国哲学中的中庸思想》。他从认识论入手，认为认识有三系统。希腊为感性、悟性、理性的认识系统，各宗教为神密的直观系统，中国为良识或实践理性系统。似不太贴切。

接易希道、杨乃藩两先生来信及蒙儿来信。

在翻阅《韩诗外传》中见孔子答子贡如何可以休止的故事，孔子最后说，"学而不已，阖棺乃止"。此种精神实对我的一种鞭策。

复易先生信。

一月十一日星期日　天晴

早起已六时二十分钟，乃在附近小山晨运。上午九时中大中文系主任常宗豪来坐甚久。中午武军们来午餐。下午重查《韩诗外传》毕。晚七时接均琴长途电话。

一月十二日星期一　天晴

早参加晨运。开始着手写《两汉经学》，一着手，便遇到很多困难。

接到郑桓武来信，当复信告以应"各安生业"，不必想立什么功。

接帅来信，信中说"以我们目前的收入，能把爸妈的生活安排得舒舒服服"。他真有传统的人子对父母的一番心意。当复信告诉他，不要到洛杉矶来接我们，并不要为我们准备什么。接蒙来信，当复以应验白血球，应把过去白血球少的情形告诉产科医生。

一月十三日星期二　天晴

晨运。复万大铉、杨乃藩两先生来信。下午五时苏文擢先生来小坐。赵聪先生来电话盛称道昨日刊出之文。陆大声先生在电话中详述他对昨日刊出之文的意见。并谓曾在电话中告知《大公报》负责人,要他们详看。杨华波、卢广声两兄亦分别来电话谈及此文。

接均琴儿来信,述两小孩之生活情态很生动。中午陪世高去黄伟文医师处看病,因在弥敦酒店饮茶。本日因讲话太多,不仅未做正规工作,且夜间失眠,可为深戒。

一月十四日星期三 天晴

未晨运。为《西汉经学》写数百字。接曹永洋来信,即复一信。世高下午看牙。

一月十五日星期四 天晴

晨运。翻阅有关西汉经学材料。午后五时,苏文擢先生来谈甚久。

收到日人亚细亚问题研究会寄来《一个读书人之节操》一册,系景嘉先生校录《梁巨川殉世遗言录》,并由池田笃纪君译成日文。景嘉系旗人,其所特重视此书,以梁本蒙古人,殉节于清室之故。

一月十六日星期五 天晴

早渡海到玛丽医院验血。归途顺便到三联书店买书数种。午后六时黄医师来电话谓验血结果颇好,遂于晚饭后,开始服第五月份之药。杨力宇君由北京返美,约便餐见面。接陈立夫先生来信(谓)赴美诊病不如赴台湾。比复信谢之。

一月十七日星期六　天晴

　　早起为《华侨日报》写文章。中午访杨力宇君于富都阁。杨谓在北京在两次宴会中，中共皆提到我，称道我在学术上之成就。杨并笑谓："现天安门的四张照片已撤除，徐先生不妨去走走。"又谓中共有四大问题难解决，一为思想问题，一为军队中下级干部之拥毛反现路线问题，一为经济调整问题，一为内部权力斗争问题。其中以军队问题最严重，以经济调整问题最困难。又谓胡耀邦较邓小平更开朗，陈云之声望最高。

一月十八日星期日　天晴

　　晨运。回均琴、梓琴信，告以赴美的大概时间。中午武军们来午餐。他定二十二日赴北京安排该公司另一高级科技专家将于三月间赴大陆事。他对大陆前途很悲观。嘱其将我所写的十册书带与贺麟教授转哲学研究所。

　　阅胡秉虔《西京博士考》。

一月十九日星期一　天晴

　　未晨运。接陈昭瑛一月十三日来信，批评《海峡东西第一人》的文章，并说《文录拔萃》中未收《春蚕篇》是一憾事。[1] 她认此文写得很美。陈君刚由台大中文系毕业，过去曾来几次信，很推崇我的文章。在台北医病时，她也来看过几次。天资极高，理解力极强。因她的信，便将《春蚕篇》影印两份，先寄杨乃藩先生，

---

[1]《文录拔萃》即《徐复观文录选粹》，由徐先生早年在东海大学的学生萧欣义教授编选，台北学生书局一九八〇年印行。

问能否补入到《杂文续编》中；[1] 如不能，再寄薛顺雄君附入《中国文学论集续篇》内。

继续阅《西京博士考》。

问刘殿爵教授借来许维通著《韩诗外传集释》。除校刊外无大用处。

一月二十日星期二　天晴

晨运。阅完《西京博士考》及王国维《后魏博士考》。接杨诚来信，[2] 谓对国事很灰心，三月未写文章。复信促其完成博士论文。

接陈廷美来信，问赴美日期以便接待。

世高问看过《七十年代》潘晓的《人生的路怎么越走越窄》没有，我说未看。她认为应当看，我于晚饭前看了，真是惊心动魄的一篇文字。年来世高常以某些新闻或文章提醒我，都很有意思。

一月二十一日星期三　天阴

晨运。美国人质获释。列根于昨日就美国第四十任总统职。卡特竞选失败，直到人质获释为止，他及其官员，没有丝毫放弃他们的责任，不把难题拖给下任。而列根在未正式就职以前，绝对尊重即将交卸而尚未交卸的政府的职权；此种民主政治方式的运行，真乃最高的政治理想。中国最落后的是政治。上午写文章约三小时，对博士一官出现之背景的说明，为前人所未及。接吴智勋由罗马来信，甚亲切。复廷美信。阅一月份《七十年代》黄

---

① 《春蚕篇》原载于香港《新闻天地》第十三期第十号，后收入《徐复观杂文续集》。
② 杨诚，字君实，徐先生在东海大学后期学生，当时是柏克莱加州大学博士候选人，并任职联合国华文翻译组。杨君曾用渔父等笔名，常在港台报刊上撰写文章，极有文名。

山文学座谈纪录，其中许多言论与我之想法不谋而合，且较我所讲过的更为深切，因为他们是出自亲身所经验。

一月二十二日星期四　天阴微雨

晨运。继续写《西汉经学》，写完博士演变之第一阶段，澄清了文帝设传记博士的传统误解。晚复吴智勋君信。

一月二十三日星期五　天阴

晨运。为《华侨日报》写文章。

收到陈荣捷、狄伯瑞两先生来信，约参加明年七月五日至十五日在夏威夷所召开的朱熹学术讨论会，并托推荐年轻学人参加。因思数年来常想到程朱并称，而程氏兄弟之学术真精神，每为朱元晦所掩，早欲以一文加以辨析。或借此机会，写《论程学朱学的异同》一文，[①]以偿宿愿。

一月二十四日星期六　天晴

晨运，继续写《经学史》，进度甚慢。

接张佛千先生及殷太太来信，比即复张佛千一信，以近况相告。

---

① 此文完成时题目正式定为"程朱异同——平铺的人文世界与贯通的人文世界"，由刘述先教授节译为英文。徐先生殁于一九八二年四月，未能参加是年夏天在夏威夷召开的国际朱子学术讨论会。赖有刘教授在讨论会上代为宣读英文节译本，使徐先生遗愿得偿，庶几可以无憾。此文原载于台湾《大陆杂志》，后收入徐先生《中国思想史论集续篇》（台北：时报出版公司，一九八二年）。

一月二十五日星期日　天晴

晨运。继续写《经学史》。中午庭芳、元音来午餐。下午四时傅朝枢、张仲燕先后来，盖意欲我调停他们与胡菊人先生间之纠纷，而不敢出口。我告诉张仲燕，傅君讲话不诚实，对胡君之态度太不合理，我只同情胡君，请其转告傅。[①]

一月二十六日星期一　天晴

晨运。继续写《西汉经学史》。下午三时左右，唐君端正来，愿参加明年夏威夷之朱学会议，望我推荐。已应允。

接程沧波先生来信，知航寄给他的钱锺书《管锥篇》竟未收到，想在邮局检查中被没收。钱书未染共党丝毫气息，检查者太无知。

接汪锡钧先生由洛杉矶来信，谓经过时将接机。并谓吴俊升、邵毓麟两先生届时想见面。

接蒙与帅来信。

写一信与蔡君仁厚，因牟先生欲我推荐其参加明夏七月之会议也。[②]接李春初兄来信，谓白未到来。

---

① 胡菊人原任香港《明报月刊》主编。傅朝枢来港创办《中报》，由徐先生引荐，与胡菊人见面，一拍即合，遂高薪礼聘胡菊人为《中报》总编辑。其后二人交恶，胡菊人被逼离开《中报》，另行创办《百姓》半月刊。

② 徐先生曾给蔡仁厚教授去信，表示愿推荐蔡教授参加一九八二年七月在夏威夷召开的国际朱子学术讨论会。惟蔡教授其时已收到研讨会召集人陈荣捷教授的邀请信，故函徐先生辞谢，请另行推荐他人，其后徐先生向会议推荐了港台六位年轻学者。

一月二十七日星期二　天晴

　　晨运。继续写《西汉经学》。复春初兄信，并寄一丝被、两手包及人民币五十元给他。收到他寄的白木耳。

　　收到熊先生大小姐由北京来信，打听熊先生资料。收到徐孝宓先生来信。

　　晚间又以旧事相责，不觉大愤，连月休养之效，遂付之流水。

一月二十八日星期三　天阴

　　未晨运。头昏。稍翻阅材料。

一月二十九日星期四　天晴

　　晨运。上下午皆午睡。今日为农历过小年，约赵聪先生来午餐。稍翻阅材料。复李丰先生信。武军前日由北京返港，在北京时会见贺麟、徐逸樵、瞿世传诸先生，会见情况转述不清楚。彼有一同学许超仁，于一九六七年回归大陆劳改五年，近在沈阳一工厂中当总工程师。此工厂原编制为四千二百人，近扩张至七千人，并非设备业务有增加，而系工人之子弟无出路，不能不安插入厂之故。

一月卅日星期五　天先阴后晴

　　上午因感冒休息。中午与世高渡海，我到《华侨日报》拿钱，顺便看看岑维休先生，告诉他《华侨日报》缺乏新闻竞争力，很危险。他也以为然，但叹息找不到人。下午仍休息。

一月卅一日星期六　天晴

　　未晨运。为《华侨日报》写《正常即伟大（二）》。[①]感冒未愈。

二月一日星期日　天晴

　　未晨运。昨写短文经重阅改后寄出。陈耀南先生来。十时半坐武军车赴沙田车公庙慈航净苑纪念唐君毅先生逝世三周年。冯耀明要一律，[②]以便刊在《人文双周刊》上。昨赋一律与之。整日甚疲倦。

二月二日星期一　天晴

　　今天精神好转。早吃完第五月份最后一粒药。上午到玛丽医院验血。午睡后回在巴黎黄兆强、叶明媚、岑咏芳及在美三个儿女的信，又复冈田武彦教授函，并复《中国时报》杨社长信。

　　接陈毓罴先生寄来词选一册甚佳。

二月三日星期二　天晴

　　早岑溢成君来谈参加明年朱子讨论会事。翻阅资料。下午收到陈映真君来信，谓改写七八次始将信写成。语意恳笃。又接熊

———————

① 此文一分为四，分别在一九八一年一月廿八日、二月三日、二月十七日、二月廿四日在香港《华侨日报》刊出，是徐先生晚年力作。此文后来收在《徐复观最后杂文集》。

② 冯耀明，徐先生晚年在香港的学生，香港中文大学哲学博士。冯君当时正攻读博士学位，并参与编辑香港《华侨日报·人文双周刊》。徐先生的律诗题为"君毅兄逝世三周年聚慈航净苑纪念"，全诗云："故人逝世已三年，每触前尘感万端。义理即今仍绝学，国家依旧是危船。百般言说情无限，九境心灵意岂传。难得斋堂成小聚，共祈天上在人间。"

世菩及贾君来信。曹永洋来信言某报馆事。接陈毓罴君寄来《唐宋词选》。法人朱利安博士为写文介绍我的著作，特来问我各书著作的先后时间等，谈两小时余始去。陈芬先生来坐颇久。夜头昏。一时半起冲奶粉饮后再睡。收到张荣廷君寄来的《易程传》及朱子《易启蒙》与《易本义》。

二月四日星期三　天阴

复曹永洋、陈毓罴二君信。今日为除日，未做研究工作。将积压未复之信共九封皆复之。晚武军们来吃年饭。

二月五日星期四　天晴

此日为旧历元旦，早八时半起至晚八时，客人不断。最多时室中挤约二十人。

二月六日星期五　天晴

仍忙于拜年贺节。复陈荣捷、狄伯瑞两先生信，答应参加明年在夏威夷召开之朱子研讨会，并推荐六人参加。

二月七日星期六　天晴

此乃我的生日，食素。上午武军开车来赴其住所午餐之后，偕世高往海边散步。下午五时许，由武军开车送返寓所。

二月八日星期日　天晴

整日有客人。写一信与萧欣义。

二月九日星期一　天晴

恢复晨运。今日仅有孙述宇先生来贺节。中午参加新亚研究所在乐宫楼之茶会。搜整资料。

收到蔡仁厚、吴智勋、王孝廉诸位来信。收到均琴寄来论文一篇作贺生日礼物。同时收到梓琴来信。

二月十日星期二　天晴

晨运。翻阅资料。复吴智勋、王孝廉及均琴们的信。

二月十一日星期三　天晴

晨运。翻阅资料。晚约林风眠、卢广声、陈芬诸先生在鹿鸣春晚餐。因全日过劳，晚睡不适。

二月十二日星期四　天晴

未晨运。翻阅资料，稍有头绪写数百字。接曹君永洋来信，谓想将未选入《选粹》中的文章，交志文书局印行，征求我的同意。即复信同意。订赴美飞机票。

二月十三日星期五　天晴

晨运。写《正常即伟大（三）》，用思甚苦。连日头昏。

二月十四日星期六　天晴

晨运。改完昨稿寄出。接过去同在昆明陆军总司令部当高参之王启明来信，对我在学术方面之努力，似有所了解；即复一信，问其三十年状况。

接萧欣义君来信，约我在维也纳诊病，意甚诚恳。寄李春初兄及右军与程继先来信。接李丰先生来信问病状。接陈淑女之女仁嬿来信。逯耀东君夫妇来谈甚久，在此午餐，涉及某君情形，甚叹钱穆、唐君毅两先生之未能培养人才也。

二月十五日星期日　天晴

未晨运。何步正夫妇及小孩们来约赴沙田午餐。因身体不佳未往。下午四时卢广声兄偕瑞士《每日导报》北京分社长伯乐（Dr. Hans Boller）夫妇来访，谈两小时余，约晚餐，亦未往。

二月十六日星期一　天阴

未晨运。早赴玛丽医院黄医生处验血。下午赴黎明（编者按："明"字疑为"启"字之误）森医师处诊察，据谓状况良好。接杨乃藩先生信谈《杂文续篇》事。①

二月十七日星期二　天阴

未晨运。复杨社长信。休息时间多。中午傅某约午餐未往。下午写百余字。世高汇款百元与水军，又代炳锋汇款百元与剑锋。晚开始服药。

---

① 一九八〇年四月，台湾的时报出版公司替徐先生出版了《徐复观杂文集》四大册，即：《论中共》、《看世局》、《记所思》、《忆往事》，是先生在一九七九年以前为港台各大报章杂志撰写文章的结集，都约百万言。这里提及的《杂文续篇》，即《徐复观杂文续集》，主要收集徐先生一九七九至一九八〇年间撰写的杂文，由台湾的时报出版公司一九八一年五月印行。

二月十八日星期三　天阴

晨运。又开始工作。

二月十九日星期四　天阴

晨运。因昨日工作时间稍长，头昏。除上午赴太古旅游改于三月二十八日赴美外，仅午睡后工作一小时许。今日为旧历元宵节，武军三人来晚餐。

二月二十日星期五　天阴

未晨运。六时起床写《正常即伟大》，十二时写成初稿。下午理发后再修改，晚七时半始改完。

二月二十一日星期六　天阴

未晨运。早五时半起床，再修改昨写之稿，至九时十分付邮，返后即休息。因手术后，身体瘦小，以前所做衣服皆大四寸左右，不能穿。旧年前改两裤，昨及今日送裤七条修改。今年可不再做衣服。丢三条破裤，弃破衣如别故人。中午十二时过与世高到中艺公司买景德镇磁碗一套九十二件寄美，价钱不太贵，但磁质似变粗糙。顺便到三楼参观山东出品展览，有楷木雕之孔子像，系出于颜姓老工艺人员之手，朴厚生动。产品颇丰富，其磁器似在景德镇之上。买一小白马带与元德。世高买一小幅金鱼织锦与自怡。[①]

---

① 自怡，即陈自怡，徐先生外孙女（徐均琴长女），名亦为徐先生所取，甚得徐先生钟爱。

二月二十二日星期日　天晴

　　未晨运。上下午皆看张绮文之论文。中午武军们来吃午饭。饭后同赴和域台唐太太处补拜年，[①] 唐太太不在家。往中侨公司买人造皮箱及真皮箱各一口，布鞋三双。

二月二十三日星期一　天阴

　　晨运。因起得太早，头昏，早返。继续写《西汉经学》。中午高希均君来谈颇（久）。

二月二十四日星期二　天阴

　　晨运。今天精神较好，写《西汉经学》较顺畅。对费（氏）易问题澄清两千年之错误。

二月二十五日星期三　天阴微雨

　　早在附近山上散步，继续写《西汉经学》。

二月二十六日星期四　天阴寒

　　未晨运。上午将《易》写完。中午过海先赴商务印书馆买《梅尧臣集编年校注》共三册，系朱东润所著，朱先出有《梅尧臣传》，钱仲联著《鲍参军集注》一册，龙榆生著《东坡乐府笺》一册，沈钦韩著《王荆公诗文沈氏注》一册，山东大学蒲松龄研究室编《蒲松龄研究集刊》第一辑一册，广东学术研究编辑部编《史学论文集》一册，闻人倓著《古诗笺》两册，系笺释王渔洋之《古诗

----
① 唐太太即徐先生好友唐君毅教授之遗孀唐谢方回女士。

选》。住国学馆时诸师盛称王氏此选。①曾购一部，旋失去。今以得尽之年得此笺释，喜不自胜。赴天地图书馆（编者按："馆"为"公司"之误），购入《文镜秘府论探源》一册，甚浅薄。六时半赴世界贸易中心参加文协之宴会。九时半返寓。

二月二十七日星期五　天阴寒微雨

　　未晨运。为《华侨日报》写文章初标为"新说难"，写成后极不称意。

二月二十八日星期六　阴雨

　　未晨运。早起改昨写昨日（编者按："昨日"二字疑衍）之文，易名为"世界共党之蜕变及马克思主义之解体"。②接周鲸文先生电话，谓胡秋原兄来港，约午间在湾仔美利坚京菜馆吃饭，还有熊式一在坐。饭后同赴圣保禄医院看李秋生先生病。遂与秋原兄同返我寓所，谈三小时，乃为叫车赴熊式一住所。

三月一日星期日　天阴

　　未晨运。回积压甚久之信十封。中午武军们来午餐。下午冯君耀明来交回整理之文稿。阅王以（编者按："以"为"希"字之误）哲《毛泽东与文化大革命》长文，未阅完。

---

① 徐先生曾在一九二三年投考湖北省立武昌国学馆，在三千考生中被国学大师黄季刚先生拔擢为榜首。其时先生年二十岁。先生在国学馆攻读三年，馆中教师皆为当时宿儒硕学，而国学馆学生的程度，又远在今日国立大学中文研究所学生之上。三年的研习，为徐先生日后治学打下极坚实的文史哲底子。徐先生其实是最正途的科班出身。他老是自称出身"丘八"，其实只是谦抑之辞而已。
② 此文原载于一九八一年三月四日香港《华侨日报》，后收入《徐复观最后杂文集》。

三月二日星期一　天阴雨

未晨运。继续写《西汉经学》。下午四时左右廖伯源来谈在研究所受排斥情形甚久。闻之心头作恶。

三月三日星期二　天阴

晨运。上午赴新亚研究所告以即将赴美。旋往杨华波兄处取日文报，并同往乐宫楼饮茶。下午午睡后查阅资料。写信与曹永洋，问可否代编整一书。

三月四日星期三　天阴

晨运。上午赴玛丽医院黄医生处验血，顺便到三联书店取预约之《文物》及《考古》。下午翻阅西汉经学资料。苏文擢教授夫妇来小坐。

三月五日星期四　天阴

晨运。写《西汉经学》。中午犯哽，迄晚翻胃不已。夜间睡梦中犹有胃苦液翻上。庭芳送来飞机票，赴银行开支票，问及以前之王经理，则已于去岁一月间因癌症逝世矣。

三月六日星期五　天晴

未晨运。为《华侨日报》写《实践体系与思辩体系》一文，答叶保强君。[1] 晚《中国时报》郑小姐偕胡菊人夫妇及陆大声兄同在于梨台晚餐。

世高清理书画，装为一箱。发现王师季芗与岳丈书三封，影印分寄陈毓黑、徐孝宓两先生。因其中与甘药樵偷占《湖北文征》元明稿有关也。接薛顺雄、翟志成两君来信。

三月七日星期六　天晴

晨运。写《西汉经学》。复顺雄一信。将王师季芗函影印分寄。因伏案太久，夜间睡梦中感到背闷痛。

三月八日星期日　天晴

早走附近之山。继续写《西汉经学》。庭芳、元音来午餐。

---

[1] 徐先生曾在一九七八年十月十日香港《华侨日报》给翟志成一公开信，题为"国族无穷愿无极，江山辽阔立多时——答翟君志成书"，由十二月号《明报月刊》加以转载。公开信刊出后，徐先生感时伤世的悲悯和对国族河山的挚爱，引起了知识分子的强烈共鸣，而文章亦得以在海内外传颂一时。徐先生的公开信的主要观点认为，今天的中国，所缺乏的不是为大时代创制的思想家及其思想体系，而只是"实事求是"以及"实践检验真理"这两大原则。徐先生的学生叶保强，当时正在加拿大攻读科学哲学的博士学位，读到公开信后，修书向徐先生表示："老师似乎认为当今中国，只需要实事求是的精神，不用有完整的思想体系。我认为实事求是之精神，并不排斥思想体系，当前中国实应补上这方面的贫乏。问题不在要不要，而在所要是否有效。中国未来的走向，急需全面之反省与设计，这非有赖于思想与理论之广备的观照力不可。"叶保强的意见，与翟志成在以前给徐先生信中的见解，实不谋而合，故徐先生认为有公开答复的必要。徐先生答叶保强的公开信，题为"实践体系与思辩体系——答某君书"，刊登在一九八一年三月十一日香港《华侨日报》，此文后收入《徐复观最后杂文集》。徐先生在公开信中重申：指导当前中国的思想体系，只能由实践中来，而不能由思想家悬空的玄想和思辩来。任何出于既定的现成的抽象思辩体系，一落实到实践层面，都难免有"削足适履"的毛病。

三月九日星期一　天晴

继续写《西汉经学》。下午四时《中国时报》江小姐来谈大陆思想问题。[①]

三月十日星期二　天晴

晨运。整日整理昨日与江小姐所谈之大陆思想问题谈话。问题稍挖深，表达即感不易。下午四时左右卢广声、朱惠清两兄来聊天甚久。

三月十一日星期三　天阴

晨运。继续写《西汉经学》，发现前一天的观点错误，进行甚缓。早餐后赴黎明（编者按："明"字或为"启"字之误）森医生处看病。晚餐又犯哽甚久。

三月十二日星期四　天阴

因精神疲倦，六时起床，在海边散步后又在床休息，八时半始起早餐。下午赴玛丽医院由林钜津教授检查身体，谓右胸部发现硬块，主张注射治疗。如此则不能赴美。

三月十三日星期五　天晴

七时半始起床，为《华侨日报》写文章。

下午五时左右刘殿爵教授偕陈君来，闲谈点多钟。

---

① 江小姐即江素惠，台湾《中国时报》驻香港特派员，经常撰写文章向台湾读者介绍大陆和香港时事动态，薄有声名。

三月十四日星期六　天阴

　　修改昨日之短文，接陈毓罴先生寄来新气功治癌法，并寄来（编者按："来"字似为"去"字之误）汇印之稿与曹永洋君。[1] 武军等来晚餐。

三月十五日星期日　天阴雨

　　上午略翻阅资料。下午复以前汪锡钧兄来信，告以行期。赴友人处小坐兼辞行。

三月十六日星期一　天阴

　　晨运。今日精神较好，朱惠清兄夫妇来小坐。旋渡海赴《华侨日报》取薪金，并向岑维休先生辞行。岑先生赠旅费港币五万元，殊出意外。下午处理杂务，晚陈芬先生全家邀在好世界晚餐。

三月十七日星期二　阴雨

　　早走山一小时。将《尚书》之部分写成初稿。右胸下部不舒服。中午江小姐请赴鹿鸣春午餐。

三月十八日星期三　阴雨

　　晨运。清理杂物。中午与赵聪、萧立声、朱惠清、高伯雨、唐鸿诸先生及康艾德博士在乐宫楼饮茶，康以研究熊十力师得博士学位。主客相（谈）甚欢。继续办赴美手续。

---

① 此批文稿后来由曹永洋编成《论战与译述》一书，由台北志文出版社于一九八二年六月印行。

三月十九日星期四　　阴雨

　　清理书籍，下午五时刘殿爵、苏文擢两先生来谈后同赴金煌晚餐。犯哽。《华侨日报》转来"不具名"者写给我的信，说是因读我的文章①

三月二十日星期五　　阴雨

　　清理资料。下午三时接受《七十年代》李总编辑之访问，②坦率告以中共不改变体制，即不能突破难关，中国可能发生第三次革命。

三月二十一日星期六　　天晴

　　上午卢广声兄及何秀煌、石元康两君来谈甚久。中午研究所

---

① 此日日记似未写完，注者查阅徐先生手稿，发现三月十七、十八、十九、二十、二十一日一共五天之日记，均同写在一张活页纸上。二十日日记紧接在十九日日记之后，故不可能有缺页。徐先生十九日日记写到"因读我的文章"即止，据注者推测，以为极可能是徐先生写到这里时，突然被某事打断，处理完某事后竟忘了该日日记尚未写完，故有此缺漏。四月七日香港《华侨日报》载有徐先生《答复"不具名"先生的信》，谈到批评中共应秉持的态度问题，徐先生指出："我们谈大陆问题，不应抱幸灾乐祸，或不屑不洁之心，而应以'吉凶与民同患'的精神来为国家前途探索。我们追求真相，追求病源，把它悬笃地说出来，这也是在无可奈何中对国家尽一分责任。至于中共怎样对待这种责任，倒可置之度外。"由此而观之，极可能是徐先生读完"不具名"者信时，一面写日记，突然觉得有写公开信的必要，故放下日记写公开信，公开信写完后，却忘了日记尚未写完。此公开信后收入《徐复观最后杂文集》。

② 徐先生在离港赴美治病前两天，接受了香港《七十年代》总编辑李怡的访问，侃侃而谈达两小时。徐先生对大陆当前的困局及如何突破、如何在中国传统文化中汲取精神资源，以及海外知识分子应承担的责任等大问题，一一作出深入浅出的疏解。五月号《七十年代》把访问记冠以"徐复观谈中共政局"的大标题，作为重头文章郑重推出。

约在乐宫楼午餐，有柳存仁、饶宗颐、赵令扬等十余人。下午五时左右陈耀南、单周尧两君来送行，相谈甚久。

三月二十二日星期日

　　早起准备行装。老学生吴治枢由澳门坐夜船赶回，以车送往机场，武军亦由台湾赶回。

　　上华航机后吃机上午餐犯哽，十分辛苦，恐长途不能忍耐，拟下机取消洛杉矶之行，世高反对作罢。下午一时到桃园机场，在过境室休息，机场走廊遍嵌台湾彩色风景及名家画作，甚清美。饮牛奶两杯及一三文治后即上机，机上设备与服务皆有进步。下午三时左右起飞，因尚能睡，故精神颇佳。洛杉矶时间上午十时左右到达，十一时半左右办好手续出机场，老友汪锡钧兄夫妇及何雪公之大女婿查先生夫妇与夏友平同学夫妇皆来接。[①] 汪兄原以为住伊家，但已与友平夫妇约好。开车约一小时，到友平夫妇家中，住一小山上，共约百家住户，环境清旷，住宅宽敞。见面后亲切如家人。一女一子，女十七岁，以高二完成高中学业，以第一名毕业，现住大学一年级，自动找到图书馆工作。子十二岁住初中一。天资皆极高而性情纯厚。廷美为教子女费很大心力。不仅中语流畅，且中文亦维持相当的程度。友平创办一华人学校，有学生三百余人，每周六上课，借以维持子女的中文程度。到达后即以电话与均琴们联系。并与孙今生先生联系。晚餐及餐后，闲谈此间亲台亲大陆及台独等情形与报刊情况。大陆送来之官费

---

① 夏友平与妻陈廷美，均为徐先生在东海大学时的早期学生。夏君在洛杉矶一州立大学化学系任教授，徐先生数次往返美国、香港，途经洛杉矶时，均由夏君夫妇负责招待。

学生颇用功。此外则性情懒惰而好说空话。

三月二十三日星期一　天晴

　　上午酣睡。十一时半与友平同赴蒙特利公园彭园餐馆与赵一之（东海一届化工）、高松涛（二届经济）两君见面便餐。赵在力霸公司充副总工程师，来此系陪其老板赴东岸某部领名誉博士奖，因其曾捐助某私校资金之故。台湾有钱人出钱捐博士之风气颇盛。高君作进出口贸易。

　　蒙特利公园原空地甚多。台湾来此之中国人于三数年前买入空地建立房屋。三年来由台湾来者多住此地，有各种餐馆、商店及书店，成为台湾客活动之中心，有小台北市之称。参观一超级市场，规模颇大，买客全为中国人。参观一书店，有《明报》、《中报》、《七十年代》等月刊。文史方面无有价值之出版书籍。此一地区，在洛杉矶市东边约十二公里，现出现不少因房地产而发财之人士，由此可见中国人适应能力之强。

　　下午两时余返友平家，世高酣睡，我不能入睡，看《世界日报》，[1]旧腐不堪，即本地者亦皆三天以前之新闻。但广告甚多，送达颇速，仍赚钱不少。

三月二十四日星期二　天晴

　　早餐后友平陪同前往二十五街看孙今生先生途中，先参观加州州立大学校园及好莱坞。有防偷书之设备。标 X 之电影院，演黄色电影。最好的影片，先在"中国电影院"上演。此影院建筑

---

①《世界日报》为台湾《联合报》系在美国创办的中文日报，颇为"忠党爱国"，销售数居美国华文报之首。

模仿中国宫殿式，华丽而不宏伟，成名之电影明星，镌姓名于影院前之空地之砖上或附近建筑物之墙上。

见到孙先生，渠身体甚好，兴趣亦佳。旋同往参观东方图书馆，藏中、日、韩书籍十余万册。参观后赴一中国馆便餐，东海第六届中文系毕业生雷伟霖君先在等候，饭后送孙先生返寓所，雷君并有明日中午之约。返到住处已三时余。

三月二十五日星期三　天晴

早餐后又睡。十一时左右随友平赴一中国餐馆与孙先生及雷伟霖君共午餐，系雷君请客，餐后赴雷君住处小坐，环境房屋均极佳，返后又睡。晚餐后孙英善先生来谈甚久。孙态度谦虚诚恳。所谈均往事。孙克宽先生赠诗一首，中有"苍天不死黄天暗，故国难归异国逢"之句。

三月二十六日星期四　暴风雨后天晴　·

午餐后游底斯狄乐园（编者按：即"狄斯耐乐园"），由想象力与科技之结合以造成超现实之娱乐环境，变换多而突出众，真可谓极视听之娱。

三月二十七日星期五　天晴

早迟起，旋由友平开车送我两人赴汪锡钧兄处晤见王东原、邵毓麟、查石村诸先生，此老人公寓为犹太人所经营，环境清美，设备齐全，两房一厅甚宽敞，我亦有卜邻之意。午晚两餐俱叨扰锡钧兄。

三月二十八日星期六　天晴

友平、廷美送我们乘泛美七〇二号班机于十三时三十分由洛杉矶起飞，十八时十八分到休士顿，两地时间相差二小时，实飞约三小时，帅儿与媚铃在机场迎接。帅住屋甚宽大。元德见面即甚亲热，相聚真有家庭的感觉。

三月二十九日星期日　先阴雨后晴

清理有关文件。上午随帅军们到一中国餐馆吃烧饼、油条、豆浆及素饺，做得比美孚附近者为佳。写信与夏友平及汪锡钧、翟志成、杜维明等。晚饭与元德玩了一阵即睡。

三月三十日星期一　天晴

早餐后又睡约两小时。十时半帅陪同我两人赴社会福利处办手续，约费两小时。大铉兄偕其夫人及其子家还与孙来我处。相待约两小时。谈至三小时左右始离去。又睡约两小时，起后写信与杨乃藩、冯爱群、赵潜三先生。精神尚未恢复。

三月三十一日星期二　天晴

写友朋信六封，为《华侨日报》写《域外琐记》一篇，① 开始户外散步，元德也随同散步一次。帅儿每周二、四晚赴休士顿大学修一门功课，晚九时半返家。有位曹先生来电话。

---

① 《域外琐记》一共写了六篇，原载于四月十一日、五月廿一日、七月廿六日、八月十七日、九月六日、九月十三日香港《华侨日报》，后收入《徐复观最后杂文集》。

四月一日星期三　天晴

阅新气功防治癌病法。写一信与林君庄生。

泰国发生政变，因不能阅报，详情不悉。

元德午睡不足稍哭吵，帅大声叱责并打他两下。晚间散步时将我们过去的经验告诉他，要他参考改正。

四月二日星期四　天阴

重读《诗序》，希望能有一较完整之了解。元德下午返家后甚吵闹，因未睡好午觉之故。收到蒙寄其小女出生后二日的照片来。①

四月三日星期五　天晴

看完《诗序》，写各有关之信。晚间帅的朋友赖君夫妇来。

四月四日星期六　先雨后晴

早起绕此集团之屋步行三周，约三千余步。上午帅赴公司温习功课，他的朋友杜君、尤君夫妇来。早上写邮简五封，连昨日所写者共十四封。中午帅夫妇偕他们的朋友去吃豆浆烧饼，我俩未去。下午五时往万大铉兄处晚餐，其夫人能烧菜。返寓后已九时余。今天因元德睡好觉，所以一天都很乖。

四月五日星期日　天晴

早到一家麦当劳早餐，餐后到中国杂货店买菜。返寓后为《华

---

① 梓琴之女名林元蕙。

362　　　　　　　　　　　　　　　　无惭尺布裹头归·生平

侨日报》写一文。

四月六日星期一　天晴

　　早散步，开始写《西汉经学》。接到廖伯源转来余英时先生来信。晚世宁来电话，惊悉世仪已死于郑州。[①]

四月七日星期二　天晴

　　早散步，继续写《西汉经学》。为廖伯源事写一信与刘殿爵先生。

四月八日星期三　天晴

　　早散步半小时。继续写书。写信与周策纵先生及春初兄。

四月九日星期四　天晴

　　散晚步。继续写书。收到李怡先生一封很恳切的信，比复以望他的善自珍惜，避免可以避免的挫折。因为我认为应当是一个人才。[②]

四月十日星期五　天晴

　　早散步。为《华侨日报》写《试评中共的爱国主义》一文。[③]

---

① 世宁、世仪均为徐先生内弟，徐夫人王世高女士同父异母弟。
② 徐先生逝世后，李怡在《七十年代》发表了一篇题为"《七十年代》怎么样呀？——回忆徐复观先生"的悼念文章，追述了他和徐先生交往的缘起始末以及徐先生对他思想转向的重要影响。文章写得真挚感人。该文后收入曹永洋编的《徐复观教授纪念文集》（台北：时报出版公司，一九八四年）。
③ 该文原刊于四月二十四日香港《华侨日报》，后收入《徐复观最后杂文集》。

下午睡起后看报。六时半出外一同吃自助餐。

四月十一日星期六　天晴

　　早散步。收到合三兄及陈荣捷先生来信。

　　整天未动笔，因不知如何写下去。下午一时半左右，吴新一及其父母来小坐。吴现所教者为数学生物学，系最新的课目。

四月十二日星期日　天阴

　　早晨运。与武军通长途电话，并将身份证寄给他，以便收取信件。又开始写书。中午赴悦宾楼吃豆浆、油条、烧饼，生意甚冷落。看公寓式两房一厅房子，较洛杉矶所见者为好，亦不太贵。浇草地。

四月十三日星期一　天晴

　　早散步并浇草地。帅军今日赴新公司去上班。写书。

四月十四日星期二　天晴

　　早散步，继续写书。收到刘述先先生来信。

四月十五日星期三　天晴

　　早散步，继续写书，将《诗》的部分写完。复刘述先先生信，言此次不能赴彼处。接李怡先生来信及访稿，[①] 即回一信。

---

① "访稿"即李怡在徐先生离港前夕代表《七十年代》访问徐先生的录音纪录的最后定稿。请参看同年三月二十日日记后注释。

四月十六日星期四　天晴

早散步。继续写《礼》的部分。

四月十七日星期五　天晴

是帅们的假日。我为《华侨日报》写《秦政（秦始皇）的历史评价》，[①] 因世宁由芝加哥来，所以材料找好未正式着手写。帅军赴机场去接他。陪着聊聊他家里的情形后没有做什么。

四月十八日星期六　天晴

早起写成《秦政》一文，文气不顺畅。中午请世宁到悦宾楼午餐。晚上吃意大利饼。接张绮文寄来论文稿的一部分。

四月十九日星期日　天晴

早散步，看张绮文论文，中午世宁返芝加哥。下午二时左右，林敬生、正生兄弟两人来谈甚久。知美国汽车工业，比日本落后十年。现时美国人非常佩服日本人。下午四时半去看卢鹰夫妇，请他们在松圆亭晚餐。

四月二十日星期一　天晴

早散步，看完张绮文的论文寄出。下午四时到帅公司的英国同事家晚餐。有三个小孩，生活教育颇严格，玩具不及元德十分之一。

收到夏友平、陈廷美来信及照片。收到涂公遂先生、李鸿及

① 该文原载于四月二十七日香港《华侨日报》，后收入《徐复观最后杂文集》。

张佛千先生来信。

四月二十一日星期二　天晴

　　早散步，继续写书。收到张研田兄、杨乃藩先生及薛君顺雄来信。

四月二十二日星期三　天阴

　　早散步，继续写书。晚赴赖君家晚餐。

　　接惠清兄及赵潜、胡菊人两君来信。

　　上午接林君庄生由加拿大来电话。

四月二十三日星期四　豪雨

　　早散步，继续写书，将《春秋》部分写完。复张佛千先生及夏友平君信。蒙来电话，问此间豪雨的情形，实则已经雨过天青了。

四月二十四日星期五　天先晴后阴

　　早起稍迟散步。为《华侨日报》写文章。

四月二十五日星期六　天晴

　　早散步，整日精神极坏，未做什么。中午在外吃散餐。

　　接傅伟勋及张灏两先生来信。傅先生说我到东部时他来看我。张先生希望我到他学校去看看。

四月二十六日星期日　天阴

　　早散步后写书。上午十时帅送我去看张国疆（涵生）先生。他是重庆时侍从室同事，曾任驻苏联大使武官，到台湾后曾任警务处长。一九七三年移民来美，夫妇两人，在一美人资本的杂货店中工作。他认为许世友在南京，系策划攻台，认台湾命运不出五年。由今日起，时间提早一小时。①

四月二十七日星期一　天晴

　　早散步。继续写书。接转来岳生之信。

四月二十八日星期二　天阴

　　早散步。继续写书。

四月二十九日星期三　天先阴后晴

　　早散步时发（现）一理想之散步场所，绿草如茵，广约三十公尺，长两千余公尺。一边古木参天，仅有一小车来往。继续写书。接陈淑女及慈航来信。

---

① 当日正是美国由冬令时间改为夏令时间之第一日，故需在该日凌晨把时钟拨快一个钟头。

四月三十日星期四　天晴

早晚散步。继续写书。《西汉经学的传承》的初稿写完，[①]继续写西汉儒生对经学的看法，这应当是经学史中的重要部分，但过去从未有人触及，遂使经学史成为空洞化的僵尸。今天只把这种意思写出来。

五月一日星期五　天阴

早散步。写《中国文学论集续篇》自序，一寄《华侨日报》，一寄薛君顺雄。接杨乃藩先生及陈君淑女来信。晚到孙君亮家晚餐。孙君人甚热情爽直。

五月二日星期六　天阴

早散步，重阅昨日所写之文，改定数处。晚到万大铉兄处吃水饺，并看溥心畬先生字画。万太息谓："传不下去，应捐到什么地方？"余闻言深有所感。

帅儿门前以狗儿刺与扁柏相间杂，视为观赏植物。小时穷苦，家中无柴火，前后山上因大家随意砍伐，仅狗儿刺为人所共弃，母亲常砍取临时作薪，湿烟熏目，泪流不止。两种情景相较，口占一绝：

---

① 徐先生《中国经学史的基础》一书由两大部分组成：（一）《先汉经学的形成》，（二）《西汉经学史》。《西汉经学的传承》，系第二部《西汉经学史》中的第二章。徐先生是两汉思想史的最高权威，他临终前一年半和死神赛跑，主要精力都用在撰写两汉经学史上。西汉部分在徐先生逝世前已完成，东汉部分亦已准备好材料，惜未及动笔，生命即被病魔夺去。

作薪当日泪涟涟，此际门前宠物看。

三代生涯天壤隔，可怜家国不同源。

五月三日星期日　天雨

今日精神较好。写书，写一信与杨乃藩先生。为刘凤章先生遗稿事，写一信与其小姐。[1]

五月四日星期一　天雨

继续写书翻书。复郑学稼兄函。

接文擢先生来函及诗一首。接春初兄一函及林君庄生一函。庄生定于本月七日来此。

五月五日星期二　天阴

继续写书并看陈公博的《苦笑录》。深感国民党内部之乱，汪精卫所负责任最大。

昨日所收苏文擢先生来书中附诗一首：

浮海胸涵域外春，别从颐养究天人。

千秋待访明夷录，小劫还观自在身。

---

[1] 刘凤章（一八五九至一九三五年），字文卿，晚更号耘心，湖北黄陂县人，晚清举人，历任教两湖经心书院、方言学堂。一九一五年任湖北省立第一师范校长，一九二二年因学潮辞职。徐先生曾在一九一八年至一九二三年就读省立第一师范，亲炙了刘凤章的人格学术风范，许为民国以来"真正以宋明儒讲学精神办学"的第一人。刘精研《周易》，著有《周易集注》一书，由一师数位学生集资印行，但印数有限，流传不广，于今只在其侄女家中存一影印孤本，日记中提及"刘凤章先生遗稿事"，指的就是刘著《周易集注》。徐先生为报师恩，曾设法寻得该书并寄陈修平先生代为设法印行。

国士投闲天尚醉，胡医著手药能神。

遥知餐卫非吾土，归及西风理鲙莼。

依韵和一首：

域外逢春不当春，绿茵一径独行人。

歌风台畔休闲地，竞技场中老病身。

知己相褒聊慰藉，远书乍读倍精神。

湖山溪涧皆吾土，何日相邀共鲙莼。

收到陈耀南先生寄来气功养病书二册，乃杨逢彬先生所赠。与杨先生不相识，闻系杨树达先生之孙。

五月六日星期三　天晴

早散步，继续写书，并阅《苦笑录》。

五月七日星期四　天晴

早七时随帅出门到外海科技工程会议参观。称为会议，因为有几间房宣读论文，但实际则为研究及制造机构借此机会展览其成果与制品以拉拢生意。南韩有一个摊位，中国则连一个摊位也没有。

十二时刚过，林庄生由机场来电话，旋坐计程车来，谈至下午五时半左右，正生开车来接始走。

五月八日星期五　天晴

八时过庄生即来，提出他思考已久的对台湾、对大陆的若干看法。下午四时左右敬生也来，将他们银行研究大陆经济的情形见告。要点：

一、石油采油之设备陈旧，又不知对油田加以培养，以至大庆的油田的压力不够，自去年起，已开始减产，将一直减至八四、八五年，希望能恢复到一九七八、七九年的高峰。

二、石油帮所提出的统计数字及油矿与增产计划，皆虚伪不实。中国目前除渤海外，尚未发现其他油矿。

三、外汇枯竭，在国际金融市场中失去借款能力。中共以在毛泽东时代向外借款最易，其次则为邓小平访美时代。现时极难贷款。

五月九日星期六　天雨

将庄生的谈话，写成一文，寄《华侨日报》。下午五时左右赴敬生住处，后同庄生、正生等到四五六餐厅晚餐。

五月十日星期日　天晴

上午稍翻阅资料。中午卢鹰小姐请吃广东点心。

五月十一日星期一　天晴

六时二十分随帅到癌症中心，由一位原籍潮州，父母旅居泰国女医师姚君主治，姚君三十余岁，在医学上很有成就。初步诊断，右肋骨下口腹部并未如玛丽医院林内科主任所言有硬块。接着抽血，肺部照 X 光，与肠胃（科）约定照胃镜的时间，花费一整天时间。

晚间萧亦玉来电话，[1] 说感谢我写给她们的信，电话中可以听到她不断地哽咽，但谓离婚手续已于四月二十一日办好。又告诉我与杜维明通电话的号码与时间。

五月十二日星期二　天晴

早帅送赴医院照胃镜。返寓后休息。

五月十三日星期三　天晴

上午写书，下午与世高赴医院听取胃镜结果，知并无异状。因十一日所照之肺片不清晰，卢小姐又安排再照。

自开始检查以来，在等候时间，阅《近思录》，心境亦因之深醇宽大。

五月十四日星期四　先雨后晴

继续写书。

五月十五日星期五　天晴

赴医院照肺并作胃部扫描。

五月十六日星期六　天晴

为《华侨日报》写一短文。接林毓生来信及三篇文章。接刘凤章先生之侄女周刘敦勤女士复信附若干资料，不料她乃周谦冲

---

[1] 萧亦玉与夫婿杜维明教授均为徐先生在东海大学时的早期学生。

先生的夫人。

五月十七日星期日　天晴

　　早散步。复林毓生、周刘敦勤信，并写一信与杜维明。早散步时知美国人打高尔夫球时，皆坐特制的小汽车，以省步行之劳，美国用脚走路的机会愈来（愈）少，将来会成为无脚动物。

五月十八日星期一　天晴

　　早散步，继续写书。十一时许卢小姐偕其父广声兄来，旋同往卢小姐府上吃渣酱面。面由来自北京之马氏夫妇所做。马先生为其贸易部中高干，马太太原为东方歌舞团团员，现负管理责任。闲谈中谈及五十年代公开评分时，大家还谦让不自己表白。六十年代文革之初则提倡互贴大字报，攻击对方所犯过失；如曾请某人吃过一次饺子，也被贴出斥为拉拢；平日闲谈，如有缝隙，也被贴出，并贴及父亲、祖父及各种出身。现时一派之内，互相敌视，但对另派斗争时则团结一致。彼此互贴，以多贴为胜，遂使人与人的关系断绝，彼此都怀恨在心，不相来往。去年年底，又恢复公开评分，评分时各人皆用尽方（法）表彰自己的功绩，抨击对方的弱点，以至百分之四十增加工资的计划，所增者皆与客观事实不合，完全失败。邓小平因此受到内部的攻击。共党中正直的人，都不愿担任领导工作，一任投机分子，胡作非为，又谓邓所遭遇的反对力量很大。因四人帮所提拔的一批党员，多在中级占重要地位，人数甚多。他们口头反四人帮，但在工作上以各种方法皆不实行邓的政策。军队中叶剑英、许世友、韦国清、李德生皆为保毛派。中级将领中毛派占优势，随时可以出乱子。

十二党代所以不能召开，因谁人被选为代表谁即立刻被攻击臭，选不出有威望的代表。马太太谓在文艺团体中，彼此仇恨与斗争很激烈。大家反对邓，但又没有人敢出头。她认为有人出头到（倒）好了。她并认为不经过大乱，便不能大治。目前最苦的是农民。青年到（倒）不怕这一套。

听了马先生夫妇的谈天后，感到大陆一点办法也没有。

今天不能吃晚饭，准备明天肠胃检查。

五月十九日星期二　天晴

早帅送到医院作胃部X光检查。下午继续写书。接到端木恺及蒋彦士两先生来信，乃普通酬错语。

五月二十日星期三　天晴

早散步。继续写书，接陈耀南、廖伯源两君来信。又接林君庄生来信，寄两百元来作代请吃饭之用。即奉还。

五月二十一日星期四　天晴

早散步。继续写作。复一信与杨逢彬先生，谢其寄赠气功治癌法两种。过去与杨不相识，仅与其祖父杨遇夫先生有一面之缘。

接朱立立来信，要我到她家中居住。接薛顺雄来信及《编后小记》，即复一信。

五月二十二日星期五　天晴

由二十一日即不吃晚餐起，清腹至此日中午，赴医院照电脑摄影。人颇疲困。

五月二十三日星期六　天晴

为《华侨日报》写《忆念刘凤章先生》的短文。[1]晚到卢广声兄处晚餐，姚医生亦在场，谓无须治疗。

五月二十四日星期日　天晴

继续写书，《西汉经学》初稿写成，即开始第二次整理工作。晚帅请其英国同事晚餐。

五月二十五日星期一　先雨后晴

本日为美国人的忆念节日，略等于中国人之清明祭祖日。上午精神不好。中午约曹志源教授及万大铉兄在金府便餐。下午看一连栋式之房屋，环境甚佳。为元德买一小脚踏车及小录音机。

五月二十六日星期二　天晴

早散步。继续改写《西汉经学》。写信与岑才生、赵潜，告知检查结果。

五月二十七日星期三　天晴

早散步，继续改写工作。中午接杜维明来电话约在纽约见面。接叶明媚自法国来信以收到中大聘书见告，甚以为慰。

五月二十八日星期四　天晴

早散步，继续改写。

---

[1] 该文原刊于六月一日香港《华侨日报》，后收入《徐复观最后杂文集》。

五月二十九日星期五　先晴后阵雨

为《华侨日报》写《"精神文明"试探》短文，[1] 写得很吃力。

五月三十日星期六　天晴

早散步。写寄武军、陈耀南君等信五件。继续改写。昨赴万大铉兄处晚餐，他谈及在台受排挤情形，意甚不平。

五月三十一日星期日　天晴

晚睡眠不安。早上迟起，继续改写。中午约陆教授、卢广声兄等午餐，谢卢鹰在检查时多方照顾之意。

下午阅薛顺雄君《李白〈清平调词〉丛考》，问题是出在他的治学态度上。

六月一日星期一　天晴

早散步，提早返来看元德上学的情形，他发育太快，性格很聪明，提前送他上学，或有好处；但自昨晚起，我心里对此总感到有些不忍。最近发现我已很（爱）此小孩，对小孩的爱真是和欣赏一个伟大艺术品一样的。继续写书。

六月二日星期二　天晴

早晨运，继续改写。

---

① 该文原刊于六月十二日香港《华侨日报》，后收入《徐复观最后杂文集》。

六月三日星期三　天阴雨中有晴

早散步。继续改写。

接到萧作霖、李春初两兄来（信），并告知吴寿彭兄已译出亚里士多德著作三巨册，非常高（兴）。比复作霖、春初两兄信，并写一信与寿彭。

写一信与薛顺雄，劝其在处理材料的态度上有所改正，勿失去平衡。

六月四日星期四　天阴雨

继续写书。晚七时五十分元凤由外祖家来此，[①]我和帅带元德去接他，但语言不通。他预定星期日回去。

六月五日星期五　先雨后晴

我为《华侨日报》写文章，批评中共对宋庆龄的过分安排，此文可能不会刊出。

六月六日星期六　天晴

早散步。中午请赖君夫妇及元凤到悦宾楼吃午饭。下午五时马君开车来到卢鹰女士家吃晚饭，她请了由大陆派出交换研究的约十名医生，其中多少年在协和医院学习者。彼等很坦率热情，向我提出问题，谓中国何时能恢复历史上之所谓太平盛世，使人民能安居乐业。我答以只（要）中共把集中在自己手上的权力大部分交还给人民，即太平盛世可期。又问从戊戌变法看，他们的

———————————

① 元凤，徐先生之长孙，徐武军之长子。

改革运动有无结果。我答以从历史看，掌权者对改革总是不放心的。大陆的改革，若到此为止，便难有结果，若继续前进，则可能有结果。我对邓小平还估计不透。他们对我的说法未正面表示意见，但大家都很高兴。其中一位先生提议，向我作一会诊。饭后由四位医师会诊，他们经验很丰富，最注重癌细菌是否进入淋巴（腺）。又注意开刀时，肠上淋巴（腺）是否有；若有，是否割去，要我向原动手术之大夫问清楚。从颈上淋巴（腺）看，认为尚无癌细胞现象。又谓我胃左之软包，即手术后表皮生好，内肉未生好所致，无大妨碍。

六月七日星期日　天晴

　　元凤回外婆家。帅胃痛，盖因平日饮食不调，早午常不能好好地吃，晚上又吃得太多。星期日又无医生。

　　敬生夫妇代蓝运敦先生送花来，并为帅问医生、买药。

六月八日星期一　天晴

　　因帅不能开车，请周小姐于早六时四十分开车送到飞机场，坐八时零五分的大陆公司飞机飞纽约克；纽约时间十二时零五分到达，宏光在出口处迎候。[①] 到他们的家后，了解他们因两个小孩，两人又同时工作，实忙乱不堪。薛太太送自怡、自敏返家。自怡很聪明而矜持，中国字写得很好。自敏外貌浑厚而内心很灵敏，型态与元德相近。[②] 帅来电话，元德在电话中通话。与颂乔兄

---

① 宏光，即陈宏光，徐先生次女徐均琴之夫婿，留美博士，现在美某大药厂任高职，住在美东新泽西州。
② 自敏，即陈自敏，徐均琴与陈宏光之次子。

通电话。

六月九日星期二　天雨后……

　　写信六封。并看张绮文之论文。

六月十日星期三　天雨

　　看完张绮文的论文寄出。又写信六封。

六月十一日星期四　天晴

　　早散步，继续改写《西汉经学史》。中午涂颂乔兄夫妇来晤，已不见面四年矣。他两人都不现老，其四子皆为博士，老大砚诒在耶肯色州立大学当教授。二子经诒在新泽西州立大学当系主任。三子剑诒在一大药厂领导一部分研究工作。四子书诒原教书，现在一国家研究机构做研究工作。此次系由其二儿媳开车来此。

　　晚七时全家同往自怡学校，看她们的表演，自怡唱歌很认真。

六月十二日星期五　天晴

　　早与世高一同散步，自怡也加入。为《华侨日报》写一短文，《答邓文君论国是书》。[①] 晚七时前往听自怡钢琴演奏，演奏得很好。复木村英一先生信。写一信与尹合三兄，并复陈君耀南信。

六月十三日星期六　天晴

　　早由宏光开车到附近一公园散步，虽系镇公园但规模阔，整齐，有长形湖。下午二时左右，杨诚及叶俊成、耿黔、洪铭水夫

①　该文原刊于六月二十一日香港《华侨日报》，后收入《徐复观最后杂文集》。

妇来。杨、叶原皆左倾，近已唾弃。帅、蒙来长途电话。

六月十四日星期日　天雨

早重写。下午郭大夏及陶行达夫妇来谈甚久。

六月十五日星期一　天阴

早散步，重写。

六月十六日星期二　天晴

早散步。重写，下午解决了《尚书今古文》中的困难问题，为之快慰。接赵聪先生来信，辞意恳笃。元德三周岁生日，晚电话祝生日快乐。

六月十七日星期三　天晴

早晚散步，继续重写。接帅转来程沧波、薛顺雄、林正生、陈廷美诸位来信。

下午五时多，世高将其所带廉价小手饰给咪儿选择，咪儿选择时，世高坐旁观看，表情天真纯厚，一如十多岁之少女。此种感情惟母女间能有。

六月十八日星期四　天晴

早散步。继续重写。晚到薛顺夫先生家中小坐，因其夫人高一平女士，经常送来自制豆浆及食物，其情可感。接慧来信，谓华严先生下月初来纽约公干，要和大家见面。复陈廷美信，并写一信问候端木恺先生病。

　　　　　　　　　　　　　　无惭尺布裹头归·生平

六月十九日星期五　天晴

早散步。为《华侨日报》写《大局为重》短文。[1] 复慧的信。接傅伟勋先生来信附其夫人钟淑儿的文章。

六月二十日星期六　天雨

早宏光陪我去理发，一年老美国理发师，技术娴熟，不洗头，不刮须，十分钟而毕，但并不草率，且提出分发的意见。在与宏光闲谈中，不相信我的年龄有这样老，着意问平日吃些什么。宏光答以多吃水果。午后少睡后继续重写约两小时，写信与唐乃建、张研田、高化臣三兄，以近况奉告。

六月二十一日星期日　天晴

早散步，继续重写。十二时左右傅伟勋教授全家来。一时左右胡采禾博士夫妇来。彼此谈得很痛快。下午五时同赴（胡未去）涂经诒家晚餐，书诒博士亦来。九时半返寓。

六月二十二日星期一　天晴

早晚散步。继续重写，接汪锡钧兄来函，再经洛杉矶时要住在他寓所里。接童翠瑾小姐来信，信写得很好。黄焕滔医师来信，自称为"生"，实在太谦虚。张洪瑜先生来信。石元康君来信向我提出问题，皆浮游之谈。[2] 比转傅伟勋先生一阅，因石系他的学生。接李秋生先生来信，知彼亦住在附近。

---

① 该文原刊于六月二十八日香港《华侨日报》，后收入《徐复观最后杂文集》。
② 石元康是留加拿大哲学博士，任教于香港中文大学哲学系。

六月二十日《世界日报》刊有宋庆龄向中共建议书，一看便知是伪造。以此种方法应付中共统战，正证明中共统战的成功。且又发启（编者按："启"字疑为"起"字之误）为宋开追悼会，以作争取之用，太可笑。

六月二十三日星期二　天晴

早晚散步。继续重写。接尹合三兄信，谓他将于九月初赴大陆（探）视其在成都之一子一女。

六月二十四日星期三　天晴

早晚散步。继续重写。下午三时左右，于君方来看我。她与美国丈夫离了婚，有一子，九岁，属天才型儿童。她相当憔悴，现在纽泽西州立大学宗教系教宗教史与宗教哲学，学问上有进步。谈了一点多钟才走。在谈天中发现她与外间甚少接触。接郑华志君来信。

六月二十五日星期四　天晴

早晚散步。为薛顺雄君之文集写序，甚难着笔。我以"学问的历程"为题，似乎写得有点意义。[①]

六月二十六日星期五　天晴

早散步，继续重写。接杨乃藩先生及陈耀南、尹合三兄、吴治枢君、何庆华君、武军等来信。复信与治枢。写信与胡秋原、

---

① 薛顺雄君是徐先生在东海大学时早期弟子，任教于东海大学中文系，著有《卧云山房论文稿》，徐先生为之序，序文收入徐先生《中国文学论集续篇》。

黄彰健两先生。接东大中文系第一届毕业郭宣俊来电话，盖已十余年未通音问。

六月二十七日星期六　天晴

　　早散步，继续改写。下午二时涂经诒夫妇来谈颇久，因谈及普林斯顿大学东方图书馆之人事纠葛事，老少皆不得当。下午四时半出门赴郭大夏处晚餐，坐（座）中有陶行达夫妇。我问以大陆与台湾作家，他认为谁最成功，他以浩然的《金光大道》最成功，不觉惘然久之。①

六月二十八日星期日　天晴

　　早点后全家赴镇公园散步，旋赴附近之老人公寓看颂乔夫妇，闲谈甚久。下午三时郭宣俊君来谈甚久。郭君人甚诚朴。萧欣义夫妇来电话。

六月二十九日星期一　天晴

　　早晚散步，继续改写。接商丽音（"音"字或为"莺"字之误）、李春初、陈廷美来信。复商丽音（莺）信。杜天心来电话，他住处距此约需开车两小时。

---

① 浩然是在"四人帮"横行最猖獗时少数几位"御准"写作的"作家"，他的"长篇小说"《金光大道》，在当时是大陆唯一御准发行的"文学创作"。《金光大道》的主调，是肉麻吹捧早已破了产的极左农业政策。书中集天下大话、假话、空话之大全，塑造从来就不曾存在过的"高、大、全"的人民公社英雄。"四人帮"倒台后，浩然在大陆已为文坛所不齿，《金光大道》早已被大陆人民扔进茅坑，而陶行达君竟然还要称道浩然的《金光大道》为中国第一成功之创作，陶君的识力，难怪徐先生要"惘然久之"了。

六月三十日星期二　天晴

早散步，继续改写。杜天心来电话要我到他家小住，他来接，此事甚难实现。下午三时咪带去看牙。

七月一日星期三　天晴

早晚散步，继续重写，有新发现，但写得不够清楚。

七月二日星期四　天阴雨

早散步，继续重写，改完昨日之稿。

七月三日星期五　天阴雨

早散步。为《华侨日报》写一短文，评伊朗及中共的现状。[①]下午五时左右涂颂乔夫妇来晚餐，谈其各子之成就情形。

七月四日星期六　天阴雨

早与世高一同散步，继续改写。上午十一时左右，卢广声兄父子来访闲谈，午餐后离去。下午四时半全家赴于君方家晚餐。其母为其伴居，一子九岁，甚聪明。住处极理想，与街市不远，而宅前后树木森蔚。餐中谈天，她说她将来会出家，我劝其不必如此想。她很忧郁，但力加抑制。

---

① 此文题为"历史曲折中的规律——伊朗与中共证言"，原刊于八月五日香港《华侨日报》，后收入《徐复观最后杂文集》。

七月五日星期日　天阴

　　早散步后，阅《大公报》所载中共六中全会文件。昨晚李怡来长途电话要我对中共六中全会发表一点感想。故特阅其有关文件。下午二时许李子坚（《纽约时报》工作）、张文艺、姚立民、陈宪中诸位来访。五时过后刘大守（"守"字或为"任"字之误）、郭松棻、傅某某（编者按："某某"疑为"运筹"）、陈文华四位亦来，九时离去。他们对台湾的态度转对大陆得多。大家赞成统一，但不主张目前谈统一。认为大陆无统一的条件，现状应尽可能维持下去。

七月六日星期一　天晴

　　早散步，又发现一极佳胜处。为《七十年代》写《解答了的，和未解答的》短文。[1]接陈荣捷、杨乃藩、高葆光、柏杨诸位先生来信。陈谈明年开会，杨希望《西汉经学史》在该报出版。柏杨欲出杂文大全，问可否选印我的杂文。

七月七日星期二　天晴

　　早散步。继续重写。复高葆光、柏杨信。接傅伟勋先生长信，比复一信。收到王靖献来信。

七月八日星期三　天晴

　　早散步。重写完，开始整理工作。复王靖献函。

---

[1] 该文刊于一九八一年《七十年代》八月号。徐先生在文章中坦率地谈到了他对中共十一届六中全会通过的《关于建国以来党的若干历史问题的决议》一文的看法。

七月九日星期四　天晴

　　早散步，继续整理。

七月十日星期五　天晴

　　继续整理。并写一信与某先生，劝其饬部下破案。[①] 晚在颂乔兄寓晚餐。

七月十一日星期六　天晴

　　早散步，继续整理。接吴福助君来信及一文，并即回一信。中午全家在外午餐后看一神怪片的电影。电影甚狭陋。晚郑华志来电话欲来看我们。帅来电话，其岳母及姊妹已来。夜梦媚铃生一男。

七月十二日星期日　天晴

　　早全家到附近公园专设之散步区散步。看"超人"第二集的电影，太浅薄无意（思）。重缮附注。

七月十三日星期一　天阴

　　早散步。为《华侨报》写一短文，昨晚动笔，早写成寄出。重缮附注完毕，精神为之快慰。接傅伟勋教授长信。接黄彰健先生来信，以其对康南海之考证，自比于阎若璩之考证日《古文尚书》，可笑。接薛顺雄君来信，可以为我清稿。接余英时先生来电话，谓约和陈荣捷教授等三人于八月二日合请我在纽约吃饭。帅来电话加薪至每年三万二千元。

_____

① 某先生为国府主管某情治机关之首长，"破案"之"案"，即指陈文成案。

七月十四日星期二　天晴

与世高同出散步。每次一人散步时，所见兔子皆为一只，与世高一起散步时则为一双，今早又是如此，不知何故。复黄彰健、薛顺雄、傅伟勋诸位信。

陈荣捷先生今年八十岁，寄一诗贺之：

域表巍巍老学人，一空门户独传经。

鸠摩译舌通胡汉，伏胜遗篇照古今。

海外紫阳存一线，梦中赤县恋残春。

从来名德关兴废，长保金刚不堪身。（编者按："堪"字疑为"坏"字之误。）

七月十五日星期三　天晴

早散步。阅《朱子年谱》。接高葆光、陆大声先生来信。接翟志成寄来《明报月刊》六月号所刊出陈胜长《周官非古文质疑》，系批评我之《周官成立之年代及其思想性格》一书者，文字老练而态度恶劣，内容幼稚，殆潘重规托名为之。下午写一文答复。[①]

七月十六日星期四　天阴

夜一时起续写答文，[②]五时余写成初稿约六千字。五时半散步

---

① 陈胜长君为香港中文大学中文系讲师。柏克莱加州大学东语系教授张洪年其时正在香港访问，曾亲见陈君撰写此文，故此文实为陈君个人述作，非潘重规先生托名。徐先生在日记中之推测不确。

② 该文题为"答陈胜长先生《周官非古文质疑》"，原刊于《明报月刊》，后收入徐先生《中国思想史论集续篇》。

返家后小睡，再将答文覆阅。下午一时半台湾《中国时报杂志》主编李利国君来访。下午写一信与董桥，[①]并将答文一并寄出。

七月十七日星期五　天晴

早散步，复杨乃藩先生函。咪子带我与世高检查眼睛，帅昨晚来一电话谓媚铃于昨日下午四时生一女，名元真。

七月十八日星期六　天晴

早散步。阅石元康博士来信，写一答书。下午二时半左右李秋生先生及其女公子、女婿来看我，相见甚欢。李先生患心脏病，尚未完全好。华姨下午来此，倍感亲切。

七月十九日星期日　天晴

全家陪华姨游长木公园，此次除参观其特大温室外，并沿森林中之特辟小径走约半小时，古木参天，气象深穆。又参观原主人杜邦之私人住宅。盖购自一清教徒之富有农家，仍保持原有之素朴风貌，但无文化气氛。

七月二十日星期一　天阴雨

早二时起写成《答石元康博士书》，讨论是谁给毛泽东以这样大的权力的问题。早写成后寄《华侨日报》。九时咪子开车送两小孩上学后，前往普林斯顿大学，因大雨，只在车上绕一周，即往看童世纲先生，并电话约晤姜一涵先生；留午餐，推脱前往购物中心，下午二时半返寓，已精疲力尽。

---

① 董桥，名散文家，继胡菊人后为香港《明报月刊》总编辑。

七月二十一日星期二　天晴

早华姨离此赴旧金山。九时二十分郭宣俊夫妇来此，先到自由神像游览，此像为法国于美人战胜英军后所赠送。欧洲移民来美者，皆先到纽约。神像下有一移民博物馆，以图画、实物、塑造、图片等表现各国移民来美的历史，态度客观而公平。一时半在一法国餐厅午餐，风味甚佳。餐后参观哈德逊河畔之古堡，乃大都会博物馆之附属馆，将购自法国、西班牙的中世纪"教堂文化"，以复原的方式，使其保持原有面貌，意义重大。郭君送返时已七时半。

七月二十二日星期三　天晴

早散步一小时半。写信与凤锦芸及于君方。阅《大学章句》中之《或问》。①

七月二十三日星期四　天晴

早散步。写陶子钦先生墓志铭，寄陶行达君。接薛顺雄、姜一涵两君来信，比作复。接傅伟勋先生来（信）言大陆被辩证法唯（编者按："唯"字下似漏"物论"二字）所缠缚，妨碍其四化事，并附《光明日报》有关新闻两则。

七月二十四日星期五　天晴

早九时半全家出发往杨诚君处。中午十二时在中途一墨西哥馆午餐，四围山丘林木环绕，中一小湖，仅有此一餐馆，风景绝佳。下午一时左右到杨君住宅，在一较高之山坡上，全无暑气。

---

① 朱子对《大学》之注解，除《大学章句》外，另有《大学或问》。

其住宅购自匈牙利人，以十年之力，松杉花草，皆培植葱蔚可爱。房屋设备虽不甚新，而环境之美，极为少见。不久陈文华君亦来，吃烤肉。即住杨君家。

七月二十五日星期六　天晴

郑君华志特从田纳西州携诊断器来看我们。他于昨晚一时半到陈君家，本日早十时来杨君处为我作详细检查，除左腹有一小硬块可疑外余均无甚症状，彼力陈保健应注意各项，情意殷渥可感。在杨君家午餐后赴陈君文华住处，傅君运筹夫妇亦来。陈君请大家到一有名之海鲜馆晚餐，之后返杨君宅，与虞光夫妇等七八人闲谈甚久，至晚十一时半始散。

七月二十六日星期日　天阴、晴

新亚研究所学生伍丽华夫妇由纽约中国城坐火车来文华家见面。中午在文华家由其夫人幸子弄日本面吃，大小十余人。午后我与世高小睡，他们游河滨公园。三时半离文华家返纽泽西，便道送郑君华志赴纽约克机场返田纳西。下午六时到咪儿家，甚疲倦。

七月二十七日星期一　天晴

早散步。为《华侨日报》写一短文，完成答石元康书。①

---

① 此文是徐先生答石元康的公开信的续篇，题为"思辩、实践、良心等问题——答某某博士书"。徐先生在公开信中，对石元康来信中的批评继续进行反批评。论辩主要环绕着三大问题进行：（一）中国是否需要一套理论体系来作实践的主导？（二）能否有一套标准，作为"正常"与"反常"的分界？（三）良知说是否可能？这些问题都极有意义。由于石元康没有公开作答，故徐、石二先生的思想交锋，都只是引而未发，并没有能作出进一步的深入讨论，真是憾事。徐先生的公开信，原刊于八月九日香港《华侨日报》，后收入《徐复观最后杂文集》。

自敏今日三周岁生日。

接李怡先生来信，谓《七十年代》因刊出我的谈话而大受中共内部之排斥，真是不可思议。

《中国时报》寄来书引曰，以"泰山北斗，常照中华"来称道我，为之感愧。

七月二十八日星期二　天晴

早散步。写《中国文化中人间像的探求》一文。[①]

七月二十九日星期三　天阴

继续将上文写成。

七月三十日星期四　天晴

早散步，天气凉。九时咪开车赴普林斯顿葛思理图书馆翻阅陈启源之《毛诗稽古编》，未找到所需要之材料。看到东海大学毕业之周明之、张中芸两君及马巨夫妇。返途中理发。接春初兄转吴寿彭兄手写诗词稿，情辞悲苦，知其遭遇甚惨。

七月三十一日星期五　天晴

早散步。昨晚梦中年只十五六岁考秀才，我向同考之少年说，若看文章者能看懂我的文章，则必为前三名，否则即落第。但再一次考试，则为第一名。不知何以有此种幼稚之梦。上午拟写一文尚（未）成，即不再写。下午三时半左右，张研田兄由张博士夫妇陪同来看我们，相见甚欢。

---

① 此文原刊于一九八一年九月一日香港《百姓》半月刊，后收入《徐复观最后杂文集》。

八月一日星期六　天晴

早散步。阅张灏《再认传统与现代化》一文。十时左右颂乔夫妇及剑诒、书诒夫妇来访，马巨夫妇亦来。十一时左右杜天心君夫妇来。下午四时左右陶行达夫妇来，杜维明及杨诚夫妇来在此住一晚。郭宣俊夫妇于七时左右来，九时左右离去。

八月二日星期日　天晴

早散步后，又陪维明散步，在散步中他将与萧亦玉分离的经过，言之甚详。人伦之际，他人很难参加意见。午餐后一时，维明与君实离此。维明赴意大利参加韩国朱熹会议。他两人在此，提出许多新问题新观念，对我很有益处。晚饭后薛顺夫先生夫妇来谈甚久。

八月三日星期一　天晴

因今天下午四时二十分离此赴休士顿，故早散步时欲将过去所走者皆走到，事实亦未能完全走到，因胡采禾君约早七时半来电话，故必须于此时间以前返回。与咪子全家照相。采禾来电话，嘱向其令尊提朱熹学会事。薛顺夫先生送豆浆来作别，此次薛太太常以豆浆相馈，情意可感。

宏光、咪全家下午一时开车送赴纽约克机场，在机场遇见刘容夫妇。刘容，故人刘翔之长女也。飞机按时于四时二十分起飞。六时三十五分（较纽泽西早一小时）到休士顿机场，帅与元德来接。元德与我们特别亲热，又成熟不少。

媚铃于七月十六日生一女取名元真，婴儿极可爱。

八月四日星期二　天阴

　　早六时半帅开车赴医院照胃，照得非常仔细。十时半返帅家，极疲倦。此处空气湿闷与纽泽西完全不同。

八月五日星期三　晴、阵雨

　　早散步，阅张绮文寄来论文，十二时半帅接赴医院听医师所作结论，谓上次照胃之一小块异常现象，经重照后未有变化，因断定系手术后所发之现象。又谓台大医院所寄来之切片，胃瘤之毒性不强。故无须治疗，惟少吃多餐，六个月后再检查而已。

八月六日星期四　天晴

　　早散步。阅张绮文寄来之论文。接陈廷美来信，即复。并写一信与郑君华志，告以检查结果。

八月七日星期五　天晴

　　早散步，阅完张绮文之论文，先回一信。并写一信拟挂号寄香港税务局。因税单早于六月填妥寄去未收到，又收到罚款信，真可谓奇怪。

八月八日星期六　天晴

　　早散步。整理通信簿。中午赴天主教堂参加卢森结婚婚礼。遇见大陆医师数人。婚礼过后赴一墨西哥餐馆午餐。此餐馆气象古朴，规模宏大，实所少见。

八月九日星期日　天晴

　　早散步。写《域外琐记之三》，寄《华侨日报》。中午请林敬生、正生两夫妇在湖南楼午餐。餐后赴安德逊医院医生宿舍，郭医生为我检查腹部曾施手术处，彼劝我吃六味地黄丸。

八月十日星期一　天晴

　　早散步，整理通信簿。万大铉兄前来作别，并将陈曾寿所作扇面送来。陈系有名诗人，与余为小同乡，其山水绝秀润。

八月十一日星期二　天晴

　　收拾行李。下午四时半帅带元德送我们到飞机场，五时在餐厅晚餐，坐六点五十分飞机飞拍索。元德可以不要一切，和我们坐飞机，结果哭闹一场。此间时间七时半到拍索，华富及蒙带同元蕙来接，[①] 天大雨，约九时到克拉斯他们的寓所。房屋（编者按："房屋"下疑漏一"大"字）而甚整洁。

八月十二日星期三　天晴

　　此间早晚及夜间均不甚热，惟下午三时至八、九时须开冷气。甚感疲倦，阅《朱子年谱》少许。华富甚亲切。元蕙很使人喜爱。环境甚安静。

----

① 华富，即林华富，徐梓琴夫婿，太空工程师，现住在美国新墨西哥州。元蕙是徐梓琴和林华富之女儿。

八月十三日星期四　先晴后雨

早散步，阅《朱子年谱》，知张南轩亦主张先义利之辨。

八月十四日星期五　天晴

早到州立大学校园内散步。阅《朱子年谱》在"八月东莱吕公讣至，为位哭之"条后附录吕与朱元晦书谓朱"颇乏广大温润气象，若立敌较胜负者"。又劝朱"回擒纵低昂之用，为持养敛藏之功"。此实亦余所应服膺不忘者。决于二十九日飞洛杉矶。

八月十五日星期六　天晴

上午华富开车赴新墨（西）哥华来斯城，其市场与中国旧式商场极相似。一水之隔，气象顿殊；追溯原因，盖亦由政制所决定。墨西哥人逃美情形与大陆人逃香港者亦相似。返家为下午五时。

八月十六日星期日　天晴

早散步，阅《朱子年谱》。读完戊申劄子万余言，至此而朱元晦始彻底了解，在专制政体之下，一切政治问题之最后根源皆在人君一念之私，言之特为痛切。而其刚正之气，直率深切之言，与其所学者相称。时朱子年五十九岁。六十一岁夏四月二十四日到临漳郡任，秋八月上条奏经界状，考察审辨计拟，至为详悉。华富早八时赴农地拔草，下午七时始返。

八月十七日星期一　白日晴夜雨

　　早散步，阅《朱子年谱》。晚在外同吃意大利饼，餐后游购物中心，货物富丽但我精神甚困。

八月十八日星期二　天晴

　　早散步。为《华侨日报》写一短文，阅完《朱子年谱》。

　　王氏此谱，考辨详明（附有《考异》四卷），选录恰当，非深于朱学及考辨之功者，不能办。然缺点有二：一、未录当时朝政大纲及同时有关交游及并时学人之活动，故背景不甚明了，时代之反映性不足。二、对陆象山之成见太深，不记象山死后朱子为位以祭之事，亦不记朱子较为持平之语，而蒐录许多意气之谈。朱子晚年对象山攻击过当，殊因象山门庭太盛，门人自视太高所激成。故常责以无长幼之礼。

八月十九日星期三　夜雨早晴

　　七时始起床散步。写一长信与杜维明，谈中国文化的三大特征。其中以谈认识特征最重要。

八月二十日星期四　天晴

　　早散步，入大学门右转走不远，有大柏树数株，在其下作深呼吸。阅《年谱·考异》。今天精神颇疲困。

八月二十一日星期五　天晴

　　早散步，在数株老柏树下徘徊颇久。因念及孔子谓"岁寒然后知松柏之后凋也", 真所谓"诗的语言"。

下午四时半往朱立立家晚餐。她的先生在州立大学当比较教育系主任, 她在柏索大学教教育心理, 很热心。一男一女极好。

八月二十二日星期六　天晴

早在几株大柏树下作运动。为《朱子年谱》整理一年岁的提纲, 以便翻检。晚六时全家到黄姓夫妇家晚餐, 做了很多菜。有林医生夫妇同席。他们都是四十岁前后的年轻人。

八月二十三日星期日　天晴

上午十时华富开车全家赴距此约一百英里之 Mescalero 休假, 先到距此约三十五英里之火射中心, 有约三十种火射（编者按: 两"射"字疑为"箭"字之误）在露天陈列, 其中仅两种现仍应用。继经过大白沙绕道沙路游览。经空军基地至一市镇午餐, 前进约二十余英里进入印第安人之保留地, 系一有起伏之深广丘陵地, 山坡上以松树为主, 间有柏树, 一片葱绿, 凉爽清幽。最后到达山神野店（Inn of Mountain Gods）, 墙壁遍钉长方形之木片, 外貌真似一山村野店, 然墙壁内部设备皆极现代化。有人工湖, 十个网球场, 一高尔夫球场, 有广阔之优美草地, 闲杂若干古松与垂柳, 真乃休假的胜地, 然价钱相当贵。

八月二十四日星期一　天晴

早六时即单独由旅店出外散步, 着毛衣犹有寒意。然空气清香, 有云气起自湖面及山坡。六时四十分左右太阳始出, 十时左右再全家在外散步。十一时半, 开车先经过马斯卡里罗镇, 有白人自建的休假小房，及较廉价之旅馆，然后循昨日原路返到华富家已下午四时。中途仍在昨日午餐之餐厅午餐。

八月二十五日星期二　天晴

　　早散步。拟为《华侨日报》写一短文，由蒙翻译新墨西哥州之历史及地理环境。朱立立来略谈印第安人现况。文未写成。

八月二十六日星期三　天晴

　　早散步，写成《域外琐记之五》寄《华侨日报》，阅《朱子论学切要语》。

八月二十七日星期四　天晴

　　早散步。阅《朱子论学切要语》至三七五页答潘时举问谓"今学者亦多来求病根，某向他说头痛灸头，脚痛灸脚。病在这上，只治这上便了。更别讨甚病根也"。看至此，不觉一惊。因我答石元康书中谓"头痛医头，脚痛医脚，这有什么不对"，以纠正他说"不可头痛医头，脚痛医脚"的想法，不觉与朱子之意暗合。我写《正常即伟大》一文，许多意思亦与朱意暗合，但我了解到此，已比他迟了二十多年。看完《朱子论学切要语》。

八月二十八日星期五　天晴

　　早散步。写《域外琐记之六》短文，预定在洛杉矶寄《华侨日报》。晚在一家中国餐馆晚餐，坏到无以复加。晚饭返家后，朱立立及其先生白海诺博士来谈颇久，并摄影。

八月二十九日星期六　天晴

　　新墨西哥州立大学内有数株古柏及古松，苍翠深渺可爱。我来此后每早在其下作简单体操及深呼吸运动，仿佛成了我的朋友。今日即将离此，依旧前往婆娑其下，如别故人。早收拾行李。十时由华富开车送我们到柏索，乘大陆公司飞机赴洛杉矶。十一时到柏索，先在一海鲜馆午餐，布置仿十六世纪帆船上之情调。一时左右到机场，一时五十分上机，上机时元蕙已睡着。飞机按时起飞，中途停机一次。三时三十八分到洛杉矶。翟志成君由旧金山来接，夏君友平全家亦来接。因我坚持住第八街 Wun Penn Hotel，因此系友人查石村先生所经营者。到旅舍后，房屋甚大甚坚。然失于管理，设备多旧损，留翟君同住，查先生自己之套房有房两间及一厨房，皆甚宽大方便，翟君之友人约在楼下满蒙大饭店晚餐。晚间发现闲杂人颇多，且有一人带三壮汉直入室查问我们何以住此，经翟君挡回。然已断定不宜继续住此，与梓琴所推测者相合。商丽莺在电话中要我们到她家中住。

八月三十日星期日　天晴

　　早十时左右商丽莺、张慧子及陈淑妍夫妇来旅舍相会，相见如旧日师生。十一时夏君友平全家，即将行李搬上他之车上，预定移居他的府上。旅舍未收任何费用。旋开车赴汪锡钧兄寓所，大家皆在享受汪夫人所准备之午餐。下午到吴俊升、邵毓麟、查石村诸先生处小坐。晚六时诸先生合请在湖南园晚餐，翟志成君亦在座。餐后夏君友平开车来接赴其府上，途中送翟君赴其友人处，因他须于三十一日返旧金山。十时抵夏君府上。

八月三十一日星期一　天晴

早十时左右友平夫妇及孩子陪同一起去看建成之连栋屋数处，设计精巧，然非我的能力所能问津。中午到附近一家中国餐厅请友平全家四人吃炒饭炒面，另数中国人在另一桌吃饭，一壮硕老人慢步走到我面前，一言不发，气象阴森。廷美说"这是我们老师徐教授"，他也不回话，慢慢沉重地说："徐复观！你不认识我吗？"我说："一时促住了。"他说："贺其燊！"然后彼此大笑，剧谈刻钟而别。晚六时半友平夫妇、陈淑妍夫妇、商丽莺、张慧子诸同学联合在彭园请吃饭，座中有孙今生兄，天真如故，身体转佳。即席赠诗甚佳。归途绕道往孙维（编者按："维"字或为"英"字之误）善先生处取飞机票，因其太太开旅行社也。每张票加手续费五十美元，乃得在台湾小住，再转香港。

九月一日星期二　天晴

上午十时友平夫妇送我们到机场办妥手续，下午一时四十五分与友平夫妇珍重道别上机，二时五十分起飞，机上因人多空气不好未能入睡。

九月二日星期三　天晴

下午六时半到桃园机场，学生书局张洪瑜先生及仲莹来接，七时半左右坐仲莹车到许昌街青年会住九一三号房间。

九月三日星期四　天阴雨

早通若干电话。十时左右起乐炳南、廖伯源、萧政之、梅广、洪铭水夫妇及王晓波、陈宏正、张洪琼、丁文治、侯家驹诸先生先后来寓闲谈。中午在纪忠兄府上午餐，有张研田、杨乃藩两兄在座。下午陈淑女、陈已香、郑学稼、郑钦仁诸位来闲谈。旋侯家驹夫妇、翁同文夫妇及廖伯源来同赴一家湖北小馆晚餐。许著先、薛顺雄两君下午亦来坐甚久。

九月四日星期五　天阴雨

早八时华姨来，九时陪同赴台大医院晤李治学教授，稍检查后约半年后再检查。老学生多来相望。十一时秋原兄夫妇来小坐，其病容尚在。下午三时蒋彦士先生来略谈陈文成案，似恨憾治安机关一开始未作他杀案处理。彼谓世界他杀案而能破案者仅百分之十三，则此案之未破亦不足异。晚梅广夫妇约晚餐。

九月五日星期六　天晴

中午陈君约午餐，晤见齐铁生先生。下午三时左右尉天骢诸君来，旋赴中和镇曾祥铎君所开之餐馆座谈中国文化问题，谈后晚餐，有秋原、学稼两兄同席。此日见到王孝廉。彼六日赴日本。

九月六日星期日　天晴

早七时康宁祥先生来访，谈自然生态平衡及人文生态平衡问题，甚有意味。曹永洋夫妇为我编杂文两册交志文书局出版。上午志文负责人随曹君来签约，并送来版税四万元。此实曹君之力。下午三时黄煌雄委员来访，人极坚实，有学养，但语言不能完全听懂。晚学生书局约吃晚餐，席间有杨亮功、孔德成、成舍我、程沧波诸先生。

九月七日星期一　天晴

　　早探望端木铸秋兄，彼已开刀三月，有三护士轮流看护。十时赴司法院晤黄少谷院长，亦谈及陈案，彼谓法官及监察院之尊严不可不维持，监委尤清要求监院再调查，大概不可能。中午东海同学约聚餐，菜极好，下午余卧床上，顺雄为余讲余登发之故事后旋于六时返台中。

九月八日星期二　天晴

　　早八时齐铁生先生约在希尔顿饭店早餐，餐后赴民生东路看望唐乃建先生，则知他已入宏恩医院看护病房。至宏恩医院二〇八病房，唐太太及小冬谓不能讲话，我谓仅见一面而已，不讲话。到病榻前我摇手示意请其不讲话，他微微点头。突然谓"你是复观"，我说"是的"。他甚兴奋，言其病情，唐夫人极力阻止，他再三不肯停，谓："如何不讲话！"我乃托辞谓"我与雪冬未吃点心"，乃退出。雪冬刚自美国返，谓此次系由支气管炎转肺炎，甚危险云云。老友病中相见，情谊之笃，一至于此，为之泫然。十时半《联合月刊》主编来访问。中午刘绍唐先生约松竹轩午餐，座中有李幼椿、沈云龙、王新衡、刘昌平、程沧波、台静农诸先生，谈笑甚欢。下午二时半吴自甦君来坐甚久，盖已二十年未见矣。晚在华姨家晚餐，同座有台静农先生。

九月九日星期三　天晴

　　早赴中和乡圆通路十六号看望任卓宣先生，中午研田约午餐，上午雪冬来电话说他父亲要我走一趟。我下午三下（编者按："下"

疑为"时"字之误）前往，他说了些平时决不肯说的话。晚化臣兄约晚餐。

九月十日星期四　天晴

　　早赴中央新村看李幼椿、胡秋原两先生，中午萧青萍先生约午餐，晚纪忠兄约晚餐。午餐前赴宏恩医院看唐乃建兄，看望后，赴家乡楼萧青萍先生午餐之约。席上有任卓宣、胡健中、赖景瑚、杨家瑜、黄通诸先生。萧先生为杜维明之岳丈，谈及维明与亦玉分手事俱之黯然。晚赴纪忠兄所约聚之晚餐，席中有李幼椿、陶百川、张研田、沈云龙、高化臣、杨乃藩诸先生及郑女士，言及办报之难，"现总统"对新闻检核之严苛较其父为更甚。特注重外交新闻，大家皆相对无语。

九月十一日星期五　　天晴

　　早杨乃藩兄来代付住宿费，情谊可感。九时赴桃园机场，手提箱中有刘绍唐先生影印的我于三月离港赴美前对《七十年代》所发表之谈话，引起检查人员之注意，盘问此谈话刊于何刊物，态度颇不友善，我即告以"我即徐复观，你有何意见"。检查者立即改变态度，谓他系去年毕业于东海大学之学生云云。老友张佛千到机场送行，飞机因故障迟约四十分钟于十一时五十五分钟起飞，下午一时零四分到达，赵潜、郑力为、叶明媚诸君来接，吴治枢夫妇开车来接。庭芳亦来。返寓后，知黄蔼芸打扫整洁，精神为之安定。

九月二十一日星期一　天阴

下午三号风球。返港后因精神疲倦，每日又多琐事。忘记记日记，补记重要者于下：

孙国栋、赵潜两先生于十四日来劝勿辞研究所讲席。接中国哲学史学会邀请参加于十月十五日在杭州开宋明理学讨论会请帖，复函因病不能参加，并随函提出四点意见，意在纠正他们的研究态度与方法。

十七日陆大声、胡菊人、吴珉三君为《百姓》半月刊访问来寓，[①]谈一时左右离去。

十八日中午武军夫妇约在翠亨村茶寮中山堂吃由汉口派来厨子所做之湖北菜。菜恶劣而价奇贵。今日晚上在鹿鸣春为世高生日暖寿，有赵聪、逯耀东夫妇、金达凯夫妇，结果由武军付账。下午苏文擢先生来小坐。

连日阅辛亥革命资料，拟为《中国时报》写一文。

九月二十二日星期二　天阴雨

下午三号风球。写辛亥革命一文，初稿写成。[②]戴天来电话谓《八方》事。

九月二十三日星期三　先晴间有雨

整理辛亥革命一文。早八时陆大声兄携访问稿来，经修改后

① 该访问稿题为"你们应该反省——访徐复观谈辛亥革命"，香港《百姓》半月刊原载，后收入《徐复观最后杂文集》。
② 该文题为"辛亥革命成功的两大要素及其伟大的精神传统"，在港刊于十月十日《华侨日报》，后收入《徐复观最后杂文集》。

交还。中午赵聪先生来邀在赫德道泰丰楼北京馆午餐。返后将辛亥一文寄杨乃藩先生。

九月二十四日星期四　先阴后晴

早渡海赴税务局说明因赴美在美所填税表该局未收到，故特说明重填。

九月二十五日星期五　天晴

感冒，渡海看黎启森医生。

九月二十六日星期六　天阴

拟写《孔子的政治思想》一文，未成。

九月二十七日星期日　天阴

赶写成《孔子政治思想对现代中国的照临》一文，[①] 中午渡海亲送往报馆，意欲于二十八日孔子诞辰刊出，报馆内无负责人。

九月二十八日星期一　天阴雨

昨日送往之文未刊出。写信九封。下午赴新亚研究所参加孔诞纪念。

九月二十九日星期二　先雨后晴

补记日记，写信与均琴等三人。阅胡耀邦鲁迅百年纪念会上的讲话，非常纳闷。

---

① 该文刊于九月廿九日香港《华侨日报》，后收入《徐复观最后杂文集》。

九月三十日星期三　天阴

　　早晨运，因山泥倾泻道塞，乃中途下车，漫走向一陡坡上之尼姑庵，香火颇盛。步行返寓后，因连日服感冒药极疲倦，早餐后小卧。旋阅《二程语录》。下午四时港大陈耀南先生及浸会罗思美先生和一位张小姐来谈约一小时。五时余刘殿爵、周策纵、苏文擢三先生来闲谈，旋由刘先生请到金煌酒楼晚餐。《联合报》一位马君来长途电话，要我发表对叶剑英所提出和平统一九要点的意见，我未答复。[1] 晚餐时策纵极不以中山先生当年容共为然，谓国民党应改正，则其不赞成叶所提出者可知。

十月一日星期四　天阴闷热

　　早在附近山上散步。买十一份报纸，看他们对叶剑英谈话的反映，其中仅有一家说可能影响美国对中国的政策。及看到美联社所报导之华府反映，与以前并无两样。看完报后甚疲倦，以理发代小睡。午睡后阅《二程语录》。

十月二日星期五　天阴雨

　　早晨运。写《胡耀邦的迷惘》短文。[2]《中国时报》在电话中访问，我劝以在外交方针上先统一。

---

① 徐先生后来撰写了《我对叶剑英所提九点和平统一号召的若干想法》，该文原刊
　　于一九八一年十月十六日《百姓》半月刊，后收入《徐复观最后杂文集》。
② 该文刊于十月九日香港《华侨日报》，后收入《徐复观最后杂文集》。

十月三日星期六　　天阴雨

上午赴新亚研究所参与博士班选定候选人问题。午餐后始返。下午四时吴冰弦来，以十余次赴广州之印象见告。初赴广州，市民脸上无笑容，今则有笑容。个体生产见效，但中共中下级干部存心破坏。广州之生活水准提高，但收入未提高。因"赶墟"恢复旧习惯，农村副业产品易有出路，农民之收入增加。拜神的风气颇盛，各家祖宗牌又复归原位。他所接触的中共党员与非党员，皆对共党不满，完全失去信心。他认为中共不进一步变，即难维持下去。我问变向何处，他说实行自由民主，五年可大治。复韩道诚信。

十月四日星期日　　天阴

早赴山上散步。接王尔敏先生来信及文章两篇。比复一信。下午四时金君达凯来。张仰燕夫妇、金耀基夫妇来。

十月五日星期一　　天阴

阅《二程语录》。下午朱潜明兄来坐甚久。接台静农、郑学稼两兄来信及翟志成君来信。右军来信。静农兄系关心病体。

十月六日星期二　　天阴雨

重阳节，早未亮即醒，起为《百姓》写笔谈四条寄出。[1] 随即写六信，皆系压久不能不复之信。读《伊川语录》。

---

[1] 参看九月三十日日记注。

十月七日星期三　天阴雨

早晨运，读《伊川语录》。接中山大学哲学系丁宝兰教授来信促参加十月十五日杭州之宋明理学学术讨论会。我早已复信不能前往。

十月八日星期四　天晴

晨运，阅《伊川语录》竣。下午唐端正来小坐。

十月九日星期五　晴

晨运。整理文学批评及《老子》讲稿，下午六时赴新亚研究所与选课学生见面，约定每周四、周六晚到我寓所上课。

十月十日星期六　天阴

因昨晚讲话多，夜小便不通畅，早六时始起，海边散步即返寓。阅《宋元学案》朱元晦部分，下午赴希尔顿酒店参加双十节纪念。

十月十一日星期日　天晴

晨运，阅《朱子文集》。中午李弘祺夫妇及两小来小坐，两小孩俱可爱。

十月十二日星期一　天晴

晨运，阅《朱子文集》。此次重读朱子有关文献，深以我在

《象山学述》中对朱子的了解至为敷（肤）浅，非常惭愧。①

接万大铉兄、夏友平、郑钦仁诸君来信。接李仁杰寄来自著之《新纪元》。李君不知为何许人，其自负甚高。回黄柏棋信，告以他天资高，读书不仔细，立论轻率。

十月十三日星期二　天晴

晨运，阅《朱子文集》。收到《中国时报》双十特刊所刊出之一文。

十月十四日星期三　天晴

因十三晚未睡好，故未晨运。继续阅朱子有关资料。晚六时半学生十一人来此上课，略讲《文心雕龙》。

十月十五日星期四　天晴

晨运，上午看朱子有关资料。下午回几封友人的信，再未做他事。

十月十六日星期五　天晴

晨运。为《华侨日报》写《朱元晦的最后》一文。②

偶然想到许多问题，不经写出便不能真正了解。所以每周写

---

① 徐先生早年以象山学得儒学真传，而有贬抑朱子学的倾向，其见解具见于徐先生《象山学述》（该文收入徐复观《中国思想史论集》，台北学生书局一九七四年版）。临终前一年，徐先生为撰写论文参加国际朱子讨论会，始深入接触朱子材料，思想大变。对自己早年贬抑朱子，非常地愧疚。徐先生晚年对朱子的看法，具见于《程朱异同——平铺的人文世界与贯通的人文世界》一文。
② 该文原刊于十月二十一日香港《华侨日报》，后收入《徐复观最后杂文集》。

一短文，也或许合于朱元晦所谓今日格一物明日格一物之意。

十月十七日星期六　天晴

　　早四时起床，因整理昨日所写之短文，未晨运。检阅有关《老子》资料，晚七时为研究所学生讲老子研究，来十七人甚拥挤。

十月十八日星期日　天晴

　　晨运。继续阅《朱子语类》。下午廖宝泉偕新亚研究所一学生及崇基女学生吴汝林来，吴君出其一文要我看，晚间看了一段，很不错。

十月十九日星期一　天晴

　　晨运，上午赴税务局查问寄出之信有否收到。再赴美国图书馆看李君画展，再转《华侨日报》领薪水。整日未做他事。

十月二十日星期二　天阴

　　晨运，看完吴君汝林之文，加批后寄还。搜集有关朱子对《太极图说》之资料。

十月二十一日星期三　天晴

　　晨运。翻阅《文心雕龙》材料，主要看王利器的《文心雕龙校证》。此书在校勘上有十余条可用，但在其长篇序录中对刘彦和的陈述均系误解，且极浅显之文句亦未能了解。其书只应称为"集校"，且又无注解，初学不适用。将写一文加以批评。晚为学生讲《序志》篇未讲完，气体大耗。

十月二十二日星期四　天晴

晨运。动笔写《程朱异同》。

十月二十三日星期五　天阴气温下降

晨运，少穿衣服，幸未病。为《华侨日报》写《偷运圣经》的短文。①

十月二十四日星期六　天晴

晨运，翻阅《老子》资料。晚七时研究生来，为讲授三章，气体大伤，小便频数而不畅，盖真不能教书矣。

十月二十五日星期日　天晴

晨运。上午休息，下午出回看村内朋友。

十月二十六日星期一　天晴

晨运，继续写《程朱异同》。

十月二十七日星期二　天晴

晨运，上午王尔敏先生夫妇来坐谈。下午继续写《程朱异同》，解决了若干问题。阅《中央日报》知唐乃建兄于二十六日台北台大医院逝世，为之感怆不已。

---

① 该文刊于十月二十八日香港《华侨日报》，后收入《徐复观最后杂文集》。

十月二十八日星期三　天晴

　　因昨日写文过累，今日精神极坏，未晨运。晚为研究生上课。

十月二十九日星期四　天晴

　　晨运，精神仍疲困。上下午小卧后，写《读王利器〈文心雕龙校证〉》一文，未写成。

　　收到大陆乡下来信及翟君志成来信，知杜维明动了肠炎手术，比即写一信去安慰。

十月三十日星期五　天晴

　　晨运。写《悼念唐乃建兄》一文。[①] 晚上刘殿爵、周策纵、陆大声、胡菊人、戴天诸位先生一共八人，在金煌酒楼晚餐。

十月三十一日星期六　天晴

　　未晨运，上午十时到新亚研究所参加博士班录取口试，决定取岑溢成、韦金满两人，均极优秀。下午午睡后检阅《老子》有关资料。晚七时为研究生讲授《老子》。

十一月一日星期日　先阴后晴

　　早晨运时，同车者提议赴葵涌新光酒楼饮茶，只得随同前往。继续写《读王利器〈文心雕龙校证〉》。中午武军夫妇及元音来午餐。晚八时均琴来电话。

------

① 该文刊于十一月四日香港《华侨日报》，后收入《徐复观最后杂文集》。

十一月二日星期一　终日雨未停

早晨运，因雨大叫计程车返村。继续写《读王利器〈文心雕龙校证〉》。接黄少谷、杨乃藩、高葆光三先生及杨诚、均琴等来信。苏文擢先生寄示两峡谣八绝句，极佳。

收到孔达生先生所写"与物为春"横额，甚好。收到学生书局寄来之《中国文学论集续篇》。

十一月三日星期二　天雨

未晨运，继续写《读王利器〈文心雕龙校证〉》一文，写成初稿。

十一月四日星期三　天雨

晨运。校阅写成初稿。刘述先夫妇来谈在杭州参与宋明理学讨论会情形，仍坚持唯物唯心，及封建道德之说。晚授《文心》课。接尹合三（树生）兄由济南饭店来信，信中殊为坦率，但仍然收到。

十一月五日星期四　天阴

未晨运。将写成之文章，由早四时半起校改，至上午十一时校改完，即寄《明报月刊》。① 精神甚疲困。下午复积压甚久未回的信。

---

① 该文刊于一九八一年十二月《明报月刊》。

十一月六日星期五　天阴

晨运。为《华侨日报》写一短文《只有中国问题，没有香港问题》，中有写得过火的话。^①

十一月七日星期六　先阴后晴

晨运。清理《老子》资料。下午二时半陈耀南先生来，要我为其《魏源研究》作一序。^②三时左右陈特、石元康两君来谈甚久。五时过，孙麟生先生来。七时讲授《老子》，甚疲倦，夜间未能睡好，小便频数。

十一月八日星期日　天阴冷

未晨运，校阅《中国文学论集续篇》。十一时唐夫人来。

十一月九日星期一　天阴冷

未晨运，续校《续篇》。

十一月十日星期二　天晴

晨运。将续校者汇成一表，凡错落一百五十余处，即快寄学生书局。晚复薛顺雄信。

---

① 该文刊于十一月十日《华侨日报》，后收入《徐复观最后杂文集》。
② 徐先生后来替陈耀南君写了篇题为"读《魏源研究》"的序文。该文原刊于一九八二年二月二日香港《华侨日报》，后收入《徐复观最后杂文集》。

十一月十一日星期三　天晴

晨运，检阅《文心》材料。下午复四友人信。晚讲授《文心雕龙·辨骚》篇。

十一月十二日星期四　天晴

晨运，恢复写《程朱异同》，仅写成一小段。

十一月十三日星期五　天晴

晨运，为《华侨日报》写一短文，未写成。下午到冯达谦牙医处看牙，将旧日所装牙套拔掉，去费力，又拔去一牙，出血颇多，头昏。晚六时半吴智勋君来，他已当神父。

十一月十四日星期六　天晴

因拔牙精神倦困，未晨运。上午准备《老子》。下午将昨日未写成的短文写成初稿。晚讲授《老子》。

十一月十五日星期日　天晴

世高促我晨运，绕上水塘一周，亦未甚疲倦。上午整理昨写之短文。午睡后校中研院寄来之文稿《前汉经学史之形成》。三时半施静雯小姐来访。她在美国柏克莱加大念硕士学位，其论文多采用《中国艺术精神》，故来访。彼刚访问大陆五星期，曾在北大宿舍住十二天。发现高干子弟之学生受到学校当局特殊之照顾，与一般平民出身之学生不同，其特权盖无所不至。晚应友人约在湾仔同兴楼晚餐。

十一月十六日星期一　天晴

未晨运，继续校稿。十一时渡海赴《华侨日报》。下午继续校稿。

十一月十七日星期二　天阴

未晨运，继续校稿，上午九时校完，寄回中央研究院。中午约杨华波兄在乐宫楼饮茶，茶点俱粗恶。

十一月十八日星期三　天晴

晨运。连日因右牙床发痛，影响头右部一条神经也不断发痛。本日除稍消理《文心雕龙·明诗》篇外，上下午皆在床休息。晚授《文心雕龙》课。

十一月十九日星期四　天晴

晨运，步行返家。继续写《程朱异同》一文。

十一月二十日星期五　天晴

晨运，为《华侨日报》写一短文。下午写《孔子当然姓孔》，因台湾有人说孔子不是姓孔，孔达生自己亦如此说，未写成。四时左右方颖娴来。

十一月二十一日星期六　天晴

晨运，将《孔子当然姓孔》一文写成寄《中国时报》。① 下午

---

① 该文原刊于十一月二十八日香港《华侨日报》，主要是引援经典，驳斥魏子云《孔子不姓孔》的曲说。该文后收入《徐复观最后杂文集》。

看《老子》班的学生答案。晚七时至九时二十分讲授《老子》。

十一月二十二日星期日　天晴

　　晨运。本日除写信与杨诚及均琴等三人外，未做他事。下午二时武军开车送赴玛丽医院看马蒙先生病。他已住医院四个多月。

十一月二十三日星期一　天阴

　　晨运，继续写《程朱异同》，仅写四百余字，甚辛苦。

十一月二十四日星期二　天晴

　　未晨运，重整有关程朱资料。下午一时赴冯达谦医师处看牙。下午朱惠清兄来闲谈。

十一月二十五日星期三　天晴

　　晨运，翻阅《文心雕龙》。上午十一时李缵铮先生偕同方子樵先生的女婿赵孟沧、外甥朱嵩甫先生来访。同到海运饮茶。李先生夸示康有为、蔡元培、蒋中正、杜月笙、虚云为他的五位老师。赵、朱两位皆孤身在港三十年，情况甚凄凉。

十一月二十六日星期四　天晴

　　晨运，继续写《程朱异同》，愈写愈感困难，终日只写三四百字。接学生书局承印《经学史之基础》的契约。

十一月二十七日星期五　天晴

　　晨运，精神较昨日为佳。据世高说，因昨晚饮了鸡汤之故。

继续写《程朱异同》，今天写得较顺。其端绪皆在晨运散步中得之。得帅儿来信。

十一月二十八日星期六　天晴

未晨运，上午看《老子》，下午午睡后，应《明报月刊》之邀，写《对中共修改宪法的意见》，并校阅该刊刊出之《读王利器〈文心雕龙校证〉》，颇有错落。晚讲授《老子》。

十一月二十九日星期日　天晴

晨运。上午十时我和世高陪吴治枢夫妇及三个小孩赴武军家。去时治枢走错了路，开了两小时的车。十二时半一齐在浅水湾酒店吃自助西餐。元音只是不爱讲话，但对小客人，还是搬出她心爱的小鼠和玩具供小客人玩。所以还是很懂事的。

十一月三十日星期一　天晴

晨运，继续写《程朱异同》。接杨乃藩兄来信，谓愿印《中国思想史续篇》。将印《中国经学史的基础》的契约及《先秦经学之形成》整理写封，豫定于十二月一日寄学生书局。

十二月一日星期二　天晴

晨运，继续写《程朱异同》。晚在金煌酒楼晨运团聚，九时过始开席。菜中有蛇丝、蛇羹，我与世高皆不敢下箸。

十二月二日星期三　天晴

因前晚迟睡未晨运。细阅《文心雕龙·论说》篇。下午五时半在惠清兄家晚餐，返寓后为诸生授《文心雕龙》。

十二月三日星期四　天晴早寒

　　晨运，继续写《程朱异同》。在漫步中，亦想到已写者有不周到处。

十二月四日星期五　天晴

　　未晨运。为《华侨日报》写一短文。甚疲倦。

十二月五日星期六　天晴

　　晨运仅能缓步。检阅《老子》。午睡起后精神仍很坏，未做任何事。晚讲授《老子》，突然间对"人之所畏不可不畏"一语的意义有所了解。

十二月六日星期日　天晴

　　晨运。上午仅写一信与蒙儿劝其继续选课。中午庭芳、元音来午餐。下午郑重先生来小坐。我到广声兄处小坐。

十二月七日星期一　天晴

　　晨运走归。继续写《程朱异同》。下午四时刘述先先生开车来接赴伊寓午餐，座中有金耀基、逯耀东两先生夫妇。

十二月八日星期二　天晴

　　晨运，车坏，在附近山上走一小时。返后将《程朱异同》初稿写成。下午赴加拿芬道恒生商场六楼冯医生处看牙。

十二月九日星期三　天晴

晨运，修改《程朱异同》，进行甚艰难。晚授《文心雕龙》课。

十二月十日星期四　天晴

晨运，继续修改，世高连日分寄钱与大陆之孚观及各侄儿、侄女，前后共寄出五六千元港币。

十二月十一日星期五　天晴

晨运。为《华侨日报》写一短文。

十二月十二日星期六　天晴

未晨运。继续修改《程朱异同》。收到萧亦玉、翟志成来信。下午四时李鸿自台湾返港结婚，来我处送婚帖。不请客，比送礼二百元。他谓台湾党外人士成功不足，败事有余，深致不满。晚六时半赵聪先生约我们夫妇到松竹楼晚餐。

十二月十三日星期日　天晴

晨运，整理《程朱异同》初稿。下午二时武军夫妇来。下午六时往逯耀东君住处晚餐。

十二月十四日星期一　天晴

因睡晚未晨运，继续整理《程朱异同》稿完毕。拟交郑力为君清缮。接邵毓麟、郑钦仁分别自美、日来信。

十二月十五日星期二　天晴

晨运，上午写《经学史的基础》自序。午睡至下午近五时始起，回复各地贺节卡。本日午餐后胃痛，晚餐后胃亦感不适。

十二月十六日星期三　天晴

晨运。整理《西汉经学史》稿。

十二月十七日星期四　天晴

晨运，继续整史稿。艺术中心主任王润生先生来借溥心畬先生画稿手卷及楷书对联一幅，作溥先生画展之用。赵聪先生来晚餐。临别时言服药多种，见其白发飘萧，老态益甚，恐不能久于人世，为怅然不乐者良久。

接尹合三兄寄来大陆旅行杂记，态度诚恳，纪录平实而深刻，即转寄《明报月刊》。接杨启樵先生寄来《雍正帝及其密折制度研究》大著一册。

十二月十八日星期五　天晴

有轻微感冒，未晨运。拟写（有关）波兰现势一文，[1] 看资料后尚未下笔。两次到飞机场接萧君亦玉，她离婚后，我们应给她一点友谊上的安慰。但未接到。晚九时左右她自己来了，很憔悴，见面很高兴。

---

[1] 该文即《最高的理想，最大的噩梦——波兰最近局势的启示》，后刊于十二月二十二日香港《华侨日报》，后收入《徐复观最后杂文集》。

十二月十九日星期六　天晴

未晨运。亦玉早餐时略谈她与杜君维明离婚情形。她仍很爱维明。她在北京师大曾教英文三月，极受欢迎。对中共政权的了解，较维明深刻。她感到各种生活，若在中共干部安排之下，便一切都方便。若一越出他们的安排，即会受各种动弹不得的方便。向他们提出的要求，他们不说"不可以"或"不能"，而止是拖着不答复。她说北京各大学教职员，在文革期间突然增加了一倍，皆由文革派所塞进，不仅不能教学，亦不能做事，成为教育机构中一大障碍。原住一家的教授住宅，至此突住两家、三家，所以今日全家住一间房者比比皆是。但西安市有一区的领导干部，因与他们有亲，请吃饭，则一家有七间房，要什么有什么。十亿人口中，有九亿五千多万是平等的，"平等地穷"。其余中共干部，其享受之豪华，阶级之严厉，不是所能忍受的。她早餐后赴机场飞台湾省亲。

本日想对波兰问题写一文，未成。晚六时刘铭先生开车来请赴他家吃火锅，座中有卢广声兄，及周策纵先生与周祖谟先生夫妇。周先生系北大教授，席中我举所闻住宅情形相问，他太太说："确实的，每一地方干部都是一个土霸王，谁也得罪不起。"

十二月二十日星期日　天晴

晨运。下车后有一段路个人独行，更无其他人来往，情绪感到幽暗可畏。由此了解平日散步时，虽与途人各不相干，但实际彼此间有一种互不相觉的支持力量，故所谓社会力量　不必在有形的互助也。将昨日拟写的短文写成。下午复昨日所接尹合三兄之信及回各贺节片。

十二月二十一日星期一　天晴

未晨运，稍整理《经学史》稿。十一时世高与我过海。先到三联书局取杂志（《文物》、《考古》），并买书数种，我便赴《华侨日报》取薪金，与岑维休先生闲谈少许。他的太太今年八十四岁，未雇人，自己做饭洗衣扫地，勤俭一如寒素之时。世高在大华国货公司等我。一时半相会，她买了两袋大白菜等杂物，到一酒楼饮茶，茶点奇劣。归后又去取所做所改衣服共三套。接陈毓罴先生来信及谈瀛先生所整理的王葆心师之著作目录。感冒未愈，浴后早睡。

十二月二十二日星期二　天晴

未晨运。复陈毓罴先生信及复各处之贺卡。收到翁文娴由巴黎来信，述其生活感受颇详。翻阅资料，补《经学史》附注七十一。继续校阅《经学史》。浴后早睡。

十二月二十三日星期三　天晴

未晨运。继续校阅《经学史》稿。复万大铉兄函。

十二月二十四日星期四　天晴

未晨运。继续校阅《经学史》稿，后半部文字须加修改，故进行得特慢。晚饭后武军们三人来邀过海，看圣诞树灯，未往。

十二月二十五日星期五　天晴

晨运，右背筋骨酸痛。^①为《华侨日报》写文章。

十二月二十六日星期六　天晴

未晨运，继续校阅《经学史》稿。十一时武军来。午餐后到太空馆参观，三时半赴黄伟文医师处针治右臂之筋痛。接郭宣俊、胡采禾、蒙儿及吕国桢先生来信及贺卡。

十二月二十七日星期日　天晴

晨运，作《经学史》目录，内容亦稍加调整。下午四时左右洛先生来，旋孙德智先生来谈甚久，七时半左右《中国时报》郑小姐与胡菊人先生来，郑小姐请吃晚餐。

十二月二十八日星期一　天晴

晨运。将《西汉经学史》整理就绪，航空挂号寄学生书局。连日右臂痛。收到贺片多张，并收到吴寿彭兄来信及诗。收到帅儿来信，知元真已托许太太带（回）台湾，交由童家养育，^②心中感到小孩可怜，为之不乐。下午午睡起，复回各友朋间贺年片，未做他事。

十二月二十九日星期二　先阴微雨后晴

晨运，校阅《程朱异同》。接黄彰健先生来信，《大陆杂志》

---

① 徐先生右背筋骨酸痛，其实是癌细胞扩散所致。徐先生不以为意，只以寻常风湿病视之，继续埋头于著述讲学，结果延误了医治，不能再多活一两年，把《两汉经学史》写完，呜呼惜哉，呜呼痛哉。

② 元真，徐帅军之幼女。

愿依期刊出此文。

十二月三十日星期三　天阴

未晨运，校阅《程朱异同》稿并补四条附注。接大野信三教授贺片。

十二月三十一日星期四　天晴

晨运，校阅《程朱异同》稿并影印五份。右臂痛加剧。接贺麟先生贺年片来信。

一九八二年

一月一日星期五　天晴

未晨运。发现《程朱异同》一文尚须整理。上午武军们来，以车送文化协会参加元旦庆祝，甚为无聊。中午武军、庭芳、元音和我们在泰丰楼午餐。餐后即返寓休息。晚六时渡海参加建国酒楼《华侨日报》之聚餐。因报馆业务散漫，大约收益下降，故聚餐时气氛索寞。而年来同席之人已先后死去八人之多。

一月二日星期六　天晴

晨运，整理《程朱异同》。晚吵闹，我很生气，身体大受影响。

一月三日星期日　天晴

未晨运。上午复贺麟、吴寿彭诸先生信。武军们来午餐。下午完全休息。七时左右接陆大声先生电话，要我为梁漱溟先生最近刊出之文写一文加以烘托，乃写回忆性之文约两千字。

一月四日星期一　天晴

晨运。开始阅学生读书报告。接陈荣捷先生来函，接到张慧子的一封长信，述十多年来大局的变化及她所接触得到的人事变迁的情形，深致感叹之意。即复一信。

一月五日星期二　天晴

晨运，将《程朱异同》影印本分寄陈荣捷、杜维明两位。因曹永洋、陈淑女在印书上为我花了不少时间，分别寄壹千与伍百港币作他们孩子的压岁钱。接张灏先生来函。接阮毅成兄来函，未及阅而失去，去一信致歉。阅卷。

一月六日星期三　天晴

晨运。阅读书报告，接李涤生兄来信。

一月七日星期四　天晴

未晨运。上午赴冯牙医师镶牙。下午赴社会福利处。继续阅读书报告。

一月八日星期五　天晴

未晨运。为《华侨日报》写一文。

一月九日星期六　天晴

晨运。整理考卷记分数。阅翟志成君寄来自序，不佳，拟为之写一序。① 接今生先生大除日来信，意甚悲凉，即复一信慰之。

一月十日星期日　天晴

　　晨运。拟为翟君写序，刚执笔，姜一涵偕高森君来。姜君称我为老师，旅居布森斯顿，现在台文化大学临时教学。随约同在松竹楼午餐，并约苏莹辉先生，他送我一册《敦煌学概要》。返寓午睡后，以艾叶葱自灸右膀筋痛处。全日等于未做任何事。

一月十一日星期一　天阴

　　未晨运，为翟君志成写序，实则是谈文艺创作自由的意义。

一月十二日星期二　天阴

　　在附近山上晨运，精神很坏。将昨日所写之稿整理寄出。回蒋彦士先生一信，请其设法勿使特务扰乱陈君映真的日常生活。

一月十三日星期三　雨

　　晨运。返寓后小睡，旋即整理《文心雕龙·神思》篇。下午

① 台湾的时报出版公司拟为翟志成出一题为"中共文艺政策研究论文集"的专书。因该书有两篇论文曾受徐先生指导，故翟志成修书向徐先生乞序，并把自撰的跋（即徐先生在日记中提及的自序）寄呈徐先生作参考用。徐先生回了一信给翟志成，道及近日事忙，身体奇差，且右膀筋痛难忍，一天工作，不过能成百字，但仍决意为翟志成作序。翟志成立刻修书，恳请徐先生千万注意身体，序万不可作，以免徒令其心中负疚。然徐先生在答函中，却已把序文寄了来。序文题为"文学创作自由的联想——翟志成《中共文艺政策研究》序"，文长三千余字。其时徐先生因癌病复发，已是灯尽油涸，却不惜燃尽自己，把生命中最后一丝亮光，替自己的学生照明。这是徐先生临终前亲手写的最后两篇文章之一（另一文章为为陈耀南书序其大著《魏源研究》），曾在香港《华侨日报》、《明报月刊》以及台湾《中国时报》同时刊出，后收入《徐复观最后杂文集》。

收到王师季芗先生之幼女玉醇女士来信，备述她们三十年情况。王师所藏数万册书，完全消毁。遗著经她与其姐玉琪于一九五七年献与政府，亦大部不知下落。现由谈瀛先生在通志馆全力搜整，拟印出《方志学发微》两卷（全二十卷或十卷）。王师儿女，仅剩下她一人。当即复一信。晚上学生仅来三人，而我筋痛加剧，略谈即罢。

一月十四日星期四　天阴雨

夜数次被筋痛痛醒。未晨运。阅《魏源研究》。

一月十五日星期五　天晴

晨运。为《华侨日报》写《哈哈亭》一文未成。下午复到黎启森医生处看病。

一月十六日星期六　天晴

未晨运。本日右臂痛减轻，完成昨日所写一文。下午睡起后因整理《老子》进行（编者按：此处疑有阙漏），全身出汗且发颤，遂放下。晚讲授《老子》。

一月十七日星期日　天晴

晨运。阅陈耀南君《魏源研究》。约研究生在好世界饮茶。金达凯来晚餐，他赠款迎春节，大约数千元，未接受。在台北害病时（高希均）亦赠台币三万元，未接受，然亦感其情义。今日午睡甚甜美。

一月十八日星期一　天晴

海边散步。为陈耀南先生写《〈魏源研究〉读后记》。林顺夫君来信促参加中国诗学讨论会。

一月十九日星期二　天晴

晨运。中午过海到《华侨日报》看到岑维休、岑才生两位先生。校阅旧稿。

一月二十日星期三　天晴

在附近山上散步，校阅旧文并将《华侨日报》今日刊出的一文分寄程沧波、刘心皇两先生。晚为学生讲《文心雕龙》。

一月二十一日星期四　先晴后雨

早晨运，步行甚久。校阅旧稿，疲倦早睡。

一月二十二日星期五　阴雨

早在附近山上晨运。早四时左右右臂甚痛，十时后减轻。将《读〈魏源研究〉》重写。孙国栋、孙述宇先生下午四时半来小坐，述宇赠其近著《水浒》一册。

一月二十三日星期六　时阴时晴

右臂痛。早在附近小山上晨运。阅旧稿，吴治枢君及三子女来，送鱼翅花菇等三物。

世高下午在厨房整理菜蔬，谓突然想到幺儿。说幺儿很乖很可怜。九时左右幺儿来长途电话，谓居留证及工程师考试皆已通过。

一月二十四日星期日　天阴

　　早在海边散步。右臂痛不止。阅旧稿。中午时罗先生偕其子来，送若（干）节物。因今日为旧历除夕。晚间赵聪、萧立声两先生在此晚餐。武军夫妇及元音亦在此晚餐。武军清洁窗户等处。咪子来电话。

一月二十五日星期一　天晴

　　此日为旧历元旦，终日来贺节者不辍。广声兄（来）晚餐。晚起右臂及右胁筋痛加剧。

一月二十六日星期二　先阴后晴

　　右臂痛。终日有朋友来贺节。

一月二十七日星期三　天晴

　　因右臂痛，早四时加剧，不能入睡。五时到海边运动，痛稍减轻。是日为旧历一月三日，为我之生日。上午九时，武军开车来。先到唐夫人及牟宗三兄处道贺节，即渡海在武军家中素餐，下午四时返寓。

一月二十八日星期四　天晴

　　臂痛。仍不断有客人来。晚到乐宫楼参加新亚研究所餐会。

一月二十九日星期五　天晴

臂痛。拟为《华侨日报》写一文未成。下午杨勇君来坐甚久。

一月三十日星期六　天阴

晨运。臂痛减轻，将《华侨日报》之文写成。上午九时梁君燕城偕一同学来坐甚久。出其所写《老子》一文，阅纲目略无条理。劝其读书应从扣紧文字下手。（卢）广声兄送药来，坐甚久。下午刘述先教授来坐甚久。

一月三十一日星期日　天晴

晨运甚疲倦。复陈荣捷先生一函。右臂痛不能写字。

二月一日星期一　天晴

未晨运。右臂痛加剧。由彭太太介绍向医师按摩及拔火罐，下午又去电疗。

二月二日星期二　先晴后阴

武军、庭芳买紫外线及硫磺软膏送来。昨晚因剧痛不能入睡。

二月三日星期三　天阴

赴钱学文医师处诊治臂痛，注射风湿针，痛未减轻。接胡秋原、韩道诚、谈瀛诸先生长函。办赴台手续，晚九时咪来电话。

二月四日星期四　天晴

昨夜痛难入睡。上午勉强复胡、谈两先生简单信。下午世高陪我赴黄伟文医师处诊治。

上午黄蔼芸来为师母裁做衣服，甚合身，世高甚喜。

二月五日星期五　天晴

上午右臂剧痛。世高陪同赴黄医师处看病施金针。由病床起坐时突休克不能言语，但尚有知觉。医生劝住院，我对浸会医院无信心，打强心针后返寓休养。下午勉强校《明报月刊》寄来的《文艺创作自由的联想》一稿。

二月六日星期六　天阴

赴萧医生处看病。准备赴台。

二月七日星期日　先阴后晴

看病，作赴台准备。

二月八日星期一　天晴

得杨乃藩兄之帮助，在入境证以前可以买机票。由逯耀东、孙德智两位下午二时送上飞机，以二等票坐头等位。到后乃藩兄来接，照顾无微不至。慧亦来接，直至台大医院，住九〇七病房。李治学教授在病房相待，皆出之于特殊看待。武军亦来医院。是日元宵，晚到慧家吃鸡汤面。

二月九日星期二　先小雨后晴

抽血作心电图及照肺与右背部X光。下午李教授谓已查出病源在骨，可以治愈。

淑女、已香来，薛君顺雄来，郑学稼兄来。

二月十日星期三　天阴

　　照同位素。薛君顺雄、洪君铭水夫妇、曹君永洋夫妇、金达凯、钱江潮、陈映真、王晓波、许逖诸先生及乐君炳南、梅君广夫妇皆来。淑女及慧送来食物。

二月十一日星期四　天阴雨

　　研田兄来。照钴六十，精神甚差。

二月十二日星期五　天阴雨

　　（高）化臣兄来。老同学多位来。淑女留煮一鱼汤。照钴六十。[①]

---

① 徐先生因癌细胞扩散，执笔时右膀剧痛，由于其他工作尚未了，再无精力写日记，故"最后日记"至此日为止。二月八日徐先生由港赴台大医院检查，始知癌细胞已扩散。二月十四日照射"钴六十"后，发现双腿瘫痪，自此即卧病不起。尝口述遗嘱："余自四十五岁以后，乃渐悟孔孟思想为中华文化命脉所寄，今以未能赴曲阜亲谒孔陵为大恨也。死后立即火化，决不开吊。骨灰移于何处，由世高及子女决定，望子女善养其母也。"不久，病情急遽恶化，和死神搏斗近两月，终于在四月一日下午五时五十分与世长辞。天地闭，大贤隐，草木同悲，呜呼痛哉。徐先生生前曾替自己预设墓碑上的文字："这里埋的，是曾经尝试过政治，却万分痛恨政治的一个农村的儿子——徐复观。"

徐复观病中亲笔录 [*]　翟志成、冯耀明　编辑校注

卧病台大医院

中华片土尽含香，隔岁重来再病床。

春雨阴阴膏草木，友情默默感时光。

沉疴木死神医力，圣学虚悬寸管量。

莫计平生伤往事，江湖烟雾好相忘。

壬戌一九八二年二月十五日

　　惟沉心静气，不被浮名浮利浮（编者按：此字下疑漏一字）所扰动者，乃能进入学问之门。步步开扩，步步上进，诸君勉之。

八二、二、二一、早八时三刻复观留字

　　无真实国族社会之爱，即不可能有人类之爱。无人类之爱，则心灵封锁鄙恶，决不能发现人生。此种人，此种作品，皆与文学无关。

二、二一、早

---

[*] 编者注：本文录自《无惭尺布裹头归——徐复观最后日记》（翟志成、冯耀明编辑校注，允晨文化实业股份有限公司、新加坡东亚哲学研究所联合出版）。

做学问不怕错，只怕不肯认错，更进而以诬掩错。此乃我国知识分子之死结，学术中之死结。

二、二一

做学问不怕慢，只怕不实。治中国哲学者，应以一步登天为大戒。

复观、八二、二、二一早病床

考据只是入门工具。

《西汉思想史》之未动笔者为○○对中国的政治、社会、边疆问题，此乃由儒生将经学与现实融铸而出。其中间有五经博士之议论，然多出自"通经"诸儒之口。清今文学家将其事列入今文学范围，大谬。

《后汉书·儒林传》之谬误，已大部澄清，惟下列数文未写，可恨。

一、东汉节义的形成系由两条线索，长期培养而来。一为由孔子起所提出的对士的要求，此贯通于曾子、子思、孟、荀、《吕氏春秋》、韩婴《诗传》及并时诸儒以及董仲舒、司马迁、刘向而未尝断绝。故节义之风，实显于两汉之末。另一为出于社会之要求及个人原始生命之突出。其线索具见《史记》中《刺客》、《游侠》两列传。两者皆受到专制政治之迫害，但以儒者与政治直捷○变形为特甚。后者则转为由《水浒传》所表现之精神情态。

东汉节义应从东汉儒生全面活动中去把握。

顾亭林以节义出于光武之提倡，可笑。

二、东汉的思想家群。

三、道家思想的演变。

四、由谶纬到道教的成立。

二月二十二日

求知是为了了解自己、开辟自己、建立自己，是为为己之学。求知必然是向外向客观求。此历程与希腊学统同。但因为己而自然〇向自身生命生活上的回转。合内外之道，合主客为一（以天下为一家，万物为一人），贯通知识与道德为一。此乃吾国学统所独，应由此以检别统（编者按："统"疑为"学"之误）问中真伪虚实，开辟无限途轨，并贯通于文学艺术。

二、二四、早

"乐取于人以为善"，"善与人同"，"反求诸己"，即为己之学。忠（竭己）恕（推己）是为己之学的工夫实践。能"取诸人"，"善与人同"，更有何人我间隔。

二、二四、早

淑女谓人到生死之际，只听其然，此真见自道之言。

二四、早记

禅宗明心见性，见性成佛。儒者明理见性，见性成人。儒家只要求"成人"。成佛不成佛，乃个人之事。

徐复观自拟墓志 *

翟志成、冯耀明 编辑校注

徐公佛观之墓

公名秉常，字佛观，亦名复观。一九〇三年元月三日生于浠水县徐琯坳凤形塆。一九八　年　月　日卒于九龙美孚新村寓所。遵遗命火化后归葬于此。生平著书十余种，凡三百余万言，行于世。

一九八　年　月　日

妻王世高率

子　武　军

　　帅　军　敬立

　　均　琴

女　梓　琴

＊　编者注：本文录自《无惭尺布裹头归——徐复观最后日记》（翟志成、冯耀明编辑校注，允晨文化实业股份有限公司、新加坡东亚哲学研究所联合出版）。

先父徐复观先生年表

1903 年　元月卅一日出生于湖北省浠水县团陂镇黄泥嘴凤形墈徐家坳。为先祖父徐执中先生次男（同房排行第八），名佛观，字秉常，1944 年熊十力先生更名为复观。先祖父教馆为生，家境清贫。

1911 年　从先祖父正式发蒙。

1916 年　以首名入县高等小学。

1918 年　以首名入武昌第一高等师范学校。

1923 年　自高等师范学校毕业，以首名入武昌国学馆。

1926 年　国学馆毕业。任国民革命军第七军营部中尉书记。

1927 年　任武汉商民协会宣传部长、民众团体联席会议主席。国共分裂、清党，被捕，因十八军军长陶钧先生曾为先祖父门生得免。任武昌水陆街省立第七小学校长。

1928 年　三月，陪十八及十九军军长子弟赴日留学，就读成城学校日语班。十月入明治大学研究部，主修经济，大量吸收社会主义论说。

1929 年　经济来源不济，岁末于弘前联队入伍。

1930 年　年中正式就学于日本士官军校，中华队二十三期。

1931 年　九一八事件，中国学生集体退学，遭日本宪兵队单独拘留，在中国学生集体绝食后，获释、返国，比正式修业时间少六个月。

1932 年　任广西警卫团第一营上尉营附。

1933 年　内政部长黄绍竑先生指派，实地侦察入新疆行军路线。入新疆计划终止，任南京上新河区长。

1934 年　任浙江省保安司令部上校参谋，参与沪、杭、甬地区防卫计划。

1936 年　任湖北省保安处第一科科长。

1937 年　参与庐山会议、娘子关战役。

1938 年　何成浚先生指派为团长，驻防老河口。参与武汉保卫战，以一团兵力防守田家镇，后以军法论罪，经各方营救得免。

1939 年　任战地党政委员会战地政治指导员，视察冀察战区游击队，深入大别山区等老区，对党政军的运作及人民生活的艰苦有直接的体认。

1940 年　任荆宜师管区少将司令。加入中国国民党。

1941 年　任重庆中央训练团兵役教官。

1943 年　任军令部联络参谋，驻延安五个月。返重庆后，以《中共最新动态》报告受知于蒋介石先生。任军事委员会参谋总长办公室高级参谋。

1944 年　谒熊十力先生于北碚勉仁书院，拜入门下。任联秘处秘书长秘书，侍从室第六组。

1946 年　任党政军联合秘书处副秘书长。还都南京。

1947 年　任总裁秘书，参与机要。由蒋介石先生资助，出版《学原》杂志。

1948 年　岁末，迁出南京至广州。

1949 年　随蒋介石先生至溪口。五月迁台，定居台中。由蒋介石先生支援，在香港出版《民主评论》半月刊。

1950 年　至香港工作约半年。不能认同蒋介石先生的接任安排，未再接受党政职务。

1951 年　不能认同国民党改造的内容，未主动办理国民党的党员归队。赴日本访问半年。并始为香港《华侨日报》撰文。发表《中国政治问题的两个层次》。

1952 年　任台中省立农学院兼任教授，讲授"国际组织与现势"。

1953 年　台中中央书局出版译作《中国人之思维方法》。在农学院改为专任，授大一"国文"。

1954 年　发表《象山学述》。

1955 年　任东海大学中文系教授。发表《儒家在修己与治人上的区别及其意义》。

1956 年　台中中央书局出版《诗的原理》（译作）、《学术与政治之间》甲集。发表《我所了解的蒋总统》、《〈中庸〉的地位问题——谨就正于钱宾四先生》、《三十年来中国的文化思想问题》。《民主评论》的补助单位，由总统府转为教育部。

1957 年　中国国民党于三月开除党籍。发表《历史文化与自由民主——对于辱骂我们者的答复》、《考据与义理之争的插曲》。

台中中央书局出版《学术与政治之间》乙集。"里面的文章，都是住在台中时写的，也是由台中的朋友汇印成书的。在我流浪的一生中，住在台中的时间，比住在我的故乡还要多。台中的人物风土，都给予我深厚的感情，自然也萦绕着我永远的怀念。假使九原可作，则为我题封面的庄垂胜先生，看到由他所发心的这

部书，能以面目一新的姿态重新回到台湾，他该多么高兴。"（1980年新版自序）

1958年　与张君劢、唐君毅、牟宗三联合发表《为中国文化敬告世界人士宣言》。

1959年　出版《中国思想史论集》。发表《这是"中国人要堂堂正正地作为一个中国人而存在"的象征——〈民主评论〉出版十周年的感念》。

1960年　赴日本访问半年。

1961年　发表《五十年来的中国学术文化》、《中国人的耻辱，东方人的耻辱》。

1963年　出版《中国人性论史·先秦篇》。

1966年　出版《中国艺术精神》、《中国文学论集》、《公孙龙子讲疏》。《民主评论》停刊。

1967年　任香港新亚书院客座教授半年。

1968年　出版《石涛之一研究》。

1969年　由国民党运作，强迫自东海大学退休。发表《无惭尺布裹头归》。赴香港。

1971年　出版《徐复观文录》四册。

1972年　出版《两汉思想史》卷一及卷二。

"我是一个原始中国人……原始中国人对他所自生的国家，自然有一种原始的爱。正因为如此，所以对于自己国家的许多问题，不能无闻无见，不能无思无感。"（《一个原始中国人看中俄关系》）

1975年　"中山先生是基督教徒，但在他的言论中，从来没有以耶稣基督相标榜……他讲民族主义，继承的是文、武、周公、孔子的道统，在文化上自然以道统为主体去融合基督教。以基督教为主体，再配上点中国文化，在一般教徒无所谓；作为中国的政治领袖，假定有承先续后的责任感，是断乎不可以的。"(《对蒋总统的悲怀》)

1976年　"国内海外及国际上，对周的一副深厚感情，不仅是由才能、功业所换得来的；而是从他身上，大家不知不觉地，在烈风雷雨中，还能嗅到'人的意味'……这是人与人可以相通相感的基点。"(《周恩来逝世以后》)

1977年　年中赴美、台探访子女。出版《黄大痴两山水长卷的真伪问题》。

1978年　"'实事求是'四个字，对解决问题，已有很大的概括性、实效性、开创性；在思想大泛滥、大混淆之余，活用两千年前汉河间献王的四个字，有破伪显真，一面澄清、一面推进的意义。目前不在缺乏什么伟大思想的架构，而在如何涤荡……教条。"(《国族无穷愿无极，江山辽阔立多时——答翟君志成书》)

1979年　出版《儒家政治思想与民主自由人权》、《两汉思想史》卷三。

"我认为这是值得称为泱泱大国之风的胜利。我站在民族大义立场，赞叹此一胜利。"(《中越之战的回顾》)

"在我心理上，总感到他的十年监狱，是替我们要求民主的人们坐的。"(《死而后已的民主斗士——敬悼雷儆寰（震）先生》)

"我的政治思想，是要把儒家精神，与民主政体，融合为一的。"(《保持这颗"不容自已之心"》)

"我认为孔子表现在《论语》中的思想性格，合不合希腊系统哲学的格套，完全是不相干的。孔子在人类文化史中的地位，不因其合西方哲学的格套而有所增加，也不因其不合西方哲学的格

套而有所减少。"(《向孔子的思想性格的回归》)

1980 年　八月赴台湾参加中央研究院国际汉学会议。动癌症手术。出版《周官成立之时代及其思想性格》、《徐复观杂文集》（分《论中共》、《看世局》、《记所思》、《忆往事》四卷）。

1981 年　发表《正常即伟大》、《徐复观谈中共政局》。出版《中国文学论集续篇》。三月赴美探访子女。

1982 年　发表《程朱异同——平铺的人文世界与贯通的人文世界》。出版《中国思想史论集续篇》。

"余自八岁受读以来，小有聪明而绝无志气。四十年代，始以国族之忧为忧，恒焦劳心力于无用之地；既自知非用世之才，且常念师熊十力'亡国者常先自亡其文化'之言，深以当时学风，言西学者率浅薄无根无实，则转而以'数典诬祖'（不仅忘祖而已）为哗众取宠之资，感愤既深，故入五十年代后，乃于教学之余，奋力摸索前进，一以原始资料与逻辑为导引，以人生社会政治问题为征验，传统文化中之丑恶者，抉而去之，惟恐不尽；传统文化中之美善者，表而出之，亦惧有所夸饰。三十年之著作，可能有错误，而决无矫诬；常不免于一时意气之言，要其基本动心，乃涌出于感世伤时之念，此则反躬自问，可公言之天下而无所愧作者。然偶得摸入门径，途程尚未及千万分之一，而生命已指日可数矣。"（1982 年 2 月 14 日口述《中国思想史论集续篇》自序，曹永洋笔记）

四月一日辞世。

身后出版：

1982 年　《中国经学史的基础》

《论战与译述》

1984 年 《徐复观最后杂文集》

1987 年 《徐复观最后日记》

1991 年 《徐复观文存》

1993 年 《徐复观家书精选》

2001 年 《徐复观杂文补编》（共六卷）

徐复观先生出版著作系年表 *

黎汉基

编辑说明

本表之制作，是从报刊原刊处中，直接检索徐先生所发表的文章，然后按首刊时序，排列其篇名、原刊处、再刊处，以及收入徐氏文集之代号。

为免繁琐，凡属于徐先生所著（或译）的专书，皆以代号记之：

书　名	代　号
《中国人之思维方法》（译），中村元（原著），台北：中国文化出版事业委员会，一九五三年五月初版；台北：学生书局，一九九〇年再版	1
《诗的原理》（译），秋原朔太郎（原著），台中：中央书局，一九五六年四月初版；台北：学生书局，一九八八年再版	2
《学术与政治之间》甲集，台中：中央书局，一九五六年十月初版，一九五七年八月再版	3.1
《学术与政治之间》乙集，台中：中央书局，一九五七年十一月初版	3.2

---

* 编者注：此表录自《徐复观杂文补编·两岸三地卷（下）》（黎汉基、李明辉编，台湾中研院中国文哲研究所筹备处发行）。

港版《学术与政治之间》甲乙集合订本，香港：南山书屋，一九七六年三月；后改为新版《学术与政治之间》，台北：学生书局，一九八〇年四月初版	3
《中国思想史论集》，台中：私立东海大学出版，中央书局发行，一九五九年十二月初版	4.1
《中国思想史论集》，台北：学生书局，一九六八年二月再版，一九七一年三版	4
《中国人性论史·先秦篇》，台中：私立东海大学出版，中央书局发行，一九六三年四月初版；台北：台湾商务，一九六九年再版	5
《中国艺术精神》，台中：私立东海大学出版，中央书局发行，一九六六年二月初版；台北：学生书局，一九六七年再版，一九七三年三版	6
《中国文学论集》，香港：民主评论社，一九六六年三月初版；台北：学生书局，一九七四年再版	7
《公孙龙子讲疏》，台北：学生书局、东海大学，一九六六年十二月初版	8
《石涛之一研究》，台北：学生书局，一九六八年初版，一九七三年再版	9
《徐复观文录（一）文化》，台北：环宇书局，一九七一年一月	10.1
《徐复观文录（二）文化》，台北：环宇书局，一九七一年一月	10.2
《徐复观文录（三）文学与艺术》，台北：环宇书局，一九七一年一月	10.3
《徐复观文录（四）杂文》，台北：环宇书局，一九七一年一月	10.4
《两汉思想史》卷一，香港：新亚研究所，一九七二年三月初版，原名"周秦汉政治社会结构之研究"；台北：学生书局，一九七四年	11
《两汉思想史》卷二，台北：学生书局，一九七六年六月	12
《黄大痴两山水长卷的真伪问题》，台北：学生书局，一九七七年五月	13
《两汉思想史》卷三，台北：学生书局，一九七九年九月	14
《儒家政治思想与民主自由人权》，香港：八十年代，一九七九年六月；台北：学生书局，一九八八年再版	15

《徐复观杂文集（一）论中共》，萧欣义（编），台北：时报文化，一九八〇年四月	16
《徐复观杂文集（二）看世局》，萧欣义（编），台北：时报文化，一九八〇年四月	17
《徐复观杂文集（三）记所思》，萧欣义（编），台北：时报文化，一九八〇年四月	18
《徐复观杂文集（四）忆往事》，萧欣义（编），台北：时报文化，一九八〇年四月	19
《周官成立之时代及其思想性格》，台北：学生书局，一九八〇年五月	20
《徐复观文录选粹》，萧欣义（编），台北：学生书局，一九八〇年九月	21
《徐复观杂文续集》，台北：时报文化，一九八一年五月	22
《中国文学论集续篇》，薛顺雄（编校），台北：学生书局，一九八一年十月	23
《中国思想史论集续篇》，台北：时报文化，一九八二年三月	24
《中国经学史的基础》，台北：学生书局，一九八二年五月	25
《论战与译述》，曹永洋（编），台北：志文书局，一九八二年六月	26
《徐复观最后杂文集》，台北：时报文化，一九八四年八月	27
《徐复观最后日记》，翟志成、冯耀明（编注），台北：允晨文化，一九八七年一月	28
《徐复观文存》，曹永洋（编），台北：学生书局，一九九一年	29
《徐复观家书精选》，曹永洋（编），台北：学生书局，一九九三年	30
《徐复观杂文补编（一）思想文化卷（上）》，黎汉基、李明辉（编），台北：中研院中国文哲研究所筹备处，二〇〇一年六月	31
《徐复观杂文补编（二）思想文化卷（下）》，黎汉基、李明辉（编），台北：中研院中国文哲研究所筹备处，二〇〇一年六月	32
《徐复观杂文补编（三）国际政治卷（上）》，黎汉基、李明辉（编），台北：中研院中国文哲研究所筹备处，二〇〇一年六月	33
《徐复观杂文补编（四）国际政治卷（下）》，黎汉基、李明辉（编），台北：中研院中国文哲研究所筹备处，二〇〇一年六月	34

《徐复观杂文补编（五）两岸三地卷（上）》，黎汉基、李明辉（编），台北：中研院中国文哲研究所筹备处，二〇〇一年六月	35
《徐复观杂文补编（六）两岸三地卷（下）》，黎汉基、李明辉（编），台北：中研院中国文哲研究所筹备处，二〇〇一年六月	36
《徐复观家书集（一九六三至一九八一）》，曹永洋、黎汉基（编），台北：中研院中国文哲研究所筹备处，二〇〇一年十月	37

　　上述文集，有若干篇章，因为政治压力或其他理由，内容有所删节或修改，与原刊版本有明显的差异，本表皆在代号之后记以"*"，方便读者检索。

　　此外，上述文集还有不少系年错谬、缺漏的弊端，本表现据原刊本作出全面更正，鉴于为数极多，故不一一指出。

　　本表以拙著《徐复观教授出版系年》为底稿。此稿曾在《中国文哲研究通讯》第十六、十七期刊登，惟当时搜集未尽周全，另有若干手民之误，今皆予补正，盼读者以本表为准。

　　《徐复观全集》编者注：《徐复观先生出版著作系年表》中所列著作，为注明收入《全集》的册次，特拟《全集》册次列表，并在《徐复观先生出版著作系年表》中标明"收入《全集》册次"。

《徐复观全集》册次列表

《全集》各册书目	册　　次
《中国人之思维方法》	1-1
《诗的原理》	1-2
《学术与政治之间》	2
《中国思想史论集》	3
《中国人性论史·先秦篇》	4

《中国艺术精神》	5-1
《石涛之一研究》	5-2
《中国文学论集》	6
《两汉思想史》（一）	7
《两汉思想史》（二）	8
《两汉思想史》（三）	9
《中国文学论集续篇》	10
《中国经学史的基础》	11-1
《周官成立之时代及其思想性格》	11-2
《中国思想史论集续篇》	12
《儒家思想与现代社会》	13
《论智识分子》	14
《论文化》（一）	15
《论文化》（二）	16
《青年与教育》	17
《论文学》	18
《论艺术》	19
《偶思与随笔》	20
《学术与政治之间续篇》（一）	21
《学术与政治之间续篇》（二）	22
《学术与政治之间续篇》（三）	23
《无惭尺布裹头归·生平》	24
《无惭尺布裹头归·交往集》	25
《追怀》	26

徐复观先生出版著作系年表

首刊日期	篇　名	原刊处	收入文集代号	收入《全集》册次
一九四四年（民国三十三年甲申）四十一岁				
三月	《中共最近动态》	油印本，一九八二年五月重印	35	一（《全集》编者注：表中"一"指所列之文未收入《全集》。后同。）
一九四六年（民国三十五年丙戌）四十三岁				
十月三、四日	《评中共"党章"》	《中央日报》南京版	35	21
十二月二十六日	《一统与国防——为读王芸生之〈一统与均权〉而作》	《中央日报》南京版	35	14
一九四七年（民国三十六年丁亥）四十四岁				
八月	《科学政策之矛盾》（译）	《学原》第一卷第四期	31	15
八月六日	《中国人民的抉择》[1]	《中央日报》南京版	35	21
八月二十八日	《好的开端和大的期待》	《中央日报》南京版	36	21
十一月十九日	《初论中共现阶段之"土革"运动》	《中央日报》南京版	35	21
一九四八年（民国三十七年戊子）四十五岁				
一月三十、三十一日，二月二、四日	《再论中共现阶段之"土革"运动》	《中央日报》南京版	35	21
三月十四、二十一日	《揭开中共土地政策之谜（座谈纪录）》	《中央周刊》第十卷第十一、十二期	35	21
五月六日	《论自反》[2]	《中央日报》上海版	36	21

七月二日	《论共党的特性·政略——兼论中共的所谓新政协》	《中央日报》南京版	35	21（《全集》名为"论共党的特性·政略——兼论新政协"）
八月三十一日	《中国科学事业的另一危机》	《中央日报》南京版	32	14
九月十五日	《我们的盐税是怎样花掉的？》	《中央日报》南京版	36	21
九月二十六日	《向立院及政府诸公请教》[3]	《中央日报》南京版	36	21
十月六日	《与民意机关论公用事业》[4]	《中央日报》南京版	36	21
十一月五日	《认取美国大选的教训》	《中央日报》南京版	33	22
十二月三十一日	《向阎百川先生学习》	《中央日报》南京版	36	21
一九四九年（己丑）四十六岁				
六月十六日	《现在应该是人类大反省的时代》	《民主评论》第一卷第一期	18	15
七月一日	《论政治的主流——从"中"的政治路线看历史的发展》	《民主评论》第一卷第二期	3.1, 3	2
八月一日	《与李德邻先生论改革》	《民主评论》第一卷第四期	26	21
九月十六日	《是谁击溃了中国社会反共的力量》	《民主评论》第一卷第七期	3.2, 3	2（《全集》名为"是谁击溃了中产阶级的力量"）
十月十六日	《希腊的政治与苏格拉底》（译）	《民主评论》第一卷第九期	26	15
十一月十六日	《论自由主义与派生的自由主义》	《民主评论》第一卷第十一期	31	15

一九五〇年（庚寅）四十七岁				
一月一日	《文化精神与军事精神——湘军新论》[5]	《民主评论》第一卷第十四期	3.1, 3	2
二月一日	《李德邻先生是第三势力吗？》	《民主评论》第一卷第十六期	26	21
二月十六日	《不能与不为——阎百川先生应有的抉择》	《民主评论》第一卷第十七期	36	21
三月一日	《第三势力问题的剖析》	《民主评论》第一卷第十八期	36	21
五月一日	《西洋人文主义的发展》（译）[6]	《理想与文化》第九期	31	15
七月一日	《一年来的变局》	《民主评论》第二卷第一期	33	22
八月一日	《台湾在进步中的缺点》，署名"浮鸥"，后改名"盛世微言"	《民主评论》第二卷第三期	3.1, 36	21
	《美国在韩战中应学取的教训》	同上	33	22
八月十六日	《党与"党化"——献给国民党的改造诸公》，署名"余天鹏"	《民主评论》第二卷第四期	36	21
九月一日	《复性与复古》	《民主评论》第二卷第五期	10.2, 29	15
九月十六日	社论《我们信赖民主主义》	《民主评论》第二卷第六期	3.1, 3	2
十月一日	《论中共政权》	《民主评论》第二卷第七期	35	21
十一月一日	社论《变态心理下的第三势力问题》	《民主评论》第二卷第九期	36	21
十一月十六日	《从中共看苏俄的世界战略》	《民主评论》第二卷第十期	35	22
一九五一年（辛卯）四十八岁				
一月一日	《一九五一年的考验》	《民主评论》第二卷第十三期	27	21
三月十六日	《中国政治问题的两个层次》	《民主评论》第二卷第十八期	3.1, 3	2

四月三十日	《日政界元老古岛访问记》，署名"司托噶"	《华侨日报》	33	23
五月四日	《何应钦在日本》，署名"司托噶"	《华侨日报》	33	20
五月十二日	《日本防卫的弱体及再军备的构图》，署名"司托噶"	《华侨日报》	33	23
五月二十二、二十三日	《对日占领政策的演变》，署名"司托噶"	《华侨日报》	33	23
六月一日	《共产党的人性》	《民主评论》第二卷第二十三期	27	21（《全集》名为"论人性"）
六月二、三日	《从平剧与歌舞伎座看中、日两国民族性》，署名"斯托噶"	《华侨日报》	3.2, 3	2
六月十六日	《由对日和约看中、日关系》，署名"斯托噶"	《华侨日报》	33	23
六月二十六、二十七日	《日本社会的再编成》，署名"斯托噶"	《华侨日报》	33	23
七月九日	《朝鲜战争面面观》，署名"斯托噶"	《华侨日报》	33	23
七月二十一日	《在日本守不住日本！——一个日本人对朝鲜停战的忧虑》，署名"斯托噶"	《华侨日报》	33	23
七月二十八日	《日本面临中、日关系的歧途》，署名"斯托噶"	《华侨日报》	33	23
八月四日	《日本向天国的悲诉》，署名"斯托噶"	《华侨日报》	33	23
八月五日	《日本人对台湾的残梦》，署名"斯托噶"	《华侨日报》	33	23
八月二十日	《日本民族性格杂谈》，署名"斯托噶"	《华侨日报》	10.4, 21	15
八月二十三日	《日本社会党的一断面》，署名"斯托噶"	《华侨日报》	33	23
九月六日	《悼陈果夫先生》	《中央日报》	32	25

十月十六日	《从一个国家来看心、物与非心非物》	《自由中国》第五卷第八期	18	15
十一月二十五日	《辛亥革命精神之坠失——痛悼居觉生先生》	《中央日报》	32	25
十二月十六日	《儒家政治思想的构造及其转进》	《民主评论》第三卷第一期	3.1, 3	2
一九五二年（壬辰）四十九岁				
一月一日	《如何解决反共阵营中的政治危机》	《民主评论》第三卷第二期	36	21
四月一、十六日	《索罗金论西方文化的再建》（译）	《民主评论》第三卷第八、九期	26	15
五月一日	《儒家精神之基本性格及其限定与新生》	《民主评论》第三卷第十期副册	15	13
	《"计划教育"质疑》	《自由中国》第六卷第九期	36	17
七月七日	《毛泽东〈矛盾论〉的现实背景》	《中国一周》第一一五期	35	21
七月十二日	《中国民族精神之坠落》	《自由人》第一四二期	36	14
七月十六日	《与程天放先生谈道德教育》	《民主评论》第三卷第十五期	3.1, 3	2
八月一日	《谁赋豳风七月篇——农村的记忆》[7]	《民主评论》第三卷第十六期	3.1, 3	24
九月一日	《怀古与开来——答友人书（一）》	《民主评论》第三卷第十八期	3.1, 3	2
九月十三日	《反共应驱逐自由主义吗？》	《自由人》第一六〇期	36	21
九月十六日	《文化的中与西——答友人书（二）》	《民主评论》第三卷第十九期	3.1, 3	2
十月一日	《当前读经问题之争论》	《民主评论》第三卷第二十期	10.2, 21	17
十月十六日	《青年反共救国团的健全发展的商榷》	《自由中国》第七卷第八期	36	21
十月二十九日	《两种政治·两种政党》	《自由人》第一七三期	36	21

十一月一日	《在蒋总裁伟大启示下来检讨当前反共政治问题》，后改名"一个错觉"	《民主评论》第三卷第二十二期	3.1, 36	21
十一月十六日	《儒教对法国的影响》（译），署名"徐天行"	《民主评论》第三卷第二十三期	10.2, 29	15
一九五三年（癸巳）五十岁				
一月一日	《从现实中守住人类平等自由的理想》	《民主评论》第四卷第一期	3.2*, 3*, 32	2
	《世界反共战略的商讨——以此请教于胡适之先生》	《明天》第六十五期	33	22
一月十六日	《政治与人生》	《人生》第四卷第六期	3.1, 3	2
二月十六日	《学问的方法》（译），署名"徐天顺"	《民主评论》第四卷第四期	26	14
三月二十七日	《史达林死后的世局》	《华侨日报》	33	22
四月一日	《历史哲学中的传统问题》（译）	《民主评论》第四卷第七期	26	15
四月二十一日	《苏俄和平攻势下的韩战问题》	《华侨日报》	33	22
五月一日	《中国的治道——读陆宣公传集书后》	《民主评论》第四卷第九期	3.1, 3, 15, 24	2, 12
	《爱因斯坦论自由》（译），署名"髯翁"	同上	26	15
六月一日	《按语:〈有根柢的宪法〉（徐道邻译)》	《民主评论》第四卷第十一期	31	20
六月十六日	社论《理与势——自由中国的信念》	《民主评论》第四卷第十二期	3.1, 3	2
	《会议的西方运动》	同上	36	21
八月十六日	社论《认取苏联所给与人类的教训》	《民主评论》第四卷第十六期	17	22
	《日本真正汉学家安冈正笃先生》	同上	32	25
八月二十一日	《艺术的若干基本问题（一）》（译），署名"王世高"	《人生》第五卷第十一期	2	1-2

九月一日	《艺术的若干基本问题（二）》（译），署名"王世高"	《人生》第五卷第十二期	2	1-2
	《按语:〈科学与人文之理则〉（殷海光著）》	《民主评论》第四卷第十七期	31	15
九月五日	《史达林的笑话》	《自由人》第二六二期	33	20
九月十六日	《按语:〈学术思想之自由与民主政治——答徐佛观先生〉（唐君毅著）》	《民主评论》第四卷第十八期	31	25
九月二十一日	《艺术的若干基本问题（四）》（译），署名"王世高"	《人生》第六卷第二期	2	1-2
十月一日	社论《论组织》	《民主评论》第四卷第十九期	3.1, 3	—
	《艺术的若干基本问题（续）》（译），署名"王世高"	《人生》第六卷第三期	2	1-2
十月十六日	《学术与政治之间》	《民主评论》第四卷第二十期	3.1, 3	2
十一月十七日	《为菲律宾伟大的前途祝福》	《华侨日报》	33	23
十二月一日	《〈民主政治价值之衡定〉读后感》	《民主评论》第四卷第二十三期	18	15
十二月十九日	《是精神，还是躯壳？》	《自由人》第二九二期	36	21
一九五四年（甲午）五十一岁				
一月一日、二月一日	《近代的精神与批判的精神》（译）	《民主评论》第五卷第一、三期	26	15
一月九日	《为生民立命》	《人生》第七卷第二期	3.2, 3	2, 13
一月十三日	《吴稚晖先生的思想》	《自由人》第二九九期	32	14
一月二十三日	《线装书里看团结——答客问》	《新闻天地》第三一〇期	18	15
二月五日	《台湾的选举战》，署名"斯图噶"	《华侨日报》	36	21
三月四日	《从贪污事件看日本政治》	《华侨日报》	33	23

三月十六日	《自由的讨论》	《民主评论》第五卷第六期	18	25
四月一日	《按语:〈李定一先生《中国近代史》之商榷〉(戴玄之著)》	《民主评论》第五卷第七期	31	20
四月十一日	《〈诗的原理〉(一)——诗的本质》(译)	《人生》第七卷第十期	2	1-2
四月十六日	《中国知识分子的历史性格及其历史的命运》	《民主评论》第五卷第八期	3.1, 3	2, 14
四月二十日	《自由中国政治新动向》,署名"斯图噶"	《华侨日报》	36	21
五月一日	《〈诗的原理〉(二)——人生中的诗的概观》(译)	《人生》第七卷第十二期	2	1-2
	《按语:〈朝气、暮气、死气〉(傅隶朴著)》	《民主评论》第五卷第九期	31	20
五月十五日	《镇边府战术的世界性》,署名"斯图噶"	《华侨日报》	33	23
五月十六日	《按语:〈自由的讨论(续)〉(劳思光著)》	《民主评论》第五卷第十期	31	20
	《李定一〈从南京条约说起——附答戴玄之先生〉编按》	同上	31	20
五月二十三日	《向日本人士的诤言》[8]	《中央日报》	3.2, 3	2
六月一日	社论《懒惰才是妨碍中国科学化的最大原因》	《民主评论》第五卷第十一期	10.4, 29	14
	《准备反攻的"好人内阁"》	《华侨日报》	36	21
六月十五日	《日本德川时代之儒学与明治维新》	《三民主义半月刊》第二十八期	31	13
七月一日	《按语:〈对新政府之希望〉(唐君毅著)》	《民主评论》第五卷第十三期	31	20
七月十五日	《痛悼汤恩伯将军》	《中央日报》	32	25
七月二十五日	《自由中国外交应有的反省》	《华侨日报》	36	21
七月三十日	《忧患之文化——寿钱宾四先生》	《中央日报》	3.2, 32	25

七月三十一日	《读〈历史文化与人物〉》	《自由人》第三五六期	31	25
八月一日	《陆象山的政治思想》，此文为《象山学述》之节录	《民主评论》第五卷第十五期	4.1, 4	3
	《陆象山的政治思想》前言	同上	31	3
八月十六日	《给张佛泉先生的一封公开信——环绕着自由与人权的诸问题》	《民主评论》第五卷第十六期	26*, 32	15
九月一日	《科学哲学之展望——在现代史中科学哲学之位置与意义》（译）	《民主评论》第五卷第十七期	26	15
九月十一日	《政治的轨范》	《华侨日报》	36	21
九月二十五日	《从宣传问题看我们的前途》	《新闻天地》第三四五期	18	21
九月二十八日	《中国自由社会的创发》	《中央日报》	3.2, 3, 24	2, 12
十月十六日	《按语:〈论联合国人权法案〉（赵盾译）》	《民主评论》第五卷第二十期	31	14
十月二十五日	《中国人与美国人》	《华侨日报》	18	20
十一月	《荀子政治思想的解析》	《中国政治思想与政治制度论集》第一集	3.1, 3, 15, 24	2, 12
十一月二十六日	《祝光复大陆设计研究委员会》	《华侨日报》	36	21
十二月一日	《象山学述》	《民主评论》第五卷第二十三期	4.1, 4	3
	《象山学述》前言	同上	31	3
十二月七日	《论李承晚》	《华侨日报》	17	23
十二月十六日	《按语:〈权能划分与代议制度〉（邹文海著）》	《民主评论》第五卷第二十四期	31	20
一九五五年（乙未）五十二岁				
一月一日	《东方的忧郁》	《民主评论》第六卷第一期	3.1, 3	2

一月十八日	《从人物方面看日本政治前途》	《华侨日报》	33	23
二月十三日	《大陈岛的撤退》	《华侨日报》	36	21
二月二十二日	《共产主义的危机——论苏俄政变》	《中央日报》	33	22
三月六日	《对南洋大学的期待》	《华侨日报》	32	17
三月十四日	《释〈论语〉"民无信不立"》	《祖国周刊》第九卷第十一期	3.2, 3, 24	2, 12
三月十六日	《释〈论语〉的"仁"》[9]	《民主评论》第六卷第六期	3.2, 3, 24	2, 12
三月十九日	《低微的人性呼吁》	《自由人》第四二二期	36	20
三月三十一日	《论政治领导的艺术》	《华侨日报》	18	20
四月六日	《尊重人格的政治》	《自由人》第四二七期	36	20
四月七日	《现阶段的世界局势》	《华侨日报》	33	22
五月一日	《如何复活"切中时弊的讨论精神"——感谢凌空君的期待》	《民主评论》第六卷第九期	32	25
五月五日	《文化上的重开国运》	《华侨日报》	10.2, 29	15
六月二日	《如何才能真正解除战争的恐怖》	《华侨日报》	33	22
六月十五日	《钱大昕论梁武帝——保天下必自纳谏始》	《自由人》第四四七期	36	14
六月十六日	《儒家在修己与治人上的区别及其意义》	《民主评论》第六卷第十二期	3.1, 3, 15, 24	2, 12, 13
	《苏联的企图何在?》	《华侨日报》	33	22
七月三日	《为青年求学作一呼吁》	《联合报》	32	17
七月二十六日	《人类的另一真正威胁》	《华侨日报》	3.2, 3	22
九月十二日	《政治上的识与量》	《华侨日报》	3.2, 3	2

十月十六日	《西汉政治与董仲舒》	《民主评论》第六卷第二十期	3.2, 3	2
	《按语:〈记椿山庄〉(木下彪著)》	同上	31	20
十月二十五日	《古人在危险困难中的智慧》[10]	《华侨日报》	36	14
十一月一日	《董仲舒的志业》	《民主评论》第六卷第二十一期	3.2, 3	2
	《按语:〈续论简体字——答胡秋原先生〉(周法高著)》	同上	31	20
	《按语:〈简体字题外话〉(徐芸书著)》	同上	31	20
	《按语:〈闲话新疆〉(邓翔海著)》	同上	31	—
十一月五日	《袁绍与曹操》	《新闻天地》第四〇三期	18	14
十一月十六日	《中国知识分子精神的回向——寿张君劢先生》	《人生》第十一卷第一期	3.2, 32	25
	《董仲舒后儒家对历史之影响》[11]	《民主评论》第六卷第二十二期	3.2, 3	2
一九五六年(丙申)五十三岁				
一月一日	《一九五五年国际政治的总结及其展望》	《华侨日报》	33	22
三月一日	《〈中庸〉的地位问题——谨就正于钱宾四先生》	《民主评论》第七卷第五期	3.2, 3, 4.1, 4	2, 3
三月七日	《史达林对人类的伟大启示》	《自由人》第五二三期	3.2, 3	2
三月十九日	《在苏俄"思想攻势"下自由主义者的反省》	《祖国周刊》第十三卷第十二期	33	22
四月一日	《多介绍闻名的国外大学》	《大学生活》第一卷第十二期	31	—
四月七日	《在中国最成功的一个美国人——萧查礼博士》	《新闻天地》第四二五期	32	20
四月十六日	《沉痛的追念》	《民主评论》第七卷第八期	32	25

四月二十一、二十二日	《苏俄清算史达林运动的另一观察》	《华侨日报》	35	22
五月十六日	《按语:〈布尔塞维克策略根源〉(戴重钧著)》	《民主评论》第七卷第十期	31	20
五月二十六日	《王季芗先生事略》	《自由人》第五四六期	10.4,21	25
六月一日	《为学习而写作》	《大学生活》第二卷第二期	10.4,29	17
六月十一日	《三十年来中国的文化思想问题》	《祖国周刊》第十四卷第十一期	3.2,3	2
七月	《诗的本质》(译)	《东风》第一卷第一期	2	1-2
八月一日	《按语:〈日本神武天皇世系考〉(卫挺生著)》	《民主评论》第七卷第十五期	31	20
八月十一日	《介绍一部假期读物——〈美国国家基本问题对话〉》	《新闻天地》第四四三期	17	15
八月十六日	《有关中国思想史中一个基题的考察——释〈论语〉"五十而知天命"》	《民主评论》第七卷第十六期	3.2,3,24	2,12
十月十六日	《学术与政治之间》甲集自序[12]	《人生》第十三卷第一期	3.1,3	2
十月三十一日	《我所了解的蒋总统》	《自由中国》第十五卷第九期	15	2
十一月一日	《为什么要反对自由主义》	《民主评论》第七卷第二十一期	3.2,3,15	2
一九五七年(丁酉)五十四岁				
一月一日	《两篇难懂的文章》,署名"李实"	《民主评论》第八卷第一期	3.2,3	2
	《方望溪论清议》	《人生》第十三卷第四期	10.4,21	14
一月十六日	《按语:〈政治风气与国运——奴役与谄谀是乱亡的根源〉(陈剑豪著)》	《民主评论》第八卷第二期	31	20
二月十二、十三日	《悲愤的抗议》,署名"斯多噶"	《华侨日报》	3.2,3,15	2

二月十六日	《按语:〈通才教育目的之探讨〉(朱有光著)》	《民主评论》第八卷第四期	31	20
三月一日	《按语:〈论气节教育之重要〉(张九如著)》	《民主评论》第八卷第五期	31	20
三月十三日	《国史中人君尊严问题的商讨》	《自由人》第六二八期	3.2, 3	2, 13
三月十六日	《春蚕篇》	《新闻天地》第四七四期	10.3*,22*, 31	20
	《按语:〈哀中学国文教员〉(屈万里著)》	《民主评论》第八卷第六期	31	20
三月二十七日	《徐复观先生一封公开的信》,后改名"关于中国历史中的人民自由问题——另给陈克文先生的一封信"	《自由人》第六三二期	3.2, 3	—
四月十六日	《答毛子水先生的〈再论考据与义理〉》,署名"李实"	《民主评论》第八卷第八期	3.2, 3	2
五月一日	《按语:〈论陈含光的诗与文艺奖金〉(马抱甫著)》	《民主评论》第八卷第九期	31	18
五月十六日	《历史文化与自由民主——对于辱骂我们者的答复》	《民主评论》第八卷第十期	3.2, 3	2
六月一日	《有关大专毕业学生服兵役现役时期的一个建议》	《民主评论》第八卷第十一期	36	17
六月八日	《致香港〈新生晚报〉编者信》[13]	《新生晚报》	36	25
七月一日	《中国文化的对外态度与义和团事件》	《民主评论》第八卷第十三期	36	15
七月十三日	《良心的呼吁》	《自由人》第六六三期	36	20
八月一日	《反对党最大的责任是在反对的言论》	《民主潮》第七卷第十五期	36	21
八月三十一日	《知人不易——我现在才认识成舍我先生》	《新闻天地》第四九八期	32	—
九月一、十六日	《考据与义理之争的插曲》	《民主评论》第八卷第十七、十八期	3.2, 3	2
十月一日	《关于〈诗的原理〉的翻译问题——给李辰冬先生的一封公开信》	《民主评论》第八卷第十九期	32	1-2

十一月十三日	《学术与政治之间》乙集自序[14]	《自由人》第六九七期	3.2, 3	2
十一月十六日、十二月一日	《有关思想史的若干问题——读钱宾四先生《《老子》书晚出补证》及〈庄老通辨〉自序书后》	《人生》第十五卷第一、二期	4.1, 4	3
十二月一日	《按语:〈逻辑·语意学·科学方法论〉(言衍著)》	《民主评论》第八卷第二十三期	31	20
一九五八年(戊戌)五十五岁				
一月一日	《为中国文化敬告世界人士宣言》[15]	《民主评论》第九卷第一期		15
	《什么是美国今日的根本问题》	同上	17	22
一月十六日	《按语:〈逻辑实证论试评〉(言衍著)》	《民主评论》第九卷第二期	31	20
一月二十日	《作为一个中国人的感慨》	《祖国周刊》第二十一卷第四期	36	20
二月一日	《按语:〈漫谈教育问题〉(翟康著)》	《民主评论》第九卷第三期	31	20
三月一日	《按语:〈中国与西方文明之比照〉(林毓生译)》	《民主评论》第九卷第五期	31	20
四月、六月	《怎样当一个大学生?》	《东风》第一卷第三、四期	31	17
四月一日	《对于训诂的思维形式》(译)	《民主评论》第九卷第七期	26	15
四月十六日	《按语:〈郑成功复国运动的检讨〉(黄天健著)》	《民主评论》第九卷第八期	31	20
五月一日	《按语:〈从小、大雅看上古时代的言论自由〉(刘秋潮著)》	《民主评论》第九卷第九期	31	18
五月十六日	《一个历史故事的形成及其演进——论孔子诛少正卯》	《民主评论》第九卷第十期	4.1, 4, 15	3
七月一日	《传统文学思想中诗的个性与社会性问题》	《文星》第九期	4.1, 7, 10.3, 21*	6
七月十二日	《闲话旧闻》	《新闻天地》第五四三期	36	20

七月十六日	《诗的原理》译序	《人生》第十七卷第五期	2	1-2
八月一日	《释〈诗〉的比兴——重新奠定中国诗的欣赏基础》	《民主评论》第九卷第十五期	4.1, 7	6
九月十六日	《反极权主义与反殖民主义》	《民主评论》第九卷第十八期	18	14
九月二十四日	《我的欷歔和呼吁》	《自由人》第七八八期	32	25
十一月一日	《按语:〈智识分子应有的反省(读者投书)〉(李满康著)》	《民主评论》第九卷第二十一期	31	20
十二月十六日	《按语:〈达尔文的自然选择——一个重新估价〉(言衍译)》	《民主评论》第九卷第二十四期	31	20
一九五九年(己亥)五十六岁				
一月	《应当如何读书?》	《东风》第一卷第六期	31	17
一月十六日	《按语:〈哭母二首〉(王琼珊著)》	《民主评论》第十卷第二期	31	20
一月二十三日	《刘备白帝城托孤》	《新闻天地》第五七一期	18	20
三月	《今日中国文化的危机》[16]	《东风》第一卷第七期	10.2, 29	15
四月一日	《按语:〈谈科学方法〉(刘全生译)》	《民主评论》第十卷第七期	31	20
四月十六日	《按语:〈清代设置驻藏大臣纪要〉(丁实存著)》	《民主评论》第十卷第八期	31	20
五月一日	《〈孟子〉"知言养气"章试释》	《民主评论》第十卷第九期	4.1, 4	3
	《谷关杂咏》	同上	23	10
五月十六日	《按语:〈评毛泽东的新思想——评"不断革命论和革命发展阶段论的统一"〉(郑学稼著)》	《民主评论》第十卷第十期	31	20
五月二十五日	《孟子政治思想的基本结构,及人治与法治问题》	《祖国周刊》第二十六卷第八期	4.1, 4, 15	3, 13

六月	《主宰自己的命运——赠东海大学首届毕业诸生》	《东风》第一卷第八期	10.4, 29	17
	《〈文心雕龙〉的文体论》	《东海学报》第一卷第一期	7	6
六月一日	《按语：郑学稼来函》	《民主评论》第十卷第十一期	31	—
六月十六日	《诗词的创造过程及其表现效果——有关诗词的隔与不隔及其他》	《民主评论》第十卷第十二期	4.1, 7	6
七月十六日	《卖文买画记——〈故宫名画三百种〉印行的感念》	《民主评论》第十卷第十四期	31	20
八月一日	《我的教书生活》	《自由谈》第十卷第八期	10.3, 21	24
	《陈立夫先生六十寿序》[17]	《自由人》第八七七期	32	25
八月十六日	《与梁嘉彬商讨唐施肩吾的一首诗的解释》	《民主评论》第十卷第十六期	26	18
九月十六日、十月一日	《中国孝道思想的形成、演变、及其在历史中的诸问题》	《民主评论》第十卷第十八、十九期	4.1, 4, 15	3
十月一日	《我的读书生活》[18]	《文星》第二十四期	10.3, 21	24
	《按语：〈从英国当前形势看英国的大选〉（刘道元著）》	《民主评论》第十卷第十九期	31	20
十月十日	《哀唐生》	《新闻天地》第六〇八期	19	17
十二月	《苦难时代的知识青年》	《东风》第一卷第九期	31	17
十二月一日	《与梁嘉彬先生的再商榷》	《民主评论》第十卷第二十三期	26	18
十二月十六日	《这是"中国人要堂堂正正地作为一个中国人而存在"的象征——〈民主评论〉出刊十周年的感念》	《民主评论》第十卷第二十四期	10.4, 29	24
一九六〇年（庚子）五十七岁				
一月一日	《研究中国思想史的方法与态度问题——代序》	《民主评论》第十一卷第一期	4.1, 4, 15, 24	3, 14

一月十六日	《按语:〈衡山赵恒惕先生八十寿序〉(周德伟著)》	《民主评论》第十一卷第二期	31	20
三月一日	《按语:〈日本现行教科书制度〉(陈峰津著)》	《民主评论》第十一卷第五期	31	20
四月二日	《樱花时节又逢君(东京旅行通讯之一)》[19]	《华侨日报》	10.4, 21	15
四月十二、十三日	《不思不想的时代(东京旅行通讯之二)》[20]	《华侨日报》	10.4, 21	15
四月十六日	《如何开始文艺写作》	《人生》第十九卷第十一期	31	17
四月二十二日	《从生活看文化(东京旅行通讯之三)》[21]	《华侨日报》	10.4, 21	15
五月一日	《按语:〈评章太炎对中国文化的认识〉(韦政通著)》	《民主评论》第十一卷第九期	31	20
五月五、八日	《从"外来语"看日本知识分子的性格(东京旅行通讯之四)》[22]	《华侨日报》	10.4, 21	14, 15
五月十六日	《〈读经示要〉印行记》	《民主评论》第十一卷第十期	31	25
五月十八、十九日	《日本的镇魂剂——京都(东京旅行通讯之五)》[23]	《华侨日报》	10.4, 21	15
五月二十四、二十五日	《毁灭的象征——现代美术的一瞥(东京旅行通讯之六)》[24]	《华侨日报》	10.4, 29	15, 19
五月三十一日、六月二至四日	《京都的山川人物(东京旅行通讯之八)》[25]	《华侨日报》	10.4, 21	15
六月十七日	《锯齿型的日本进路(东京旅行通讯之九)》[26]	《华侨日报》	10.4, 21	15
七月十六日	《中国古代人文精神之成长》	《民主评论》第十一卷第十四期	31	13
七月十九日	《对日本知识分子的期待(东京旅行通讯之十)》[27]	《华侨日报》	10.4, 21	15
八月十六日	《按语:〈论国会议员之待遇〉(侯绍文著)》	《民主评论》第十一卷第十六期	31	20
	《按语:〈就"十九点计划"再论台湾的经济发展〉(范廷松著)》	同上	31	20

九月十六日	《"人"的日本》	《民主评论》第十一卷第十八期	10.4, 21	15
	《按语：〈心灵发展之途径——东风社讲演纪录〉（牟宗三讲）》	同上	31	20
十月一日	《茧庐以近作二首见示感叹和之》	《民主评论》第十一卷第十九期	31	10
	《按语：〈《论语里几处衍文的测议》之商榷〉（严灵峰著）》	同上	31	20
十一月一日	《周初人文精神的跃动》（《中国人性论史》初稿之一），后改为"第二章周初宗教中人文精神的跃动"	《民主评论》第十一卷第二十一期	5	4
十一月十二日	《一个新的希望——祝坚尼第当选美国总统》	《华侨日报》	33	22
十一月十六日	《道德的人文世纪之出现及宗教之人文化》（《中国人性论史》初稿之二），后改为"第三章以礼为中心的人文世纪之出现，及宗教之人文化"	《民主评论》第十一卷第二十二期	5	4
十一月二十六日	《越南政变的悲喜剧》	《华侨日报》	17	23
十一月二十九日	《日本民社党的挫折》	《华侨日报》	33	23
十二月一日	《孔子的性与天道——人性论的建立者》（《中国人性论史》初稿之三），后改为"第四章孔子在中国文化史上的地位及其性与天道"	《民主评论》第十一卷第二十三期	5	4
十二月三日	《亚洲之文艺复兴——评美国帕克森教授的呼吁》	《华侨日报》	33	15
十二月十六日	《古代人性论的完成》（《中国人性论史》初稿之四），后改为"第六章从性到心——孟子以心善言性善"	《民主评论》第十一卷第二十四期	5	4
	《拉克们！恐怕你们白白地焦急了》	同上	32	20
	《按语：〈肯尼第论〉（徐泽予著）》	同上	31	20

十二月二十八日	《工业江湖》	《自由报》第九十一期	36	20
一九六一年（辛丑）五十八岁				
一月	《动乱时代中的大学生》	《东风》第二卷第一期	10.4, 29	17
一月一日	《五十年来的中国学术文化》[28]	《联合报》	4*, 32	3
一月一日	《按语:〈从一首诗看杜甫沉郁的境界〉（洪铭水著）》	《民主评论》第十一卷第一期	31	20
	《按语:〈漫谈国校恶性补习〉（沈鼎煊著）》	同上	31	17
一月十四日	《关于〈牢狱的边缘〉一文》	《新闻天地》第六七四期	36	21
一月十六日	《荀子经验主义的人性论》（《中国人性论史》初稿之五），后改为"第八章从心善向心知——荀子经验主义的人性论"	《民主评论》第十二卷第二期	5	4
二月一日	《墨子的兼爱与天志》（《中国人性论史》初稿之六），后改为"第十章历史的另一传承——墨子的兼爱与天志"	《人生》第二十一卷第六期	5	4
二月八日	《世界危机中的人类（未来世界通讯之一）》	《华侨日报》	10.1, 29	15
二月十八日	《人类未来的形象（未来世界通讯之二）》	《华侨日报》	10.1, 29	15
二月二十五日	《人口问题的忧郁（未来世界通讯之三）》	《华侨日报》	10.1, 29	20
二月二十六日	《从一个大学校长的角逐看我们的理性良心》	《联合报》	32	—
三月十四日	《科学王国中的"后史人"（未来世界通讯之四）》	《华侨日报》	10.1, 29	15
三月三十日	《一个历史学家的迷惘（未来世界通讯之五）》	《华侨日报》	10.1, 29	15
四月一日	《道家人性论的创始者——老子的道与德》（《中国人性论史》初稿之七），后改为"第十一章文化新理念之开创——老子的道德思想之成立"	《民主评论》第十二卷第七期	5	4

四月十三日	《分尸案只有希望因果报应来解决》	《联合报》	36	—
四月十五日	《开幕乎？闭幕乎？（未来世界通讯之六）》	《华侨日报》	10.1,29	15
四月十六日	《按语:〈《梁任公年谱长编初稿》纠谬〉（黄宝实著）》	《民主评论》第十二卷第八期	31	20
五月一日	《按语:〈美国和尚苏悉甯自述信佛经过〉（〈自立晚报〉记者著）》	《民主评论》第十二卷第九期	31	20
五月一、十六日	《庄子的祈向精神自由王国的人性论》（《中国人性论史》初稿之八），后改为"第十二章老子思想的发展与落实——庄子的'心'"	《民主评论》第十二卷第九、十期	5	4
五月二十五日	《立言的态度问题》[29]	《华侨日报》	10.4,36	14
五月三十、三十一日	《一个原子物理学家论科学与艺术》	《华侨日报》	10.3,29	19
六月	《有关老子其人其书的再检讨》[30]	《东海学报》第三卷第一期	5	12
六月一日	《三月二十九日余与子美、茧庐、蘅之偕中文系应届毕业生游阿里山》	《民主评论》第十二卷第十一期	23	10
六月二十七日	《看南韩变局》	《华侨日报》	33	23
七月一日	《生与性——作为中国人性论史的方法问题》（《中国人性论史》初稿，后改为《生与性——中国人性论史的一个方法上问题》	《民主评论》第十二卷第十三期	5	4
七月十七日	《非人间的艺术与文学》，后改名"非人的艺术与文学"	《华侨日报》	10.3,29	19
七月二十六日	《政治的艺术与魔术——谈法国大革命前夕的三级会议》	《自由报》第一五一期	31	20
八月三日	《达达主义的时代信号》	《华侨日报》	10.3,21	19
八月十四日	《现代艺术的归趋》	《华侨日报》	10.3,18,26, 29	19

九月二、三日	《现代艺术的归趋——答刘国松先生》	《联合报》	26	19
九月三日	《从艺术的变，来看人生的态度》，后改名"从艺术的变，看人生的态度"	《华侨日报》	10.3, 21	19
九月八日	《文化与政治》，后改名"艺术与政治"	《华侨日报》	10.3, 29	19
九月二十三日	《西方文化之重估》	《华侨日报》	10.1, 29	15
	《话鬼》	《新闻天地》第七一〇期	19	20
十月一日	《爱与美》	《华侨日报》	10.3, 29	19
十月一、十六日，十一月一日	《阴阳五行观念之演变及若干文献的成立时代与解释问题》，后改名"阴阳五行及其有关文献的研究"	《民主评论》第十二卷第十九、二十、二十一期	5	12
十月十日	《中国历史运命的挫折》	《征信新闻报》	4	3
十月十六日	《当前思想家的任务》	《华侨日报》	18*, 33	14, 20
十一月四日	《给虞君质先生一封公开的信》	《新闻天地》第七一六期	18, 26	—
十一月五日	《现代艺术的反省》，后改名"现代艺术对自然的叛逆"	《华侨日报》	10.3, 21	19
十一月十四日	《人类前途的新保证》	《华侨日报》	17	22
十一月十六日	《按语:〈现代艺术〉(萧欣义译)》	《民主评论》第十二卷第二十二期	31	20
十二月	重印《名相通释》序	《佛家名相通释》，台北：广文书局	31	25
十二月一日	《有觍面目》，后改名"虚伪的学术争论——附转载文四篇"	《民主评论》第十二卷第二十三期	18, 26	—
十二月三日	《论选文、注解与翻译》[31]	《联合报》	31	18
十二月十六日	《中国人的耻辱　东方人的耻辱》	《民主评论》第十二卷第二十四期	22, 26	15

十二月二十一日	《科学与道德》	《华侨日报》	10.1,21	15
一九六二年（壬寅）五十九岁				
一月	《南强诗集》序，后改名"林资修《南强诗集》序"	《东风》第二卷第五期	23	10
一月十六日	《答虞君质教授》	《民主评论》第十三卷第二期	26	18
一月二十四、二十七、三十一日	《当前的文化问题（答客问）》	《自由报》第二〇三至二〇五期	27	16
二月一日	《一个中国人文主义者所了解的当前宗教（基督教）问题》	《人生》第二十三卷第六、七期合刊，选载自东大《葡萄园》	31	14
	《易传中的性命思想》（《中国人性论史》初稿之九），后改为"第七章阴阳观念的介入——《易传》中的性命思想"	《民主评论》第十三卷第三期	5	4
二月九、十日	《自由中国当前的文化争论》[32]	《华侨日报》	18*,32	16
二月十六日	《文体观念的复活——再答虞君质教授》	《民主评论》第十三卷第四期	26	18
二月十七日	《哀悼胡宗南先生》	《征信新闻报》	32	25
三月	《论传统》[33]	《东风》第二卷第六期	10.2,21	16
	《历代诗论》序	《历代诗论》，香港：民主评论社	31	20
三月一日	《一个伟大书生的悲剧——哀悼胡适之先生》	《文星》第五十三期	19	25
	《过分廉价的中西文化问题——答黄富三先生》	同上	10.2*,21*	16
三月十日	《欧洲人的人文教养》	《华侨日报》	10.1,21	16
三月十六日	《简答毛子水先生》	《民主评论》第十三卷第六期	26	14
	《思想与时代》	《世界评论》第十年第一号	10.1,21	16

三月二十五日	《有关〈秦始皇〉的剧本》	《征信新闻报》	31	20
四月一日	《烧在何公雪竹墓前的一篇寿文》	《民主评论》第十三卷第七期	22	25
	《什么是传统？》	《华侨日报》	31	16
四月六日	《传统与文化》	《华侨日报》	10.1，21	16
四月十六日	《正告造谣诬蔑之徒！》	《民主评论》第十三卷第八期	32	16
	《弗诺特对现代文学的影响》	《人生》第二十三卷第十一期	31	18
四月十九日	《一个新的探索》	《华侨日报》	10.1，21	16
四月二十三至二十五日	《三千美金的风波——为〈民主评论〉事答复张其昀、钱穆两先生》	《自立晚报》	32	16
四月三十日	《生物学家看人性问题》，后改名"一个生物学家看人性问题"	《华侨日报》	10.1，29	16
五月一日	《按语：钱穆来函》	《民主评论》第十三卷第九期	32	—
五月十三日	《印度人看印度文化》	《华侨日报》	10.1，29	16
五月二十五日	《中西文化问题（座谈纪录）》	《政治评论》第八卷第六期	32	16
五月二十七日	《强国与善国》	《华侨日报》	17	22
六月	《我看大学的中文系》	《东风》第二卷第七期	32	17
	《〈中庸〉的再考察》（《中国人性史论》初稿之十），后改为"第五章从命到性——《中庸》的性命思想"[34]	《东海学报》第四卷第一期	5	4
六月一日	《对人民公社之另一观察》，后篇名略去"另一"二字	《华侨日报》	16	21

六月一、十六日	《由〈尚书·甘誓〉、〈洪范〉诸篇的考证，看有关治学的方法和态度问题——敬答屈万里先生》	《民主评论》第十三卷第十一、十二期	5*, 31	12
六月九日	《危机世纪的虚无主义》	《华侨日报》	10.1, 29	16
六月十九、二十三日	《中国的虚无主义》	《华侨日报》	10.2, 29	16
七月十二日	《美国人与中国文化》	《华侨日报》	10.1, 29	16
七月二十三日	《人类文化的启发》	《华侨日报》	10.1, 29	16
八月四日	《今日大学教育问题》	《华侨日报》	10.1, 21	17
八月十四日	《中国文化的伏流》	《华侨日报》	10.2, 31	14
八月二十六日	《泛论形体美》	《华侨日报》	10.3*, 21*, 31	19, 20
九月一日	《有关历史教育的一封信》	《新天地》第一卷第七期	32	17
九月十二日	《台湾的语文教育问题》	《征信新闻报》	32	17
九月十六日、十月一日	《先秦儒家思想结构之完成——〈大学〉之道》	《民主评论》第十三卷第十八、十九期	5	4
九月二十二日	《中国文化的层级性》	《华侨日报》	10.2, 21	16
十月一日	《按语：〈一件伟大传记文学的诞生〉（徐均琴译）》	《民主评论》第十三卷第十九期	31	20
十月六日	《文化讨论与政治清算》	《华侨日报》	32	16
十月二十八日	《人类的三种战线》[35]	《华侨日报》	33	—
十一月十六日、十二月一日	《道家支派及其末流的心性思想》	《民主评论》第十三卷第二十二、二十三期	5	4

十一月十七日	《欣闻国民党革新之议》	《自由报》第二八八期	36	21
十二月十六日	《一个伟大的中国的台湾人之死——悼念庄垂胜先生》	《民主评论》第十三卷第二十四期	19	25
十二月二十二日	《知识与道德》，后改名"再谈知识与道德问题"	《华侨日报》	10.1,21	16
一九六三年（癸卯）六十岁				
一月一日	《旧梦·明天》	《自由谈》第十四卷第一期	10.3,21	24
	《按语:〈如何发扬学术讨论的精神——由中西文化论战谈治学之道〉（张益弘著）》	《民主评论》第十四卷第一期	31	20
一月四、五日	《南行杂记》	《华侨日报》	36	20
二月十四日	《文化中产阶级的没落》	《华侨日报》	10.1,29	16
二月十六日	《从一个"试题"及其"说明"看台湾师范大学国文研究所，并从文学史观点及学诗方法试释杜甫〈戏为六绝句〉》，后简称"从文学史观点及学诗方法试释杜甫《戏为六绝句》"	《民主评论》第十四卷第四期	7	6
三月十日	《南韩今后的道路》	《华侨日报》	33	23
三月十八日	《褪了色的共产主义》	《华侨日报》	35	22
四月八日	《抢救中兴大学》	《征信新闻报》	32	17
	《读儆寰（雷震）狱中诗感赋》[36]	《时与潮》周刊第一六七期	31	18
四月十日	《关于黄季刚先生》	《政治评论》第十卷第三期	32	25
四月十四日	《泛论报纸小说》	《华侨日报》	10.3,21	18
四月二十三日	《提倡一种新"正名"运动》	《征信新闻报》	32	14

四月二十七日	《一个小型的中西观念的冲突》[37]	《华侨日报》	10.4,29	20
五月一日	《中国人性论史》自序[38]	《民主评论》第十四卷第九期	5, 27	4
五月九日	《对学人的尊重》	《征信新闻报》	32	14
五月二十四日	《台北的文艺争论》	《华侨日报》	32	18
五月二十八日	《看〈梁祝〉之后》	《征信新闻报》	31	20
六月一日	《从蒋、徐婚变谈到当前的家庭与社会（座谈纪录）》	《新天地》第二卷第四期	36	—
六月二日	《人类需要思想上的和平共存》	《华侨日报》	18	16
六月十八日	《宗教斗争与东南亚前途》[39]	《华侨日报》	17	23
六月二十五、二十七日	《慎重编选中学国文课本》	《民族晚报》	32	17
六月三十日	《大学中文系的课程问题》[40]	《华侨日报》	10.1,29	17
七月一日	《答李渔叔先生》	《新天地》第二卷第五期	26	—
	《希腊哲学以道德抑以知识为主问题之探讨》，后篇名"之"字改为"的"字[41]	《民主中国》复刊第六卷第七期	26	16
七月一、十六日，八月一日	《环绕李义山（商隐）〈锦瑟〉诗的诸问题》	《民主评论》第十四卷第十三至十五期	7	6
七月十四日	《国际社会间的"友道"问题》	《华侨日报》	10.4,29	20
八月一日	《论难不怕错误，只怕说谎——补答李渔叔先生》	《新天地》第二卷第六期	26	—
八月十日	《蒋梦麟先生自处之道》	《新闻天地》第八〇八期	36	20

八月十六日	《在非常变局下中国知识分子的悲剧命运》	《中华杂志》第一卷第一期	4	3
	《毛泽东幻想的破灭》	《华侨日报》	35	21（《全集》名为"幻想的破灭"）
九月八日	《观念的贫困与混乱》	《华侨日报》	18	16
九月十六日	《送郭生宣俊赴美》	《民主评论》第十四卷第十八期	31	18
九月二十二日	《文化的"进步"观念问题》	《华侨日报》	18	16
九月二十四日	《大学教育中的国文英文问题》	《征信新闻报》	32	17
十月一日	《说谎与九家注杜诗的问题——再答李渔叔先生》	《新天地》第二卷第八期	26	—
十月十六日	《中庸政治领导人物的古典形相》	《中华杂志》第一卷第三期	36	13
十一月一日	《聪明·知识·思想》	《民主评论》第十四卷第二十一期	18	14
十一月十日	《上帝、良心、南越》[42]	《华侨日报》	17	23
十一月十六日	《论中国传统文化与民主政治——与白思都等博士书》[43]	《中华杂志》第一卷第四期	31	13
	《如何读马浮先生的书？》	《民主评论》第十四卷第二十二期	31	14
十二月一日	《良心、政治、东方人》	《民主评论》第十四卷第二十三期	17	23
一九六四年（甲辰）六十一岁				
一月一日	《在和平中战斗——对国际局势之一探索》	《征信新闻报》	33	22
	《一个艺术家的反抗》	同上	31	20
	《社会如何返老还童》	《自由谈》第十五卷第一期	10.4, 21	20
一月一、十六日	《孔子"为人生而艺术"的艺术精神》初稿，后改名"由音乐探索孔子的艺术精神"	《民主评论》第十五卷第一、二期	6	5-1

一月七日	《关于〈一个艺术家的反抗〉一文》	《征信新闻报》	31	20
一月十六日	《评训诂学上的演绎法——答日本加藤常贤博士书》	《中华杂志》第二卷第一期	4	3
二月十六日、三月一日	《韩偓诗与〈香奁集〉论考》	《民主评论》第十五卷第四、五期	7	6
三月一日	《按语:〈致蒙文通书〉(欧阳渐著)》	《民主评论》第十五卷第五期	31	20
三月十四、十五日	《艺术的胎动,世界的胎动》[44]	《华侨日报》	10.3,21	19
三月二十四日	《漫谈国产影片》	《征信新闻报》	10.4,29	20
三月二十八日	《琐谈》	《新闻天地》第八四一期	36	20
三月三十日	《什么是"中国友人"所追求的目标》[45]	《华侨日报》	36	21
四月一日	《风景·幽情》	《自由谈》第十五卷第四期	10.4,29	20
四月十六日	《纪念吴稚晖先生的真实意义》	《民主评论》第十五卷第八期	32	14
	《余写〈庄子艺术精神主体之呈现〉一文,颇历甘苦,四月二日写成感赋》	同上	23	10
	《按语:〈从基督教观点看中国人文思想中的人性论及其对教育思想的影响〉(萧欣义著)》	同上	31	20
四月二十二日	《国产电影的民族风格问题》	《自由报》第四三七期	31	20
四月二十三、二十五日	《自由主义的变种》[46]	《华侨日报》	18*,33	14
四月三十日	《从第五届县市长选举念虑台湾政治的前途》	《征信新闻报》	36	21
五月二日	《向教育部长的呼吁》	《新闻天地》第八四六期	32	——

五月二十四日	《儿童成长与家庭》	《华侨日报》	18	17
五月二十九日	《反科学的科学宣传家》	《华侨日报》	32	20
约六月左右	《一个伟大军人人格的面影》	《汤恩伯先生纪念集》，台北：汤恩伯逝世十周年纪念筹备委员会	32	25
六月一日	《庄子艺术精神主体之呈现》前言	《民主评论》第十五卷第十一期	31	20
六月一、十六日，七月一日	《庄子艺术精神主体之呈现》，后改名"中国艺术精神主体之呈现"	《民主评论》第十五卷第十一至十三期	6	5-1
六月八日	《对中共、苏联斗争之一种观察》	《华侨日报》	35	22
六月二十八日	《面对传统问题的思考》[47]	《华侨日报》	10.1, 29	16
七月一日	《按语:〈参加台湾大学毕业典礼有感〉（郑震宇著）》	《民主评论》第十五卷第十三期	31	20
七月十六日	《反汉奸为当务之急》	《中华杂志》第二卷第七期	32	—
	《偶读偶记》	同上	31	18
八月一日	《悼念新亚书院》	《民主评论》第十五卷第十五期	32	14
八月十三日	《我们在现代化中缺少了点什么——职业道德》[48]	《华侨日报》	10.2, 21	14
九月八日	《一个自然科学家的悲愿》	《华侨日报》	10.1, 29	16
九月十六日	《美国为什么在世界碰壁》	《中华杂志》第二卷第九期	32	22
	《按语:〈美国政党政治的底流〉（杨绍震著）》	《民主评论》第十五卷第十七期	31	20
九月十六日，十月一、十六日	《释气韵生动》	《民主评论》第十五卷第十七至十九期	6	5-1

九月二十六日	《为马来西亚的前途着想》	《华侨日报》	10.1, 21	23
十月五日	《学艺周刊》发刊词[49]	《征信新闻报·学艺周刊》第一期	10.4, 29	16
	《由一个国文试题的争论所引起的文化上的问题》	同上	10.1, 29	17
十月十日	《有关台湾大学一段往事的谈话》	《新闻天地》第八六九期	32	—
十月二十一日	《文化上的家与国》[50]	《华侨日报》	10.1, 29	14
十一月二日	《按语:〈苏联的歧途——共产主义乎? 资本主义乎? 〉(张健雄著)》	《征信新闻报·学艺周刊》第五期	31	20
十一月十五日	《甲辰中秋寄均琴儿》	《东海文学》第十八期	30	—
十一月十八日	《艺术的社会性问题》	《华侨日报》	31	19
十二月七日	《中国画与诗的融合》[51]	《征信新闻报·学艺周刊》第十期	6	19
十二月十三日	《现代艺术的永恒性问题》[52]	《华侨日报》	10.3, 21	19
十二月二十八日	《回答我的一位学生的信并附记》	《征信新闻报·学艺周刊》第十三期	10.3, 29	14
一九六五年(乙巳)六十二岁				
一月十六日	《决定今后国际形势的基本因素》	《华侨日报》	33	22
一月二十一日	《对李敖控告诽谤向台中地方法院所提答辩书》	《征信新闻报》	32	—
一月二十五日	《按语:〈西方的一〇二个大观念〉(许文雄著)》	《征信新闻报·学艺周刊》第十七期	31	20
二月十三日	《忆疯狗·念西化》	《新闻天地》第八八七期	32	—
三月五日	《被期待的人间像的追求》	《华侨日报》	10.1, 21	16
三月十六日	《中国山水画的兴起》,后改名"魏晋玄学与山水画的兴起"	《民主评论》第十六卷第六期	6	5-1

四月五日	《历史与民族》[53]	《华侨日报》	10.1, 29	14
四月二十 五日	《卓宣先生七旬大庆》	《政治评论》第十四 卷第四期	31	18
五月二日	《文化人类学的新动向》	《华侨日报》	10.1, 29	16
五月十六 日	《唐代山水画的发展及其画 论》	《民主评论》第十六 卷第十期	6	5-1
五月二十 八日	《国家的两重性格》[54]	《华侨日报》	18	14
六月	《故宫卢鸿〈草堂十志图〉的 根本问题（附后记）》[55]	《东海学报》第七卷 第一期	6	19
六月九日	《朱熹与南宋偏安》	《华侨日报》	10.2, 21	16
七月一日	《张大千〈大风堂名迹〉第四 集王诜〈西塞渔社图〉的作 者问题》	《民主评论》第十六 卷第十三期	6	19
七月八日	《西化与色情》	《华侨日报》	10.2, 29	—
七月三十 一日	《华侨与历史意识》[56]	《华侨日报》	36	21
八月一日	《按语:〈永忆录〉（韩国钧著）》	《民主评论》第十六 卷第十四期	31	20
九月十四 日	《西方圣人之死——对薛维 兹的悼念》，后"薛维兹"改为 "史怀哲"	《华侨日报》	10.4, 29	16
十月二日	《言论的责任问题》	《征信新闻报》	10.4, 29	14
十月十六 日	《赵松雪画史地位的重估》	《民主评论》第十六 卷第十六期	6	5-1
	《林语堂的〈苏东坡与小二 娘〉》[57]	《中华杂志》第三卷 第十期	7	6
	《最近国际局势的四大演变》	《华侨日报》	33	22
十一月一 日	《曾家岩的友谊——我个人生 活中的一个片段》	《民主评论》第十六 卷第十七期	32	24
十一月九 日	《对李敖加诉涉嫌诽谤向台 中地方法院所提答辩及反诉》	《征信新闻报》	32	—

十一月十二日	《思想与人格——再论中山先生思想的把握》	《征信新闻报》	10.1, 29	16
十一月十六日	《〈爱国文章与文字卖国〉读后感》[58]	《中华杂志》第三卷第十一期	32	16
十一月十八日	《从裸裸舞看美国文化的问题》	《华侨日报》	10.1, 29	20
十二月十一日	《中国艺术精神》自叙[59]	《征信新闻报》	6	5-1
十二月二十二日	《中国文学论集》自叙	《征信新闻报》	7	6
十二月三十一日	《一个"自由人"的形象的消失——悼张深切先生》	《台湾风物》第十五卷第五期	32	25
一九六六年（丙午）六十三岁				
一月二十八日	《在苏联的人性的考验》	《华侨日报》	10.4, 21	22
二月二十八日	《永恒的幻想》[60]	《华侨日报》	10.4, 21	18
三月	《新岁醇士先生以诗见贶依韵奉答》	《民主评论》第十七卷第三期	23	10
	《按语:〈记重庆联中几个少年朋友〉（唐君毅著）》	同上	31	20
三月二十三日	《祝本届国民大会》	《自立晚报》	10.4, 29	21
四月	《一个伟大知识分子的发现》	《民主评论》第十七卷第四期	10.2, 21	14
四月十一日	《卖屋》	《华侨日报》	10.4, 21	20
四月十三日	《个人与社会》[61]	《华侨日报》	10.3, 29	14
四月十六日	《我要求有力地回答共匪的诬蔑》[62]	《中华杂志》第四卷第四期	32	—
四月十八日	《永远猜不透的谜底》	《自立晚报》	10.4, 29	21
四月二十三日	《黄豆案的调查问题》	《自立晚报》	10.4, 29	21

五月十五日	《日本科学技术发展的基本条件》	《征信新闻报》	10.1, 29	16
六月	《极权政治与史学》	《华侨日报》	17	22
六月四日	《知识分子与共产党》	《华侨日报》	17	14
六月九日	《中共当前整风运动索隐》[63]	《华侨日报》	35	21
七月六日	《毛泽东思想的最后挣扎》	《华侨日报》	35	21（《全集》名为"最后的挣扎"）
七月三十一日	《毛泽东与中国传统文化》[64]	《华侨日报》	35	21
八月	《明代内阁制度与张江陵（居正）的权、奸问题》[65]	《民主评论》第十七卷第八期	4	3, 14
	《东行杂感》	同上	23	10
	《按语:〈大陆反毛运动与镇压反毛运动〉（李天民著）》	同上	31	20
八月二十七、二十八日	《哀刘少奇》	《华侨日报》	35	21
八月二十八日	《孔子德治思想发微》[66]	《孔孟月刊》第四卷第十二期	4, 15	3, 13
九月	《本刊结束的话》，后改名"《民主评论》结束的话"	《民主评论》第十七卷第九期	10.4, 21	24
九月三日	《"三贱"与"三狗"》，后改名"'士有三贱'"	《新闻天地》第九六八期	10.4, 18, 29	14
九月十六日	《反传统与反人性》	《中华杂志》第四卷第九期	35	16
十月一日	《释〈公孙龙子·指物论〉之"指"》	《出版月刊》第二卷第五期	8, 24	12
十月五日	《共产主义在中国的崩溃》	《华侨日报》	35	21
十一月十二日	《三民主义思想的把握》	《国父百年诞辰纪念论文集》第二册，台北："中华民国各界纪念国父百年诞辰筹备会"	10.1, 29	16

十一月十五日	《怀念溥心畬先生》	《征信新闻报》	10.4, 19	25
十一月十九日	《对共产思想的一大讽刺》	《华侨日报》	35	21
十一月二十八日	《评陈著〈四书道贯〉》[67]	《征信新闻报》	10.2, 29	16
十二月	《摸索中的现代艺术》	《东风》第三卷第八期	10.3, 21	19
十二月一日	《成立中国文化复兴节感言》	《新天地》第五卷第十期	10.2, 29	16
十二月十日	《时代的悲怨——悼白崇禧将军》	《华侨日报》	32	25
一九六七年（丁未）六十四岁				
一月一日	《中国文化复兴的若干观念问题》	《出版月刊》第二卷第八期	10.2, 29	16
一月十一日	《"现在"与"未来"中的"人"的问题》	《华侨日报》	10.1, 29	14
二月十六日	《生活环境与知识发展的性格》	《华侨日报》	10.2, 29	16
三月十八日	《毛泽东的问题》	《华侨日报》	33	21
四月十五日	《论中共的修正主义》	《华侨日报》	16	21
	《祝〈新天〉出版千号》	《新闻天地》第一〇〇〇期	31	18
四月十六日	《先秦名学与名家——〈公孙龙子讲疏〉代序》	《人生》第三十一卷第十二期	8, 15, 18, 24	12
五月十六日	《致李济之先生一封公开信》	《中华杂志》第五卷第五期	32	25
五月十七日	《保持人类正常的心理状态》	《华侨日报》	10.2*, 21*, 35	17
六月十一日	《保障世界和平所不能缺少的一个基本原则》	《华侨日报》	17	22

				21（《全集》名为"论偶像崇拜运动"）
六月十八日	《论毛、江、林集团的偶像崇拜运动》	《华侨日报》	35	
八月二十二日	《致〈中华杂志〉编者函》	《中华杂志》第五卷第六期	32	25
	《在历史教训中开辟中庸之道》	《华侨日报》	32	16
九月二十七日	《中国文化的研究与复兴》	《华侨日报》	10.2,29	16
十一月一日、十二月一日	《石涛〈画语录〉中的"一画"研究》	《东方杂志》复刊第一卷第五、六期	9	5-2
十一月八日	《有感于苏俄乌克伦佐夫之言》	《华侨日报》	17	23
十一月二十四日	《略评台省"国文"与"国语"之争》[68]	《华侨日报》	32	17
十二月二十三日	《反共与反汉奸》[69]	《新闻天地》第一〇三六期	32	—
十二月二十八日	《致胡秋原先生书并代答梁某的公开信》[70]	《中华杂志》第五卷第十二期	32	—
一九六八年（戊申）六十五岁				
一月	《石涛晚年弃僧入道的若干问题》[71]	《东海学报》第九卷第一期	9	5-2
一月一日	《回给王云五先生的一封公开信——有关中山文化学术基金董事会的审查水准问题》[72]	《新天地》第六卷第十一期	18	18
一月四日	《有关台湾的留学政策问题》	《华侨日报》	10.1,29	17
一月十六日	《以事实破谎言——致〈文坛〉书》[73]	《中华杂志》第六卷第一期	32	—
二月三日	《抽象艺术的断想》[74]	《华侨日报》	10.3,21	—
二月十五日	《与张大千先生的两席谈》	《华侨日报》	31	19

二月二十日	《赵友培要封〈中华杂志〉》	《中华杂志》第六卷第二期	32	—
三月三十一日	《略评〈中国新文学大系续编的编选计划〉》，篇名后来略去"的"字	《华侨日报》	10.3, 29	18
四月	《文学与政治》[75]	《阳明》杂志第二十八期	32	18
四月十日	《乡邦的文献工作即是复兴中华文化的工作》	《湖北文献》第七期	10.4, 29	16
五月三日	《接受政治上的进步吧！》	《自立晚报》	10.4, 29	21
五月十八、十九日	《从迷幻药的影响看中国文化》	《华侨日报》	10.1, 29	16
五月十九日左右	《中日吸收外来文化之一比较》	《百年来中日关系论文集》[76]	10 1, 21	16
六月	《王充思想评论》序	《王充思想评论》，台中：东海大学	31	20
六月二十四日	《经济保护与文化保护》	《华侨日报》	10.1, 29	20
七月	《写给中央研究院王院长世杰先生的一封公开信》	《阳明》杂志第三十一期	10.3, 29	14
七月十一日	《中国文化长城的崩溃：悼念熊十力先生》，后只名"悼念熊十力先生"	《华侨日报》	10.3, 21	25
八月	《〈论语〉"一以贯之"语义的商讨》	《孔孟月刊》第六卷第十二期	4, 10.2	3
八月二十日	《吴大猷先生对台湾的两大贡献》[77]	《华侨日报》	10.4*, 29*	20
八月三十一日	《环绕石涛的"伪造"、"伪鉴"问题》	《大陆杂志》第三十七卷第四期	9	5-2
九月十九日	《中国文化中的罪孽感问题》，后篇名"孽"字改为"恶"字	《华侨日报》	10.2, 21	16
九月二十三日	《从学术上抢救下一代——以许君倬云周初史实一文为例》，后改名"有关周初的若干史实的问题"	《中华杂志》第六卷第九期	11, 24	12

十月十五日	《石涛生年问题——答李叶霜、王方宇各先生》	《大陆杂志》第三十七卷第七期	9	**5-2**
十月二十九日	《贾桂琳再婚的若干联想》	《华侨日报》	10.4,29	**20**
十一月	《为"报"字给中学生的一封短信》	《阳明》杂志第三十五期	32	**17**
一一月二十五日	《释"版本"的"本"字及士礼居本〈国语〉辨名》	《中华杂志》第六卷第十一期	11, 24	**12**
	《略谈民主社会主义》	《华侨日报》	33	**14**
十二月	《中国知识分子的责任》	《大学杂志》第十二期	10.4,21	**14**
	《牟宗三的思想问题》	《阳明》杂志第三十六期	32	**25**
十二月一日、一九六九年一月一日	《西周政治社会的结构性格问题》	《东方杂志》复刊第二卷第六、七期	11	**7**
十二月二十五日	《读朱凤〈清湘遗人的五瑞图〉书后》	《中华杂志》第六卷第十二期	9	**5-2**
十二月二十七日	《南越的命运》	《华侨日报》	35	**23**
未定月日	《九月十四日应漱菡约因挈眷登八卦山,时金门炮战正急》	《东海文学》第十三期	31	**18**
	《旧历十一月十六日五鼓上大度山顶回望中央山脉》	同上	31	**18**
	《丁未初冬与焕珪、少奇、顶顺、君石、培英、惠郎、运登、今生诸君子聚东山吴家花园小饮却赋》	同上	31	**18**

一九六九年(己酉)六十六岁

一月	《西方文化没有阴影》	《大学杂志》第十三期	18	**16**
	《鹤亭诗集》序	《阳明》杂志第三十七期	23	**10**
一月一日	《"宣传小组"补记》	《传记文学》第十四卷第一期	32	**24**

一月四日	《没有"精神属籍"的人们》	《新闻天地》第一〇九〇期	32	**14**
一月十五日	《再答李叶霜先生》	《大陆杂志》第三十八卷第一期	9	**5-2**
二月一日	《一个中国人读尼克逊的就职演说》	《华侨日报》	33	**16**
二月九日	《苏联的两条战线》	《华侨日报》	33	**22**
三月十日	《韩国的文化大革命》	《华侨日报》	33	**16**
三月十九日	《我在画学会金爵奖中的答词》	《自由报》第九四一期	10.3, 29	**20**
四月	《教会大学在中国的伟大贡献》	《文化旗》第十八期	32	**17**
	《答〈文化旗〉编者的信》	同上	32	**—**
四月一日	《挽张君劢先生》	《中华杂志》第七卷第四期	31	**18**
四月七日	《中、苏对立的考察》	《华侨日报》	35	**22**
四月十五日	《汉代专制政治下的封建问题》	《大陆杂志》第三十八卷第七期	11	**7**
五月十日	《对中共九全大会的一考察》	《华侨日报》	16	**21**
五月三十一日	《我国绘画中树干的颜色问题》	《大陆杂志》第三十八卷第十期	31	**19**
六月	《吊念居瀛玖先生》	《文化旗》第二十期	32	**25**
六月九、十日	《世界共党会议的破产》	《华侨日报》	33	**22**
六月三十日	《强迫退休启事》	《中央日报》	32	**25**
六月三十日	《汉代一人专制政治下的官制演变》	《大陆杂志》第三十八卷第十二期	11	**7**
七月一日	《两汉知识分子的时代压力感》，后改名"西汉知识分子对专制政治的压力感"	《东方杂志》复刊第三卷第七期	11	**7**
	《人文研究方面的两大障蔽——以李霖灿先生一文为例》	《中华杂志》第七卷第七期	10.3, 29	**14**

七月二十一日	《苏联当前的世界战略》	《华侨日报》	33	22
八月一日	《陈布雷先生的一封信》	《传记文学》第十五卷第二期	32	25
八月十一日	《铁幕国家与孙行者》	《华侨日报》	33	20
九月	《封建政治社会的崩溃及典型专制政治的成立》	《新亚书院学术年刊》第十期	11	7
	《无惭尺布裹头归》	《文化旗》第二十三期	10.3,21	24
九月一日	《敬谢胡秋原兄》	《中华杂志》第七卷第九期	32	25
九月二十二日	《我与殷海光——兼以此文,痛悼吾友》,后改名"痛悼吾敌 痛悼吾友"[78]	《华侨日报》	19	25
九月二十四日	《按语:〈徐复观名字说〉(熊十力著)》,载于《熊十力选稿二篇》[79]	《自由报》第九九五期	31	20
九月二十六日	《美国世界战略的转换》	《华侨日报》	33	22
十月十三日	《水都台北》	《华侨日报》	36	20
十月三十一日	《石涛生年问题的余波——敬答王方宇先生》	《大陆杂志》第三十九卷第七、八期	9	5-2
十一月	《哭高阮》[80]	《文化旗》第二十五期	10.3,21	25
十一月十二、十三日	《中、苏谈判问题索隐》	《华侨日报》	35	22
十二月三十日	《岁尾年头看世局》	《华侨日报》	33	22
一九七〇年（庚戌）六十七岁				
一月一日	《有关熊十力先生的片鳞只爪》	《中华杂志》第八卷第一期	10.3,21	25
一月三日	《港居零记》	《新闻天地》第一一四二期	19*,36	20

一月二十三日	《上下两代之间的问题》	《华侨日报》	19	17
二月二、三日	《悲鲁迅》	《华侨日报》	19	14
二月十五日	《对殷海光先生的忆念》	《人物与思想》第三十五期	19	25
三月	《我的母亲》[81]	《明报月刊》第五卷第三期	10.3, 21	24
三月一日	《七十年代的国际三角关系》	《华侨日报》	33	22
四月七日	《香港的高等教育问题》	《华侨日报》	32	17
四月十一日	《太平山上的漫步漫想》	《新闻天地》第一一五六期	19*, 36	24
五月三日	《再谈香港的高等教育问题》	《华侨日报》	32	17
五月二十八日	《美国人应当接受的三大教训》[82]	《华侨日报》	17	22
六月	《论萧立声的人物画》	《明报月刊》第五卷第六期	31	19
六月一日	《原人文》	《华侨日报·人文双周刊》第一期	4	3
六月二十五日	《苏加诺之死》	《华侨日报》	33	23
六月二十九日	《谈礼乐》	《华侨日报·人文双周刊》第三期	4	3
七月十五日	《兰千阁藏褚临〈兰亭〉的有关问题》	《大陆杂志》第四十一卷第一期	6, 10.3, 29	19
	《张教授丕介墓志》[83]	《人物与思想》第四十期	32	25
七月三十日	《台、港之间》	《华侨日报》	36	20
八月	《侯碧漪女士的仕女花鸟》	《明报月刊》第五卷第八期	31	20
八月十八日	《国际局势发展的背景及归趋》	《华侨日报》	33	22
九月一日	《复李天甦先生函》	《中华杂志》第八卷第九期	32	—

九月十八日	《我对劫机事件的愤怒——不能作合理斗争的人毕竟会在斗争中消灭》	《华侨日报》	33	23
十月十二日	《评江青的样板艺术》	《华侨日报》	16	19
十月二十六日	《释〈诗〉的温柔敦厚》	《华侨日报·人文双周刊》第十一期	7	6
十一月十二日	《民主政治在考验中》	《华侨日报》	33	22
十二月十日	《英雄的现实主义》	《华侨日报》	17	22
十二月十五日	《与许冠三谈翻译和中文法定》	《人物与思想》第四十五期	32	18
一九七一年（辛亥）六十八岁				
一月	《徐复观文录》序	《大学杂志》第三十七期	10.1—10.4	24
	《由〈董夫人〉所引起的价值问题的反省》	同上	10.2, 21	20
一月一日	《谈买办》	《中华杂志》第九卷第一期	18	20
一月九日	《中国人对于国家问题的心态》[84]	《华侨日报》	18*, 36	14
一月十五日	《我的若干断想——代跋》	《人物与思想》第四十六期	4, 18	3, 17
	《研究思想史的方法与门径》[85]	同上		
二月十二日	《言行之间》	《南北极》第六期	31	18
二月二十五日	《玩火的时代》	《华侨日报》	33	23
三月三日	《自然与文学的根源问题》，收入《〈文心雕龙〉浅论之一》	《华侨日报·中国文学双周刊》第二期	7	6
三月十日	《〈文心雕龙·原道〉篇释略》，收入《〈文心雕龙〉浅论之二》	《华侨日报·中国文学双周刊》第三期	7	6

三月十五日	《从唐君毅先生论翻译文章中的"厚古弃今"及"自相矛盾"说起——请教张裕民先生》	《人物与思想》第四十八期	32	14
三月二十四日	《和策纵先生〈教栖诗〉》	《华侨日报·中国文学双周刊》第四期	31	18
四月五、七日	《辛亥革命的意义与教训——在联合书院史学会辛亥革命六十周年纪念会上讲辞》[86]	《华侨日报》	18	14
四月二十一日	《中国文学欣赏的一个基点——在崇基学院中文学会的一次讲演》，后副题改为"一九七〇年三月十七日中国语文学会演讲会讲辞"	《华侨日报·中国文学双周刊》第六期	7	6
五月二日	《桌球赛的外交技巧》	《华侨日报》	35	22
五月四日	《请大家原谅这位"吹不响喇叭的号手吧"！》	《中华杂志》第九卷第五期	32	14
五月二十九日	《军队与学校》	《新闻天地》第一二一五期	19	24
五月三十一日	《读周策纵教授〈论李商隐的一首〈无题〉诗〉书后》	《大陆杂志》第四十二卷第十期	31	18
六月一日	《挽王道先生》	《人生》第三十四卷第五期	31	18
六月九日	《是美国的中国通恢复正常体温的时候》	《华侨日报》	36	21
六月十六日	《谈抽象艺术》	《自由报》第一一七二期	31	19
六月十六日	《夏、曾两公以诗见贶，依韵奉答》	《华侨日报·中国文学双周刊》第十期	31	18
七月	《抗日往事》	《大学杂志》第四十三期	19	24
七月一日	《白话、白话文、白话文学》	《文学报》	18	18
七月十一日	《个人主义的没落》	《华侨日报》	18	16
七月二十二日	《美国外交转变的外在因素》	《华侨日报》	33	22

八月十五日	《王充论考》[87]	《新亚学报》第十卷第一期	12	8
九月	《西汉文学论略》	《新亚书院学术年刊》第十三期	7	6
九月、十月	《赵冈〈红楼梦新探〉的突破点》	《明报月刊》第六卷第九、十期	7	6
九月十四日	《由热恋走向分居的美、日关系》	《华侨日报》	33	22
九月二十一日	《中共的文化问题》	《华侨日报》	16	16
九月二十七日	《从赫鲁晓夫时代，到布列兹涅夫时代》	《华侨日报》	33	22
十月一日	《由美国新经济政策所酝酿的国际关系之巨变》	《华侨日报》	33	22
十月五日	《尼克逊新经济政策对美国经济的极限》	《华侨日报》	33	22
十月十一日	《纸黄金的构想及其难题》	《华侨日报》	33	22
十月二十日	《三角外交角逐的新形势》	《华侨日报》	33	22
十月二十四日	《尼克逊外交的污点》	《华侨日报》	33	22
十一月	《论"抽样"之不可靠——曹頫的笔迹与〈乾隆甲戌脂砚斋重评石头记〉的钞者问题》	《明报月刊》第六卷第十一期	31	18
十二月	《我希望不要造出无意味的考证问题——敬答赵冈先生》	《明报月刊》第六卷第十二期	7	6
	《由潘重规先生〈红楼梦的发端〉略论学问的研究态度》，署名"王世禄"	同上	7	6
十二月二日	《对岳王坟的怀念》	《华侨日报》	16*，35	20
十二月三日	《东南亚和平安定的基本问题》	《华侨日报》	33	23
十二月九日	《从国际政治看印、巴之战》	《华侨日报》	33	23

十二月十一日	《印、巴战争中的中、苏、美的三角斗争》	《华侨日报》	33	23
十二月十六日	《人民决定一切——印、巴之战应有的归趋》	《华侨日报》	33	23
十二月十八、十九日	《环绕孟加拉国诞生的若干断想》	《华侨日报》	33	23
十二月二十三日	《美国军事结构的改造》	《华侨日报》	33	22
十二月二十五日	《货币协定成立以后》	《华侨日报》	33	22
十二月三十日	《尼克逊秘密外交的褪色》	《华侨日报》	33	22
十二月三十一日	《我们的第二条争生存的战线在哪里？》	《华侨日报》	36	21
一九七二年（壬子）六十九岁				
一月八日	《在考验中的大韩民国》	《华侨日报》	33	23
一月十一日	《中、美会谈的前夕》	《华侨日报》	35	22
一月十二日	《自由中国的国剧运动》	《华侨日报》	31	20
一月十四日	《"台独"是什么东西！》	《华侨日报》	36	21
一月十五日	《孟加拉国的前景》	《华侨日报》	33	23
一月二十五日	《美、日高峰会谈的回顾》	《华侨日报》	33	22
一月二十七日	《看苏联国际外交战略的进度》	《华侨日报》	33	22
二月二日	《中、苏斗争在日本》	《华侨日报》	35	23
二月九日	《苏联与人性的搏斗》	《华侨日报》	17	22
二月十三日	《美国大学学生的转向》	《华侨日报》	17	22
二月二十日	《台湾香蕉的命运》	《华侨日报》	36	21

二月二十三日	《毛、尼会谈臆测》	《华侨日报》	35	22
二月二十六日	《毛、尼会谈续测》	《华侨日报》	35	22
二月二十九日	《特异的中、美联合公报》	《华侨日报》	35	22
三月三日	《日本对中、美联合公报的了解》	《华侨日报》	35	23
三月九日	《封建主义的复活》	《华侨日报》	18	16
三月十一日	《暴力主义的去路》	《华侨日报》	18	16
三月十七日	《一个原始中国人看中、俄关系》	《华侨日报》	35	22
三月十九日	《在日本暴力主义的背后》	《华侨日报》	17	23
三月二十一、二十二日	《台湾经济漫步》	《华侨日报》	36	21
三月二十七、二十八日	《我们的中央民意代表》	《华侨日报》	18	21
四月	《敬答中文大学〈红楼梦〉研究小组汪立颖女士》	《明报月刊》第七卷第四期	31	18
四月六日	《美国科学技术的问题及其对策》	《华侨日报》	17	22
四月七日	《周、尼会谈后中南半岛的现势》	《华侨日报》	33	22
四月十二、十三日	《论"古为今用"》	《华侨日报》	16	16
四月十九日	《对现阶段越战的观察》	《华侨日报》	33	23
四月二十一日	《川端康成之死》	《华侨日报》	17	23
四月二十五日	《国际政治上日本又迎到了一阵神风吗？》	《华侨日报》	33	23
四月二十九日	《尼克逊的苦恼》	《华侨日报》	33	22

五月	《曹频奏折的诸问题（附补记）》	《明报月刊》第七卷第五期	31	18
五月二、三日	《再论"古为今用"》	《华侨日报》	16	16
五月六日	《从何写起》，署名"王世高"	《明报·集思录》[89]	31	18
五月九日	《越战漫谈》	《华侨日报》	33	23
五月十二日	《日本三岛由纪夫案件的判决》	《华侨日报》	17	23
五月十三日	《争祖坟的故事》，署名"王世高"	《明报·集思录》	35	20
五月十六日	《苏联在越南的冒险》	《华侨日报》	33	22
五月十六至十八日	《香港中文大学的国文试题》，署名"王世高"	《明报·集思录》	32	17
五月二十一日	《暴力与民主政治》	《华侨日报》	17	22
五月二十二日	《深有感于毛泽东之言》，署名"王世高"	《明报·集思录》	16	21
五月二十三日	《苏联重视尼克逊的莫斯科之行》	《华侨日报》	33	22
五月二十五日	《不是结婚几次的问题》，署名"王世高"	《明报·集思录》	33	20
五月三十日	《老觉淡妆差有味》，署名"王世高"	《明报·集思录》	31	18
五月三十一日	《限制战略武器的意义》	《华侨日报》	33	22
六月	《东瀛漫忆》	《明报月刊》第七卷第六期	32	24
六月一日	《西和东紧局面的出现——莫斯科高峰会谈初结》	《华侨日报》	33	22
六月二日	《三个站立的人像》，署名"王世高"	《明报·集思录》	31	16
六月五日	《毛泽东与斯大林的同异之间》，署名"王世高"	《明报·集思录》	16*，35	21
	《中、美关系的回顾与前瞻》	《华侨日报·创刊四十七周年特刊》	33	22

六月七日	《维护人类和平生存的权利》	《华侨日报》	33	22
六月八日	《我看〈白毛女〉》，署名"王世高"	《明报·集思录》	35	20
六月十一日	《熊十力先生之志事》	《华侨日报》	19	25
	《契可夫与鲁迅》	《明报·集思录》	35	20
六月十三日	《民主政治危机的另一形态——看美国麦高文的竞选口号》	《华侨日报》	17	22
	《美国人在精神上走投无路》，署名"王世高"	《明报·集思录》	33	22
六月十六日	《日、美之间的坠欢重拾》	《华侨日报》	33	23
六月二十一日	《越南和平的曙光》	《华侨日报》	33	23
六月二十五日	《为人类长久生存的祈向》	《华侨日报》	17	22
	《封建主义阴魂不散》	《人物与思想》第六十三期	35	16
六月二十九日	《苏联的人权问题》	《华侨日报》	17	22
七月	《近颇有以余报上文字相称道者，惘然赋此，兼寄茧庐。时茧庐已移居加国沙城》	《明报月刊》第七卷第七期	31	18
七月二日	《中共与越共之间的微妙关系》	《华侨日报》	35	23
七月五日	《人民及大专学生的判断能力问题》	《华侨日报》	18	14
七月八日	《人类的智慧来自东方》	《华侨日报》	17	23
七月十二、十三日	《南、北韩初步和解的背景与难题》	《华侨日报》	33	23
七月十六日、八月十六日	《我的文学创作观——二答赵冈先生》	《南北极》第二十六、二十七期	31	6
七月十八日	《这是美国变的开端吗？——论麦高文在民主党的胜利》	《华侨日报》	33	22
七月二十二日	《台湾二三事》	《华侨日报》	36	20

七月二十五日	《从苏联的一个秘密文件说起》	《华侨日报》	33	22
七月二十六日	《对埃及驱逐苏联顾问问题的分析》	《华侨日报》	33	23
七月三十一日、八月一日	《论林彪之死》[89]	《华侨日报》	16	21
八月八、九日	《中东问题与联合国》	《华侨日报》	33	23
八月十八日	《从波兰现状看苏联在东欧的前途》	《华侨日报》	33	22
八月十九日	《老人的问题》	《华侨日报》	33	20
八月二十四日	《毛泽东为中国人民出口气吧！》	《华侨日报》	16	21
八月二十五日	《东与西的心的接触》	《华侨日报》	18	20
八月三十日	《能否解开〈文心雕龙〉的死结》，收入《〈文心雕龙〉浅论之三》	《华侨日报·中国文学双周刊》第三十七期	7	6
八月三十一日	《运命的播弄》	《华侨日报》	17	23
九月	《〈吕氏春秋〉及其对汉代学术与政治的影响》[90]	《新亚书院学术年刊》第十四期	12	8
	《由精能向纵逸——读唐鸿先生的画》	《明报月刊》第七卷第九期	31	19
九月二日	《从日本人的良心说起》	《华侨日报》	18	21
九月十日	《扩大求真的精神吧》	《华侨日报》	18	20
九月十一日	《外交神风下的美、日新关系》	《华侨日报》	33	23
九月十二日	《文体的构成与实现》，后收入《〈文心雕龙〉浅论之四》	《华侨日报·中国文学双周刊》第三十八期	7	6
九月十九日	《维护人类可以共同生存的一条基线》	《华侨日报》	17	23
九月二十日	《政党立场和国家立场不能完全一致（答问纪录）》[91]	《新亚学生报》	35	14

九月二十二日	《外交神风的极限——有感于一位日本人士之言》	《华侨日报》	33	23
九月二十七日	《朝鲜劳动党的"主体思想"》	《华侨日报》	17	23
九月二十八日	《〈吕氏春秋〉中的"师道"——为壬子教师节作》	《华侨日报》	18	17
十月	《石涛生年问题补记》	《明报月刊》第七卷第十期	9	5-2
十月一日	《中共、日本联合声明的分析》	《华侨日报》	35	21（《全集》名为"中、日联合声明的分析"）
十月九日	《毛泽东太过分了》	《华侨日报》	16	21（《全集》名为"不信孔子，太过分了"）
十月十日	《〈知音〉篇略释》，后收入《〈文心雕龙〉浅论之五》	《华侨日报·中国文学双周刊》第四十期	7	6
十月十一日	《成为中（中共）、日关系正常化杠杆的经济问题》	《华侨日报》	35	21（《全集》名为"成为中日关系正常化杠杆的经济问题"）
十月十八日	《周恩来的地位及其最近的发言》	《华侨日报》	16	21
十月二十日	《索忍尼津的呼唤》	《华侨日报》	17	22
十月二十四日	《埃及的窘境》	《华侨日报》	33	23
十月二十五日	《智利的考验》	《华侨日报》	33	23

十一月	《关于"生命闪光之美"》	《明报月刊》第七卷第十一期	31	20
十一月二日	《日、苏的微妙关系》	《华侨日报》	33	23
十一月四日	《概念政治？人民政治？》	《华侨日报》	18	14
十一月八日	《文之枢纽》，后收入《〈文心雕龙〉浅论之六》	《华侨日报·中国文学双周刊》第四十二期	7	6
	《越南和平的展望》	《华侨日报》	33	23
十一月十一日	《中国艺术杂谈》	《新亚学生报》	18	19
	《一个民族的衰老》	《华侨日报》	33	20
十一月十五日	《美国大选中的人与社会》	《华侨日报》	33	22
十一月二十二日	《瓮中春意》	《华侨日报》	33	22
十一月二十五、二十六日	《布兰德的胜利》	《华侨日报》	33	22
十一月二十九日	《费正清对大陆的认识》	《华侨日报》	35	16
十一月三十日	《中、日联合公报中的战争赔偿问题》	《中大学生报》	33	21
十一月三十日、十二月一日	《论布兰德的东方政策》	《华侨日报》	33	22
十二月五日	《自力与他力——悲南越》	《华侨日报》	33	23
十二月十日	《苏联西方政策的演变》	《华侨日报》	33	22
十二月十九日	《闲眺日本此次大选》	《华侨日报》	33	23
十二月二十四日	《越战中的人与武器的问题》	《华侨日报》	33	23
十二月二十七日	《大学教育的难题》	《华侨日报》	18	17

十二月三十日	《什么因素促成尼克逊重炸北越的决定》	《华侨日报》	33	23
一九七三年（癸丑）七十岁				
一月	《抛巢》	《明报月刊》第八卷第一期	37	—
一月一日	《与陈梦家、屈万里两先生商讨周公旦曾否践阼称王的问题》	《东方杂志》复刊第六卷第七期	11，24	12
	《漫谈鲁迅——在香港中文大学新亚书院文学会的讲演稿》	《华侨日报·中国文学双周刊》第四十六期	7	6
	《中国文化对日本文化的影响》	《中大学生报》	31	16
一月三日	《一九七三年的待望》	《华侨日报》	16*，34	22
一月九日	《开罗学潮的背后》，署名"戚十肖"	《华侨日报》	34	23
一月十二日	《美、日之间的微妙关系》，署名"戚十肖"	《华侨日报》	34	22
一月二十日	《观念、良心——森恒夫的自杀》	《华侨日报》	17	23
一月二十一日	《苏联经济危机所牵涉的根本问题》	《华侨日报》	17	22
一月二十五日	《老犹栽竹与人看——试论香港的前途》，署名"戚十肖"	《华侨日报》	18	20
二月	《石涛的〈画语录〉与〈画谱〉问题》	《明报月刊》第八卷第二期	9	5-2
二月二日	《"掩耳盗铃"式的抽身手法》，署名"戚十肖"	《华侨日报》	34	23
二月十日	《落后国家实行社会主义的难题》	《华侨日报》	17	23
二月十八日	《日本社会党的前途》，署名"戚十肖"	《华侨日报》	17	23
二月二十八日	《西方文化中的"平等"问题》	《华侨日报》	18	16

三月	《我的父亲》	《明报月刊》第八卷第三期	32	24
三月一日	《有关周公问题之商讨》	《东方杂志》复刊第六卷第九期	31	14
三月二至四日	《美、日第一回合的经济战》	《华侨日报》	34	23
三月十八日	《日、苏之恋》	《华侨日报》	34	23
三月二十三日	《从法国此次大选看民主政治》	《华侨日报》	17	22
四月	《心的文化》	《新亚学生报》	4	3
	《关于中国当前问题与海外知识分子的态度（答问纪录）》[92]	《中大学生报》	35	14
四月四日	《狗尿洒遍美孚新村的海滨走廊》	《明报·集思录》	36	20
四月五、六日	《另一形态的共产党》	《华侨日报》	17	22
四月七日	《世界政治气氛之变》	《华侨日报》	34	22
四月十一日	《一种文化没落的信号》	《华侨日报》	17	22
四月二十日	《毕加索的时代》	《华侨日报》	18	19
四月二十八日	《再论毕加索》	《华侨日报》	18	19
五月	《五四运动的一个角落》	《新亚学生报》	32	24
五月二日	《何年何月，我们才能出现水门事件？》	《华侨日报》	17	22
五月八日	《日本对中共的复杂心理》	《华侨日报》	35	23
五月十五日	《文之纲领》，后收入《〈文心雕龙〉浅论之七》	《华侨日报·中国文学双周刊》第五十四期	7	6
五月十九日	《马列主义在农业上的考验》	《华侨日报》	35	22
五月二十五日	《在苏联压榨下东德的现在与将来》	《华侨日报》	34	22

六月一日	《民主、科学与道德》	《华侨日报》	34	22
六月十九日	《中国文化中"平等"观念的出现》	《华侨日报》	31	13
六月二十二日	《英、美正在中国政治思想考验之下》	《华侨日报》	34	22
六月二十八日	《美、苏高峰会议的成就及其背景》，署名"戚十肖"	《华侨日报》	34	22
七月	《中国人可以不纪念七七吗?》	《中华杂志》第十一卷第七期	18	20
七月八日	《狄恩的祈祷》，署名"戚十肖"	《华侨日报》	34	22
七月十六日	《现代中国知识分子的特性——悼念章士钊先生》	《华侨日报》	19	14
七月二十五日	《埃及之穷与中东问题之变》，署名"戚十肖"	《华侨日报》	34	23
八月	《中国文化精神的另一表现》	《中华杂志》第十一卷第八期	32	16
八月、九月	《〈兰亭〉争论的检讨》	《明报月刊》第八卷第八、九期	6	19
八月七日	《日本田中首相外交之旅的第一站》，署名"戚十肖"	《华侨日报》	34	23
八月七、八日	《美、日人士看美、日此次高峰会议》，署名"戚十肖"	《华侨日报》	34	22
八月十四日	《智利社会主义的挫折》	《华侨日报》	34	23
八月二十一日	《大节与大体——美国现阶段的水门事件》，署名"戚十肖"	《华侨日报》	34	22
八月二十八日	《抑制苏联，是国际政治上的中心任务》	《华侨日报》	17	22
九月六日	《毛泽东的伟大艺术作品——中共十全大会》	《华侨日报》	35	21
九月十一日	《反什么潮流?》	《华侨日报》	16	21
九月十八日	《什么原因造成阿伦第的悲剧》，署名"戚十肖"	《华侨日报》	17	23
十月二日	《经济上的循环报应》	《华侨日报》	34	20

十月九日	《日本文学的一动态》	《华侨日报》	17	23
十月十七日	《苏联的毒计——略论中东战争》	《华侨日报》	34	22
十月二十三日	《再论中东之战》	《华侨日报》	34	23
十月三十日	《中东停战的幕前幕后》	《华侨日报》	34	23
十一月	《一番沉重的良心话——徐复观老师来文》	《中大学生报》	16	21
十一月六日	《中东野心家的石油武器》	《华侨日报》	34	23
十一月十三日	《"塞翁哲学"下的石油武器》	《华侨日报》	34	23
十一月二十日	《国际政治的一次重大复杂的考验》	《华侨日报》	34	23
十一月二十七日	《快到尼克逊辞职的时候》	《华侨日报》	34	22
十二月四日	《中东能不再打一仗吗？》	《华侨日报》	34	23
十二月十一、十二日	《沧海遗珠》	《华侨日报》	18	20
十二月十五日	《刘安的时代与〈淮南子〉》,后改名《淮南子》与刘安的时代"	《大陆杂志》第四十七卷第六期	12	8
十二月二十日	《孔子与柏拉图》	《华侨日报》	16	16
一九七四年（甲寅）七十一岁				
一月四、五日	《由消极运用转向积极运用的石油武器》	《华侨日报》	34	23
一月五日	《痛悼道邻兄》	《中国时报》	32	25
一月六日	《中东由战争走向和平的可能性》	《华侨日报》	34	23
一月八日	《世界正进入到一个新的时代》	《华侨日报》	34	23

一月十五日	《迷幻药下的狂想曲》	《华侨日报》	18	16
一月二十二日	《黄震遐先生之死》	《华侨日报》	32	25
一月三十日	《从怪异小说看时代》	《华侨日报》	18	18
二月五、六日	《南越两次军事侵略行动所引起的问题》	《华侨日报》	17	23
二月十二日	《英国正向"吃光主义"迈进》	《华侨日报》	17	22
二月十九日	《深为索忍尼津庆幸》	《华侨日报》	17	22
二月二十六、二十七日	《不可否定人类的基本"认知"能力——对"批孔"运动的一断想》	《华侨日报》	16	21
三月	《董邦达〈西湖四十景〉》	《明报月刊》第九卷第三期	31	19
三月五日	《苦闷的象征——英国此次大选的结果》	《华侨日报》	34	22
三月十二日	《由索忍尼津事件所引起的思考》	《华侨日报》	17	22
三月十九日	《在基辛格外交后退中的混乱世局》	《华侨日报》	34	22
三月二十六日	《苏联统治者的意识形态与谎言》	《华侨日报》	17	22
四月	《驳郭沫若殷周奴隶社会说》[93]	《中华杂志》第十二卷第四期	11	7
	《教育、群众运动及其他（答问纪录）》	《明报月刊》第九卷第四期	35	17
四月一日	《有关周公践阼称王问题的申复》	《东方杂志》复刊第七卷第十期	11, 24	12
四月二日	《永无停止的苏联外交攻势》	《华侨日报》	34	22
四月九日	《对寮国联合政府的期待》	《华侨日报》	34	23
四月十六日	《日、苏间，杂志与广播的对话》	《华侨日报》	17	23

四月二十五日	《孔子的"华夷之辨"！》	《华侨日报》	16	13
四月三十日	《葡萄牙的军事政变》	《华侨日报》	34	22
五月五日	《"辨伪"之不易的一例》	《中国时报》	18	17
五月八日	《资源特别会议的实质意义》	《华侨日报》	34	23
五月二十日	《美国政治的梦魇》	《华侨日报》	17	22
五月二十三日	《以色列人应放弃"冤冤相报"的观念》	《华侨日报》	34	23
五月二十九日	《一位法国人士心目中的中、日文化异同》	《华侨日报》	18	16
六月四日	《以、叙隔军协定成功的国际动脉》	《华侨日报》	34	23
六月十三日	《邓小平的嘴脸》[94]	《华侨日报》	16	21（《全集》名为"邓小平的讲话"）
六月十九日	《中国古代妇女的地位问题》[95]	《华侨日报》	18	20
六月二十五日	《中东形势转变的前因后果》	《华侨日报》	34	23
七月	《中国人文精神与世界危机》[96]	《明报月刊》第九卷第七期	31	16
七月四日	《阿拉伯人今后的选择》	《华侨日报》	17	23
七月九日	《美、苏高峰会议后的国际局势》	《华侨日报》	34	22
七月十七日	《日本十届参院选举所显示的意义》	《华侨日报》	34	23
七月二十四日	《过分的现实主义，不足缓和世局的紧张——试以塞浦路斯问题为例》	《华侨日报》	34	22
七月三十一日、八月一日	《身后是非谁管得？》	《华侨日报》	16	20

八月一日	《由两封书信所引起的一点感想》	《幼狮》月刊第四十卷第二期	18	16
八月七日	《小人物、大野心的归结》	《华侨日报》	34	22
八月十三日	《民主主义的光辉！——美国水门事件的归结》，后只名"美国水门事件的归结"	《华侨日报》	17	22
八月二十二日	《日、韩间应有的反省》	《华侨日报》	34	23
八月二十七日	《日本一位现代知识分子对〈论语〉的反省》	《华侨日报》	16	13
九月三日	《概念偶像崇拜的灾害》	《华侨日报》	17	22
九月十一日	《漫谈香港问题》	《华侨日报》	36	20
九月十七日	《民主政治的另一角度——情理义利之间》	《华侨日报》	17	22
九月二十五日	《再漫谈香港问题》	《华侨日报》	36	20
十月一日	《阿拉伯产油国早向自由世界宣战了》	《华侨日报》	34	23
十月九日	《美国的油价抗拒与中东问题》	《华侨日报》	34	22
十月十五日	《"社会契约"能拯救英国经济危机吗？》	《华侨日报》	34	22
十月二十三日	《〈日本沉没〉之前的若干世相》	《华侨日报》	34	23
十月三十日	《苏联的世界帝国之梦》	《华侨日报》	34	22
十一月	《中国画史上最大疑案——两卷黄公望的〈富春山图〉问题》	《明报月刊》第九卷第十一期	13	19
十一月一日	《答辅仁大学历史学会问治古代思想史方法书》	《幼狮》月刊第四十卷第五期，选自《辅仁史系通讯》第三期	18	17
十一月五日	《"暴力世界化"中的典型人物》	《华侨日报》	17	23
十一月十三日	《在中东政治魔术师的阴影之下》	《华侨日报》	34	23

十一月二十一日	《只有喘息、没有和平的心脏地带》	《华侨日报》	34	23
十一月二十六日	《福特总统的"气氛之旅"》	《华侨日报》	34	23
十二月	《在神木庇荫之下》	《中华月报》总第七一一期	31	20
十二月三日	《壹是皆以修身为本！——略评日本田中政权的短命》	《华侨日报》	17	23
十二月十、十一日	《一个中国人在文化上的反抗》[97]	《华侨日报》	18	16
十二月十七日	《古今同"病"！》	《华侨日报》	16	21
十二月二十四日	《西方能从此"扎住阵脚"吗？》	《华侨日报》	34	22
十二月三十一日	《一九七五年自由世界的命运是操在阿拉伯野心家手上》	《华侨日报》	34	23
一九七五年（乙卯）七十二岁				
一月九日	《新年杂感——混乱中的探求》	《华侨日报》	18	20
一月十四日	《战争是政治的延续》	《华侨日报》	34	22
一月二十二日	《什么叫作"面子"？》	《华侨日报》	36	20
一月二十八日	《假定出现了中东战争》	《华侨日报》	34	23
二月	《中国画史上最大的疑案补论——并答饶宗颐先生》	《明报月刊》第十卷第二期	13	19
二月四日	《联合国与第三次世界大战》	《华侨日报》	34	22
二月十六日	《春节怀旧》	《华侨日报》	19	24
二月二十六日	《英国撒切尔夫人的旋风与迷惘》	《华侨日报》	17	22
三月五日	《苏联史达林统治体制的反动本质》	《华侨日报》	17	22
三月十一日	《"你追我赶"的武器竞赛》	《华侨日报》	34	22

三月十五日	《扬雄论究》	《大陆杂志》第五十卷第三期	12	8
三月十九日	《应当是美国"撒手归西"的时候》	《华侨日报》	34	22
三月二十五日	《什么是人生究极的意义？》	《华侨日报》	18	14
四月一日	《国际均势的动摇及中东的混乱》	《华侨日报》	34	23
四月七日	《对蒋总统的悲怀》[98]	《华侨日报》	32	25
四月八日	《季辛格外交路线的崩溃》	《华侨日报》	34	22
四月二十二日	《生活的意识、型态，决定生存的权利》	《华侨日报》	17	23
四月二十六日	《悼高叔康兄》	《中国时报》	32	25
四月二十九日	《国际局势的转变、混沌、摸索》	《华侨日报》	34	22
五月一日	《答杨牧问文学书》	《幼狮》月刊第四十一卷第五期	31	18
五月六日	《惊涛骇浪中的浪花四溅》	《华侨日报》	34	23
五月十三日	《由春梦到噩梦——哀捷克》	《华侨日报》	34	22
五月二十日	《当前中共外交形势的臆测》	《华侨日报》	35	21
五月二十七日	《为孔子作证的一位外国学者》	《华侨日报》	16	13
六月	《帛书〈老子〉所反映出的若干问题》	《明报月刊》第十卷第六期	14, 24	12
六月二日	《西贡变色后的越南》	《华侨日报》	34	23
六月五日	《五十年来的中国——为〈华侨日报〉创办五十周年纪念而作》	《华侨日报》	22	14
六月十一日	《美国国际政治形象的重建》	《华侨日报》	34	22
六月十七日	《孔子历史地位的形成》	《华侨日报》	16	13

六月二十四日	《当前天下大势》	《华侨日报》	34	22
七月、八月、九月	《疑案走向定案——三论台北故宫博物院藏黄公望（大痴、子久）〈子明卷〉及〈无用师卷〉的真伪》	《明报月刊》第十卷第七至九期	13	19
七月一日	《朝鲜无战事》	《华侨日报》	34	23
七月八日	《世界混乱与分裂的象征地带》	《华侨日报》	34	22
七月十五日	《"社会规范"问题》	《华侨日报》	18	17
七月二十二日	《苏特在葡国的策划，启示了我们些什么》	《华侨日报》	34	22
七月二十九日	《我们的待望与警惕——略论欧洲安全共同宣言》	《华侨日报》	34	23
八月	《关于〈子明卷〉与大痴字迹》	《明报月刊》第十卷第八期	31	—
八月六日	《欧洲安全合作会议所反映出的国际问题》	《华侨日报》	34	23
八月十三日	《三木武夫访美向"现实"低头》	《华侨日报》	34	23
八月二十日	《辩证法下的人类前途》	《华侨日报》	18	14
八月二十六日	《孟加拉国总统拉曼之死》	《华侨日报》	34	23
九月一日	《〈盐铁论〉中的政治社会文化问题》[99]	《新亚学报》第十一卷	14	9
九月二日	《苏共的无耻》	《华侨日报》	34	22
九月九至十一日	《谁是中国的皇帝？》[100]	《华侨日报》	16*	21
九月十五日	《贾谊思想的再发现》	《大陆杂志》第五十一卷第三期	12	8
九月二十三日	《苏联野心的挫折》	《华侨日报》	34	22
九月二十五日	《哀悼欧阳百川先生》	《华侨日报》	32	25

九月三十日、十月一日	《日本三木首相的外交谋略》	《华侨日报》	34	23
十月七日	《西欧文明的颠倒》	《华侨日报》	17	23
十月十五日	《和平与民主——略论苏联沙哈罗夫获得的诺贝尔和平奖》	《华侨日报》	17	22
十月二十二日	《人类之宝的古典——〈论语〉》	《华侨日报》	16	13
十月二十八日	《汤恩比对中国的待望》	《华侨日报》	18	14
十一月五日	《中共国际战略的危机》	《华侨日报》	35	21
十一月十二日	《给各方面都过不去！》	《华侨日报》	34	22
十一月十八日	《德（西德）、日两国的革新政党》	《华侨日报》	34	23
十一月二十五日	《郎布耶经济高峰会议的评价》	《华侨日报》	34	22
十二月四日	《制共与反共》	《华侨日报》	17	23
十二月九日	《福特北京之行的评估》	《华侨日报》	35	22
十二月十五日	《扬雄待诏承明之庭的年代问题——敬答施之勉先生》	《大陆杂志》第五十一卷第六期	31	18
十二月十七日	《愚、斗之国》	《华侨日报》	16	17
十二月二十四日	《知识良心的归结——以汤恩比为例》	《华侨日报》	18	14
十二月三十一日	《对大局及香港的展望》	《华侨日报》	34	22
一九七六年（丙辰）七十三岁				
一月	《孔子在中国的命运》	《明报月刊》第十一卷第一期	16	13
一月三日	《垃圾箱外》	《新闻天地》第一四五五期	19	24
一月十日	《悼念周恩来先生》	《华侨日报》	35	25

一月十四日	《周恩来逝世之后》	《华侨日报》	16	21
一月二十三日	《国际大三角内的小三角斗争》	《华侨日报》	34	23
一月二十四日	《娘子关战役的回忆》	《新闻天地》第一四五八期	19	24
一月二十七日	《意共的"历史妥协路线"》	《华侨日报》	17	23
二月	《周恩来逝世座谈会（发言纪录）》	《明报月刊》第十一卷第二期	35	25
二月十一日	《论香港可居状》	《华侨日报》	36	20
二月十五日	《汉初的启蒙思想家——陆贾》	《大陆杂志》第五十二卷第二期	12	8
二月十七至十九日	《对大陆政局的一探测》	《华侨日报》	16	21
二月二十五日	《日共的和平革命路线》	《华侨日报》	17	23
三月	港版《学术与政治之间》自序	《明报月刊》第十一卷第三期	3	2
三月	《悼蓝孟博（文征）先生》	《中华杂志》第十四卷第三期	32	25
三月二日	《毛泽东派给尼克逊的角色》	《华侨日报》	35	21
三月九日	《而今魔杖已无灵——看苏联廿五届党代表大会》	《华侨日报》	34	22
三月十七日	《韩国政局的困惑》	《华侨日报》	34	23
三月二十四日	《一颗原始艺术心灵的出现——论台湾洪通的画》	《华侨日报》	18*，31	19
三月三十日	《幸兔玉环逢丧乱——为伊莎贝尔祝福》	《华侨日报》	34	23
四月	《定案还是定案！》	《明报月刊》第十一卷第四期	13	19
四月六日	《日本政局在黑雾中》	《华侨日报》	34	23
四月十三日	《用三句话作判断》	《华侨日报》	16	21

四月二十一日	《国事杂谈——美国、江青、毛路线》	《华侨日报》	16	21（《全集》名为"国事杂谈"）
四月二十八日	《港事杂谈》	《华侨日报》	36	20
五月	《从天安门事件看中国问题（座谈纪录）》[101]	《明报月刊》第十一卷第五期	35	21
五月五日	《"两帝"对中共的阴谋毒计》	《华侨日报》	35	22
五月十二日	《世界在"变"》	《华侨日报》	17	23
五月十九日	《"变"的迂回曲折》	《华侨日报》	34	23
五月二十六日	《读顾亭林〈生员论〉及其他》	《华侨日报》	18	14
六月	增订《两汉思想史》卷二自序[102]	《明报月刊》第十一卷第六期	12	8
六月一日	《日本社会党左派的"大脑麻痹症"》	《华侨日报》	17	23
六月八日	《语言魔术下的"校长独裁制"——评富尔敦中大调查报告书》	《华侨日报》	32	17
六月二十二日	《该得这不是中东前途的缩影吧！》	《华侨日报》	34	23
六月三十日	《意大利更深陷在泥沼里面》	《华侨日报》	34	23
七月六日	《在欧共会议中，苏联的让步与收获》	《华侨日报》	17	22
七月九日	《如何抢救香港中文大学》	《华侨日报》	32	17
七月十五日	《大学联考怎会有这样的国文试题》	《中华日报》	32	17
七月三十一日	《冀东大地震的联想——我们需要科学的，也需要非科学的》	《明报》	16	21
九月	《偶成》	《明报月刊》第十一卷第九期	31	18

九月八日	《迷失了的日本自民党》	《华侨日报》	34	**23**
九月十一日	《秦始皇与毛泽东之死》	《明报》	31	**21**
九月十四日	《毛泽东死后的"毛思想"问题》[103]	《华侨日报》	16	**21**（《全集》名为"毛之后的'毛思想'问题"）
九月二十二日	《由美国大选看美国政治的难局》	《华侨日报》	34	**22**
九月二十八、二十九日	《韩非子心目中的孔子——教师节献给孔子在天之灵》	《华侨日报》	16	**13**
十月六日	《苏联当前的政治战略》	《华侨日报》	34	**22**
十月十五日	《事有必至，理有固然！——论江青们的被捕》	《华侨日报》	16	**21**
十月十六日	《今年欧洲大选所表现的政治方向》	《华侨日报》	34	**23**
十月二十六日	《我能说点什么？》	《华侨日报》	16	**21**
十一月七、二十三日，十二月九日	《面对时代浅谈孔子思想》	《华侨日报》	16	**13**
十一月十七日	《一个"政权的基础"问题》	《华侨日报》	16*，35	**21**
十一月三十日	《苏联"有限主权论"的扩张与贯彻》	《华侨日报》	17	**22**
十二月二十日	《中共问题断想》	《华侨日报》	16	**21**
十二月二十一日	《日共在大选中惨败的教训》	《华侨日报》	17	**23**
十二月三十日	《华国锋们的突破与难题》	《华侨日报》	16	**21**

一九七七年（丁巳）七十四岁				
一月四日	《年头絮语》	《华侨日报》	18	20
一月十一日	《日本福田赳夫的"经济年"》	《华侨日报》	34	23
一月十八日	《立国精神与现实利益》	《华侨日报》	17	23
一月二十六日	《人自身能力的恢复与解放》	《华侨日报》	17	22
二月一日	《在苏联魔爪下的人权抗争》	《华侨日报》	17	22
二月十日	《汉字在日本的考验》	《华侨日报》	17	23
二月十七日	《四人帮的主要毒害是在文化学术！》	《华侨日报》	16	21
三月一日	《中东和平问题的展望》	《华侨日报》	34	23
三月八日	《大陆政情管窥》	《华侨日报》	16	21
三月十九日	《一段往事》	《华侨日报》	16	14
三月二十二日	《人权外交的光辉与困惑》	《华侨日报》	17	22
三月二十九日	《为印度前途祝福》	《华侨日报》	34	23
四月六日	《两个和尚的"话头"》	《华侨日报》	18	16
四月十三日	《由国际政党走向血缘政党的历程》	《华侨日报》	17	23
四月十五日	《"清代汉学"衡论》	《大陆杂志》第五十四卷第四期	14	12
四月十九日	《柬埔寨可惊的实验》	《华侨日报》	34	23
五月	《台湾书商的道德问题》	《中华杂志》第十五卷第五期	36	20
五月三日	《越南鳞爪》	《华侨日报》	34	23
五月九日	《读〈毛选集〉五卷杂感之一》	《华侨日报》	16	21
五月十七日	《读〈毛选集〉五卷杂感之二》	《华侨日报》	16	21

五月二十六日	《读〈毛选集〉五卷杂感之三》	《华侨日报》	16	21
六月二日	《读〈毛选集〉五卷杂感之四》	《华侨日报》	16	21
六月七日	《苏联的新宪法草案》	《华侨日报》	17	22
六月十四日	《再论苏联新宪法草案》	《华侨日报》	17	22
七月	《"求真"与"行诈"》,此乃《黄大痴两山水长卷的真伪问题》之自序	《明报月刊》第十二卷第七期	13	19
七月十二、十三日	《瞎游杂记之一》	《华侨日报》	19	24
七月十五日	《瞎游杂记之二》	《华侨日报》	19	24
七月十八至二十日	《瞎游杂记之三》	《华侨日报》	19	24
七月二十三日	《瞎游杂记之四》	《华侨日报》	19	24
七月二十七日	《瞎游杂记之五》	《华侨日报》	19	24
七月三十日	《瞎游杂记之六》	《华侨日报》	19	24
八月	《赴美国参加清初学术讨论会后赋此以志涯略》,此诗收入《瞎游杂记之三》	《明报月刊》第十二卷第八期	19	24
八月三、八、十日	《瞎游杂记之七》	《华侨日报》	19	24
八月十二日	《瞎游杂记之八》	《华侨日报》	19	24
八月十五日	《刘向〈新序〉、〈说苑〉的研究》	《大陆杂志》第五十五卷第二期	14	9
八月十八日	《瞎游杂记之九》	《华侨日报》	19	24
八月二十二日	《瞎游杂记之十》	《华侨日报》	19	24
八月二十五日	《瞎游杂记之十一》	《华侨日报》	19	24

八月二十六日	《瞎游杂记之十二》	《华侨日报》	19	24
九月二十一、二十二日	《从"瞎游"向"眯游"》[104]	《华侨日报》	19	24
九月二十八至三十日	《孔子与〈论语〉——为纪念中华民国六十六年孔子诞辰而作》	《华侨日报》	16	13
十月十一、十二日	《中共目前的困扰——陈云一篇文章所反映出的问题》	《华侨日报》	16	21
十月十八日	《沙卡诺夫的孤独》	《华侨日报》	17	22
十月二十五日	《最近处理劫机事件中日本的民族性》，后改名"从劫机事件看日本的民族性"	《华侨日报》	17	23
十一月	《王国维〈人间词话〉境界说试评——中国诗词中的写景问题》	《明报月刊》第十二卷第十一期	23	10
十一月一日	《十月二十八日的警察事件》	《华侨日报》	36	20
十一月八日	《布里兹涅夫的伎俩》	《华侨日报》	17	22
十一月十五日、十二月十五日	《论〈史记〉》[105]	《大陆杂志》第五十五卷第五、六期	14	9
十一月十六日	《天气预报与思想领导》	《华侨日报》	17	22
十一月二十二日	《沙达特的英雄的行动》	《华侨日报》	34	23
十一月三十日	《沙达特访问耶路撒冷以后》	《华侨日报》	34	23
十二月一日	《原史——由宗教通向人文的史学的成立》	《新亚学报》第十二卷	14	9
十二月四日	《和妻在一起》	《星岛日报》	19	24
十二月六日	《王船山的历史睿智》	《华侨日报》	35	13

十二月十四日	《"明朗化"是走向和平的第一步》	《华侨日报》	34	23
十二月二十、二十三日	《感逝》	《华侨日报》	19	25
一九七八年（戊午）七十五岁				
一月十日	《柬、越战争中所蕴含的复杂问题》	《华侨日报》	34	23
一月十七日	《悼鲁实先教授》	《华侨日报》	19	25
一月二十四日	《中共文化界中的"风派人物"》	《华侨日报》	18	14
一月三十一日、二月一日	《毛泽东能跳出历史的巨流吗？》	《华侨日报》	35	—
二月十日	《悼唐君毅先生》[106]	《华侨日报》	32	25
二月十四日	《政治艺术与政治现实》	《华侨日报》	17	23
二月二十二日	《中共还没有承认孔子的能力！》	《华侨日报》	16	21
三月一日	《再论中共对孔子地位的承认问题》	《华侨日报》	16	21（《全集》名为"再论对孔子地位的承认问题"）
三月七、二十一日	《读冯至〈论洋为中用〉》	《华侨日报》	16	18
三月十二日	《对中共五届人代会之一观察》	《华侨日报》	35	21（《全集》名为"对五届人代会之一观察"）
三月二十九日	《小市民的精神自卫》	《华侨日报》	36	20
四月六日	《邓小平的挫折》	《华侨日报》	16	21

四月十一日	《礼貌、礼教》	《华侨日报》	36	16
四月十五日	《读〈《论史记》驳议〉——敬答施之勉先生》	《大陆杂志》第五十六卷第三、四期合刊	14	9
四月十八日	《中共的外交形势》	《华侨日报》	35	21
四月二十六、二十七日	《由奉俑的联想》	《华侨日报》	18	20
五月三日	《欧洲共产主义与列宁主义》	《华侨日报》	17	23
五月十、十一日	《由〈杨门女将〉的联想》	《华侨日报》	18	20
五月十六日	《香港的政治气候》	《华侨日报》	36	20
五月二十三日	《孔门师弟——本文系为香港封闭金禧中学事件而作》	《华侨日报》	16	17
五月三十日	《逝者如斯夫，不舍昼夜！》	《华侨日报》	18	20
六月七日	《不仅是"葛伯仇饷"故事的重演》	《华侨日报》	17	23
六月十三日	《"超同盟的世界战略"的形成》	《华侨日报》	34	22
六月二十一、二十二日	《多为国家学术前途着想》	《华侨日报》	18	14
六月二十八日	《面对我们国家若干问题的思考》	《华侨日报》	18	14
七月四日	《"远东古巴"的出现》	《华侨日报》	17	23
七月十八日	《悼念萧一山、彭醇士两先生》	《华侨日报》	19	25
七月二十一日	《评毛泽东〈在扩大的中央工作会议上的讲话〉》	《华侨日报》	16	21
七月二十五、二十六日	《只有"国交主义"，没有"国际主义"》	《华侨日报》	17	22
八月一日	《中共、越共应增加历史了解》	《华侨日报》	17	23

八月十一日	《所闻！所思！》	《华侨日报》	16	21
八月十五日	《港事琐谈》	《华侨日报》	36	20
八月二十二日	《中（共）、日和平友好条约成立的背景与前景》	《华侨日报》	35	23（《全集》名为"中日和平友好条约成立的背景与前景"）
八月三十一日	《卡特可能是被沙达特牵着鼻子走》	《华侨日报》	34	23
九月	《石涛之一研究》第三版自序	《中华杂志》第十六卷第九期	9	5-2
九月七日	《读郑学稼教授著〈日本史〉》[107]	《华侨日报》	17	23
九月十四日	《中（共）、苏现阶段的外交战》	《华侨日报》	35	22（《全集》名为"中苏现阶段的外交战"）
九月二十二日	《"极左派"的本质》	《华侨日报》	17	22
九月二十八至三十日	《孔子思想的性格问题》	《华侨日报》	22	13
十月七日	《八十年代的苏联战略》	《华侨日报》	34	22
十月十、二十、二十一日	《国族无穷愿无极，江山辽阔立多时——答翟君志成书》[108]	《华侨日报》	15*，16*，35	14, 17
十月十五日	《〈史〉、〈汉〉比较研究之一例》	《大陆杂志》第五十七卷第四期	14	9
	《宋诗特征试论》	《中华文化复兴月刊》第十一卷第十期	23	10
十一月一日	《天主教的集体智慧的表现》	《华侨日报》	22	16

十一月七日	《从北方燃起的烽火》	《华侨日报》	34	23
十一月十七日	《一席话》	《华侨日报》	36	20
十一月二十二日	《"未尝不叹息痛恨于桓灵也！"》	《华侨日报》	22	21
十一月二十七日	《虚·灵·不昧！》	《华侨日报》	16	21
十二月五日	《中文与"中国人意识"》	《华侨日报》	22	16
十二月十一日	《悼念叶荣钟先生》	《中国时报》	19	25
十二月十六、十八至二十日	《良知的迷惘》[109]	《华侨日报》	18	14
十二月二十六	《试论中共之变》	《华侨日报》	35	21
一九七九年（己未）七十六岁				
一月五日	《日共党内的民主争论》	《华侨日报》	34	23
一月九日	《四个现代化以外的问题之一》	《华侨日报》	16, 22	21
一月十七日	《悼念戴君仁教授》	《中国时报》	19	25
一月十九日	《看画杂缀》	《华侨日报》	31	19
一月二十四日	《东南亚地区的"九一八事变"》	《华侨日报》	34	23
二月二日	《"破日"文章"浑漫与"》	《华侨日报》	36	20
二月十一至十六日	《文化卖国贼——看上海四人帮余孽》	《华侨日报》	16*, 35	14
二月十九日	《终于要打这一仗！》	《华侨日报》	17	23
二月二十五日	《烈士暮年忧国之心》	《华侨日报》	18	14
三月	《邃加室诗文集》序	《邃加室诗文集》，香港：志豪印刷公司	23	10

三月六日	《保持这颗"不容自已之心"——对另一位老友的答复》	《华侨日报》	16	14
三月十二、十三日	《从颜元叔教授评鉴杜甫的一首诗说起》	《中国时报》	23	10
三月十三至十五日	《"死而后已"的民主斗士——敬悼雷儆寰(震)先生》[110]	《华侨日报》	19*、36	25
三月二十日	《中、越之战的回顾》	《华侨日报》	35	23
三月二十七日	《远奠熊师十力》	《华侨日报》	19	25
四月三日	《以、埃和约的背景与前瞻》	《华侨日报》	34	23
四月十二、十三日	《中共面临考验!》	《华侨日报》	22	21
四月十七、十八日	《国族与政权——答老壮士先生及其他读者》	《华侨日报》	16	21
四月二十四日	《苏联在远东的政治突袭!——苏、日关系正常化》	《华侨日报》	34	22
五月	《宋诗特征基线的画出者(宋诗特征试论之一)》	《明报月刊》第十四卷第五期	23	10
五月三日	《大陆问题漫谈之一》	《华侨日报》	22	21
五月十五日	《一个政治家的王阳明》	《中华文化复兴月刊》第十二卷第五期	22	13
五月十六日	《大陆问题漫谈之二》	《华侨日报》	22	21
五月二十二日	《答薛顺雄商讨"白日依山尽"诗》	《中国时报》	23	10
五月二十六日	《大陆问题漫谈之三》	《华侨日报》	22	21
六月	《三友集》序	《三友集》,台中:中央书局	22	25
六月八日	《大陆问题漫谈之四》	《华侨日报》	22	21
六月十六日	《大陆问题漫谈之五》	《华侨日报》	22	21
六月二十日	《大陆问题漫谈之六》	《华侨日报》	22	21

六月二十六日	《大陆问题漫谈之七》	《华侨日报》	22	21
七月	《黄山谷在宋诗中的地位（宋诗特征试论之二）》	《明报月刊》第十四卷第七期	23	10
七月四、十七日	《试谈思想解放》	《华侨日报》	22	21
七月十六、十七日	《敬答颜元叔教授》	《中国时报》	23	10
七月二十二日	《难民、越共、日本！》	《华侨日报》	22	23
七月三十一日	《〈猎鹿者〉与南海血书》	《华侨日报》	22	20
八月七日	《读日本杂志偶抄》	《华侨日报》	22	23
八月十五日	《从世界战略形势看中、越是否再战》	《华侨日报》	22	23
八月二十一日	《书与人生——向有钱者进一言》	《华侨日报》	22	20
八月二十八日	《孔子与马克思——为纪念一九七九年孔子诞辰而作》	《华侨日报》	22	13
九月	《历史的曲折》	《明报月刊》第十四卷第九期	32	24
九月一日	《向孔子思想性格的回归——为纪念民国六十八年孔子诞辰而作》	《中国人月刊》第一卷第八期	22	12, 13
九月四日	《邓丽君与华国锋》	《华侨日报》	22	21
九月十二日	《刘邦与毛泽东》	《华侨日报》	22	—
九月十八日	《世界开始向河内报复！》	《华侨日报》	22	23
九月二十五日、十月二日	《中国文学讨论中的迷失——一九七九年九月二十二日新亚研究所文化讲座讲辞》	《华侨日报》	22, 23	10
十月一日	《三十年来家国座谈会（发言纪录）》	《中国人月刊》第一卷第九期	35	21
十月八日	《感旧》	《中国时报》	22	25

十月十日	《读叶剑英讲话的一些杂感之一》	《华侨日报》	22*，35	21
十月十六日	《读叶剑英讲话的一些杂感之二》	《华侨日报》	22	21
十月二十三、二十四日	《响应沙卡洛夫的呼吁》	《华侨日报》	22	—
十月三十日	《历史是可以信赖的——闻朴正熙被枪杀》	《华侨日报》	22	23
十一月六日	《读叶剑英讲话的一些杂感之三》	《华侨日报》	22	21
十一月十四日	《神座观念的灾祸》	《华侨日报》	34	20
十一月二十日	《漫谈中共第四届文代大会》	《华侨日报》	22	18
十一月二十七日	《杂文》自序	《华侨日报》	16*，17*，18*，19*，31	24
十二月四日	《"亮起了红灯"的呼唤》	《华侨日报》	22	20
十二月十一日	《安定团结？藏垢分肥！》，后改名"中共还是安定团结？抑是藏垢分肥！"	《华侨日报》	22	21（《全集》名为"是安定团结？抑是藏垢分肥！"）
十二月十八日	《〈神座观念的灾祸〉续篇》	《华侨日报》	22	20
十二月二十八日	《道德的因果报应观念》	《华侨日报》	22	16
一九八〇年（庚申）七十七岁				
一月	《展望八十年代（答问纪录）》	《七十年代》第一二〇期	34	22
一月四日	《跨进八十年代的门限》	《华侨日报》	22	20

一月十二日	《港事趣谈》	《华侨日报》	36	20
一月十七、十八日	《周官的成立时代及其思想性格》自序	《华侨日报》	20, 27	11-2
一月二十三、二十四日	《苏联侵占阿富汗后的天下大势》	《华侨日报》	22	22
二月一日	《八十年代的中国》	《中报月刊》第一卷第一期	22	21
二月六日	《政治野心与自由选举》	《华侨日报》	22	20
二月十二日	《苏联世界大战战略的展开》	《华侨日报》	22	22
二月二十七日	《读艾青〈新诗应该受到检验〉》	《华侨日报》	22	18
三月四日	《刘少奇平反与人类的良知良识！》	《华侨日报》	22	21
三月十一、十八日	《缺少了些什么》，后改名"邓小平缺少了些什么"	《华侨日报》	22	21
三月二十五日	《我又一次不是"丈夫"了！》	《华侨日报》	36	21
四月一日	《悼念孙立人将军》	《华侨日报》	32	25
四月四日	《末光碎影》[111]	《中国时报》	22	24
四月十日	《平凡中的伟大——永忆洪炎秋先生》	《华侨日报》	22	25
四月十五日	《伊朗巴列维与科米尼的比较观》	《华侨日报》	22	23
四月二十三日	《政治参与和社会生活自由》	《华侨日报》	22	20
五月	《人生道上突破中的友谊——祝胡秋原先生七旬大庆》	《中华杂志》第十八卷第五期	32	25
五月八日	《中国思想史工作中的考据问题》	《华侨日报》	14, 24	9
五月十三、十四日	《提多是怎样会走出他自己的道路》	《华侨日报》	22	23
五月二十、二十一日	《大家应好好研读陈云的两篇讲话》	《华侨日报》	22	—

五月二十七日	《华国锋何以还要"兴无灭资"？》	《华侨日报》	22	21
六月一日	《陆机〈文赋〉疏释》	《中外文学》第九卷第一期	23	10
六月二日	《在竞赛中来自越南的威胁》	《华侨日报》	22	23
六月十日	《文艺与政治——由〈七十年代〉两篇文章所引起的思考》	《华侨日报》	22	18
六月十八日	《我所经验到的香港医疗问题》	《华侨日报》	36	20
六月二十六日	《科米尼的"尽头路"》	《华侨日报》	22	23
七月一日	《悼念司马长风先生》	《华侨日报》	22	25
七月八日	《驱向第三次世界大战途程中的喘息机会》	《华侨日报》	22	22
七月十五日	《有感于胡耀邦的谈话》	《华侨日报》	22	21
七月二十二日	《一个普通中国人眼里的毛泽东》	《华侨日报》	22	21
七月二十九日	《中共能不能改变研究"历史文化"的态度与方法》	《华侨日报》	22	21
八月	《按语:〈先世述要〉(熊十力著)》	《明报月刊》第十五卷第八期	31	20
八月六日	《毛思想、西藏及其他》	《华侨日报》	22	21
八月十二日	《简答余光中先生〈三登鹳雀楼〉》	《中国时报》	23	10
八月十三日	《香港二三事》	《华侨日报》	36	20
八月十七日	《擎起这把香火——当代思想的俯视(答问纪录)》	《中国时报》	22	16
九月、十月、十二月	《先汉经学的形成》[113]	《明报月刊》第十五卷第九、十、十二期	25	11-1
九月二十八日	《重来与重生》	《中国时报》	22	24
十月一日	《得今生寄诗奉和,时文化大革命正剧》	《中外文学》第九卷第五期	23	10

十月二十四、二十五日	《台湾瓜果》	《华侨日报》	22	24
十一月十四至十六、十八日	《旧封建专制与新封建专制》	《华侨日报》	22	21
十二月一日	《皎然〈诗式〉"明作用"试释》	《中外文学》第九卷第七期	23	10
十二月九日	《张佛千先生文集序》	《华侨日报》	31	25
十二月十六日	《民主是可以走得通的一条路——看台湾这次的补选》	《华侨日报》	27	21
十二月二十三日	《假定华国锋真正完蛋》	《华侨日报》	27	21（《全集》名为"假定华国锋真正完结"）
十二月三十一日	《来的是哪一位"王先生"》	《华侨日报》	27	14
一九八一年（辛酉）七十八岁				
一月	《清洗毛泽东的遗毒》	《明报月刊》第十六卷第一期	27	—
一月六日	《海峡东西第一人——读陈映真的小说》	《华侨日报》	23, 27	10
一月十三日	《同时结束一党专政？——答友人书》	《华侨日报》	27	21
一月二十日	《为中共提供一种可资反省的资料》	《华侨日报》	27	21
一月二十八日	《正常即伟大（之一）》	《华侨日报》	27	17
二月	《儒、道两家思想在文学中的人格修养问题》	《海外学人》第一〇三期	23, 27	10
二月三、四日	《正常即伟大（之二）》	《华侨日报》	27	17
二月十七日	《正常即伟大（之三）》	《华侨日报》	27	17

二月二十四日	《正常即伟大（之四）》	《华侨日报》	27	17
三月二日	《君毅兄逝世三周年聚慈航净苑纪念》	《华侨日报·人文双周刊》第二二八期	28	24
三月三、四日	《世界共党的蜕变与马克思主义的解体》	《华侨日报》	27	22
三月十一、十二日	《实践体系与思辩体系——答某君书》	《华侨日报》	27	16
三月十八日	《把良心放在秤盘上！》	《华侨日报》	27	16
四月十一日	《域外琐记》，后改名"域外琐记（之一）"	《华侨日报》	27	24
四月十七日	《答复"不具名"先生的信》	《华侨日报》	27	21
四月二十四日	《试评中共爱国主义》	《华侨日报》	27	21
四月二十七日	《秦政（秦始皇）的历史评价》	《华侨日报》	27	16
五月	《徐复观谈中共政局》	《七十年代》第一三六期	27	21
五月三日	《中共解放军的进路》	《华侨日报》	27	21
五月十一日	《中国文学论集续篇》自序	《华侨日报》	23, 27	10
五月十七日	《"精神参与者"之声》	《华侨日报》	27	14
五月二十一日	《域外琐记（之二）》	《华侨日报》	27	24
六月一、二日	《忆念刘凤章先生》[113]	《华侨日报》	27	25
六月十二日	《"精神文明"试探》	《华侨日报》	27	16
六月二十一日	《答邓文先生"论国是"书》	《华侨日报》	27	14
六月二十三日	《我从文化上推崇宋庆龄女士》	《华侨日报》	27	—

六月二十八日	《大局为重》	《华侨日报》	27	**22**
七月一日	《略论院派花鸟画——为唐鸿教授画展而作》	《百姓》第三期	31	**20**
七月五日	《学问的历程——〈卧云山房论文稿〉序》	《华侨日报》	23, 27	**10, 17**
七月二十六日	《域外琐记（之三）》	《华侨日报》	27	**24**
七月二十八至三十日	《谁给毛泽东以这样大的权力？——答某某博士书》	《华侨日报》	27	**16**
八月	《解答了的，和没有解答的》	《七十年代》第一三九期	35	**21**
八月一日	《我对何雪公性格的点滴了解》	《传记文学》第三十九卷第二期	32	**25**
八月五日	《历史曲折中的规律——伊朗与中共的证言》	《华侨日报》	27	**22**
八月九日	《思辩、实践、良心等问题——答某某博士书》	《华侨日报》	27	**14**
八月十六、十七日	《不应当被泯没的声音——域外琐记之三》，后改名"域外琐记（之四）"	《华侨日报》	27	**24**
八月二十八日	《中共的新缠足运动》	《华侨日报》	27	**21**（《全集》名为"新缠足运动"）
九月	《答陈胜长先生〈周官〉非古文质疑》	《明报月刊》第十六卷第九期	24	**12**
九月一日	《中国文化中人间像的探求》	《百姓》第七期	27	**16**
九月六日	《域外琐记（之五）》	《华侨日报》	27	**24**
九月十三日	《域外琐记（之六）》	《华侨日报》	27	**24**
九月二十日	《台北琐记》	《华侨日报》	27	**20**

九月二十九、三十日，十月一日	《孔子政治思想对现代中国的"照临"》	《华侨日报》	27*，35	13
十月	《徐复观谈学术与政治的关系》	《新土杂志》	27	21
	《从台湾警总两大法宝解开陈文成惨死之谜》，署名"蒋山青"	《七十年代》第一四一期	36	21
十月一日	《你们应该反省！——访徐复观谈辛亥革命》	《百姓》第九期	27	21
十月七、九日	《胡耀邦的迷惘》	《华侨日报》	27	21
十月十六日	《我对叶剑英所提九点和平统一号召的若干想法》	《百姓》第十期	27	21
十月二十一日	《朱元晦的最后》[114]	《华侨日报》	27	13
十月二十八日	《"偷运〈圣经〉"的意义是什么？》[115]	《华侨日报》	27	21
十一月三、四日	《悼念唐乃建（纵）兄》	《华侨日报》	27	25
十一月十日	《只有中国问题，没有香港问题》	《华侨日报》	27	21
十一月二十一日	《听其"衔"而观其言》	《华侨日报》	27	14
十一月二十二日	《民主促成国民党进步》	《华侨日报》	36	21
十一月二十八日	《孔子当然姓孔》	《中国时报》	27	17
十二月、一九八二年一月	《读王利器〈文心雕龙校证〉》	《明报月刊》第十六卷第十二期、第十七卷第一期	31	18
十二月九、十日	《中国传统文化中的性善说与民主政治》	《华侨日报》	27	13
十二月十六日	《港居碎语》，后改名"港居琐谈（之一）"	《华侨日报》	27	20

十二月二十二、二十三日	《最高的理想，最大的噩梦——波兰最近局势的启示》	《华侨日报》	27	23
一九八二年（壬戌）七十九岁				
一月	《对中共修改宪法的意见》	《明报月刊》第十七卷第一期	27	—
一月一、三日	《文化上的代沟与异域——给均琴女儿一封信的解答》[116]	《华侨日报》	27	16
一月十日	《辛亥革命成功的两大要素及其伟大的精神传统》	《湖北文献》第六十二期	27	14
一月十一、十二日	《中共最缺乏的是什么？》[117]	《华侨日报》	27	21
一月十六日	《我与梁漱溟先生片面关连》	《百姓》第十六期	32	25
一月二十日	《从"哈哈亭"向"真人"的呼唤！——读韩道诚先生〈儒林新传〉》	《华侨日报》	27	14
一月二十九日	《读〈魏源研究〉》	《华侨日报》	27	16
二月二日	《港居琐谈（之二）》	《华侨日报》	27	20
二月十五日	《程朱异同——平铺的人文世界与贯通的人文世界》	《大陆杂志》第六十四卷第二期	24	12
二月十六日	《梁漱溟先生小横轴手迹》	《百姓》第十八期	32	25
三月	《文艺创作自由的联想——翟志成〈中共文艺政策研究〉序》	《明报月刊》第十七卷第三期	27	18
三月十日	《中国经学史的基础》自序[118]	《华侨日报》	25	11-1
四月	《中国思想史论集续篇》自序	《鹅湖》第七卷第十期	24, 27	12
五月一日	《徐复观先生最后遗作及遗嘱（包括病中札记）》	《传记文学》第四十卷第五期	27, 28	24
一九八六年（丙寅）逝后四年				
四月	《独立舆论的待望》	《九十年代》第一九五期	35	14

《全集》编者注：《徐复观先生出版著作系年表》未收录篇目，续表补充于下：

篇　目	收入文集代号	收入《全集》册次
《中国文学中的气的问题——〈文心雕龙·风骨〉篇疏补》	7	6
《中国文学中的想象问题》	7	6
《中国文学中的想象与真实——〈中国文学中的想象问题〉补义》	7	6
《中国姓氏的演变与社会形式的形成》	11	7
《先秦儒家思想的转折及天的哲学的完成——董仲舒〈春秋繁露〉的研究》	12	8
《〈史记〉札记》		9
《〈韩诗外传〉的研究》	14	9
《王梦鸥先生〈刘勰论文的观点试测〉一文的商讨》	23	10
《西汉经学史》	25	11-1
《王阳明思想补论》	24	12
《徐复观先生谈中国文化》	18	15
《我们的学校》		17
《青年往何处去》	31	17
《知识与符咒——做人做事求学要在平实中立基础》	29	17
《故宫卢鸿〈草堂十志图〉的根本问题补志》	6	19
《溥心畲先生的人格与画格》	29	19
《徐复观最后日记》	28	24
《徐复观自拟墓志》	28	24
《溥心畲先生画册序》	19	25
《佛观先生书札》	15	25
《徐复观致胡秋原书信》		25
《徐复观致唐君毅佚书六十六封》		25

[1] 此文八月七日再刊于《中央日报》上海版。

[2] 此文五月七日再刊于《中央日报》南京版。

[3] 此文九月二十七日再刊于《中央日报》上海版。

[4] 此文十月七日再刊于《中央日报》上海版。

[5] 此文一九七一年十一月三十日再刊于《新夏》第二十五期。

[6] 此文一九六九年一月至一九七〇年三月再刊于《国魂》第二七八、
     二八〇、二八一至二八六、二八九至二九二期。

[7] 此文后被撮要为《农村的怀忆》，一九五七年十月十日刊于《人生》
     第十四卷第十一期。

[8] 此文五月二十四、二十五日再刊于《华侨日报》。

[9] 此文九月二日再刊于《华侨日报》。

[10] 此文后改名为"古人在危难中的智慧"，一九五六年五月十六日再刊
     于《人生》第十二卷第一期。

[11] 此文后与《西汉政治与董仲舒》、《董仲舒的志业》，合成《儒家对中
     国历史运命挣扎之一例》一文。

[12] 此文十一月七日再刊于《自由人》第五九三期。

[13] 此文六月十六日再刊于《民主评论》第八卷第十二期。

[14] 此文十一月十六日再刊于《民主评论》第八卷第二十二期。

[15] 此文由唐君毅起草稿，经徐先生改修后，与牟宗三、张君劢联署发表，
     现收入《唐君毅全集》第四册（台北：学生书局，一九九〇年）。

[16] 此文六月一日再刊于《人生》第十八卷第二期。

[17] 此文八月十六日再刊于《民主评论》第十卷第十六期。

[18] 此文一九六〇年一月十六日再刊于《人生》第十九卷第五期。

[19] 此文四月十六日再刊于《民主评论》第十一卷第八期。

[20] 此文五月一日再刊于《民主评论》第十一卷第九期。

[21] 此文五月十六日再刊于《民主评论》第十一卷第十期。

[22] 此文六月一日再刊于《民主评论》第十一卷第十一期。

[23] 此文六月十六日再刊于《民主评论》第十一卷第十二期。

[24] 此文七月一日再刊于《民主评论》第十一卷第十三期。《东京旅行通
     讯》缺"之七"，即已佚的《日本的天女》，疑是当时邮误寄失。故此，
     《文录》及《文录选粹》的编次略有更改。

[25] 此文八月一日再刊于《民主评论》第十一卷第十五期。

[26] 此文八月十六日再刊于《民主评论》第十一卷第十六期。

[27] 此文九月一日再刊于《民主评论》第十一卷第十七期。

[28] 此文三月再刊于《醒狮》复刊二十五期。

[29] 此文六月十六日再刊于《民主评论》第十二卷第十二期。

[30] 此文九月一、十六日再刊于《民主评论》第十二卷第十七、十八期。

[31] 此文后改名"中国文学的选、注、译等问题——梁选《古今文选》序",十二月十六日再刊于《人生》第二十三卷第三期。

[32] 此文六月再刊于《孔道季刊》第十四期。

[33] 此文四月十六日再刊于《世界评论》第十年第三号。

[34] 此文八月一、十六日,九月一日再刊于《民主评论》第十三卷第十五至十七期。

[35] 此文十一月十六日再刊于《世界评论》第十年第十五号。

[36] 此文一九七一年六月十五日再刊于《人物与思想》第五十一期。

[37] 此文五月十六日再刊于《世界评论》第十一年第一号,六月一日三刊于《新天地》第二卷第四期。

[38] 此文五月再刊于《人生》第二十五卷第十二期。

[39] 此文只刊出前半部,全文九月一日刊于《民主评论》第十四卷第十七期。

[40] 此文七月十六日再刊于《世界评论》第十一年第三号。

[41] 此文八月十六日再刊于《民主评论》第十四卷第十六期。

[42] 此文十二月一日并刊于《民主评论》第十四卷第二十三期、《世界评论》第十一年第八号。

[43] 此文后改名"中国文化与民主政治",十一月再刊于《中美月刊》第八卷第十一期。

[44] 此文四月一日再刊于《民主评论》第十五卷第七期。

[45] 此文四月十六日再刊于《民主评论》第十五卷第八期、《中华杂志》第二卷第四期。

[46] 此文五月十六日再刊于《民主评论》第十五卷第十期。

[47] 此文七月十六日再刊于《民主评论》第十五卷第十四期。

[48] 再刊于九月一日《民主评论》第十五卷第十六期。

[49] 《学艺周刊》是徐复观先生在《征信新闻报》主编的专栏杂志，逢星期一出版，由此日起，迄至一九六五年一月二十五日止。

[50] 十二月一日此文再刊于《民主评论》第十五卷第二十二期。

[51] 此文一九六五年二月一日再刊于《民主评论》第十六卷第三期。

[52] 此文一九六五年一月一日再刊于《民主评论》第十六卷第一期。

[53] 此文四月十六日再刊于《民主评论》第十六卷第八期。

[54] 此文八月一日再刊于《民主评论》第十六卷第十四期。

[55] 此文六月再刊于《东海文荟》第七期。

[56] 此文九月一日再刊于《民主评论》第十六卷第十五期。

[57] 此文十二月一日再刊于《民主评论》第十六卷第十八期。

[58] 此文收入周之鸣编《费正清等对台湾大阴谋》（香港：海外出版社，一九七〇年）。

[59] 此文十二月十六日再刊于《中华杂志》第三卷第十二期，一九六六年一月再刊于《民主评论》第十七卷第一期。

[60] 此文四月再刊于《东风》第三卷第七期。

[61] 此文五月再刊于《民主评论》第十七卷第五期。

[62] 此文后收入前揭《费正清等对台湾大阴谋》一书。

[63] 此文七月再刊于《民主评论》第十七卷第七期。

[64] 此文十二月一日再刊于《香港时报》，篇名前多冠一"论"字。

[65] 此文十月十日再刊于《湖北文献》第一期。

[66] 此文九月再刊于《民主评论》第十七卷第九期。

[67] 此文十二月再刊于《国魂》第二五三期。

[68] 此文一九六八年二月三日再刊于《自由报》第八二五期。

[69] 此文收入刘心皇编《文化汉奸得奖案》，台北：阳明杂志社，一九六八年十二月二十五日。

[70] 此文收入前揭《文化汉奸得奖案》一书。

[71] 此文七月再刊于《东海文荟》第九期。

[72] 此文四月二十日再刊于《中华杂志》第六卷第一期。

[73] 此文收入前揭《文化汉奸得奖案》一书。

[74] 再刊于三月《新天地》第七卷第一期。

[75] 此文收入前揭《文化汉奸得奖案》一书。

[76] 此书为沈覲鼎等人所编，惟缺载出版社及出版时间，鉴于五月十九日是张岳军的生日，而此书的《张岳军先生八十寿序》（王云五等撰）亦是在一九六八年五月九日于《征信新闻报》刊登，故将此书系于张氏生日前后。

[77] 此文十月再刊于《阳明》杂志第三十四期。

[78] 此文十月一日再刊于《世界评论》第十六年第十号，一九七〇年一月十五日三刊于《人物与思想》第三十四期。

[79] 此文十月一日再刊于《中华杂志》第七卷第十期。

[80] 此文十一月一日再刊于《中华杂志》第七卷第十一期，十一月七日三刊于《新夏》第五期。

[81] 此文一九七二年七月二十五日再刊于《新夏》第二十九期。

[82] 此文五月三十一日再刊于马来亚《中国报》。

[83] 此文九月二十八日再刊于《人生》第三十四卷第一期。

[84] 此文五月十五日再刊于《人物与思想》第五十期。

[85] 此文只是旧文节辑，所选者包括《治思想史的方法问题》、《两篇难懂的文章》、《中国思想史论集》代序、《中国人性论史》再版序和第一章，一共五篇。

[86] 此文一九八一年十月再刊于《七十年代》第一四一期。

[87] 此文后再刊于《国魂》第三二〇至三三六期。

[88] 《集思录》是徐先生与司马长风、胡菊人轮流执笔的专栏。

[89] 此文八月十六日再刊于《南北极》第二十七期。

[90] 此文九月十五日再刊于《大陆杂志》第四十五卷第三期，一九七六年十一月三刊于《中国史学论文选集》第一辑，台北：中华文化复兴运动推行委员会。

[91] 此文其中一部分被节录为《我看新亚中文系》，十一月十一日刊于《新亚学生报》。

[92] 此文五月再刊于《明报月刊》第八卷第五期。

[93] 此文乃是《两汉思想史》第一卷台湾版代序，改名为"有关中国殷周社会性问题的补充意见"，六月刊于《明报月刊》第九卷第六期。

[94] 此文八月再刊于《明报月刊》第九卷第八期。

[95] 此文一九七七年三月十五日再刊于《中国地方自治》第二十九卷第

十一期。

[96] 此文一九七五年十一月十五日再刊于《鹅湖》第一卷第五期。

[97] 此文一九七五年五月再刊于《中华杂志》第十三卷第五期。

[98] 此文五月再刊于《明报月刊》第十卷第五期。

[99] 此文一九七六年二月二十九日起再刊于《新夏》第四十九期至五十五期等。

[100] 此文十月再刊于《明报月刊》第十卷第十期。

[101] 此文六月再刊于《人与社会》第四卷第二期。

[102] 此文后易名"关于《两汉思想史》",六月二十八日再刊于《大华日报》。

[103] 此文十月再刊于《明报月刊》第十一卷第十期。

[104] 此文其中一部分节录为《评台北有关"乡土文学"之争》,十月刊于《中华杂志》第十五卷第十期。

[105] 此文一九八○年三月再刊于《中国史学史论文选集》第三册,台北:华世出版社。

[106] 此文三月并刊于《明报月刊》第十三卷第三期、《鹅湖》第三卷第九期、《人文·纪念特刊》,五月再刊于《中华杂志》第十六卷第五期。

[107] 此文十一月再刊于《中华杂志》第十六卷第十一期。

[108] 此文十二月再刊于《明报月刊》第十三卷第十二期。

[109] 此文一九七九年一月六日再刊于《新闻天地》第一六一二期。

[110] 此文四月再刊于《明报月刊》第十四卷第四期。

[111] 此文一九八一年一月十日再刊于《湖北文献》第五十八期。

[112] 此文十月再刊于《中国文化月刊》第十二期,一九八四年三月三日刊于《中国史学论文选集》第五辑,台北:中华文化复兴运动推行委员会。

[113] 此文十月一日再刊于《传记文学》第三十九卷第四期。

[114] 此文一九八二年四月再刊于《鹅湖》第七卷第十期。

[115] 此文一九八二年三月再刊于《鹅湖》第七卷第九期。

[116] 此文五月再刊于《七十年代》第一四八期。

[117] 此文三月再刊于《中华杂志》第二十卷第三期。

[118] 四月此文再刊于《鹅湖》第七卷第十期。